高质量发展阶段
中国股份制商业银行转型研究

张明　袁喆奇　魏伟　陈骁　著

中国金融出版社

责任编辑：何　为　明淑娜
责任校对：刘　明
责任印制：陈晓川

图书在版编目（CIP）数据

高质量发展阶段中国股份制商业银行转型研究/张明等著．—北京：中国金融出版社，2023.2

ISBN 978－7－5220－1893－5

Ⅰ.①高…　Ⅱ.①张…　Ⅲ.①股份制—商业银行—银行改革—研究—中国　Ⅳ.①F832.33

中国国家版本馆CIP数据核字（2023）第022331号

高质量发展阶段中国股份制商业银行转型研究
GAOZHILIANG FAZHAN JIEDUAN ZHONGGUO GUFENZHI SHANGYE YINHANG ZHUANXING YANJIU

出版发行　中国金融出版社
社址　北京市丰台区益泽路2号
市场开发部　(010)66024766，63805472，63439533（传真）
网上书店　www.cfph.cn
(010)66024766，63372837（传真）
读者服务部　(010)66070833，62568380
邮编　100071
经销　新华书店
印刷　河北松源印刷有限公司
尺寸　185毫米×260毫米
印张　15.25
字数　328千
版次　2023年2月第1版
印次　2023年2月第1次印刷
定价　75.00元
ISBN 978－7－5220－1893－5

序　　言

2017 年 3 月至 2020 年 3 月，我在平安证券担任首席经济学家。在这三年期间，除了传统的宏观研究之外，我们团队格外注重前瞻性的专题研究，也借此在市场上赢得了良好反响。

例如，2017 年秋季，我们意识到中国房地产市场已经达到一个政策性、历史性大拐点，因此发布了关于中国房地产的系列深度研究报告，就中国房地产的周期变动、分化态势、潜在风险与土地政策进行了全面梳理。

又如，2018 年 3 月，我们认为当时美国政府挑起的 301 法案争端意味着中美贸易摩擦可能全面爆发，因此是市场上最早发布关于中美贸易摩擦专题研究的券商研究团队。

再如，2018 年下半年，我们认为，随着中美贸易摩擦的加剧，中国政府亟须激活国内市场来促进发展（后来所谓的“内循环”），因此必然会促进各项要素跨区域流动，借此来塑造全国统一大市场。因此，我们发布了“新时代区域经济一体化”系列报告，率先提出了“五大增长极”的概念——粤港澳大湾区、长三角、京津冀、中三角（郑州、武汉、合肥）与西三角（成都、重庆、西安）。该项研究合集（《五大增长极：双循环格局下的城市群与一体化》）已于 2021 年在中国人民大学出版社出版。客观而言，这项研究距离 2020 年 4 月党中央、国务院发布的《关于构建更加完善的要素市场化配置体制机制的意见》，提前了近两年时间。

在 2010 年至 2017 年，中国商业银行的影子银行业务获得了极大发展，经历了从“通道”到“同业”的转变。作为整体，商业银行赚得盆满钵溢。作为个体，诸如兴业银行与民生银行等股份制商业银行利用“弯道超车”的机会，实现了资产规模的跨越式发展。不过，影子银行业务的野蛮生长也埋下了极大的风险隐患，例如与房地产有关的信贷风险、与地方政府债务有关的信贷风险等。

从 2017 年下半年起，监管机构对影子银行业务的监管全面收紧。伴随着资管新规与理财新规等规章制度的出台，商业银行不得不面临全面的业务转型，以及大量影子银行资产回表后的资本金不足与不良率飙升。那么在监管全面收紧的时代，商业银行尤其是股份制商业银行将会何去何从呢？

在2019年下半年，我们研究团队启动了“新时代中国股份制商业银行转型研究”，一共发布了八期相关研究。从篇名就可以看到研究的逻辑：“演变与现状篇”“利率市场化篇”“国际经验篇”“对外开放篇”“金融科技篇”“表外篇”“资本金篇”“负债篇”。

这批专题报告发布之后，一些机构的朋友对此表示不解。代表性的意见是，你们是平安证券的宏观团队，为什么要聚焦银行业分析师的传统领域呢？换言之，这批专题报告的宏观意义是什么？

我们对此的解释是，对中国这种银行间接融资主导的金融市场而言，商业银行在监管政策驱动下的业务转型自然会产生显著的宏观影响。然而我们团队还有另外一个目的，通过建构一套分析体系，来梳理、汇总与展望以平安银行为代表的股份制商业银行的转型路径，以期为政策制定者、银行从业者、相关研究者提供一些经验或启示。

我长期以来从事学术研究的经验表明，如果研究报告是零散的、碎片化的，哪怕是事先经过了详细论证与缜密组织，也很难在各方面产生足够的影响。正因为如此，在我离开平安证券研究所之后，我还是试图将团队之前开展的前瞻性专题研究重组、更新、汇集成册后出版。

2021年夏天，我与研究团队的老友魏伟、陈骁等小聚，提及应该把关于股份制商业银行转型研究报告汇集成册后出版的想法。他们都非常认可，介绍了平安证券银行业分析师袁喆奇加入。我们就新书的框架、布局进行了多次讨论，形成了目前这本书的基本面貌。之后，喆奇花了相当长一段时间，对书稿进行重组、更新与打磨。这里要特别感谢黄韦涵为本书写作作出的贡献。

全书分为四篇。“背景篇”是对中国股份制商业银行的全景式介绍，包括发展历程、当前状况以及代表性银行简介。“挑战篇”分析当前股份制商业银行面临的三大挑战：一是经济结构转型与金融风险防控使股份制商业银行面临资产结构调整；二是利率市场化改革倒逼股份制商业银行的揽储行为调整；三是资本监管趋严导致股份制商业银行不得不通过各种渠道来充实自身资本金。“应对篇”致力于从资产端业务、负债端业务与中间业务三个层面来梳理股份制商业银行的应对策略。“展望篇”则从数字金融、普惠金融与绿色金融三个方向来剖析商业银行未来十年最重要的创新业务。

换言之，“背景篇”是关于历史，“挑战篇”与“应对篇”是分析现状，“展望篇”是畅谈未来。贯穿四篇分析的既有股份制商业银行的集体行动，也有特定商业银行的个体创新。贯穿四篇分析的既有“是什么”，也有“为什么”，还有“要怎样”；既有“实然”，也有“应然”。

在资产端，随着表外资产回表以及非标资产转为标准化资产，商业银行资产端的隐性风险显著下降，且随着资产处置力度的加大，商业银行的资产端也在不断“净化”。与此同时，在资产结构方面，发生了整体贷款投向偏向零售，而对公业务则显著压降风险偏好的趋势。地产类贷款占比持续回落，基建项目类贷款仍然扮演“压舱石”角色，且对公业务在先进制造业、绿色金融、普惠金融等领域将大有可为。

在负债端，一方面，对于零售客户，随着客户需求变化与互联网浪潮的冲击，商业银行需要更多地思考如何改被动获客模式为主动获客模式，如何搭建更加全面、更为细分的场景入口，如何精准匹配零售客户在金融活动各环节的需求；另一方面，对于对公客户，企业的多元化融资需求以及数字化转型需求使商业银行将从关系型业务转为价值型业务，未来对公业务的突破口很可能集中在综合金融（“商业银行+投资银行”模式）和数字金融（交易银行、财资管理、供应链金融等）两大方向。

在中间业务端，随着以规模扩张为主的重资产模式面临的约束日益明显，商业银行将倾向于把中间业务作为“第二增长曲线”以实现轻资产经营。从海外经验来看，资本市场业务将是商业银行中间业务最重要的助推器。这就要求商业银行适时提前布局，提升子板块（尤其是理财子公司）专业能力，把握改革红利与机遇，实现“财富管理+资产管理+投资银行”的三轮驱动。

针对数字金融，一是在支付领域，商业银行应持续推进生态场景建设，竞争更多更优质的流量入口，尤其是应把握好数字人民币的推广机遇；二是在信贷领域，商业银行应围绕场景和产品积极布局，并通过科技赋能来控制风险；三是在财富管理领域，商业银行应努力打造财富管理开放平台，着力获取增量资产。

针对普惠金融，商业银行应聚焦信贷工厂模式、线上模式与供应链模式，注重培养真实触达控风险、轻型获客降成本两大核心能力。在该领域的竞争中，以下两类商业银行更有望胜出：一是拥有强势科技能力和综合场景布局的银行；二是深耕特定地区的区域性银行。

针对绿色金融，商业银行应把握相关政策红利，提高绿色信贷针对产业链的投放能力、针对不同行业特点提供多元化绿色金融服务、打造C端绿色生态以增强客户黏性和活跃度等。

本书的写作基于系列研究报告，特色之一是图表丰富、可读性强。但与之相关的一个弱点，则是在理论层面深挖不够，学术性要弱于应用性。

我们衷心希望，通过本书的阅读，能够帮助读者了解当前中国股份制商业银行面临哪些挑战，它们是如何应对的，它们有关业务的未来发展方向在哪儿。通过这种全景式的鸟瞰，我们也能加深对中国特色的商业银行体系的了解。无论如何，“商业银行 + 投资银行 + 生态场景”的综合金融模式，目前来看仍是中国商业银行的发展方向。至于这种模式背后隐藏的风险，则要靠“监管 + 科技”的方式来应对。

本书出版，我在平安证券研究所的研究工作就算真正告一段落了。记得我曾在离开平安证券时写下“凡是过去，皆为序章。念念不忘，必有回响。青山不改，绿水长流，后会有期”这种江湖色彩浓厚的句子。在平安证券度过了三年难忘时光，2020 年 3 月离开。2021 年出版《五大增长极：双循环格局下的城市群与一体化》，以及这一本书的出版，都算是平安证券研究生涯的回响。

浮生若梦，为欢几何？不有佳酿，何伸雅怀？难忘的是在平安结识的一群真性情朋友。待重聚，必呼朋引伴，秉烛夜游。

中国社会科学院金融研究所副所长、国家金融与发展实验室副主任　张明

目　　录

第一篇　背景篇

第二篇　挑战篇

第三篇　应对篇

第四篇　展望篇

第一篇　背景篇

第一章　股份制银行发展概况

20 世纪 80 年代末，以招商银行的设立为开端，大批股份制商业银行相继组建，成为我国银行业经营模式改革的探索者，其发展历程紧密围绕我国经济体制和金融业的改革，是我国银行业“加杠杆”到“去杠杆”的缩影。经历 35 年发展，股份制银行对银行业的贡献度大幅增强，市场地位逐步提升，截至 2021 年末，股份制银行占据银行业 18% 的资产份额、19% 的贷款余额和 16% 的存款余额；盈利能力趋于平稳，总资产收益率（ROA）为 0.78%，净息差为 2.13%，与大型商业银行步调基本保持一致。随着金融市场和监管环境的更迭，12 家股份制银行已经形成了各具特色的经营和竞争优势，整体迈向高质量发展新时代。

1.1　股份制银行发展历程

伴随着我国经济体制发展，结合金融业的改革历程，相较早期承担行政职责的国有商业银行的演变，股份制银行的发展历程可分为以下四个阶段①。

第一阶段：专业化转型阶段（1978—1993 年）：1978 年，计划经济体制瓦解，为适应市场经济发展，我国“大一统”银行体系发生转变，形成以人民银行为中央银行、四大国有银行为专业银行的体系，股份制银行则成为银行业突破原有股权结构、探索经营新模式的探索者，第一批股份制银行相继成立；

第二阶段：商业化转型阶段（1994—2003 年）：党的十四大后，我国转向社会主义市场经济，金融体制逐步建立完善，《中国人民银行法》《商业银行法》等相继颁布，专业银行着手改制为商业银行，股份制银行则实现了快速发展；

第三阶段：市场化转型阶段（2004—2016 年）：加入世界贸易组织（WTO）后，我国致力于推进建立现代金融企业制度，启动了国有银行股份制改革，股份制银行则通过战略引资、境内外上市等方式逐步确立竞争力，资产规模扩张加快，2016 年资产规模达 42.9 万亿元，2005—2016 年复合增速为 19.9%，维持在同业高位；

第四阶段：高质量发展阶段（2017 年以来）：2017 年起，中国经济由高速增长阶段转向高质量发展阶段，金融业整治力度不断加大，去杠杆、去通道、去池化成为监管重点，股份制银行则普遍将高质量发展作为新的战略转型主题，资产扩张速度放缓，

---

① 资料来源：李志辉．中国银行业改革发展 40 年历程回顾与展望［M］．上海：格致出版社，上海人民出版社，2018；郑万春．中国银行业改革历程与趋势展望［EB/OL］．［2018－07－18］．http：//www. thfr. com. cn/page. php？ id＝75292.

同业负债得到压降，中间业务收入占营收的比重整体由5%提升至20%，向轻资产业务结构调整。

1.1.1 第一阶段：专业化转型阶段（1978—1993年）

1978年以前，中国人民银行是我国唯一的银行，同时承担中央银行职能和商业银行职能，代表国家管理金融事业，这种“大一统”的银行体系是为了更好地服务于计划经济。伴随着改革开放推进，原有的计划经济体制逐渐瓦解，为适应经济体制改革要求（从“计划经济”向“有计划的商品经济”），中国开始探索与市场经济体制相契合的银行体系。

1978年，中国人民银行与财政部分设；1983年，国务院颁布《关于中国人民银行专门行使中央银行职能的决定》，中央银行体制正式建立，以人民银行为中央银行、四大国有银行为专业银行的体系形成为标志，我国银行业开启了市场化的初步探索。

存量方面，专业银行改革是当务之急，改革重点为促使其内部管理由行政机关管理向企业化管理过渡，形成独立经营机制。1983年，银行业开始实行“全额利润留成制度”，把各项指标考核与利润留成挂钩，初步确立了利润、风险、成本等一系列经营范畴。1986年，国务院出台《银行管理暂行条例》，其中第十三条规定“专业银行都是独立核算的经济实体”，明确专业银行的企业化经营。1987年，国家对专业银行的“三率”（成本率、综合费用率、利润留成与增补信贷基金或保险周转金的比率）实行核定，进一步明确专业银行经营指标，并强化了总行、省级分行的经营权限。

增量方面，国家着手丰富所有制结构、建立体制外多元化金融机构，股份制银行应运而生。其设立初衷是通过引入股份制的现代企业制度，形成比较完善的公司治理结构和商业化运作模式，从而增强金融体系的活力。在银行业探索市场化发展的背景下，股份制银行成为银行业突破原有股权结构、探索经营新模式的探索者，自1987年4月开始，招商银行、中信银行、恒丰银行等10家股份制银行在专业化转型阶段相继组建，成立地点以北京、深圳等地区为主，牵头发起者主要为国有银行、各级财政局等国有机构。由于承担着金融体制改革的任务，股份制银行设立的背景和股权结构存在一定差异，但总体都是遵循服务本地经济、实现快速发展的业务路径。同时，这一时期银行虽然拥有一定经营自主权，但权力有限，且金融产品以存贷款为主，品种相对单一。

图表1.1　　股份制银行自1987年相继成立

序号	股份制银行	成立时间	曾用名称	成立地点	设立情况
1	招商银行	1987年4月	—	深圳	由香港招商局集团有限公司创办
2	中信银行	1987年4月	中信实业银行	北京	中信集团银行部改组
3	恒丰银行	1987年10月	烟台住房储蓄银行	烟台	由四大国有银行、中国人民保险公司和烟台市财政局六大股东发起
4	平安银行	1987年12月	深圳发展银行	深圳	深圳特区6家信用社联合改制

续表

序号	股份制银行	成立时间	曾用名称	成立地点	设立情况
5	兴业银行	1988 年 8 月	福建兴业银行	福州	由福建省福兴财务公司改组
6	广发银行	1988 年 9 月	广东发展银行	广州	发起股东 55 家，多来自广东省内各商业银行、各级财政和大型企业集团
7	光大银行	1992 年 8 月	—	北京	由光大集团创办
8	浦发银行	1992 年 8 月	—	上海	由上海市财政局等 18 家单位发起
9	华夏银行	1992 年 10 月	—	北京	由首钢集团创办
10	浙商银行	1993 年 4 月	浙江商业银行	宁波	由中国银行、南洋商业银行、交通银行和浙江省国际信托投资公司四家共同出资设立
11	民生银行	1996 年 1 月	—	北京	由全国工商联牵头，数家民营机构参股组建
12	渤海银行	2005 年 12 月	—	天津	由天津泰达投资控股有限公司、渣打银行（香港）有限公司等 7 家公司发起

资料来源：公开资料，平安证券研究所。

1.1.2　第二阶段：商业化转型阶段（1994—2003 年）

党的十四大后，中国经济制度进入了向社会主义市场经济体制转变的新阶段，我国金融体制逐步建立完善、经济体制法制建设加强，《中国人民银行法》《商业银行法》等相继颁布，为商业银行自主经营提供法律保障。

1993 年，党的十四届三中全会提出了国家专业银行向国有商业银行转变的目标，国务院作出《关于金融体制改革的决定》，我国金融体制改革拉开序幕。1995 年 3 月 18 日，第八届全国人大三次会议通过了《中华人民共和国中国人民银行法》，1995 年 5 月 10 日，第八届全国人大常委会第十三次会议通过了《中华人民共和国商业银行法》，从法律上明确了中国人民银行的中央银行地位，提出“商业银行以效益性、安全性、流动性为经营原则，实行自主经营，自担风险，自负盈亏，自我约束”，为银行商业化改革提供了法律保障。2003 年，中国银行业监督管理委员会（以下简称银监会）在北京挂牌成立，《中华人民共和国银行业监督管理法》审议通过，赋予银监会对银行业金融机构的监管职责。

在商业化转型阶段，一方面，国家着力促进专业银行改制为商业银行，1994 年，国家开发银行、中国进出口银行、中国农业发展银行三家政策性银行先后成立，促使专业银行逐步划转政策性业务，1998 年财政部发行 2700 亿元特别国债补充国有银行资本金，1999 年组建信达、华融、长城和东方四家资产管理公司（AMC）对口处置四大专业银行的不良资产。

另一方面，国家对外资银行进一步开放，并改革农村信用社、组建城市商业银行，以增加银行业的竞争性供给，股份制银行则实现了快速发展，截至 2003 年末，股份制商业银行资产总额占银行业金融机构总额的比重上升至 13.8%。

在建设社会主义市场经济的目标下，民营经济开始在中国经济中扮演越来越重要的角色，我国第一家以民营资本为主体的全国性股份制银行在此背景下成立，1996年1月，民生银行由全国工商联牵头、多家民营企业参股组建，成为中国银行业市场化、商业化改革的试验田。

图表1.2　　金融体制逐步建设完善，银行业向商业化转型

编号	举措	具体内容
01	加强监督管理体系建设	• 1993年，国务院发布《关于金融体制改革的决定》，确立中央银行宏观调控体系； • 2003年，银监会正式履行职责，12月《中华人民共和国银行业监督管理法》赋予银监会对银行业金融机构的监管职责。
02	促进专业银行改制为商业银行	• 1993年，国家开发银行、中国进出口银行和中国农业发展银行等政策性银行成立，剥离专业银行的政策性业务； • 1998—1999年，财政部发行2700亿元特别国债补充国有银行资本金，组建信达、华融、长城和东方四家资产管理公司（AMC），对口处置专业银行的不良资产。
03	增加竞争性供给	• 1994年，规范外资银行管理的第一部法规《中华人民共和国外资金融机构管理条例》颁布，对外资银行开放； • 1995年，国务院发布《关于组建城市合作银行的通知》，决定改革城市信用社，组建城市商业银行； • 2000年，国务院决定在江苏启动农村信用社改革试点。
04	加强法制建设	• 1995年，《中华人民共和国中国人民银行法》颁布，确立了中国人民银行的国家货币政策制定和执行职责； • 1995年，《中华人民共和国商业银行法》颁布，正式确立了国家专业银行的国有独资商业银行地位，为商业银行自主经营、自担风险、自负盈亏提供法律保障。

资料来源：公开资料，平安证券研究所。

1.1.3　第三阶段：市场化转型阶段（2004—2016年）

加入WTO后，我国致力于推进建立现代金融企业制度，启动国有银行股份制改革，逐渐形成多元化、市场化的金融体系。

这一阶段，股份制银行通过战略引资、境内外上市等方式逐步确立竞争力。（1）战略引资：早在1993年，浙江商业银行（浙商银行前身）率先引入南洋商业银行，自2003年起，各家股份制银行陆续引入国际战略投资者。（2）上市：1991年，深圳发展银行（平安银行前身）率先成功挂牌上市，拉开了股份制银行上市融资的大幕，之后浦发、民生、招行、华夏等银行相继于21世纪初登陆A股和H股市场。

2005年，渤海银行在天津市成立。渤海银行是我国第一家在发起设立阶段就引入境外战略投资者的中资银行，其中，渣打银行购入渤海银行19.99%的股权，成为第二大股东。

在市场化转型阶段，股份制银行的资产规模扩张加快，2016年，股份制银行资产规模已达42.9万亿元，2005—2016年复合增速（CAGR）为19.9%（银行业为

17.8%，大型商业银行为13.8%），维持在同业高位；实现税后利润3534亿元，2005—2016年复合增速高达25.5%（银行业为21.1%，大型商业银行为17.0%），盈利成长性处于同业领先地位。

图表1.3　　股份制银行开始引进境外银行等战略投资者

序号	股份制银行	时间	外资引入情况
1	兴业银行	2003年	引入恒生银行、国际金融公司（IFC）和新加坡政府直接投资公司（GIC）三家境外投资者
2	浦发银行	2003年	引入花旗银行
3	平安银行	2004年	引入美国新桥投资集团，该公司成为第一大股东
4	渤海银行	2005年	在设立阶段引入了渣打银行
5	广发银行	2006年	引入中国人寿、花旗集团、国家电网、中信信托等完成重组
6	中信银行	2006年	引入西班牙对外银行
7	华夏银行	2006年	引入德意志银行
8	恒丰银行	2008年	引入新加坡大华银行，该公司成为第二大股东

资料来源：公司公告，平安证券研究所。

图表1.4　境内外上市情况：9家股份制银行上市A股，其中有5家同时上市A+H股

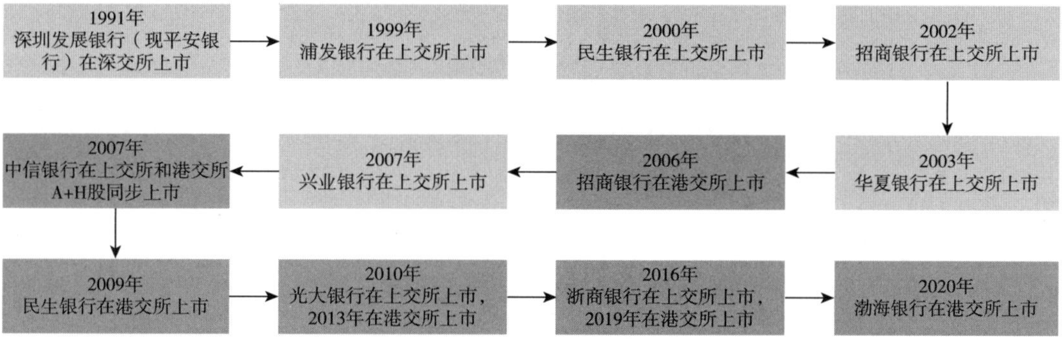

资料来源：公司公告，平安证券研究所。

图表1.5　股份制银行规模快速扩张

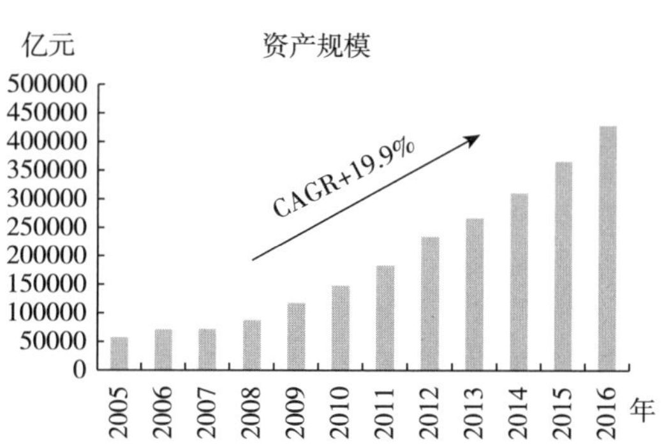

资料来源：银保监会，平安证券研究所。

图表1.6　股份制银行盈利保持高速增长

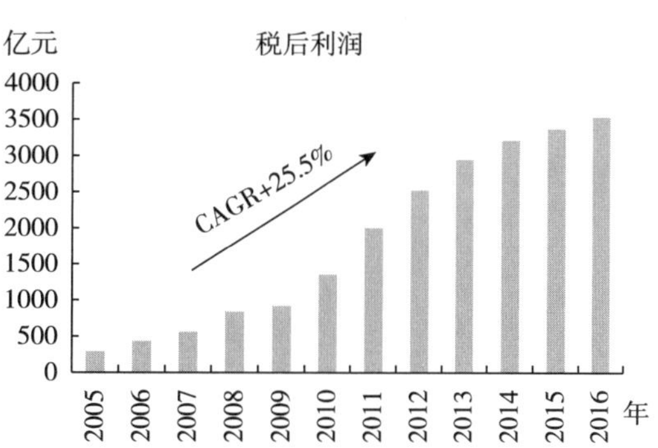

资料来源：银保监会，平安证券研究所。

1.1.4　第四阶段：高质量发展阶段（2017 年以来）

随着中国特色社会主义进入新时代，经济增长从高速增长阶段转向高质量发展阶段，要求金融业增强服务实体经济能力。2017 年，党的第十九次全国代表大会定调，表明中国经济由高速增长阶段转向高质量发展阶段，GDP 增速稳定在 7% 的水平。前期由于银行业金融机构过于重规模、求速度，不断放大同业杠杆，表外资产粗放扩张，不良率出现上行，积聚了一定的风险。2017 年开始，金融业整治力度加大，去杠杆、去通道、去池化成为监管重点，推出一系列措施促使金融行业适应高质量发展的要求，包括防范金融风险、调整完善金融监管框架、规范资产管理业务机制。

图表 1.7　我国经济进入高质量发展阶段

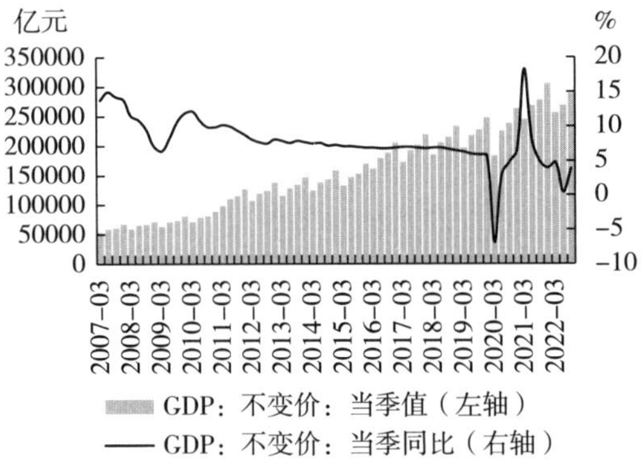

资料来源：Wind，平安证券研究所。

图表 1.8　金融机构表外业务在 2017 年前快速扩张

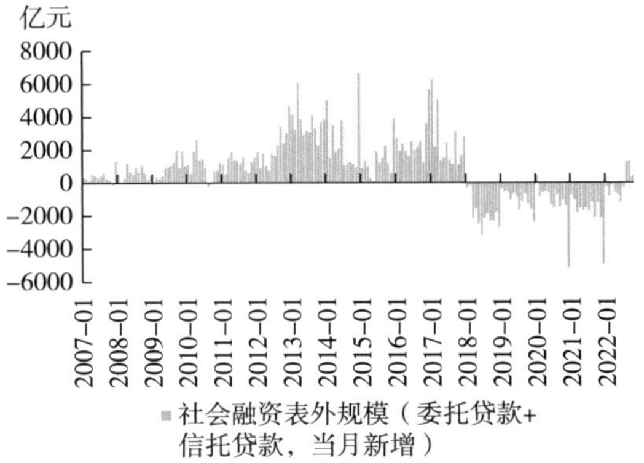

资料来源：Wind，平安证券研究所。

图表 1.9　2017 年金融行业迎来严监管

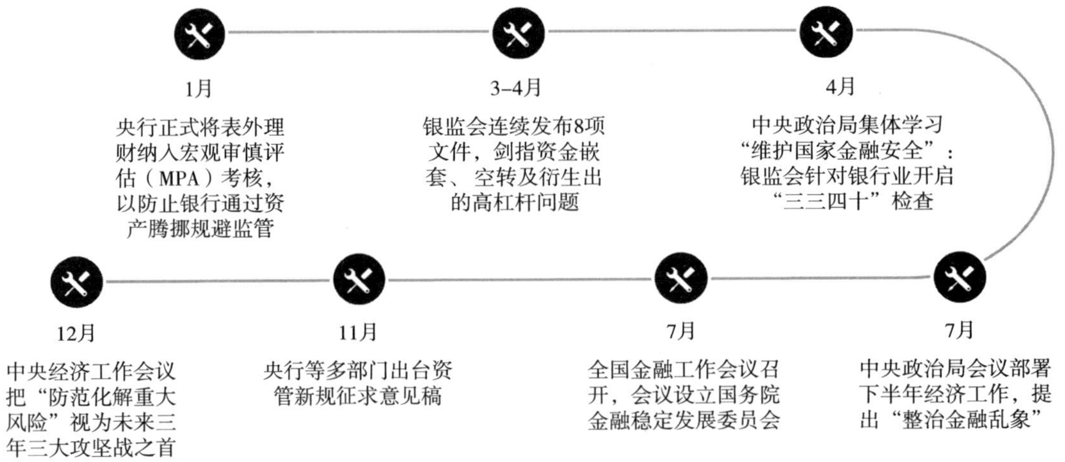

资料来源：平安证券研究所。

在传统套利模式难以为继的背景下，股份制银行纷纷回归传统信贷业务，并将高质量发展作为新的战略主题。招商、中信、兴业等银行都明确提出了轻资本、轻资产的战略，定位于财富管理、金融科技等轻型化转型方向，信贷投向锚定国家重点战略，如小微金融、绿色金融。

图表 1.10　　股份制银行从战略层面推动高质量发展

银行	发展战略（2018）	发展战略（2021）	战略时间跨度	战略详述
招商银行	推进“轻型银行”“一体两翼”战略转型，明确以金融科技为核动力，致力于打造“最佳客户体验银行”	推进“轻型银行”战略转型，坚持“一体两翼”定位，围绕“客户+科技”主线，以开放融合为方法论，围绕核心客群构建生态圈，全面打造金融科技银行，深化组织文化变革，探索商业银行发展的3.0模式	长期	紧密围绕“轻型银行”的转型方向，推动“轻型银行”建设不断深入，推进“质量、效益、规模”动态均衡发展，努力实现金融科技银行的质变突破，不断深化风险管理向“治本”转型，大力打造最佳客户体验银行，进一步提升国际化、综合化服务能力。 坚持“一体两翼”的战略定位，零售“一体”以月活跃用户（MAU）为“北极星”，拥抱“客户+科技”，构建移动互联时代的竞争新优势，打造零售金融3.0数字化新模式。批发“两翼”以特色化为方向，着力构建批发业务体系化能力，加快推进数字化转型，实现批发金融高质量发展。不断推进“一体两翼”的深度融合，打造有机循环、相互促进的整体，形成高度融合的价值循环链。
平安银行	科技引领、零售突破、对公做精	科技引领、零售突破、对公做精	2021—2023年	本行坚持以服务实体经济、服务人民群众为根本，坚定不移推进零售战略转型，致力于打造“中国最卓越、全球领先的智能化零售银行”。在这一清晰的战略目标指引下，本行坚持“科技引领、零售突破、对公做精”十二字策略方针，全力打造“数字银行、生态银行、平台银行”三张名片，深化推进数字化经营，零售、对公、资金同业业务全面升级新三年策略打法。
浦发银行	以客户为中心，科技引领，打造一流数字生态银行	全面建设具有国际竞争力的一流股份制商业银行，推动全行成为新时代金融业高质量发展的排头兵和先行者	2021—2025年	提出“全面建设具有国际竞争力的一流股份制商业银行，推动全行成为新时代金融业高质量发展的排头兵和先行者”的战略目标，战略路径突出“一条主线、一个根本、一个导向、双轮驱动、三个能力”，即以高质量发展为主线，以服务为根本，以市场为导向，实施客户体验和数字科技双轮驱动，增强核心竞争力、行业引领力和全球影响力。
华夏银行	存款立行、金融科技兴行、人才强行	存款立行、科技兴行、人才强行、风控保行	2021—2025年	坚持特色化、数字化、轻型化、专业化、综合化、国际化的发展方向，以存款立行、科技兴行、人才强行、风控保行作为根本战略导向，加快建设成为“大而强”“稳而优”的现代金融集团。

续表

银行	发展战略（2018）	发展战略（2021）	战略时间跨度	战略详述
民生银行	民营企业的银行、科技金融的银行、综合服务的银行	民营企业的银行、敏捷开放的银行、用心服务的银行	2021—2025 年	民营企业的银行。发挥服务民营企业、中小微企业、乡村振兴新经济体的特色与优势，不断创新金融产品与服务，成为民企客户服务最好的银行，尤其在中小微金融服务领域树立民生的金字招牌。 敏捷开放的银行。加快数字化转型，紧扣客户的生产与生活全旅程，以中小微企业、个人金融为突破口，深度融入生态场景，建立生态银行新增长模式，推进场景融合、数据共享与平台合作，打造共生、共享、共赢的开放银行。 用心服务的银行。围绕客户在银行的金融活动旅程，不断优化业务流程，全方位提升基础服务能力，全面提升客户体验；以客户为中心，深度理解客户需求，打造“一个民生”一体化协同体系，强化协同文化，为客户提供全方位综合化服务；与客户融为一体，互为客户，合作共赢，与客户共同成长，共创价值。
浙商银行	“两最”总目标	“两最”总目标	长期	成为最具竞争力的全国性股份制商业银行和浙江省最重要的金融平台。深化实施平台化服务战略，提升数字化、专业化、精益化三项能力，构建流动性服务、产业链供应链服务、财富管理服务三大优势，打造产业链银行。
兴业银行	“1234”战略体系	“1234”战略体系	长期	坚持“轻资产、轻资本、高效率”转型方向，坚持以“1234”战略为核心主线、“绿色银行、财富银行、投资银行”三张名片为重点突破、数字化转型为动力引擎。 “1234”战略体系：“1”是“一条主线”，即稳中求进、加快转型，转型的方向是轻资本、轻资产、高效率；“2”是“两个抓手”，即“商行＋投行”，客户为本、商行为体、投行为用；“3”是“三项能力”，即结算型、投资型、交易型银行能力建设；“4”是“四个重点”，即重点分行、重点行业、重点客户、重点产品，通过整合行内资源，集中优势兵力，将有限的资源精准配置到发展潜力大、综合收益好的关键领域。
光大银行	“打造一流财富管理银行”	“打造一流财富管理银行”	2021—2023 年	聚焦“打造一流财富管理银行”战略愿景，坚定推进财富管理转型。未来两年通过“跨越计划”，完成盈利能力、经营规模、财富管理、客户基础、风险管控五大新跨越，实现高质量发展。

续表

银行	发展战略（2018）	发展战略（2021）	战略时间跨度	战略详述
中信银行	以客为尊、平安中信、合规经营、科技立行、服务实体、市场导向、创造价值	以客为尊、改革推动、科技兴行、轻型发展、合规经营、人才强行	2021—2023 年	以建设成为“有担当、有温度、有特色、有价值”的最佳综合金融服务提供者为发展愿景，充分发挥中信集团“金融＋实业”综合平台优势，坚持“以客为尊、改革推动、科技兴行、轻型发展、合规经营、人才强行”，指导思想突出强调“三高”“三强”，以高科技驱动为引擎，以高质量发展为主题，以高价值创造为主线，加强党建引领发展，加强协同融合发展，加强轻型集约发展。

资料来源：公司公告，平安证券研究所。

在高质量发展的指引下，股份制银行资产扩张速度放缓，同业负债得到压降，非息收入占比不断提升。在资产规模方面，2017—2021 年股份制银行资产 4 年 CAGR 为 8.5%，相比前 4 年 CAGR 下降 7.9 个百分点。在营收结构方面，随着银行不断创新业务、提升综合服务能力，近年来中间业务收入占营收的比重整体由 5% 攀升至 20%，向轻资产业务结构调整。

图表 1.11　资产规模扩张速度放缓

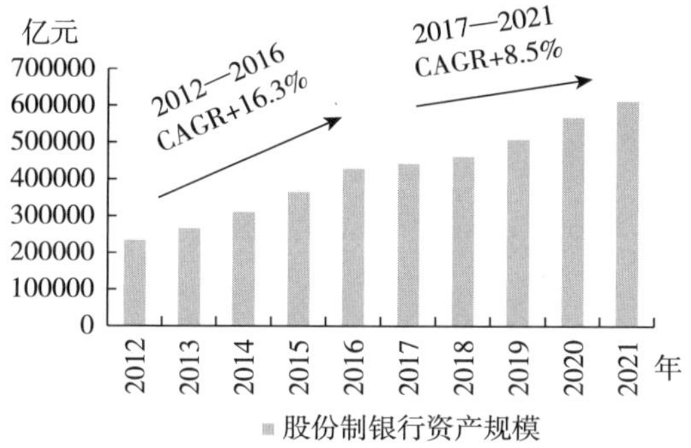

资料来源：银保监会，平安证券研究所。

图表 1.12　中间业务收入占比不断提升

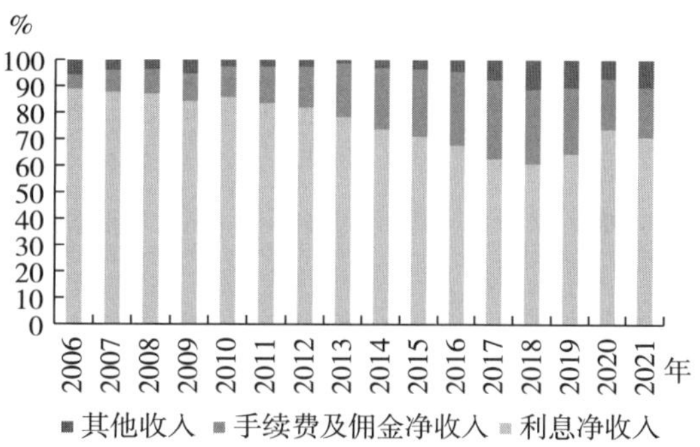

资料来源：公司公告，平安证券研究所。

1.2　股份制银行发展现状

经历 35 年发展，股份制银行对银行业的贡献度大幅增强，市场地位逐步提升，截至 2021 年末，股份制银行占据银行业 18% 的资产份额、19% 的贷款余额和 16% 的存款余额。从盈利情况来看，随着规模增长放缓，股份制银行盈利能力逐渐趋稳，2021 年末 ROA 为 0.78%（大型商业银行为 0.92%），净息差为 2.13%，超过大型商业银行同期水平 9 个基点，中间业务收入占营收的比重提升至 20%，成本收入比不断压降至 27.6%（大型商业银行同期为 28.0%）。在资产质量方面，股份制银行不良贷款率下行并稳定在1.3%～1.4%区间，拨备覆盖率回升至200%以上。同时在监管趋严的背景下，股份制银行整体资本充足率稳步提升至13.8%，略低于大型商业银行3.5个百分点，权益乘数下行至12倍，与大型商业银行基本持平。

1.2.1　行业格局：股份制银行贡献度稳健增长，市场地位逐步提升

在资产规模方面，自2003年开始，整顿、上市、吸引战略投资等一系列措施，引领股份制银行飞速发展，2003—2013年年均复合增速在20%以上，带动资产占银行业金融机构总资产的比重总体呈上升趋势，2003年至2015年中期，股份制银行资产占比由13.8%上升至19.2%。2015年后，去杠杆深化对股份制银行造成冲击，随着资产增速的放缓，股份制银行市场份额也逐步回落，由2015年高点回落至2021年末的18.1%，相应的大型商业银行的资产占比整体下行。

图表1.13　资产占比：股份制银行先升后降至18.1%

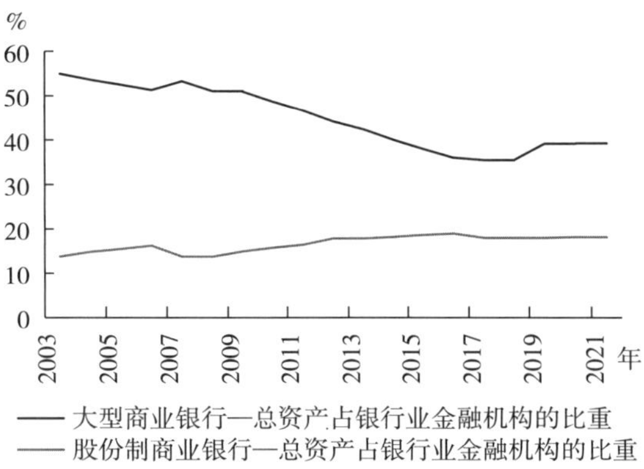

资料来源：银保监会，平安证券研究所。

图表1.14　银行业金融机构市场份额（按资产，2021年）

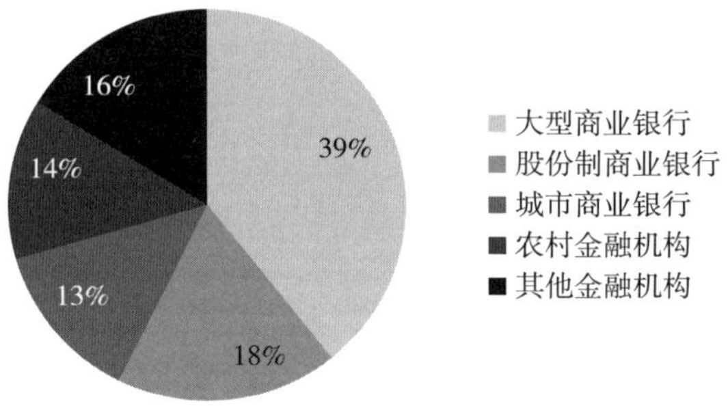

资料来源：银保监会，平安证券研究所。

从利润贡献度来看，随着金融供给的市场化和多样性加强，早期大型专业银行的垄断经营模式被打破，规模和盈利能力的提升推动股份制银行利润贡献度持续上行。2021年，股份制银行贡献商业银行净利润的比例为21.3%，同年大型商业银行贡献度为56.4%。

从存贷款来看，在贷款方面，股份制银行是金融机构中贷款投放主体之一，贷款余额在所有金融机构贷款余额中占比近20%，12家股份制银行2021年合计贷款占比19.3%，大型商业银行贷款占比整体下行。在存款方面，随着规模的快速扩张，股份制银行存款市场份额逐步提升至2014年的18%，之后伴随着利率市场化的深入推进以及小型农村金融机构的快速发展，股份制银行存款市场份额整体回落，和大型商业银行一样面临存款流失的困境，2021年末12家股份制银行合计存款占比16.0%。

图表 1.15　税后利润占比：股份制银行整体提升

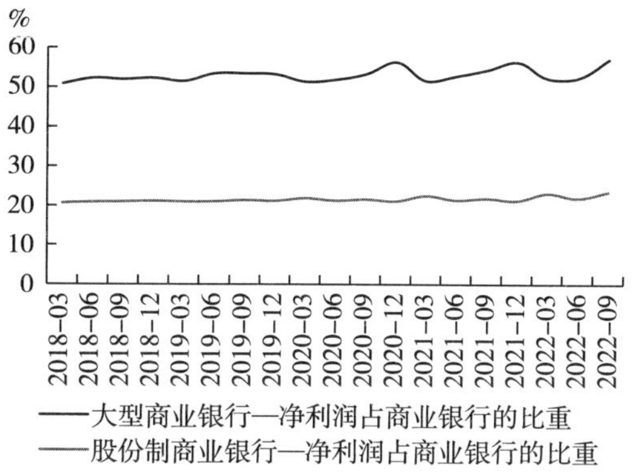

资料来源：银保监会，平安证券研究所。

图表 1.16　商业银行市场份额（按净利润，2021 年）

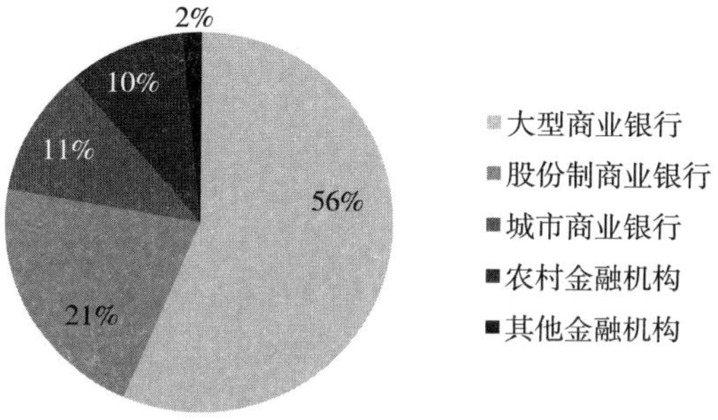

资料来源：银保监会，平安证券研究所。

综上，从各方面数据看，国有行仍居主导地位，但股份制银行贡献度稳健增长、市场地位逐步提升。

图表 1.17　贷款占比：股份制银行稳中有升

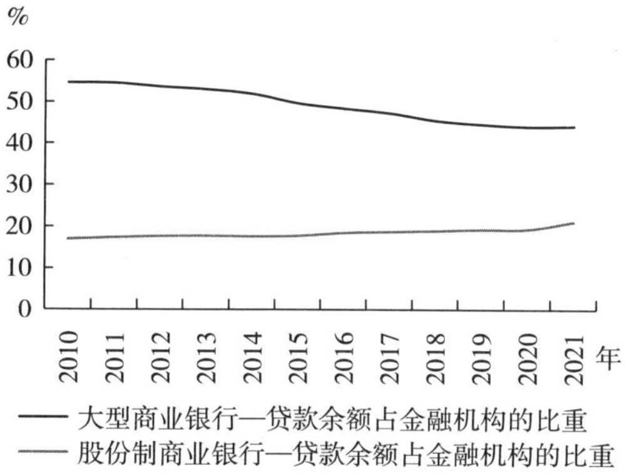

注：1. 口径为金融机构，包括商业银行和非银行金融机构；2. 恒丰银行披露数据缺失，从股份制银行中剔除。

资料来源：央行，公司公告，平安证券研究所。

图表 1.18　存款占比：股份制银行先升后降

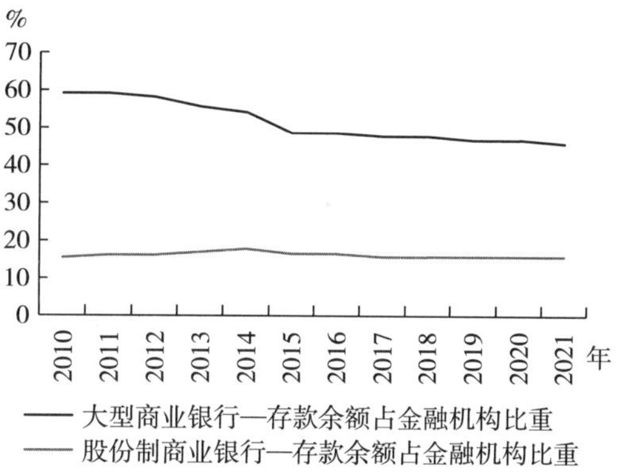

注：1. 口径为金融机构，包括商业银行和非银行金融机构；2. 恒丰银行披露数据缺失，从股份制银行中剔除。

资料来源：央行，公司公告，平安证券研究所。

1.2.2　财务分析：利润增速降至平稳区间，盈利结构持续优化

改革开放以来，宏观经济高速发展、金融环境不断优化，带动商业银行 ROA、净资产收益率（ROE）都有了较大改善。2014 年利率市场化进程加快后，伴随着规模增速的放缓，股份制银行盈利能力逐渐趋稳，ROA 整体呈现下降趋势，2018—2019 年小幅回升，2021 年末股份制银行 ROA 为 0.78%。利润增速由 2010 年 50% 的峰值降至 2019 年 10% 的低位，随后进入稳健的增长阶段。

图表 1.19　12 家股份制银行整体利润增速放缓

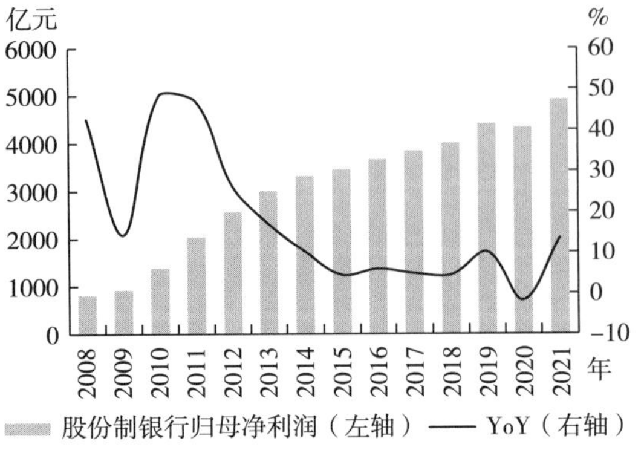

注：YoY 指年同比增长，下同。

资料来源：公司公告，平安证券研究所。

图表 1.20　股份制银行 ROA 趋稳

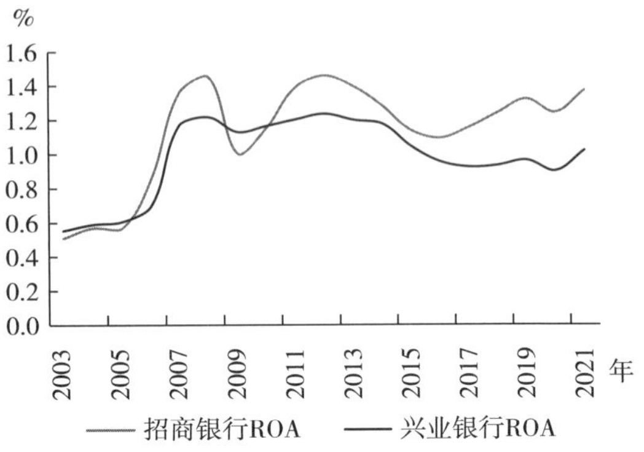

资料来源：银保监会，平安证券研究所。

同时，受益于零售转型和流动性宽裕下负债端压力缓释，股份制银行净息差稳健上行，于 2019 年超过大型商业银行平均水平，2021 年末股份制银行净息差为 2.13%，大型商业银行为 2.04%。在营收结构方面，随着银行不断创新业务、提升综合服务能力，一方面中间业务收入占营收的比重整体由 2006 年的 5% 攀升至 2020 年 20% 的水平，另一方面，中间业务收入结构逐渐向银行卡业务、理财代销业务等倾斜。同时，伴随着科技与金融的更深入的融合，银行经营效率逐渐提升，股份制银行的成本收入比在 2009 年达到 41.1% 的高点后不断压降，下降 11.9 个百分点至 2020 年的 29.2%。

图表 1.21　股份制银行净息差提升

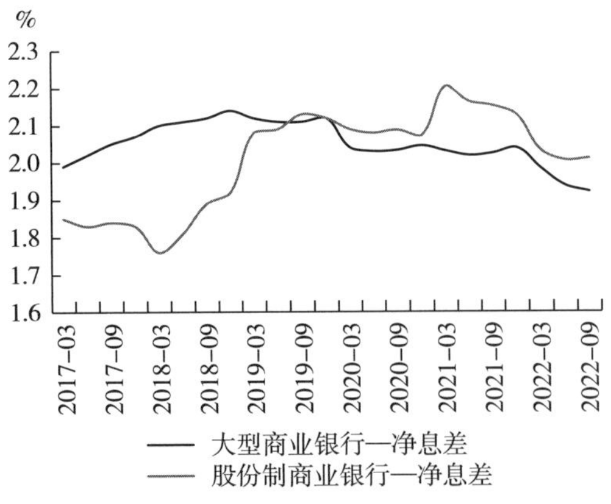

资料来源：银保监会，平安证券研究所。

图表 1.22　股份制银行中间业务收入结构以银行卡和代理业务为主

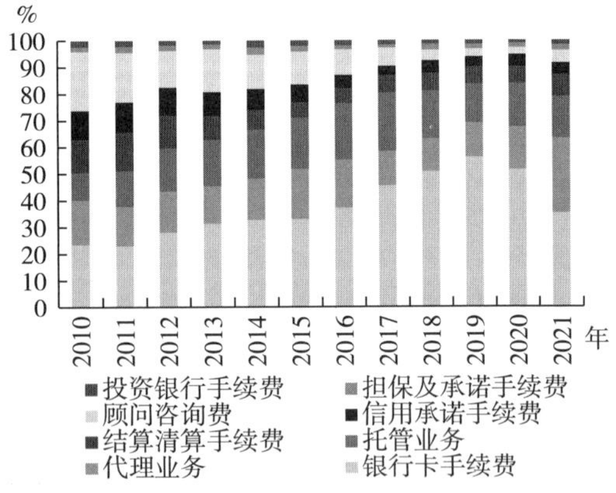

资料来源：银保监会，平安证券研究所。

早期股份制银行资产质量较差，2004 年前后不良贷款率在 5% 以上，经历股改上市的规范化治理、市场化的不良资产处置，资产质量有了较大改善，不良贷款率在 2009—2013 年持续位于 1% 以下。但在加杠杆高速扩表的同时，也积累了一定的风险，

2016年末股份制银行不良贷款率攀升至1.74%，其间行业拨备覆盖率持续下行，由2014年3月的254%降至2016年末的低点170%。2017年，在强监管下，多家股份制银行开启了从粗放经营到高质量发展的战略转型，经过多次清理整顿，股份制银行不良贷款率从2016年末高位下降并稳定在目前的1.3%~1.4%区间，与大型商业银行保持一致；随着银行不断计提拨备，拨备覆盖率回升至200%以上，股份制银行的风险抵御能力大幅提高。

图表1.23　股份制银行不良贷款率有所改善

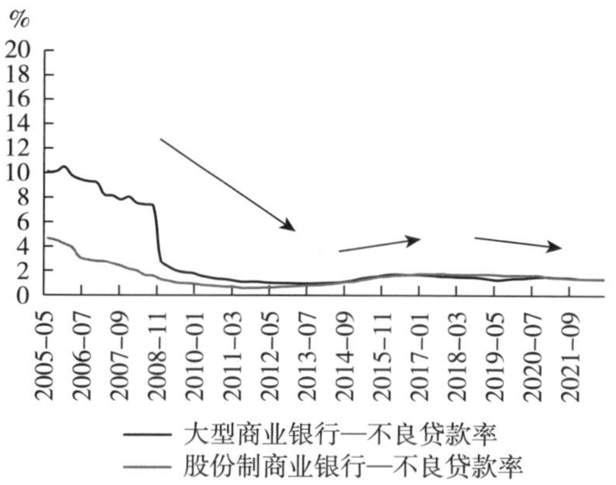

资料来源：银保监会，平安证券研究所。

图表1.24　股份制银行拨备覆盖率回升

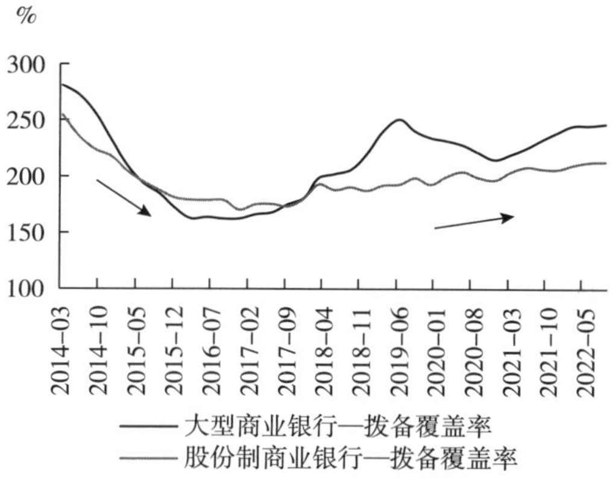

资料来源：银保监会，平安证券研究所。

从权益乘数和资本充足率角度来看，在《巴塞尔协议Ⅲ》和监管趋严的背景下，近年来银行纷纷通过定增、配股、发行优先股和二级资本债等外部措施、多渠道补充资本。商业银行整体资本充足率稳步提升，从2009年的11.40%提高至2022年9月的15.10%，同时权益乘数持续下行。其中股份制银行因较快的扩表速度削减了资本充足性，虽然资本充足率趋势上行，2022年9月收录于13.5%，较2014年初提升2.99个百分点，但整体低于国有大型商业银行3~4个百分点，权益乘数下行至12倍，与大型商业银行持平。

图表1.25　权益乘数持续下行

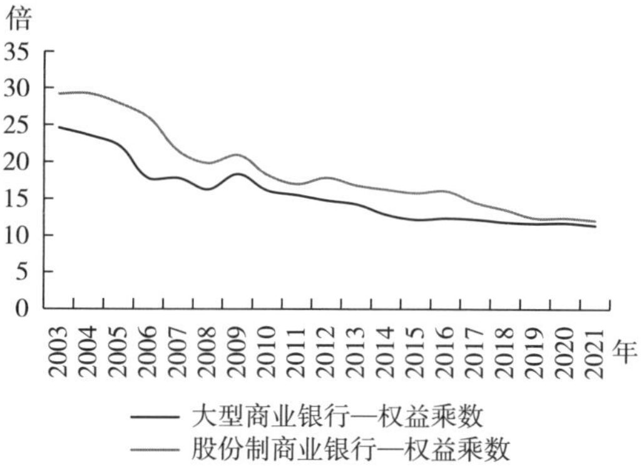

资料来源：银保监会，平安证券研究所。

图表1.26　资本充足率整体上行

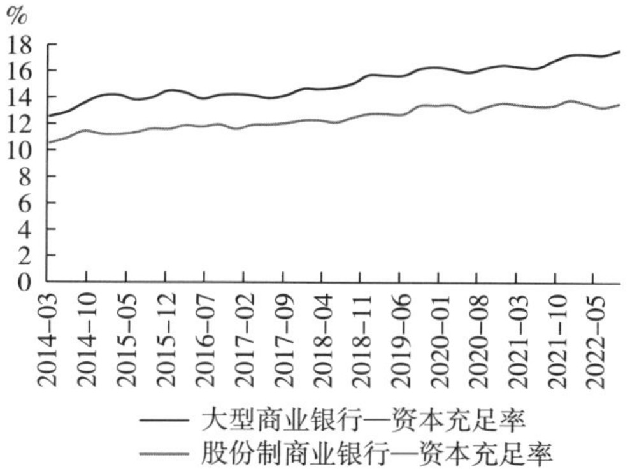

资料来源：银保监会，平安证券研究所。

1.3 股份制银行个体简介

随着金融市场和监管环境的更迭，金融供给侧改革和利率市场化的趋势也对银行找准定位、培养差异化竞争力提出更高要求，我们发现12家股份制银行已经形成各具特色的经营和竞争优势，如招商银行和平安银行的零售业务、兴业银行的同业业务、中信银行和浦发银行的对公业务。值得注意的是，在近年来金融监管趋严的背景下，股份制银行整体迈向高质量发展新时代，着力于零售业务、财富管理和金融科技的战略转型，信贷投向锚定国家战略重点方向和区域，对公业务开始向精细化、轻型化方向发展。

1.3.1 招商银行：股份制银行龙头，领跑零售转型

招商银行于1987年在深圳蛇口创建，1994年进行股份制改组，发起人为包括招商局轮船股份有限公司在内的8家企业法人，是中国境内第一家完全由企业法人持股的股份制商业银行。2002年4月9日，招商银行在上海证券交易所挂牌上市，2006年9月22日于港交所上市。截至2022年9月末，资产总规模为9.71万亿元，存款规模为7.09万亿元，贷款规模为5.99万亿元，均列股份制银行首位。

招商银行是零售转型的领跑者，各项指标稳居股份制银行前列。早在2004年，国内银行业整体还处于发展对公业务阶段，招商银行率先启动了零售战略转型，其推出的零售创新产品和服务广为中国消费者所接受，如“一卡通”多功能借记卡、“一网通”综合网上银行服务，信用卡、“金葵花理财”和私人银行服务，招商银行App和掌上生活App服务等，截至2022年9月末，零售客户数达1.82亿户，管理零售客户总资产（AUM）余额12万亿元，居股份制银行同业第一位。

值得注意的是，招商银行全力打造的大财富管理价值循环链为零售业务的主要推动力。其中，私人银行是招商银行大财富管理价值循环链的引擎，截至2022年第三季度末，招商银行私人银行客户数达13.3万户，私人银行客户AUM为3.74万亿元，位列全行业第一。在大财富管理框架下，招商银行资产管理业务加速运转，旗下理财子公司与摩根资管不断深化合作，截至2022年第三季度末，招商银行理财产品规模为2.96万亿元，表外理财规模、占资产比重均居股份制银行第一位。

同时，招商银行坚持“轻型银行”“金融科技银行”转型方向，以月活跃用户（MAU）为“北极星”，不断探索打通MAU到AUM的路径。招商银行借助App、网络经营服务中心等线上渠道，持续打磨线上经营能力，2022年第二季度末，招商银行App累计用户数为1.78亿户，月活跃用户数为6514万户；信用卡掌上生活App月活跃用户数为4213万户，用户活跃度持续领跑同业信用卡类App。

2018年以来，招商银行全面进入轻型银行转型下半场，未来五至十年招商银行将以“大财富管理”为工作主线，以金融科技为核动力，以开放融合为方法论，着力构

建以“大财富管理的业务模式＋数字化的运营模式＋开放融合的组织模式”为核心的3.0经营模式。

图表1.27　招商银行零售AUM和零售客户数在银行业处于领先地位

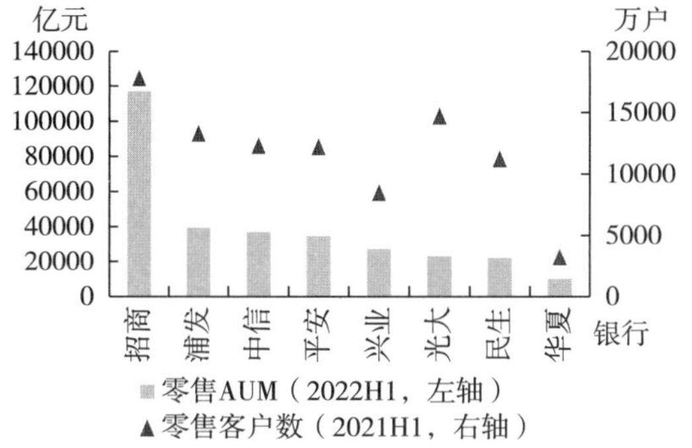

资料来源：公司公告，平安证券研究所。

图表1.28　营收结构：招商银行以零售业务为主（2022年上半年）

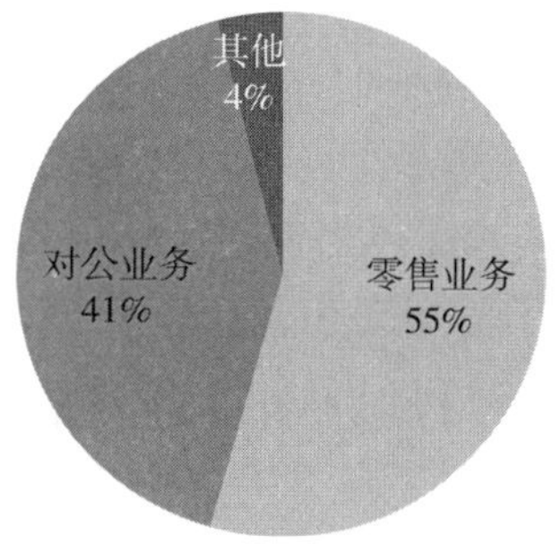

资料来源：公司公告，平安证券研究所。

1.3.2　兴业银行：绿色金融基因，厚植同业生态

兴业银行成立于1988年8月，是我国首批股份制商业银行之一，于2007年2月5日在上交所上市，总部设立在福建省福州市，第一大股东为福建省财政厅，重点围绕粤港澳、长三角、京津冀等战略规划区域开展业务。截至2022年9月末，兴业银行资产总规模为9.09万亿元，居股份制银行第二位，存款规模为4.69万亿元，贷款规模为4.83万亿元。

在同业业务方面，兴业银行围绕“金融机构综合服务商”和“金融市场综合运营商”定位开展金融市场业务，全面深入国内金融行业主要领域，同业客户覆盖率超90%，“非银（金融机构）资金管理云”累计上线850家，对主要行业非银行金融机构覆盖率达92%，并与全球95个国家和地区的1002家银行协同建立了全球银行跨境服务网络。在服务输出上，兴业银行于2007年在国内率先推出金融同业合作品牌——银银平台，为中小金融机构提供代销、结算、支付、托管、投融资等综合金融服务，银银平台合作法人机构超过2000家。在科技输出上，兴业银行保持市场领先的金融云服务提供商地位，与390家银行开展信息系统建设与托管合作。

在对公业务方面，兴业银行投行业务表现亮眼，自2014年公司提出“大投行、大资管、大财富”转型战略后，坚定推进“商行＋投行”战略模式，持续巩固债券业务的优势地位，兴业银行2021年债券总承销规模为6851亿元，承销规模及只数保持股份制银行第一位，与此同时，兴业银行不断扩展深化投行生态圈建设，投行全产品品牌“兴财资”生态圈扩大至150余家，权益投资品牌“投联贷”合作机构超70家。投行业务带动对公业务加快发展，截至2022年第二季度末，兴业银行对公客户达116万户，对公融资总量（FPA）余额达到7.65万亿元。

值得注意的是，作为国内首家赤道银行，兴业银行将绿色金融作为战略核心业务，2022 年 6 月末其表内外绿色金融融资余额达 1.53 亿元，较年初增长 9.99%，绿色信贷规模稳居股份制银行第一位；并不断推动绿色金融产品创新，先后落地全国首笔以远期碳汇产品为标的物的碳汇贷、全国首批碳中和债、首单权益出资碳中和债、首单碳中和债券指数结构性存款，全国碳市场启动首日落地两笔碳排放权配额质押融资业务等。

2021 年以来，兴业银行确立了“绿色银行、财富银行、投资银行”三张名片作为重点突破，重点布局绿色金融、财富管理和直接融资市场，未来兴业银行将继续秉承“客户为本、商行为体、投行为用”的发展理念，以“1234”战略为核心主线、数字化转型为动力引擎，坚持“轻资产、轻资本、高效率”转型方向。

图表 1.29　兴业银行对公业务保持快速增长

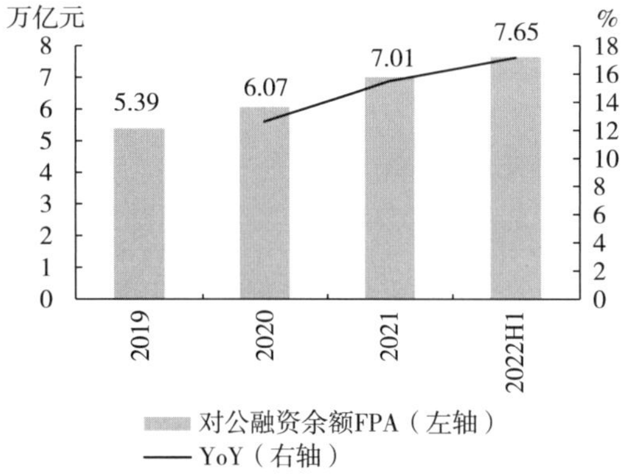

资料来源：公司公告，平安证券研究所。

图表 1.30　绿色信贷余额：兴业银行位列股份制银行第一（2020 年）

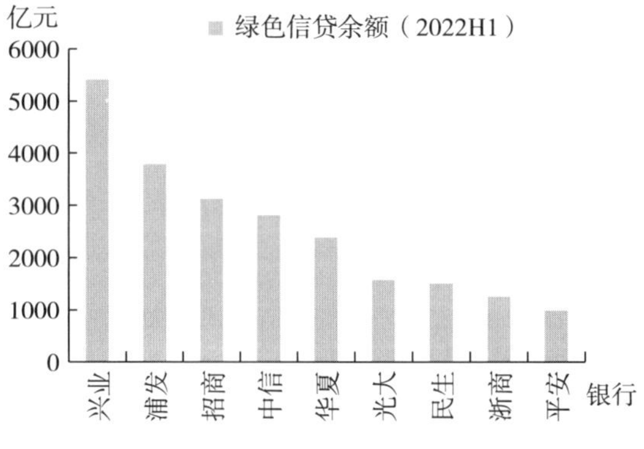

资料来源：公司公告，平安证券研究所。

1.3.3　浦发银行：深耕长三角，发挥对公特色优势

浦发银行由上海市财政局等 18 家单位发起成立，1992 年 8 月 28 日经中国人民银行批准筹建，1993 年 1 月 9 日开业，总行设在上海。1999 年浦发银行在上交所挂牌上市。截至 2022 年 9 月末，浦发银行资产总规模为 8.43 万亿元，存款规模为 4.47 万亿元，贷款规模为 4.74 万亿元，存贷款规模位列股份制银行第三位。

依托上海的优势区位和地方金融国企股东背景，浦发银行打响了“长三角自己的银行”“从长三角走向世界的银行”品牌，将长三角作为战略高地，铺设超 500 家机构，从业人员逾万人，在长三角区域的网点覆盖度和服务能力处于股份制银行领先地位。截至 2022 年 6 月末，浦发银行共服务长三角企业客户 41.7 万户、零售客户超 5418 万户，在长三角区域内贷款余额 1.52 万亿元，存款余额 2.03 万亿元，存、贷款余额均位列股份制银行第一。

浦发银行长期深耕对公业务，为客户提供商业信贷、投资银行、交易银行、跨境离岸业务等全方位金融服务，截至 2022 年第三季度末，对公存款 3.57 万亿元，占存款的比重为 75.3%，对公贷款（不含贴现）2.59 亿元，占贷款的比重为 52.7%。在商业信贷方面，浦发银行以产业数字金融为抓手，构建了具有行业经营特色的总行战略客户经营体系，截至 2022 年 6 月末，浦发银行战略客户对公存款余额 8843 亿元，占全行公司存款的比重为 25%。在投资银行方面，浦发银行发挥主要业务和牌照优势，聚焦中概股回归、国企改革等市场机遇，截至 2022 年 9 月末，主承销各类债券 1166 只、金额 4757 亿元，承销量排名位于全市场前列。在交易银行方面，浦发银行不断提升综合服务能力，服务电商及资金监管平台对接，2022 年上半年对公支付结算活跃客户数超过 27 万户。在自贸金融方面，抓住自贸区多区域推广、纵深发展和海南自由贸易港建设的机遇，上海地区自贸金融自由贸易（FT）存款和资金池规模居全行业首位。

2021 年以来，浦发银行明确了"全面建设具有国际竞争力的一流股份制商业银行，推动全行成为新时代金融业高质量发展的排头兵和先行者"的战略目标，聚焦数字化、集团化、国际化、市场化、精细化等战略，战略路径突出"一条主线、一个根本、一个导向、双轮驱动、三个能力"，即以高质量发展为主线，以服务为根本，以市场为导向，实施客户体验和数字科技双轮驱动，增强核心竞争力、行业引领力和全球影响力。

图表 1.31　营收结构：浦发银行总行及长三角占比超 60%（2022 年上半年）

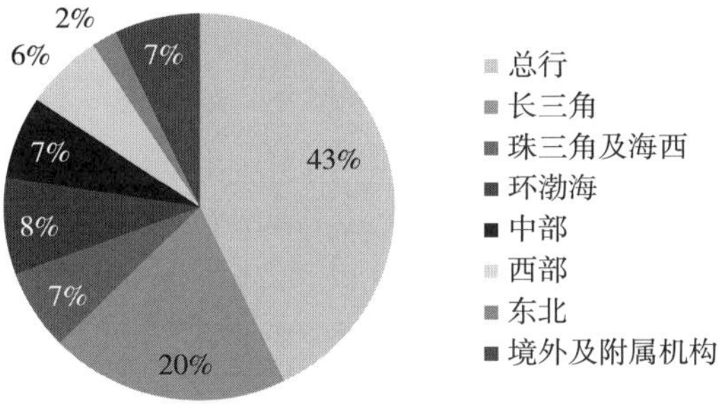

资料来源：公司公告，平安证券研究所。

图表 1.32　存贷款结构：浦发银行以对公业务为主（2022 年上半年）

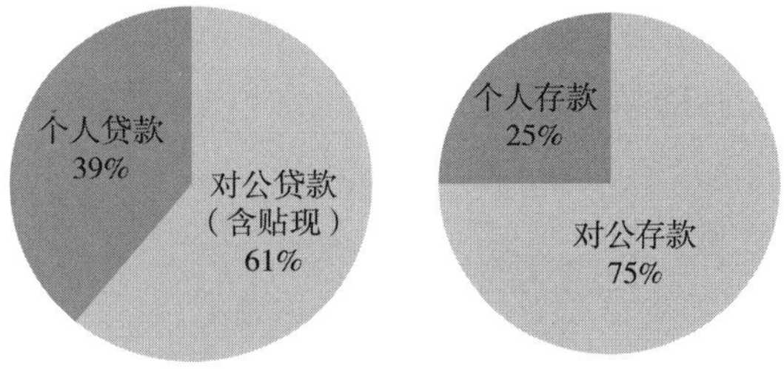

资料来源：公司公告，平安证券研究所。

1.3.4　中信银行：金融资源、禀赋突出，塑造机构业务品牌

中信银行于 1987 年 4 月 20 日在中信集团原银行部基础上改组而成，原名中信实业银行，总行设在北京。2005 年其更名为中信银行，2006 年 12 月 31 日，整体改制为中信银行股份有限公司。2007 年 4 月 27 日，中信银行在沪港两地交易所同步上市。2017 年，中信百信银行由中信银行与百度联合发起设立，是我国首家独立法人形式的直销银行。经过 30 余年的发展，中信银行已成为一家具有强大综合实力和品牌竞争力的金融集团，截至 2022 年 9 月末，中信银行资产总规模为 8.62 万亿元，位列股份制银行第三，存款规模为 5.03 万亿元，贷款规模为 5.10 万亿元，位列股份制银行第二。

在对公业务方面，依托中信集团央企背景和金融全牌照的资源禀赋，中信银行与各级政府机关、事业单位维持紧密的战略合作关系，机构业务优势显著。雄厚的政府和机构客户资源成为负债端的压舱石，2022 年第二季度末，对公存款余额为 3.99 万亿元，余额和占存款比重都排名股份制银行前列，且对公存款成本率仅 2.07%，保持股份制商业银行领先水平。

在零售业务方面，中信银行通过私私融合、公私联动、集团协同获客“三环并举”，不断做大基础客群，2022 年 6 月末，个人客户为 1.23 亿户。此外，不断加快银行卡与金融科技的融合，以信用卡业务作为零售突破口，2022 年 6 月末，零售非息收入为 119 亿元，占非息收入的 38%，其中信用卡类收入占总非息收入的 21%；同时，信用卡贷款余额为 5171 亿元，规模位列股份制银行第三，保持稳步增长。

展望未来，中信银行坚持“以客为尊、改革推动、科技兴行、轻型发展、合规经营、人才强行”，充分发挥中信集团“金融 + 实业”综合平台优势，对公业务聚焦京津冀、长三角、大湾区三大战略发展区域，零售业务以财富管理业务牵引能力和体系建设，坚持服务实体经济，保持稳健经营。

图表 1.33 依托中信集团金融全牌照资源禀赋

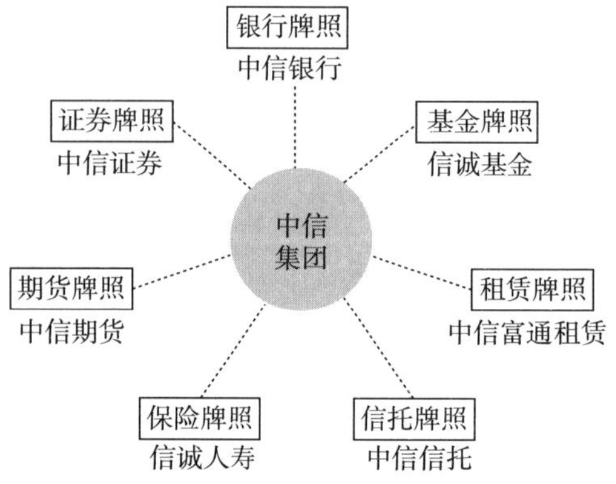

资料来源：公司公告，平安证券研究所。

图表 1.34 存款结构：中信银行对公存款占比 77%

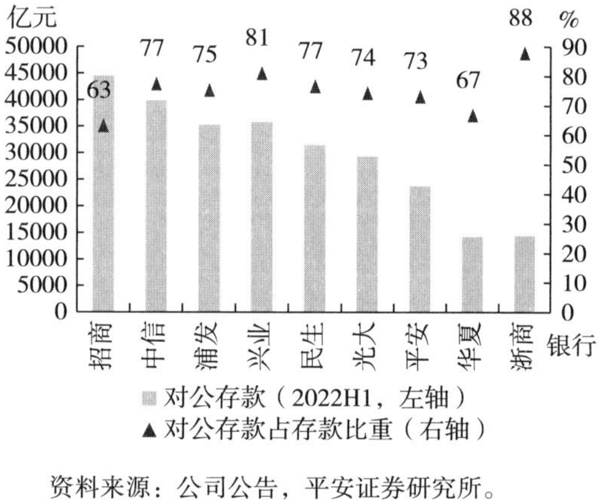

资料来源：公司公告，平安证券研究所。

1.3.5 民生银行：深厚民营背景，打造小微金融特色

民生银行于 1996 年在北京成立，由全国工商联牵头组建，广州益通集团公司、中国乡镇企业投资开发有限公司、中国煤炭工业进出口总公司、中国船东互保协会、山东泛海集团公司等 59 家单位联合发起，是中国第一家主要由民营企业发起设立的全国性股份制商业银行。2000 年、2009 年先后在上交所和香港联交所挂牌上市。截至 2022 年 9 月末，民生银行资产总规模为 7.13 万亿元，存款规模为 4.05 万亿元，贷款规模为 4.13 万亿元。

依托强大的民营基因，民生银行以服务民营企业为初衷，成为最早全面进军小微金融的全国性商业银行，如今在中小微金融服务领域已打造出品牌效应。2007 年，民生银行规划将发展的重点指向中小企业金融服务，2009 年 12 月，成立了上海市首家离行式中小企业金融服务持牌专营机构——中国民生银行中小企业金融事业部。后来在生态化转型过程中，以供应链业务为重点，不断深化产业互联网生态经营，推进普惠金融与供应链融合发展。2022 年第二季度末，普惠小微贷款余额达 5266 亿元，位列股份制银行第二，仅次于招商银行。

2021 年以来，民生银行提出打造“民营企业的银行、敏捷开放的银行、用心服务的银行”的战略定位。立足粤港澳、长三角、京津冀、成渝四大区域，旨在充分发挥民营银行的体制机制优势，聚力战略客群深耕、中小客群开发、优质负债拓展、重点区域提升、营销基础改善、考核机制革新，同时把零售业务作为优先发展的长期性战略业务、数字化转型重点。

图表 1.35 股权结构：民生银行背靠丰富的民营企业（2022 年第三季度）

排名	前十大股东名称	持股比例（%）	股东性质
1	香港中央结算公司	18.92	H 股股东
2	大家人寿—万能产品	10.30	国企
3	大家人寿—传统产品	6.49	国企
4	同方国信	4.31	国企
5	新希望投资	4.18	民营企业
6	泛海控股	4.12	民营企业
7	上海健特生命科技	3.15	民营企业
8	华夏保险	3.08	民营企业
9	中船保	3.02	社会组织
10	东方集团	2.92	民营企业

资料来源：公司公告，平安证券研究所。

图表 1.36 小微业务：民生规模位列股份制银行第二

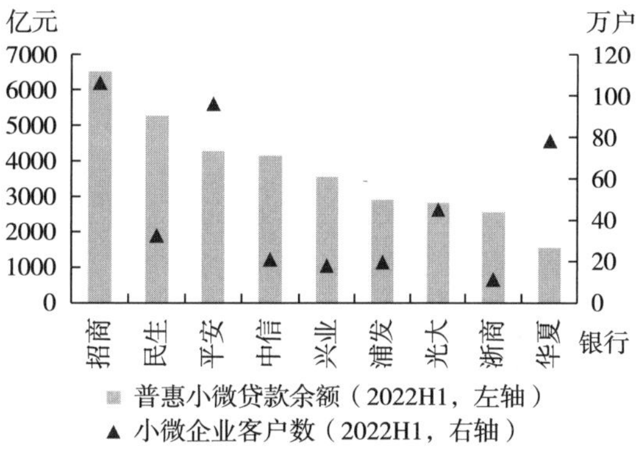

资料来源：公司公告，平安证券研究所。

1.3.6 光大银行：背靠光大集团，财富管理战略坚定

光大银行由光大集团创办，成立于 1992 年 8 月，并于 1997 年完成股份制改造。1999 年收购原中国投资银行，1999 年至 2003 年光大银行进行了两次资本公积金转增股本和一次增资扩股，注册资本由 2.8 亿元增加至 82 亿元。2010 年、2013 年，光大银行先后在上交所、港交所挂牌上市。截至 2022 年 9 月末，资产总规模为 6.26 万亿元，存款规模为 3.98 万亿元，贷款规模为 3.56 万亿元。

依托光大集团的金融全牌照和生态协同，光大银行的零售业务发展位于同业前列，财富管理布局不断加速。早期，光大银行是业内首家推出人民币理财产品、首批获得企业年金基金托管人和账户管理人双项资格的银行，2018 年，光大银行提出“打造一流财富管理银行”战略，财富管理业务加快推进，2019 年光大理财正式挂牌，成为全国首家获准开业的股份制银行理财子公司。截至 2022 年 6 月末，零售 AUM 达 2.31 万亿元，零售客户 1.47 亿户，其中财富客户突破 110 万户。

在金融科技应用方面，光大银行自 2010 年打造光大云缴费平台，积极推动与银行同业、大型互联网平台、政务机构合作，打造社保、非税、缴费、资金监管等应用场景。该平台已发展成为国内最大的开放便民缴费平台，为公司挖掘潜在零售客户提供优质渠道，截至 2022 年 6 月末，平台累计直联客户 1.23 亿户，累计接入缴费项目 13354 项、输出平台 703 家。

未来，光大银行将持续聚焦“打造一流财富管理银行”战略愿景，坚定推进财富管理转型，加强渠道经营、客户经营、产品营销和过程管理，做强企业客户财富融汇组织能力，做优零售客户财富保值增值能力，推进财富管理 3.0 建设。短期内公司计划两年完成盈利能力、经营规模、财富管理、客户基础、风险管控五大新“跨越计划”，实现高质量发展。

图表 1.37　营收结构：光大银行零售收入占比赶超对公业务

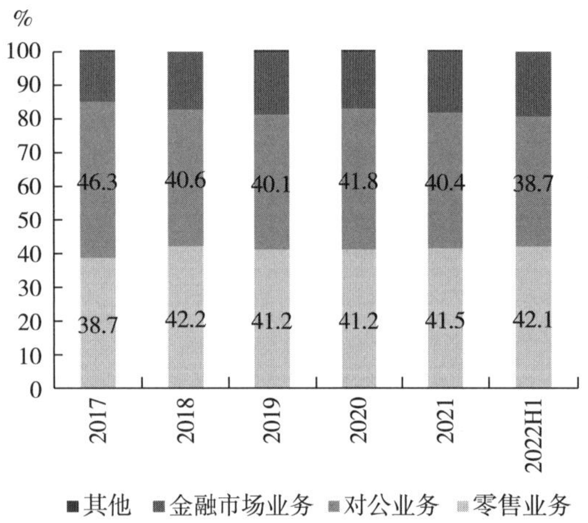

资料来源：公司公告，平安证券研究所。

图表 1.38　云缴费平台全面覆盖个人客户场景

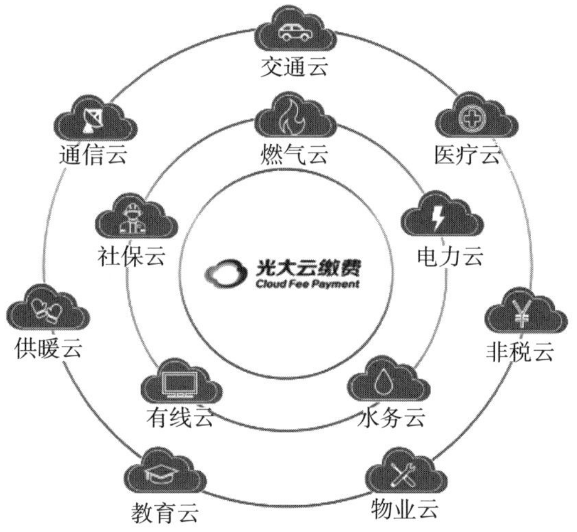

资料来源：公司公告，平安证券研究所。

1.3.7　平安银行：科技引领，打造智能化零售银行

平安银行前身为深圳发展银行，由深圳特区 6 家信用社联合改制，成立于 1987 年，1991 年在 A 股上市，是我国第一家上市银行。2006 年平安集团收购深圳市商业银行，2012 年深圳发展银行和平安银行合并，并更名为“平安银行股份有限公司”。截至 2022 年 9 月末，平安银行资产总规模为 5.20 万亿元，存款规模为 3.25 万亿元，贷款规模为 3.30 万亿元。

平安银行战略向零售倾斜，持续推动“基础零售、私行财富、消费金融”3 大模块升级。依靠平安集团综合金融和金融科技方面的优势，平安银行零售转型成效显著，2022 年上半年，零售营业收入 514 亿元，占营业收入的比重为 55.9%，零售贷款占比 60%，均位列股份制银行第一。财富管理为零售业务提供动能，借助平安集团资源及公私联动，多元化引入优质资产，同时通过科技赋能完善投顾和权益体系，2022 年 6 月末，零售客户资产 3.47 万亿元，零售客户数 1.22 亿户，财富客户数达到 120 万户，均保持快速增长。其中，私人银行业务表现亮眼，平安银行致力于打造“中国最智能、国际领先的私人银行”，自 2013 年启动私人银行至今，平安银行私人银行规模实现迅速扩张，2022 年上半年平安私人银行 AUM 达到 1.55 万亿元，位列股份制银行第二。

平安银行坚持数字化转型，围绕“AUM + LUM + 平台”经营模式，持续深化大数据、区块链、人工智能、云计算、生物识别等前沿科技与应用场景的紧密融合，零售业务聚焦于“AI 银行 + 远程银行 + 线下银行”为一体的“随身银行”，对公业务着力打造供应链金融、票据一体化、客户经营平台、复杂投融及生态化综拓“五张牌”。同时，平安银行十分注重自主创新和“人才引领”，为数字化服务矩阵提供支撑，公司科技人员占比超过 20%，位于股份制银行同业前列，体现出强劲的科技实力。

平安银行在零售转型和科技引领方面形成了鲜明的经营特色，持续保持市场领先地位。未来平安银行坚持推进零售战略转型，以打造“中国最卓越、全球领先的智能化零售银行”为战略目标，坚持“科技引领、零售突破、对公做精”十二字策略方针，持续深化战略转型，全力打造“数字银行、生态银行、平台银行”三张名片，为客户提供有温度的金融服务。

图表 1.39　平安银行零售业务占比领先于其他股份制银行

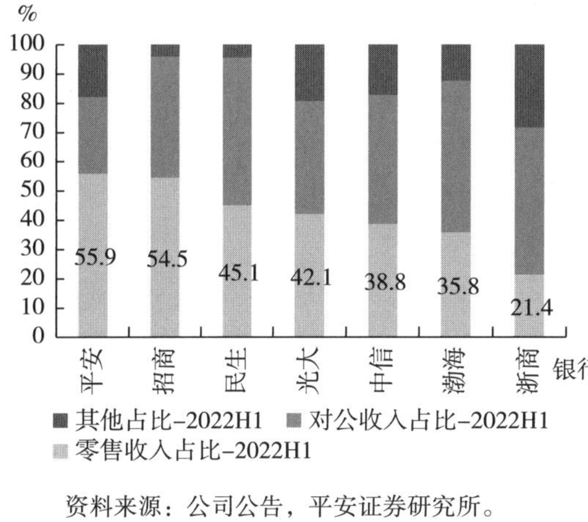

资料来源：公司公告，平安证券研究所。

图表 1.40　平安银行金融科技实力在银行业中相对强劲

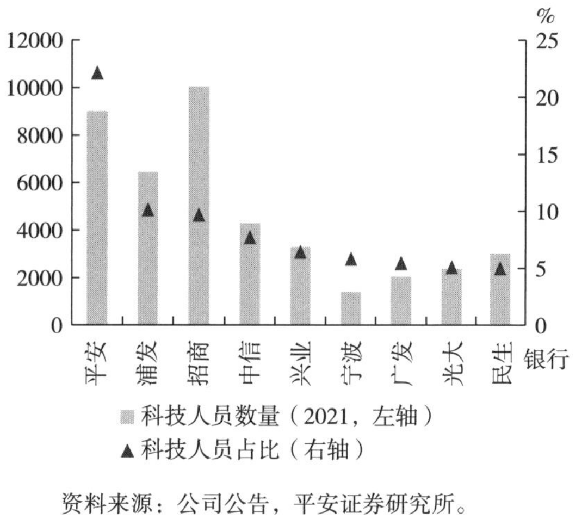

资料来源：公司公告，平安证券研究所。

1.3.8　华夏银行：地方国企资源禀赋，推动京津冀协同发展

华夏银行成立于 1992 年 10 月，由首钢集团创办，是我国第一家由工业企业负责兴办的银行，于 1996 年 4 月完成股份制改造。2003 年 9 月首次公开发行股票并上市交

易。2005 年，华夏银行引进境外战略投资者德意志银行，2016 年中国人保财险受让德意志银行全部股份。截至 2022 年 9 月末，资产总规模 3.84 万亿元，存款规模 2.07 万亿元，贷款规模 2.29 万亿元。

背靠重要的地方国企，华夏银行享有的大量优质的政府、单位资源禀赋成为在京津冀区域开展对公业务的重要支撑。截至 2022 年第三季度末，华夏银行前五大股东分别为首钢集团（20.28%）、国网英大（19.99%）、中国人保财险（16.66%）、北京市基础设施投资（9.95%）、云南合和集团（3.64%），均为国有性质企业，其中首钢集团和北京市基础设施投资均系北京市国资委实际控制的企业。华夏银行秉承“北京的银行”的战略定位，坚持京津冀协同发展，2022 年上半年，38% 的营业收入和 24% 的贷款来自京津冀地区。

未来，华夏银行以存款立行、科技兴行、人才强行、风控保行作为根本战略导向，以综合金融服务巩固对公业务基础地位，着力提升数字化和零售业务发展新动力，着力打造绿色金融和财富管理发展新特色，着力建设京津冀、长三角、粤港澳区域发展新高地，致力于加快建设成为“大而强”“稳而优”的现代金融集团。

图表 1.41　华夏银行股东以央企为主
（2022 年第三季度）

排名	前十大股东名称	持股比例（%）	股东性质
1	首钢集团	20.28	地方国企
2	国网英大	19.99	央企
3	中国人保	16.66	央企
4	北京市基础设施投资	9.95	地方国企
5	云南合和	3.64	央企
6	香港中央结算公司	3.06	H 股股东
7	润华集团	1.78	民营企业
8	中证金融公司	1.31	央企
9	中央汇金	1.06	央企

资料来源：公司公告，平安证券研究所。

图表 1.42　营收结构：华夏银行深耕京津冀地区
（2022 年上半年）

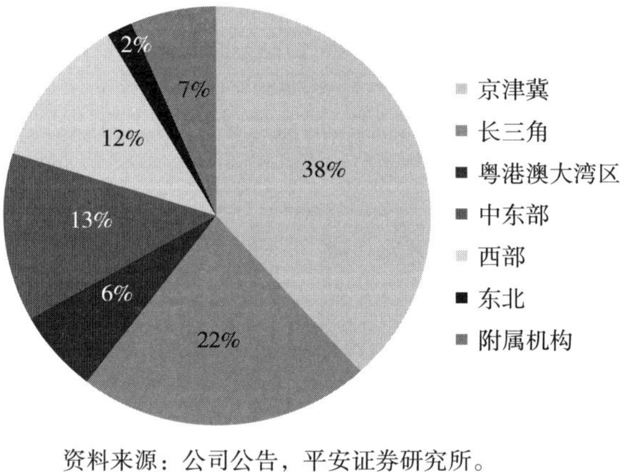

资料来源：公司公告，平安证券研究所。

1.3.9　广发银行：聚焦大湾区，深化跨境金融

广发银行成立于 1988 年 9 月，发起股东有 55 家，多为广东省内各商业银行、各级财政和大型企业集团。2006 年完成改革重组，引入花旗集团、IBM 信贷、中国人寿、国家电网等企业。2016 年中国人寿成为公司单一最大股东后，广发银行作为中国人寿成员单位与广东、海南、贵州、云南等多地政府签署战略合作协议。截至 2021 年末，资产总规模为 3.36 万亿元，存款规模为 2.09 万亿元，贷款规模为 2.02 万亿元。

作为一家总部位于广州的银行，广发银行与广东省政府深入展开战略合作，制定《服务粤港澳大湾区综合金融三年行动方案》，支持国家战略与湾区金融创新。2020 年香港分行开业，成为第一家在粤港澳大湾区“9 +2”城市实现机构全覆盖的股份制银行。广发银行是粤港澳大湾区内首家实现与跨境金融区块链服务平台系统直联的银行，也是以总对总形式实现直联的全国性股份制商业银行之一。同时，大湾区金融将推动广发银行跨境金融业务不断深化，2021 年广发银行为企业提供约 1600 亿元的跨境线上化便利服务，保持跨境金融线上化先进水平。

未来，广发银行坚持“突出零售、做强对公、做优同业”三大战略目标：突出零售，向“大零售”整体综合优势跨越，重点发展信用卡、消费信贷和财富管理等业务；做强对公，从高资本消耗向轻资本模式转变，优化业务结构，提升客户综合收益，成为全行效益提升的“助推器”；做优同业，打造特色特长，为转型发展提供有力支持，成为全行盈利增长极。

图表 1.43　广发银行股东普遍为国有背景（2021 年）

排名	前十大股东名称	持股比例（%）	股东性质
1	中国人寿	43.69	央企
2	中信信托	15.65	央企
3	国网英大	15.65	央企
4	江西交投	8.18	地方国企
5	中航投资公司	3.87	央企
6	广东粤财投资	1.61	地方国企
7	华晨汽车	1.14	地方国企
8	江苏苏钢	1.13	地方国企
9	香江集团	0.76	民营企业
10	京能集团	0.68	地方国企

资料来源：公司公告，平安证券研究所。

图表 1.44　广发银行的粤港澳大湾区综合金融布局

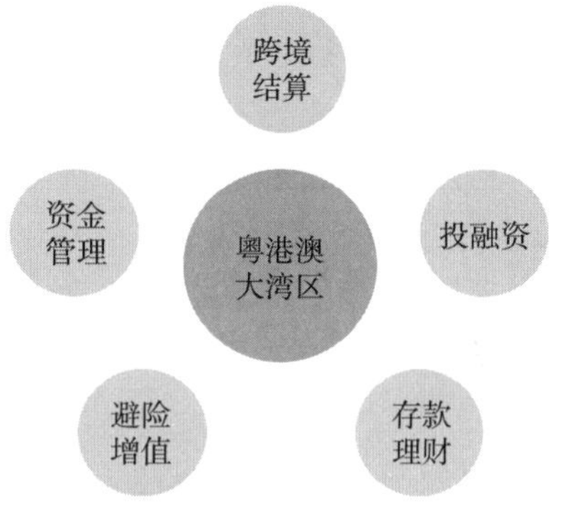

资料来源：公司公告，平安证券研究所。

1.3.10　浙商银行：小微先行者，坚守平台化战略

1993 年，浙江商业银行由中国银行、南洋商业银行、交通银行和浙江省国际信托投资公司四家共同出资设立，2003 年开始重组，2004 年 8 月 18 日正式开业，总部位于浙江杭州。2016 年 3 月 30 日，浙商银行在香港联交所上市，并于 2019 年 11 月 26 日在上交所上市。2019 年 4 月，央行批复了包括浙商银行在内的五家银行票据经纪业务资格，浙商银行成为全国首批获准开展票据经纪业务的试点行之一。截至 2022 年 9 月末，浙商银行资产总规模为 2.54 万亿元，存款规模为 1.72 万亿元，贷款规模为 1.51 万亿元。

浙商银行以成为最具竞争力全国性股份制商业银行和浙江省最重要的金融平台为

目标，根植长三角地区，深化实施平台化服务战略，构建产业链供应链服务优势。截至2022年上半年末，浙商银行供应链业务稳健发展，服务超过670个数字供应链项目，融资余额近530亿元，服务上下游客户超过12000家，其中普惠小微企业占比超过75%。

作为业内小微业务的先行者，浙商银行早在2006年就成立了中国第一家专门服务小微企业客户的专营支行，2007年在业内率先推出为小企业服务的网上银行。在供应链业务的推动下，浙商银行的小微金融业务表现突出，截至2022年6月末，共设立小企业专营机构204家，普惠型小微企业贷款余额2562亿元，占贷款的比重为17.4%，占比位于大型商业银行和股份制银行首位。

在“两最”总目标的指引下，浙商银行将深化实施平台化服务战略，提升数字化、专业化、精益化三项能力，持续构建流动性服务、产业链供应链服务、财富管理服务三大优势。

图表1.45　营收结构：浙商银行扎根于长三角区域

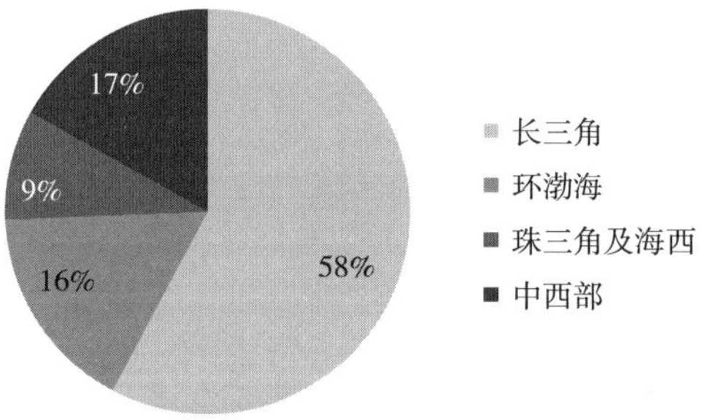

资料来源：公司公告，平安证券研究所。

图表1.46　浙商银行小微企业贷款占比领先于同业

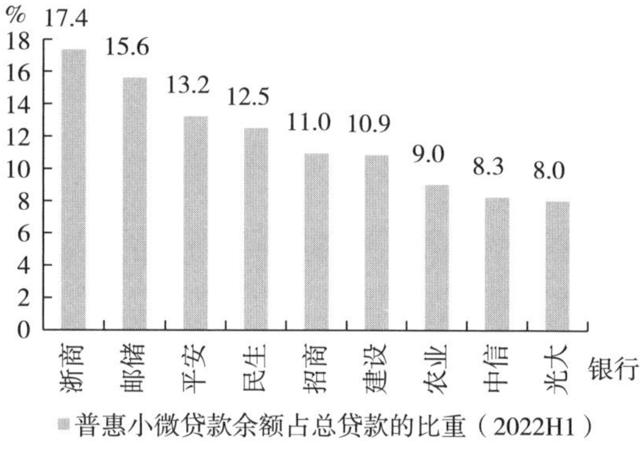

资料来源：公司公告，平安证券研究所。

1.3.11　渤海银行：股权结构多元，最年轻的股份制银行

渤海银行成立于2005年12月30日，总行设在天津，由天津泰达、渣打银行、中国远洋、国家开发投资公司、上海宝钢、天津信托和天津商汇7家股东发起设立，股权结构多元且均衡，是第一家在发起设立阶段就引进境外战略投资者的股份制银行，也是21世纪唯一一家新成立的全国性股份制商业银行。2020年7月16日，渤海银行在港交所上市。截至2022年6月末，资产总规模为1.66万亿元。

渤海银行地处京津冀，客户以大中型企业为主，对公特色明显。截至2022年6月末，对公贷款占比56.3%，位于股份制银行前列。自2006年开业以来，渤海银行以平均每年新设超过两家一级分行的速度，基本完成了全国主要省会及经济重要城市的战略布局。截至2022年6月末，已开设36家一级分行（包括直属分行）、33家二级分行、211家支行，社区小微支行有24家，正式开业机构网点总数达到404家。

渤海银行以成为“最佳体验的现代财资管家”为战略愿景，着重从客户、产品、渠道、风控、国际化、企业组织架构和文化六个方面加强战略执行，坚持全面向零售银行、交易银行和轻型银行转型，致力于为客户提供有温度的综合金融服务方案，为股东创造持续稳健的价值，为员工打造最适宜的发展平台。

图表 1.47　渤海银行股权结构多元（2022 年上半年）

排名	持股 5% 以上股东名称	持股比例（%）	股东性质
1	天津泰达	20. 34	地方国企
2	香港中央结算有限公司	18. 65	H 股股东
3	渣打银行	16. 26	外企
4	中海集团投资	11. 12	国企
5	国家开发投资公司	9. 49	央企
6	宝武钢铁	9. 49	央企
7	泛海实业	7. 72	民营企业
8	天津商汇投资	6. 51	民营企业

资料来源：公司公告，平安证券研究所。

图表 1.48　贷款结构：渤海银行以对公业务为主

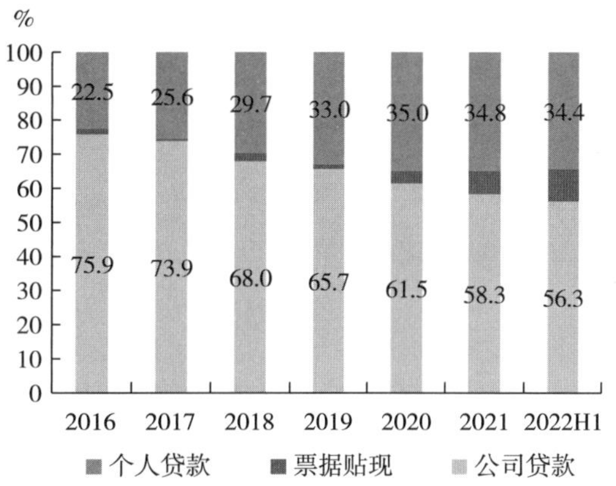

资料来源：公司公告，平安证券研究所。

1.3.12　恒丰银行：根植山东，改革重组成效显著

1987 年，恒丰银行前身为烟台住房储蓄银行，由四大国有银行、中国人民保险公司和烟台市财政局六大股东发起成立。2003 年 8 月 1 日，其改制为股份制商业银行，更名为恒丰银行。2017 年末，恒丰银行启动风险化解、改革重组工作。2019 年，恒丰银行完成股改建账和增资扩股，中央汇金公司成为公司第一大股东，持股占比 53. 95%，山东省财政持股占比 32. 37%，为第二大股东。2021 年，恒丰银行逐渐步入正轨，广州分行、深圳分行开业，公司理财子公司、资金运营中心、私人银行均获批组建，各项业务发展势头良好。截至 2021 年末，资产总规模为 1. 22 万亿元，存款规模为 6699 亿元，贷款规模为 6483 亿元。

恒丰银行总部设在山东济南，在全国设有 316 家分支机构，在 18 个城市设立了一级分行，其以对公业务为核心，着力加强山东省内金融服务供给，重点支持新旧动能转换、海洋强省等重点战略实施。2021 年末，对公贷款余额 4835 亿元，占贷款的比重为 74. 6%，其中山东省对公贷款占比 22. 7%。2020 年，阶段性完成市场化改革，经营绩效显著改善，营收同比增长 52. 8%，2021 年营业收入 239 亿元，同比增长 13. 6%。

恒丰银行秉承“以恒心、办恒业、共恒丰”的价值观，以“建设一流数字化敏捷银行”为愿景，围绕“做实基础、做优主业、做大零售、做强本土、做细成本”的战略导向，旨在不断完善公司治理，持续强化金融创新，全面提升服务能力，积极履行“向上、向善、向美”的使命，努力为经济社会高质量发展贡献更大力量。

图表 1.49　恒丰银行主要投放对公贷款

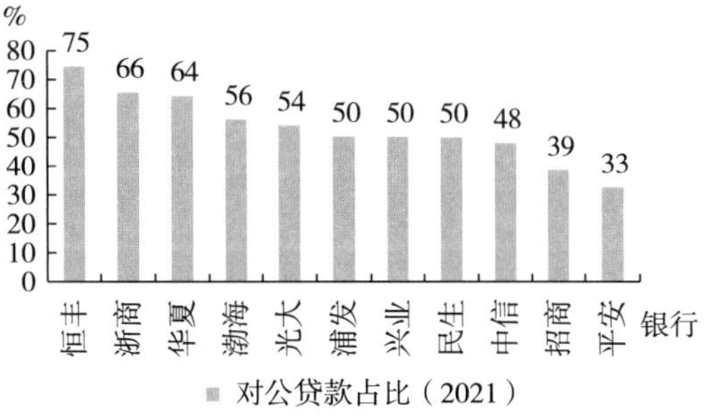

资料来源：公司公告，平安证券研究所。

图表 1.50　信贷投放集中于长三角及环渤海区域（2021 年）

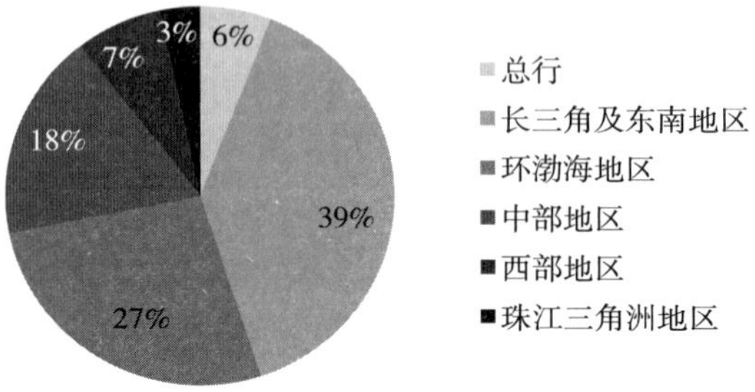

资料来源：公司公告，平安证券研究所。

第二篇　挑战篇

第二章　经济结构转型，银行资产结构调整迫在眉睫

商业银行的发展与其所处地区的经济环境息息相关，过去二十多年的时间里，中国银行业充分享受了中国经济高速发展的红利，业务规模和盈利能力都大幅提升。近年来，随着我国经济发展步入新常态，经济增速的放缓和结构调整的深入对银行业的发展，尤其是资产配置也带来了新的挑战。过去粗放式的扩张模式将不可持续，银行需要更注重资产投放的效益，以适应经济高质量的发展要求。如何摆脱路径依赖，调整和优化资产结构以更好地支持新发展格局下的经济发展内生需要，成为摆在包括股份制银行在内的国内商业银行面前的重要课题。

2.1　经济发展步入新常态，从重规模走向重质量

自 2001 年中国加入 WTO 以来，我国经济在过去的二十多年间经历了长足发展，实力不断增强，截至 2021 年末，我国名义 GDP 总量已经达到 114.4 万亿元，较 2001 年 11 万亿元的水平已是十倍有余。从与全球主要经济体的比较来看，中国在 2010 年就已经超过日本成为全球第二大经济体，仅次于美国。

进入 21 世纪第二个十年之后，我国逐渐步入一个全新的发展阶段，一方面，经济增速随着总量的不断增长有所放缓，另一方面，过去经济快速发展过程中所隐藏的一些问题有所显现。在此背景下，中央开始将更多的注意力放到改善经济结构的问题上。从“十二五”时期开始，我国经济结构调整的步伐开始加快，“十二五”规划首次提出了要以“加快转变经济发展方式为主线”，促进经济增长从原先主要依赖于投资拉动向“依靠消费、投资、出口协调拉动转变”。“十三五”时期，我国经济结构的调整进一步聚焦于经济发展质量的提升，“十三五”规划明确提出以提高发展质量和效益为中心，加快形成引领经济发展新常态的体制机制和发展方式。党的十九大报告更是明确提指出，“我国经济已经由高速增长阶段转向高质量发展阶段，正处在转变发展方式、优化经济结构、转换增长动力的攻关期，建设现代化经济体系是跨越关口的迫切要求和我国发展的战略目标”。

从过去来看，投资一直在我国经济增长中扮演着重要角色，而房地产和基础设施建设则是重中之重，根据国家统计局披露的固定资产投资数据，2008 年国际金融危机以来，基建投资和房地产投资一直占据着每年国内固定资产投资的半壁江山。因此，摆脱对房地产和基建的过度依赖成为推动我国经济转型的重要抓手，在此背景下，过

图表 2.1　我国名义 GDP 总量和同比增速变化

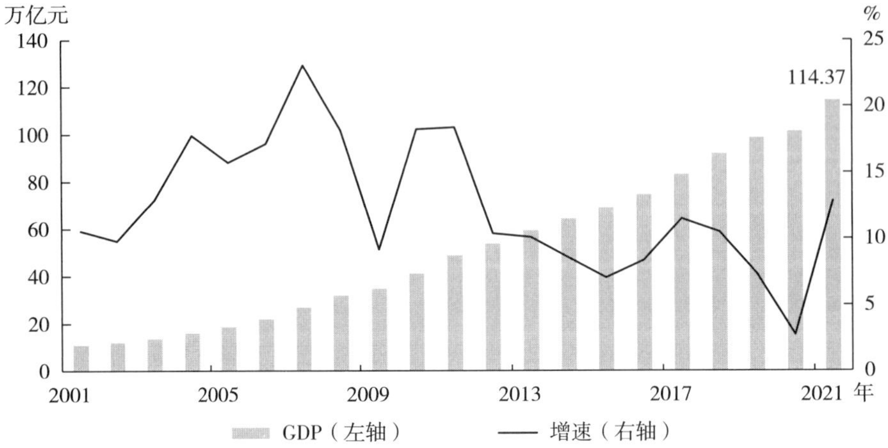

资料来源：中国政府网、平安证券研究所。

去十多年间我们看到了与房地产和基建相关的政策陆续出台，行业监管明显趋严。

图表 2.2　固定资产投资是驱动经济增长的主要动力

资料来源：国家统计局，平安证券研究所。

图表 2.3　房地产和基建拉动固定投资增长

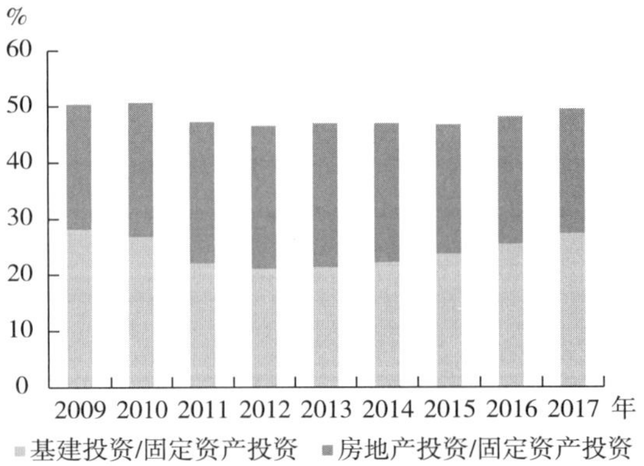

资料来源：国家统计局，平安证券研究所。

2.1.1　房地产：调控不断趋严，“房住不炒”定位明确

为了更好地推动经济转型，摆脱对房地产的过度依赖，中央对房地产的调控在过去 10 多年中不断趋严，其中大致可以分为两个阶段：

（1）2010—2013 年：2010 年 4 月，国务院发布“新国十条”，对三套房及非当地居民暂停发放住房贷款，以此为标志 2010—2013 年相继发布一系列文件法规遏制房价过快上涨，房地产政策持续处于收紧阶段。

（2）2016—2021 年：2016 年 12 月，中央经济工作会议首次提出坚持“房子是用来住的，不是用来炒的”，2017—2019 年来连续三年在重要会议和报告中提及“房住不炒”定位，房地产政策持续处于收紧阶段。2020年初受疫情影响政策边际宽松，拉动房地产较快恢复，随后以2020年8月针对房企的“三道红线”及12月房贷集中度管理两项政策为标志，新一轮调控陆续展开。

图表2.4 **房地产相关政策梳理**

年份	时间	政策	具体内容
2010—2013	2010年4月17日	“新国十条”	国务院发布《关于坚决遏制部分城市房价过快上涨的通知》，要求商业银行：（1）可根据当地房地产市场状况，暂停发放购买第三套及以上住房贷款；（2）对非本地居民暂停发放住房贷款。
	2011年1月26日	“新国八条”	国务院发布《关于进一步做好房地产市场调控工作有关问题的通知》，强化差别化住房信贷政策，贷款购买第二套住房的家庭，首付比例不低于60%，贷款利率不低于基准利率的1.1倍。
	2012年2月2日	央行	召开金融市场工作座谈会，提出加大金融服务，满足首次购房家庭的贷款需求。
2016—2021	2016年9月30日	“930”新政	国庆期间北京、天津、苏州、成都、郑州、无锡、济南、合肥、武汉、深圳、广州、佛山共计12个城市先后发布新楼市调控政策，多地重启限购限贷。
	2016年12月14日	中央经济工作会议	（1）首次提出“房子是用来住的、不是用来炒的”定位，加快研究建立符合国情、适应市场规律的基础性制度和长效机制；（2）坚持因城施策，落实人地挂钩政策，根据人口流动情况分配建设用地指标。
	2018年12月24日	住建部	召开工作会议，以“稳地价稳房价稳预期”为目标，促进房地产市场平稳健康发展。
	2019年4月19日	中央政治局会议	（1）坚持“房住不炒”定位，落实好一城一策、因城施策、城市政府主体责任的长效调控机制；（2）首次提出“不将房地产作为短期刺激经济的手段”。
	2019年5月17日	银保监会	发布《关于开展“巩固乱象成果　促进合规建设”工作的通知》，严禁银行、保险公司、信托等金融机构以各种形式违规提供房地产融资。
	2020年8月20日	住建部、央行	召开重点房地产企业座谈会，会议确定了房地产企业融资的“三条红线”：（1）剔除预收款后的资产负债率大于70%；（2）净负债率大于100%；（3）现金短债比小于1倍。
	2020年12月31日	央行、银保监会	发布《关于建立银行业金融机构房地产贷款集中度管理制度的通知》，对不同银行分档设置房地产贷款余额占比和个人住房贷款余额占比两个上限，对房地产融资规模在银行体系中扩大起限制作用。

资料来源：公开资料，平安证券研究所。

随着政策调控力度的加大，能够看到房价过快上涨的势头得到遏制，根据百城住宅价格指数的数据，自2017年以来房价增速不断下行。受行业景气度下行影响，房企新增投资也变得审慎，行业开发投资增速不断放缓。

图表 2.5 地产投资增速呈现下行趋势

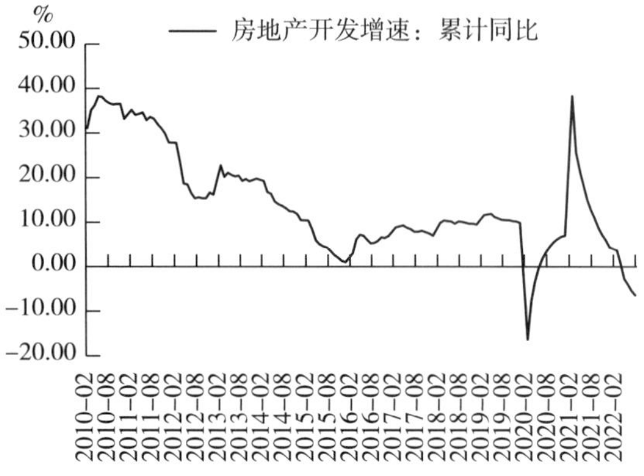

资料来源：国家统计局，平安证券研究所。

图表 2.6 房价上涨速度明显趋缓

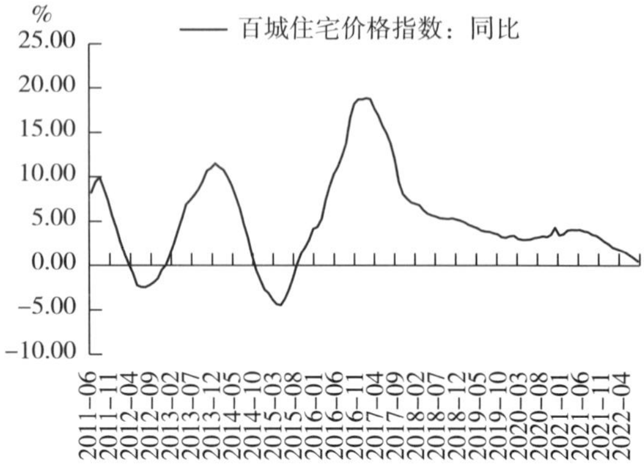

资料来源：中国指数研究院，平安证券研究所。

2.1.2 基建：地方债务监管趋严，基建投资受到约束

除了房地产以外，地方政府债务问题也是中央重点关注的领域。在 2008 年“4 万亿”投资政策的刺激下，地方融资平台债务规模迅速膨胀，债务风险不断累积。从 2010 年“19 号文”开始中央要求地方政府全面清理融资平台公司债务，城投政策呈现收紧态势。中央经济工作会议进一步强调“着力防控债务风险”以及后续新预算法和“43 号文”的落地，明确了地方政府举债的唯一合规方式，并剥离融资平台公司政府融资职能，城投政策进一步收紧。2016 年“88 号文”和“50 号文”两项政策出台，细化地方政府债务的监督约束和应急处置的规定，城投政策呈现收紧态势。2020 年末永煤事件发生后，落实监管责任、防范重大风险成为监管重心，2021 年“5 号文”进一步强调地方政府隐性债务风险，政策持续收紧。

图表 2.7 地方政府债务政策梳理

年份	政策	具体内容
2010—2014	《国务院关于加强地方政府融资平台公司管理有关问题的通知》（“19 号文”）	2010 年 6 月，要求地方各级政府对融资平台公司债务进行全面清理，根据偿还来源和能力将债务划分为三种类型，并提出相应的债务和平台公司清理规范办法。
	《关于制止地方政府违法违规融资行为的通知》（“463 号文”）	2012 年 12 月，进一步规范政府、社会团体、融资平台公司行为，强调禁止将公益性资产作为资本注入融资平台公司；坚决制止地方政府违规担保承诺行为。
	《36 个地方政府本级政府性债务审计结果》	2013 年 6 月，审计署对 36 个地方政府本级 2011 年以来政府性债务情况进行审计，结果显示各类地方政府债务余额高于 2010 年末，地方政府债务继续扩张。
	中央经济工作会议	2013 年 12 月，会议明确将“着力防控债务风险”列为 2014 年经济工作的六项主要任务之一。

续表

年份	政策	具体内容
2010—2014	《中华人民共和国预算法》（2014 年修正）	2014 年 8 月，明确地方政府只能通过省级政府发行地方政府债券方式举债，不得以其他任何方式举债。
	《国务院关于加强地方政府性债务管理的意见》（“43 号文”）	2014 年 9 月，强调赋予地方政府依法适度举债融资权限；对地方政府债务规模实行限额管理；将政企债务进行分离，强调“谁借谁还、风险自担“原则；剥离融资平台公司政府融资职能，融资平台公司不得新增政府债务；对甄别后纳入预算管理的地方政府存量债务，各地区可申请发行地方政府债券置换。
2016—2017	《国务院办公厅关于地方政府性债务风险应急处置预案的通知》（“88 号文”）	2016 年 10 月，规定政府性债务风险应急处置的细节内容；11 月发改委进一步发布《关于印发〈地方政府性债务风险分类处置指南〉的通知》，政策基调转向为“防风险、堵偏门、堵暗道”。
	《关于进一步规范地方政府举债融资行为的通知》（“50 号文”）	2017 年 4 月，细化对违法违规融资担保形式的监管，明确地方政府不得以文件、会议纪要等方式，要求或决定企业为政府举债或变相为政府举债，要求在 2017 年 7 月 31 日前清理整改到位。
2020—2021	国务院金融稳定发展委员会第四十三次会议	会议指出“要依法严肃查处欺诈发行、虚假信息披露、恶意转移资产、挪用发行资金等各类违法违规行为，严厉处罚各种逃废债行为”。
	《2021 年政府工作报告》	2021 年 3 月，政府工作报告指出“完善金融风险处置工作机制，压实各方责任，坚决守住不发生系统性风险的底线”。
	《关于加强地方国有企业债务风险管控工作的指导意见》（“18 号文”）	2021 年 3 月，强调“加强对国有企业债务风险管控的重要性”，提出七个核心举措。
	《国务院关于进一步深化预算管理制度改革的意见》（“5 号文”）	2021 年 4 月，要求“把防范化解地方政府隐性债务风险作为重要的政治纪律和政治规矩，坚决遏制隐性债务增量，妥善处置和化解隐性债务存量”“清理规范地方融资平台公司，剥离其政府融资职能，对失去清偿能力的要依法实施破产重整或清算”。

资料来源：公开资料，平安证券研究所。

2.2　银行业监管趋严，促使银行回归本源

政策调控不仅在地产和地方政府债务领域发生变化，而且在中央经济政策调整的过程中，整个金融领域的监管政策也在不断完善以适应新时期的发展要求，这对我国金融业扮演重要角色的银行业所带来的影响是非常深远的。我国的融资结构长期以来以间接融资为主，从目前存量社会融资的结构中能够看到，银行信贷依旧贡献了超过 60% 的融资规模（见图表 2.8）。回顾过去二十多年的时间，伴随着经济规模的快速增长，银行业迎来了快速发展的红利期，截至 2021 年末，我国银行总资产规模达到 337

万亿元，较2003年增长了12倍。

长期高速的规模扩张使银行业普遍形成了一种以规模为导向的发展思路，绝对规模的增长成为各家银行所关注的首要目标。但随着国内经济步入新常态以及中央经济政策的调整，银行业粗放式的规模扩张与经济结构调整之间的矛盾有所显现，金融领域的潜在系统性风险有所积聚，银行业开始出现一些包括监管套利、资金空转和影子银行在内的问题。在此背景下，金融监管政策逐步收紧，银行业迎来了强监管时期。

图表2.8　中国社会融资存量结构

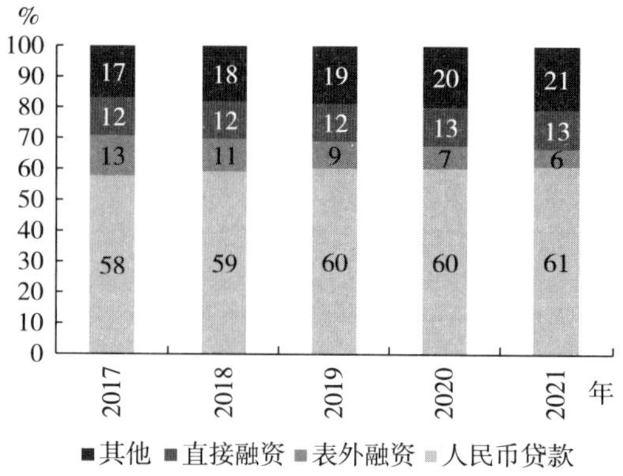

资料来源：央行，平安证券研究所。

图表2.9　中国银行业资产规模变化

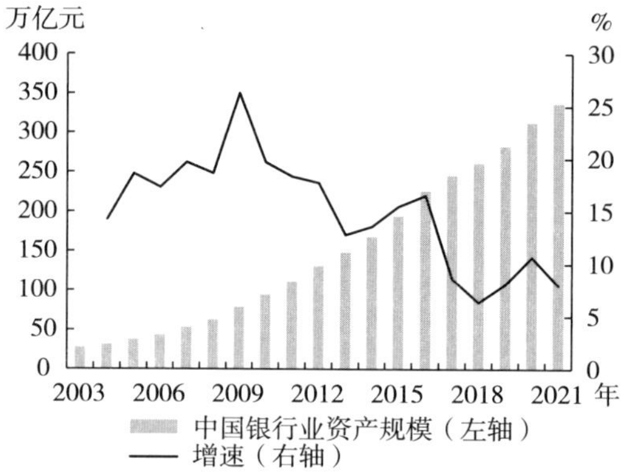

资料来源：银保监会，平安证券研究所。

回溯过去十多年，我国银行业经历了两轮强监管周期，其中主要集中在2010—2014年以及2017—2019年。

2.2.1　2010—2014年：聚焦同业业务规范

此轮监管趋严的背景主要是在2008年国际金融危机之后，我国于2008年末出台了一系列包括财政、货币政策在内的刺激政策以应对金融危机的冲击，由于政策涉及新增投资规模约4万亿元，此后大家多以“4万亿”计划代之。“4万亿”计划使银行业资产负债表在短期内快速扩张，也带来了行业利润的大幅增长，但这也引发了一些问题，首先是银行的资产投向依然更多向房地产和基建等传统领域倾斜，信贷结构对支持经济结构调整的作用有限，其次则是使银行通过规模扩张推动盈利增长的思维进一步牢固。

因此，在2009—2010年国内货币政策回归常态化的过程中，银行业追逐规模扩张的原始冲动并未消退，在贷款投放受到监管额度制约的情况下，银行通过同业业务、理财业务等方式，借助诸如信托等非银机构通道创造非标准化资产，进行扩表。在此模式下，非银机构在其中仅发挥“通道”作用，并不真正进行资产管理，银行表面上购买了合作非银机构所发行的非标资产，实际是投向非标资产的底层资产，由于当时监管对此类模式并没有限额管理的要求，银行通过这样的方式，在一定程度上能够规避监管对银行贷款在总量额度和行业集中度方面的管控。

图表 2.10　我国银行同业/理财业务投资非标资产路径

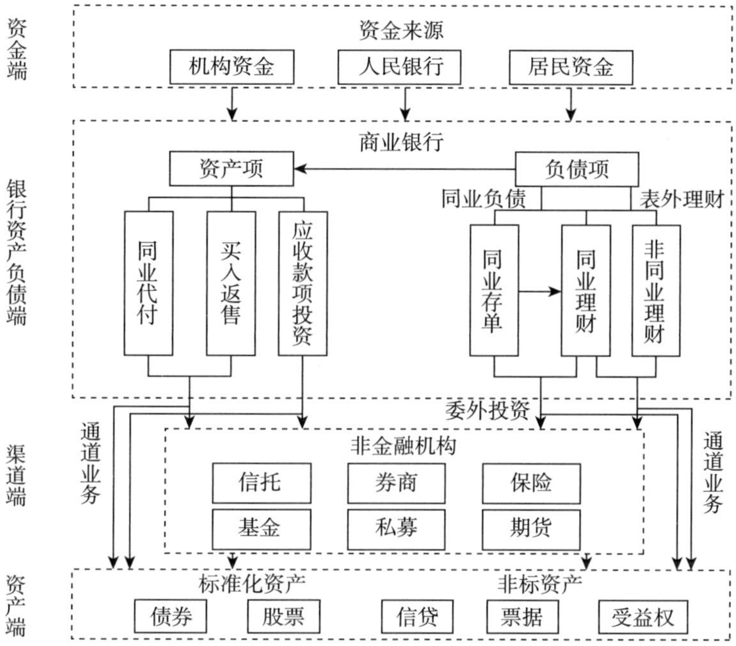

资料来源：王喆，张明，刘士达．从“通道”到“同业”——中国影子银行体系的演进历程、潜在风险与发展方向［J］．国际经济评论，2017（4）；平安证券研究所。

在此背景下，金融监管部门从 2010 年开始对上述业务模式加强监管约束，其中主要的约束来自以下几个方面。

（1）针对理财业务，限制银行通过理财方式投资非标准化资产，2013 年《关于规范商业银行理财业务投资运作有关问题的通知》（银监发〔2013〕8 号）出台，对理财投资非标资产设定了不得超过本行理财规模 35% 或总资产规模 4% 的上限约束。

（2）针对同业业务，2014 年《关于规范金融机构同业业务的通知》（银发〔2014〕127 号）出台，逐项界定并规范了同业拆借、同业存款、同业借款、同业代付、买入返售（卖出回购）等同业投融资业务，强化了金融机构同业业务内外部管理要求，规范了会计核算和资本计量要求，设置了同业业务期限和风险集中度要求，强调了加强流动性管理的重要性。

图表 2.11　　2010—2014 年金融监管政策梳理

时间	相关文件	主要内容	针对的创新产品	后续发展的创新业务
2010－08	《关于规范银信理财合作业务有关事项的通知》（“72 号文”）	信托公司不得安排通道类业务；产品期限不得低于 1 年，不得为开放式；融资类业务余额占银信理财合作业务余额比例小于 30%。	银信合作	买入返售 票据

续表

时间	相关文件	主要内容	针对的创新产品	后续发展的创新业务
2011－06	《关于切实加强票据业务监管的通知》	立即停办违规机构票据业务，完善会计核算；排查银行承兑汇票贸易背景的真实性、贴现资金流向的合规性以及是否存在通过票据贴现逃避信贷规模等。	农信社违规贴现票据	票据信托收益权、理财产品
2011－06	商业银行理财业务监管座谈会内部会议纪要	明确票据等融资类资产、信托贷款、信托收益权等不得进入理财产品资产池。	理财产品资产池	银证信合作
2011－08	《关于进一步规范银信理财合作业务的通知》（“7号文”）	银信合作贷款余额按照每季度25%的比例予以压缩；信托公司对银行未转表内的银信合作信托贷款计提10.5%比例的风险资本。	银信合作	
2012－03	《关于信托公司票据信托业务等有关事项的通知》	包括信托公司票据信托业务和银信合作业务，这被市场解读为票据集合信托业务被正式禁止。从2011年7月票据集合信托成立量增大到此类业务被禁止，不过半年时间。	信托票据	同业代付
2012－03	《关于规范同业代付业务管理的通知》（征求意见稿）	银行开展同业代付业务应遵循“三真实”原则，即具有真实贸易背景、进行真实会计处理以及体现真实受托支付。	同业代付	银证/银基票据合作
2012－07	《关于票据业务管理的若干规定》（征求意见稿）	要求银行加强票据业务内部管理，通过上收经营网点的自主审批权等；除了从商业汇票使用主体，票据背书，贴现、转贴现和再贴现，票据书写、更改，提示付款等方面加强票据业务规范性之外，央行还重点提及票据业务内部管理；纸质商业汇票贴现后，持票银行只能将票据转让给其他银行、财务公司或中国人民银行。	银证/银基票据合作	买入返售票据收益权
2012－08	《关于规范同业代付业务管理的通知》	同上，另外明确新老划段同时隔年转表的规定；2012年底前到期的业务，可采取自然到期结清；2012年底后到期的业务，应于2012年12月31日前按照通知要求整改到位。	同业代付	同业业务信托收益权
2013－03	《中国银监会关于规范商业银行理财业务投资运作有关问题的通知》	投资非标产品必须“一一对应”；非标产品设置上限：理财产品余额的35%或总资产的4%；不能以自有资金安排回购条款。	理财产品	
2013－05	《关于排查农村中小金融机构违规票据业务的通知》	农信社违规票据监管排查。	买入返售票据收益权	

续表

时间	相关文件	主要内容	针对的创新产品	后续发展的创新业务
2014－01	《国务院关于加强影子银行业务若干问题的通知》（“107 号文”）	（1）全口径界定影子银行概念和框架；（2）按照目前“分业经营、分业监管”的职责，各监管部门进一步落实监管责任。	全面监管影子银行的框架性文件	基金子公司、证券资管、P2P 平台等泛资管业务
2014－01	银监会《在 2014 年全国银行业监督管理工作会议上的讲话》	（1）明确同业及理财为 2014 年银监会工作重点；（2）要求商业银行对同业业务建立专营机构，理财业务设立事业部制；（3）要求同业业务回归流动性管理本质，理财业务回归代客理财的本质；（4）第一季度定方案，第二季度见到实际成效。	理财及同业业务监管	
2014－03	《中国银监会办公厅关于 2014 年银行理财业务监管工作的指导意见》（“39 号文”）	限制资金池运作、排查理财产品流动性风险。	理财产品	
2014－03	部分银监局下发《关于同业业务规范和改革治理有关事项的通知》	（1）严格执行同业监管额度、期限等规定，加快同业业务专营机构设立；（2）防范和排查同业业务风险，补提准备金和计提资本；（3）同业集中度设置。	同业业务	
2014－05	《关于规范金融机构同业业务的通知》（“127 号文”）	逐项界定并规范了同业拆借、同业存款、同业借款、同业代付、买入返售（卖出回购）等同业投融资业务；强化了金融机构同业业务内外部管理要求，规范了会计核算和资本计量要求，设置了同业业务期限和风险集中度要求，强调了加强流动性管理的重要性。	同业业务	

资料来源：公开资料、平安证券研究所。

本轮强监管周期的特点是自下而上驱动，聚焦监管灰色地带，从银行同业业务、理财业务、银信合作等存在监管漏洞的领域出发，旨在解决银行绕开监管过度扩张和违规扩张的问题。随着相关业务监管新规的出台，银行同业业务以及非标资产的过快扩张的问题得到有效控制，但需要注意的是，此轮监管出台的新规并没有完全禁止银行在上述领域业务的开展，因此随着 2014 年新一轮货币宽松周期开启之后，银行同业投资及理财投资非标资产的规模又开始恢复增长。

2.2.2 2017—2019年：构建宏观审慎监管框架，全方位化解金融风险

相比上一轮针对同业业务的监管，2017年开启的新一轮强监管周期在政治高度、涉及内容广度和深度上均有大幅提升，旨在彻底根除金融领域长期存在的包括监管套利、刚性兑付、资金空转等问题。

首先，在政治高度上，中央此次对于金融监管问题的重视程度远超以往。2017年，中央高度重视金融风险的防范与金融监管工作，中共中央政治局会议、全国金融工作会议、党的十九大、中央经济工作会议、“一行三会”等均将金融监管放在了重要位置，通过成立国务院金融稳定发展委员会来统筹“一行三会”，消除监管空白，打击监管套利；并提出构建货币政策与宏观审慎监管双支柱，央行在金融监管方面的地位也获得提升。

图表2.12　　2017年金融监管相关的重大会议

会议	时间（2017年）	主要内容
政治局会议	4月	集体学习“维护国家金融安全”，把维护金融安全作为治国理政的一件大事。
	7月	提出“整治金融乱象”，加强金融监管协调。
	12月	提出“防范化解重大风险”，增强金融服务实体经济能力。
党的十九大	10月	加强金融服务实体经济能力，提高直接融资比重，守住不发生系统性风险底线。
全国金融工作会议	7月	设立国务院金融稳定发展委员会，强化宏观审慎和系统性风险防范责任。
中央经济工作会议	12月	提出打好以防范化解重大风险为首的三大攻坚战，重点是防控金融风险，要促进金融与实体、金融与房地产、金融体系内部的良性循环，做好重点领域风险防范和处置。

资料来源：公开资料、平安证券研究所。

其次，在涉及内容广度上，随着宏观审慎评估（MPA）体系的建立，监管外延大幅扩展，新框架几乎覆盖了银行主要业务领域。2016年初，央行将原先针对银行的差别准备动态调整与合意贷款管理机制升级为宏观审慎评估体系以适应目前银行的资产负债表。随着金融创新和直接融资市场的发展，银行的资产端配置不再局限于贷款，包括债券、同业、非标等各类非信贷类资产的占比不断提升，仅盯住贷款对控制银行的资金投放有效性不断下降，从而影响央行货币政策的传导和宏观审慎管理目标的实现。

MPA考核体系主要覆盖七大方面：资本和杠杆情况、资产负债情况、流动性、定价行为、资产质量、外债风险、货币政策执行。值得注意的是，在资产负债情况的考核中，央行将原来对狭义信贷的管控扩展至广义信贷，即包括央行人民币信贷收支表中的各项贷款、债券投资、股权投资及其他投资、买入返售资产以及存放非存款类金融机构款项。

图表 2.13　MPA 考核体系

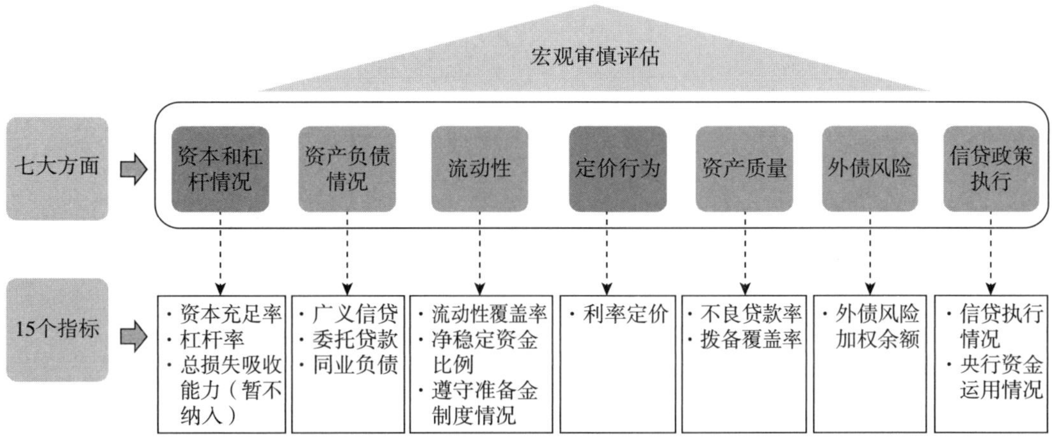

资料来源：中国政府网、平安证券研究所。

在原先合意贷款口径下，央行主要通过控制银行的贷款规模来控制货币投放，但随着表外融资及直接融资规模的不断增长，尤其是银行在同业业务上的加速创新，银行体系越来越多通过非信贷模式向实体经济提供融资，央行对银行资产端投放的控制力度被削弱，货币政策有效性受到制约。

此次，央行将广义信贷口径纳入 MPA 监管，重新实现了对银行资产负债表的全方位控制。在广义信贷口径中，央行人民币信贷收支表中的各项贷款、债券投资、股权投资及其他投资、买入返售资产（非银行同业部分）以及存放非存款类金融机构款项均被纳入统计。

2016 年 10 月，为进一步规范表外理财业务，央行提出将表外理财纳入广义信贷监测口径，至此银行表内外资产端配置均被纳入央行监管范围内。表外理财的纳入扩大了广义信贷指标的统计范围。

（1）增加项目：对广义信贷的统计范围，在原有各项贷款、债券投资、股权及其他投资、买入返售资产、存放非存款类金融机构款项五个项目的基础上，增加表外理财资金运用项目。

（2）数据来源：表外理财资金运用的数据来自央行调查统计部门的人民币表外理财资产负债表。其中，表外理财资金运用余额 = 该表中的资产余额 − 现金余额 − 存款余额。

最后，在涉及业务的深度上，此轮监管检查的力度和频度均超过以往。在 MPA 考核体系出台后，从 2017 年开始，涉及各个金融子领域的监管新规也陆续出台，金融行业的监管新规不断落地。监管文件中频繁涉及的同业投资、同业负债、理财、委外等业务均是过去几年银行业务创新的集中领域。我们认为其背后的原因在于：一方面这类业务目前大多游离在现行监管框架之外，随着业务发展的常态化，存在统一业务监管要求和标准的必要性；另一方面金融企业天生具有资本逐利动机，导致上述部分业务规模扩张速度过快，从而对金融体系的稳定带来挑战，需要监管予以约束。

图表 2.14　MPA 约束银行广义信贷扩张

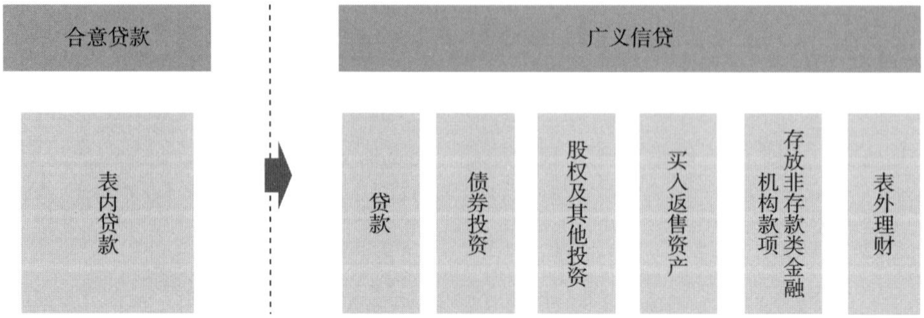

资料来源：中国政府网、平安证券研究所。

图表 2.15　　2017 年监管检查治理工作快速推进

文号	文件名	涉及业务	主要内容	新规影响分析
银监办发〔2017〕45 号	关于开展银行业“违法、违规、违章”行为专项治理工作的通知	信贷 票据 同业 理财	要求银行自查对现有法律规章的遵守情况，包括乱办业务、乱设机构、不当利益输送、信贷、票据、同业和理财以及信用卡业务等方面； 明确了监管时点要求，2017 年 6 月 12 日报送自查报告，11 月 30 日完成全面自查。	涉及银行包括信贷、票据、同业、理财各类业务的开展，短期会对银行各类创新业务的开展造成影响，出于审慎考虑，银行可能会暂停部分存在潜在监管问题业务的开展。
银监办发〔2017〕46 号	关于开展银行业“监管套利、空转套利、关联套利”专项治理的通知	信贷	治理违规置换用于企业借新还旧，多头授信；搭桥高利贷。	短期来看对银行信贷业务的结构调整和规模增速造成一定的压力，但从中长期来看，有利于行业业务的规范化及风险管控。
		票据	治理开立虚假票据并办理贴现套利；票据由表内转表外规避信贷规模管控及赚差价；运用理财资金投资票据；授信敞口项下票据贴现。	
		理财 & 委外	理财投资非标是否超限额；非银机构是否通过委外加杠杆；是否用同业理财购买同业存单。	对银行理财的规模和结构进行监管，行业的表外理财规模增速将有所放缓，理财的结构将有所调整；表内资负结构将有所调整（同业存单占比降低），委外业务将进入观望期。
		同业	关注同业融入资金余额占负债总额超过 1/3 的。	对于行业同业存单规模有所控制，未来需关注监管细则的要求。
		时间截点	2017 年 6 月 12 日报送自查报告，11 月 30 日完成全面自查。	—

续表

文号	文件名	涉及业务	主要内容	新规影响分析
银监办发〔2017〕52 号	关于进一步排查企业互联互保贷款风险隐患的通知	信贷	排查企业担保圈贷款风险，重点针对互保、联保、循环保。	旨在强调风险防控，对银行新业务开展的影响不大。
银监办发〔2017〕53 号	关于开展银行业“不当创新、不当交易、不当激励、不当收费”专项治理工作的通知	同业	同业投资要求实施穿透管理至底层资产，根据基础资产性质足额计提资本和拨备；同业融资要求买返资产合规，关注卖出回购方是否存在资产出表；同业存单是否超过总负债的三分之一。	部分同业负债占比较高的银行存在结构调整压力，拨备计提可能会相应增加。
		理财 & 委外	理财业务实施单独核算、风险隔离；关注资金池是否存在“滚动发售、混合运作、期限错配、分离定价”；理财投资合作机构是否为非金融机构；债券投资和权益类资产投资是否符合理财资金投向规定；保本理财要求准确核算，足额计提。	与此前关于银行理财业务监管要求差异不大，但突出了对委外合作机构的管理要求。
		信托	对各类通道业务模式提出检查要求。	通道类业务受到较大约束。
		综合	对金融创新业务的流程、制度进行规范；乱收费问题。	短期对金融业务的创新形成抑制。
		时间截点	2017 年 7 月 15 日报送自查报告。	—
银监发〔2017〕4 号	关于提升银行业服务实体经济质效的指导意见	综合	围绕“三去一降一补”，推进体制机制改革创新，强化重点领域监管约束，提升服务实体经济质效。	对业务层面影响有限。
银监发〔2017〕5 号	关于集中开展银行业市场乱象整治工作的通知	信贷	对表内与表外业务界限模糊、随意腾挪的行为；虚假存贷扩张规模的行为；信贷资产五级分类不准确的行为。	银行资产由表内向表外腾挪受到限制。
		理财	资管产品通过嵌套规避底层资产的披露；理财产品的违规销售。	对现有理财对接非标债权的投资会产生影响。
		综合	股权和对外投资、网点设立、人员录用、行业廉政风险，监管履职，内外勾结违法行为，非法金融活动等。	约束银行股举牌行为，以及银行内部管理中各类违规情况。

续表

文号	文件名	涉及业务	主要内容	新规影响分析
银监发〔2017〕6号	关于银行业风险防控工作的指导意见	信贷	关注逾期90天以上贷款/不良贷款大于100%、关注类贷款占比较高或增长较快、类信贷及表外资产增长过快的金融机构；关注房地产融资占比高、贷款质量波动大的银行。	促使银行提高不良认定及风险资产分类标准；对银行当年信贷投向结构有影响，整体房地产贷款占比或有所下降；银行不良确认要求趋严，部分银行五级分类下迁压力将增加。
		债券	将直接债券投资以及通过特殊目的载体（SPV）、表外理财等方式开展的债券投资纳入统一监测范围。	原先银行通过SPV及表外理财开展的债券投资业务的管理要求提升，可能会对拨备计提产生影响。
		委外	明确委外投资限额、单一受托人受托资产比例等要求，规范开展债券回购和质押融资，严格控制交易杠杆比率。	对于委外投资明确了额度和比例，委外占表外理财规模的比重较大的银行存在结构调整压力。
		理财	不得简单将理财业务作为各类资管产品的资金募集通道；不得使用自有资金购买本行发行的理财产品。	加强理财业务风险管控，减少理财产品嵌套。
		同业	关注同业存单增速较快，同业存单占同业负债比例较高的银行。	对"同业存单+同业负债"占总负债比重较高的银行存在规模发展限制。 2016年末以来资金成本的上行对上述银行的成本控制造成一定压力。
		综合	同业业务、投资业务、托管业务、理财业务等纳入流动性风险监测范围，制定合理的流动性限额和管理方案。	表外理财规模较大的银行资产规模发展受到限制。
银监发〔2017〕7号	关于切实弥补监管短板提升监管效能的通知	综合	加强股东准入和行为监管、提高风险披露标准和水平，加大处罚力度和责任追究力度。	对业务层面影响有限。

资料来源：央行、银保监会、平安证券研究所。

大量监管新规的出台实现了对原有监管体系的查漏补缺，其中尤以2018年出台的资管新规影响最为深远。在资管新规出台之前，由于刚性兑付的存在，市场上诞生了大量以银行理财和信托为代表的高收益保本型产品，这类产品的收益率明显高于同期限的存款，部分产品甚至超过同期股票市场的收益表现，而在风险端又能够做到保本，很好地匹配了我国居民长期以来低风险的财富配置偏好以及对收益率的需求，成为居民金融资产配置的首选，但这背后却隐藏了大量风险。

图表 2.16 固定收益类产品收益率已接近权益类产品

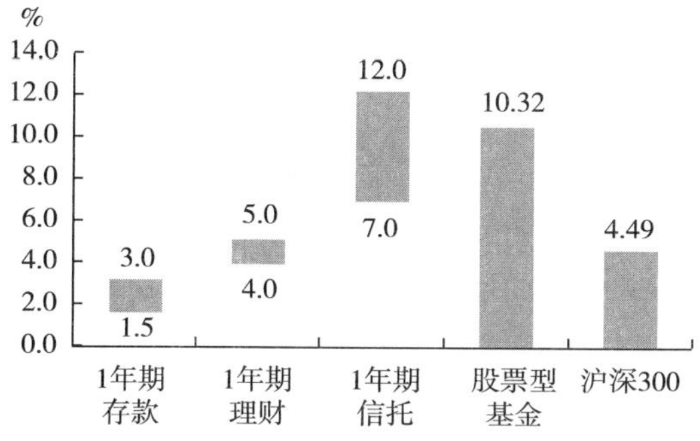

资料来源：Wind，平安证券研究所。

图表 2.17 银行理财产品结构（万亿元，2017 年）

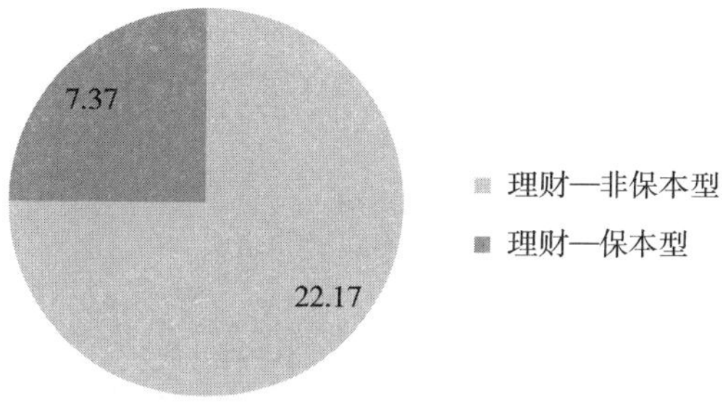

资料来源：Wind，平安证券研究所。

从整个资产管理市场发展的情况来看，行业整体的业务规模在这一阶段迎来了飞速增长，国内主流资管机构的业务规模从 2014 年的 60 万亿元增长至 2017 年的 124 万亿元。而从个体竞争格局来看，能够观察到两个特点。

（1）受益于保本型产品规模的增长，银行理财和信托的规模增长最为显著，三年间分别增长了 15 万亿元和 12 万亿元，扮演了行业龙头的角色。此外，公募基金的规模变化也能够反映这样的趋势，三年间规模增长的主要贡献来自同样低风险稳收益的货币基金，占到了整体公募基金增量规模的 2/3。

（2）与保本型产品增长息息相关的非标投资产业链相关机构的业务规模同样迎来了爆发期，包括信托、券商资管、基金子公司在内的通道类机构规模快速增长，截至 2017 年末，各主要通道合计规模接近 40 万亿元。

图表 2.18 2017 年资产管理行业 AUM 规模情况

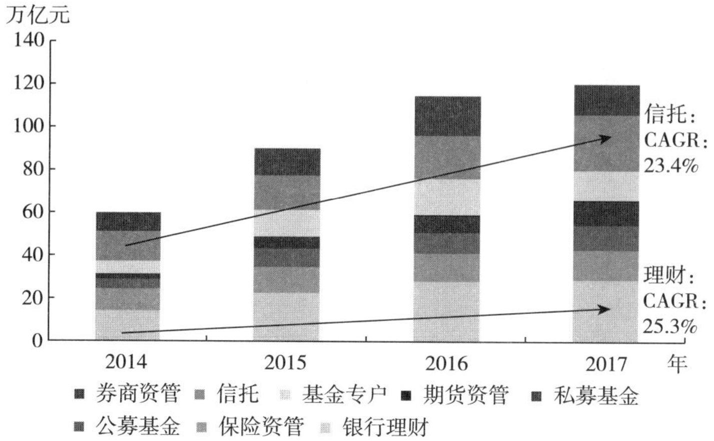

2014—2017年	增量（万亿元）
银行理财	14.5
保险资管	3.9
公募基金	7.1
其中：股票及混合	0.8
债券基金	1.1
货币基金	4.7
私募基金	9.0
期货资管	0.2
基金专户	7.9
信托	12.3
券商资管	9.3

资料来源：中国银行业协会，中国证券投资基金业协会，中国保险行业协会，中国信托业协会，中国证券业协会，平安证券研究所。

图表 2.19　通道类机构业务规模快速增长

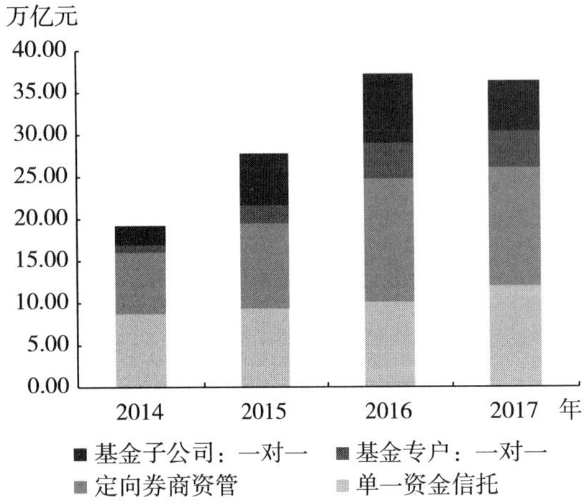

资料来源：中国证券投资基金业协会，平安证券研究所。

图表 2.20　公募基金规模增长主要源自货币基金

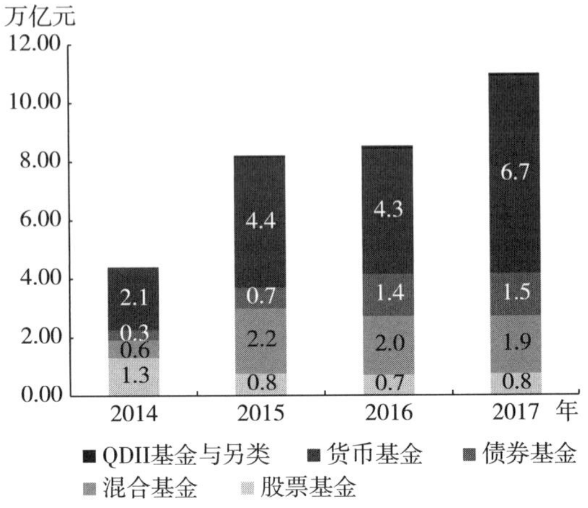

资料来源：中国证券投资基金业协会，平安证券研究所。

在此背景下，央行联合银监会、证监会、保监会、国家外汇管理局发布《关于规范金融机构资产管理业务的指导意见》，即在后来被大家所熟知的资管新规。资管新规除了在资管产品的准入门槛、投资标的集中度等方面作了严格限制外，新规明确提出打破刚性兑付，要求银行理财等资管产品实施净值化管理，使原先大量隐性刚性兑付的"保本"型产品逐步退出历史舞台。

与此同时，投资者偏好开始出现变化，保本保收益的预期被打破，同时由于在资产端投向上受到严格的限制，在巨大的转型压力下，理财产品的收益率不断下滑，逐渐回归无风险收益率水平。此外，资管新规通过禁止多层嵌套、期限错配等约束极大地制约了非标投资，从而对通道类业务造成冲击，可以看到在 2017 年以前增长迅猛的各类通道机构规模快速回落。

图表 2.21　2018 年资管新规核心内容

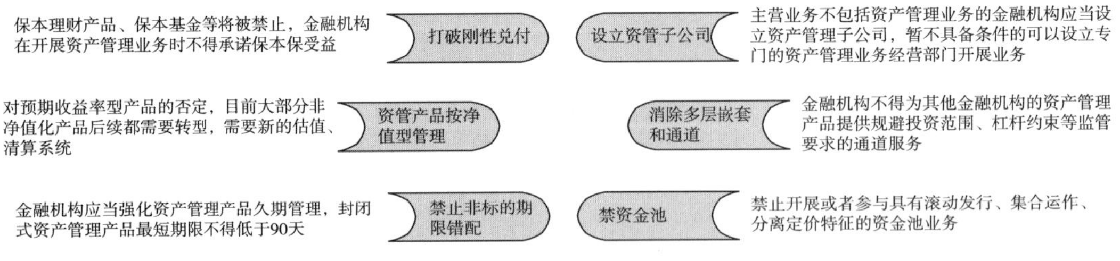

资料来源：央行，平安证券研究所。

图表 2.22 银行理财收益率回归无风险利率

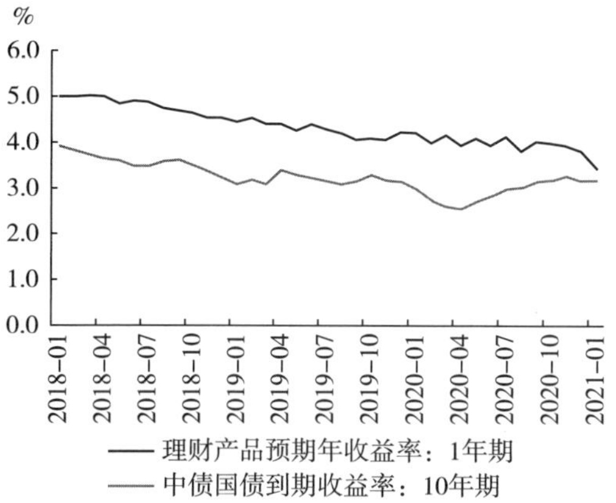

资料来源：Wind，平安证券研究所。

图表 2.23 2018 年以后理财、券商资管、信托规模快速压降

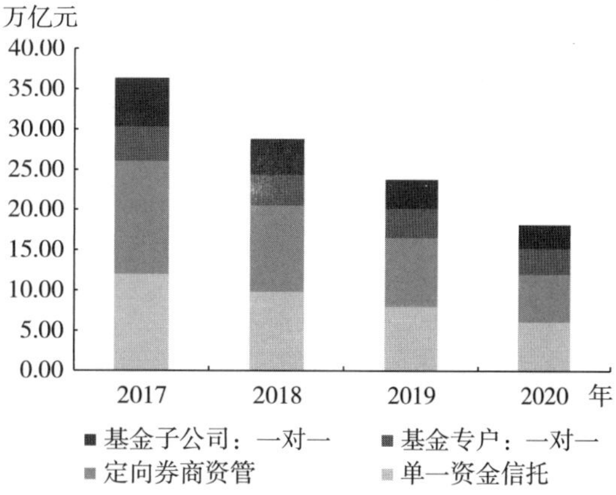

资料来源：中国证券投资基金业协会，平安证券研究所。

2.3 银行资产结构步入调整期，股份制银行面临更多挑战

国内经济结构的调整以及行业监管政策的变化给银行业的经营带来了挑战，尤其是在资产端的配置方面。一方面，在大类资产配置维度，银行总资产规模扩张的速度受到约束，与此同时，早些年作为行业创新业务而大幅增长的非标资产面临清理和压降。另一方面，经济下行给银行的资产质量带来了冲击，而在贷款存量结构中对房地产与基建依赖度过高的问题也在逐步显现。需要注意的是，这些问题的出现对不同类型的银行影响程度不同，大型银行由于业务结构均衡，过去几年的增速也相对平稳，因此受到的影响较小，而对于以业务创新见长并长时间分享了扩张红利的股份制银行来说，突如其来的外部变化带来了不小的挑战与压力。

2.3.1 广义信贷增速放缓，非标资产逐步清理

MPA 考核的出现使监管部门对银行的规模约束从原先的狭义信贷扩张至银行资产端的绝大部分资产，因此在 2010 年之后很多银行通过投资非标资产绕开狭义信贷监管的方式受到限制。通过对央行存款类金融机构信贷收支表的分析能够看到，2016 年广义信贷口径（人民币贷款、债券投资、股权及其他投资）的资产增速能够达到 30% 以上，高于贷款增速超过 20 个百分点，但自 2016 下半年开始广义信贷增速开始急剧收敛，到 2018 年中期已经回归到与信贷增速同一水平。区分不同类型的银行来看，原先更依赖通过非信贷类途径扩张的股份制银行在监管趋严之后规模增长的幅度更大，直接从 2016 年以前每年 15% 以上的规模增速回落至个位数水平，甚至在 2017—2018 年的规模增速慢于大型商业银行（以下简称大行），背后反映出监管对其更大的约束。

图表 2.24　银行广义信贷增速自 2016 年开始回落

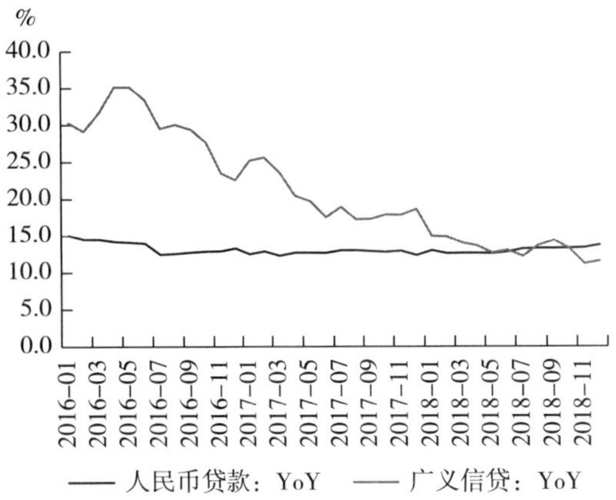

注：广义信贷增速口径为央行存款类金融机构信贷收支表中贷款、债券投资、股权及其他投资合计值。

资料来源：央行，平安证券研究所。

图表 2.25　大行与股份制银行规模增速表现

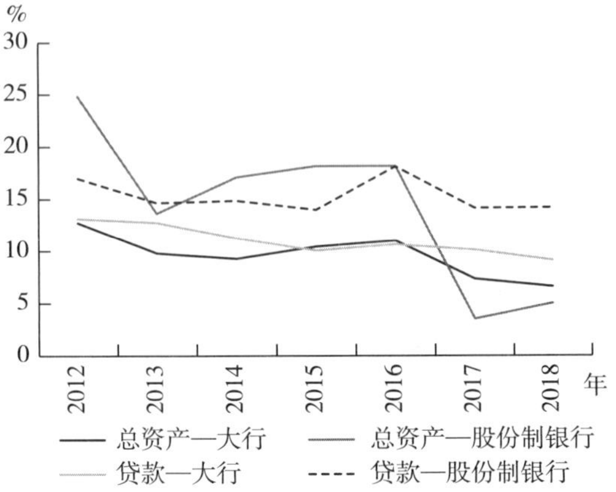

资料来源：上市银行财报，平安证券研究所。

非标资产作为本轮严监管周期中整治的焦点，给以股份制银行为代表的中小银行带来的调整压力也是最大的。能够看到，在 2016 年绝大部分股份制银行资产端非标资产的占比均在 10% 以上，叠加银行理财产品中投资非标资产 4 万亿 ~ 5 万亿元的规模。如何平稳处理这些资产以避免大量风险的暴露以及如何填补这些非标资产所留下的投放空缺成为行业需要面对的棘手问题。

图表 2.26　上市银行非标资产占生息资产的比重（2016 年）

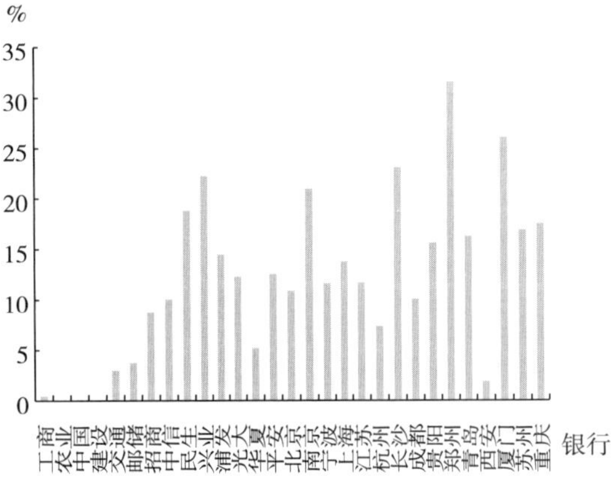

注：非标资产口径为各家银行报表中应收款类投资项下信托受益权及资管计划。

资料来源：上市银行财报，平安证券研究所。

图表 2.27　理财投向非标规模持续增长

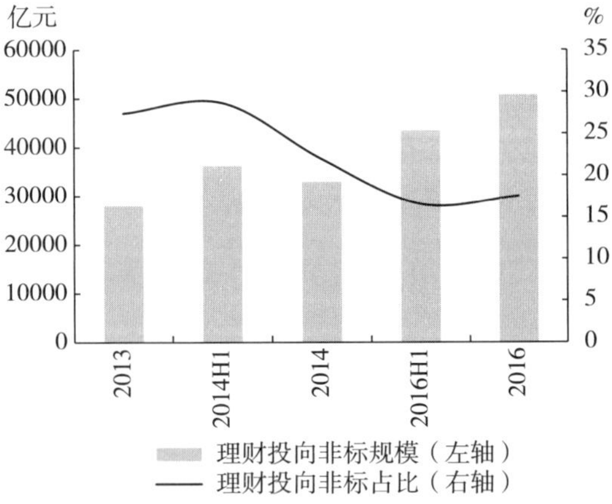

资料来源：上市银行财报，平安证券研究所。

2.3.2　资产质量面临压力，信贷结构亟须调整

在国内经济增速不断放缓的背景下，银行业的资产质量同样面临更多的挑战。通过跟踪银行业的资产质量数据能够看到，国内上市银行的不良贷款率自2011年第三季度达到0.90%的历史最佳水平后开始攀升，自2015年以来持续处于1.5%以上的水平，反映行业所面临的资产质量压力有所加大。从不同类型的银行来看，股份制银行资产质量恶化的趋势较大行更为明显，这很大程度上与股份制银行在2008年国际金融危机后持续的高速扩张有关。

图表2.28　上市银行不良率变化

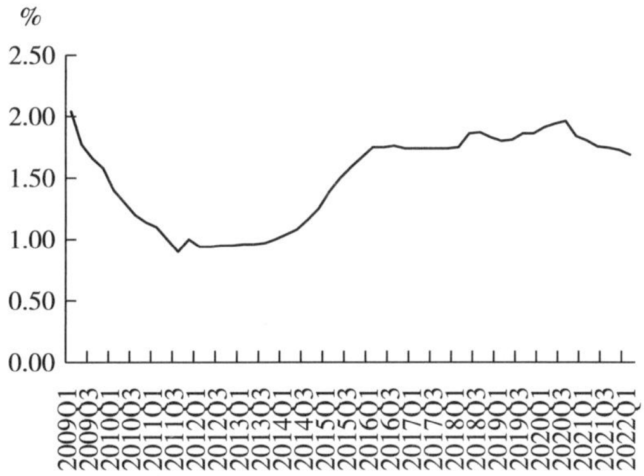

资料来源：银保监会，平安证券研究所。

图表2.29　股份制银行与大行不良率走势比较

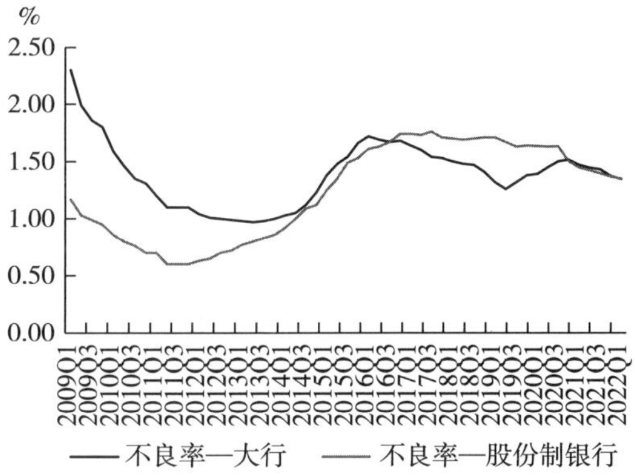

资料来源：上市公司财报，平安证券研究所。

银行信贷倾斜对公，对公依赖房地产与基建。通过分析国内银行的信贷结构能够看到两个特点：（1）信贷结构整体向对公贷款倾斜，过去长期保持在对公与零售7:3的比例；（2）对公贷款的结构向基建项目类和房地产倾斜。究其原因，在很大程度与我国过去长期依靠投资拉动经济增长的发展模式有关，在此背景下，基建和房地产成为推动经济增长主要的引擎，对银行而言，前者拥有政府背书，后者抵押物价值充足，资产风险低且收益稳定，因此成为银行信贷投放的主要领域。值得注意的是，制造业贷款曾经是银行信贷投放占比较高的行业，但随着2011年后经济下行压力加大，行业的风险持续暴露，近年来占比下降明显。

从银行个体间的差异来看，相比大行，股份制银行在对公信贷的投放中房地产贷款的占比要高于大行，大行则更多集中在基建项目类资产。但需注意的是，随着国内经济发展步入新常态，在高质量发展要求的指引下，银行的信贷投向必须能够符合新时代我国经济发展的要求，因此对于各家银行而言，信贷结构的调整同样迫在眉睫。

图表 2.30　国内银行信贷结构变化

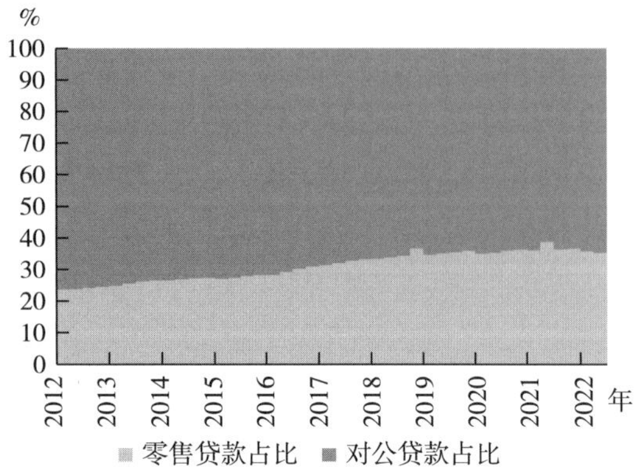

资料来源：上市公司财报，平安证券研究所。

图表 2.31　对公贷款结构变化

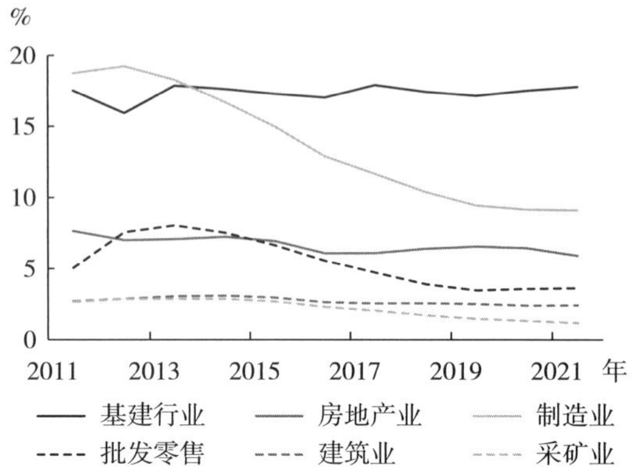

注：基建类贷款口径主要包括交运、电力、热力、燃气及水生产和供应、租赁和商业服务、水利、环境和公共设施管理等行业。

资料来源：上市公司财报，平安证券研究所。

图表 2.32　　国内主要大中型银行信贷结构　　单位:%

分类	银行名称	对公						零售				票据
		基建类	房地产	制造业	批零	其他	合计	按揭	消费贷/信用卡	经营贷及其他	合计	
大行	工商银行	33	4	8	—	15	61	30	4	3	38	2
	建设银行	28	5	9	—	15	57	34	6	2	42	1
	中国银行	31	8	12	5	6	62	30	3	5	38	—
	农业银行	32	5	10	3	9	59	30	5	6	41	—
	交通银行	32	6	11	2	13	64	22	7	4	33	3
	邮储银行	18	2	5	4	6	35	33	3	22	57	8
股份制银行	招商银行	16	8	5	2	8	39	25	15	14	53	8
	中信银行	22	6	7	—	13	49	20	16	6	42	9
	民生银行	22	10	8	3	14	58	14	11	17	42	—
	兴业银行	21	9	9	1	14	54	26	10	6	42	4
	浦发银行	19	7	9	3	14	52	19	8	12	39	10
	光大银行	21	7	10	4	13	55	17	20	6	42	2
	华夏银行	30	7	9	—	19	65	14	8	8	29	5
	平安银行	2	10	4	—	23	39	21	—	40	61	—
	浙商银行	19	14	12	2	18	65	7	9	13	29	6

资料来源：上市公司财报，平安证券研究所。

第三章 利率市场化推进，银行揽储面临挑战

利率市场化是经济金融领域最核心的改革之一①，尤其是对银行业产生的影响极为深远。我国利率市场化从启动至今已经超过30年，取得显著成效，随着2022年上半年央行对存款自律定价机制的形成方式完成改革，挂钩国债收益率与贷款市场报价利率（LPR），我国长期以来存在的利率“双轨”真正意义上实现了并轨。本研究认为利率市场化改革给银行业带来的影响是全方位的，尤其是在存款端，作为商业银行的立行之基，随着利率市场化的实现，银行揽储能力的重要性进一步凸显。值得注意的是，对于股份制银行而言，除揽储能力突出的招商银行外，绝大多数股份制银行面临负债成本偏高的问题，在未来行业同业负债发展受限、存款竞争加剧的趋势下，股份制银行普遍面临更大的挑战。

3.1 中国利率市场化的进程回顾

3.1.1 第一阶段：利率市场化名义完成

1995年《中国人民银行关于“九五”时期深化利率改革的方案》初步提出利率市场化改革的基本思路。1996年6月1日，中国放开银行间同业拆借市场利率，实现由拆借双方根据市场资金供求自主确定拆借利率，这标志着利率市场化的启动。我国利率市场化坚持循序渐进的原则，总体思路为先外币、后本币；先贷款、后存款；先长期、大额，后短期、小额。2013年，我国放开贷款利率的下限，意味着对贷款利率的管制基本全面放开。2015年，我国又对商业银行和农村合作金融机构等不再设置存款利率浮动上限，基本放开存款利率管制。贷款利率下限和存款利率上限的放开标志着我国利率市场化的基本完成，前后历经20年。

3.1.2 第二阶段：“双轨并轨”，利率市场化时代真正到来

虽然2015年之后我国在名义上已经没有了存贷款利率的管制，但在实际过程中仍存在以下问题。第一，缺乏真正的市场基准利率。当前我国货币市场和债券市场利率已经基本实现市场化，但真正完全市场化的基准利率还没有确定。存贷款利率管制虽

---

① 易纲．中国的利率体系与利率市场化改革［J］．金融研究，2021（9）．

图表 3.1　我国利率市场化进程

资料来源：中国政府网、平安证券研究所。

然已经放开，但央行依然公布存贷款基准利率，我国贷款市场报价利率（LPR）与贷款基准利率完全挂钩。第二，利率传导机制存在障碍。我国的利率传导存在障碍体现在两方面，其一是无风险利率的短期利率难以传导至长期利率，其二是利率双轨制的存在使市场化利率难以传导至贷款利率。市场化利率能够较好地反映货币政策和流动性的变化，但难以直接影响贷款利率。2018 年我国货币政策四次降准，金融监管政策边际放松，3 个月同业存单发行利率由年初的 4.7% 下降至年末的 3%，而金融机构人民币贷款加权利率由年初的 5.71% 下降至年末的 5.64%，甚至在第一、第二季度出现了上行。不仅是贷款端，存款端同样存在银行实际定价刚性的问题，自 2015 年存款利率上限放开之后，由于缺乏可以锚定的市场利率基准，国内主要银行的存款牌价大都维持不变，鲜有调整。因此，从存贷两端看，虽然实际上利率管制已经消除，但实际上市场利率与银行存贷款利率双轨并行的情况依然存在。

"两轨并一轨"是利率市场化的核心体现和利率市场化的延续，也是利率市场化最后的硬骨头。"两轨并一轨"不仅要培养市场化的基准利率，更要注重疏通货币政策的传导机制以及加强金融机构的定价能力。导致利率存在双轨制的主要原因在于针对不同类型的资产和负债，商业银行采取不同的定价机制以及监管考核机制不同。具体来看：第一，长期以来，商业银行对存贷款的定价都是基于央行制定的存贷款基准利率，

图表 3.2　2018 年同业存单发行利率大幅下行

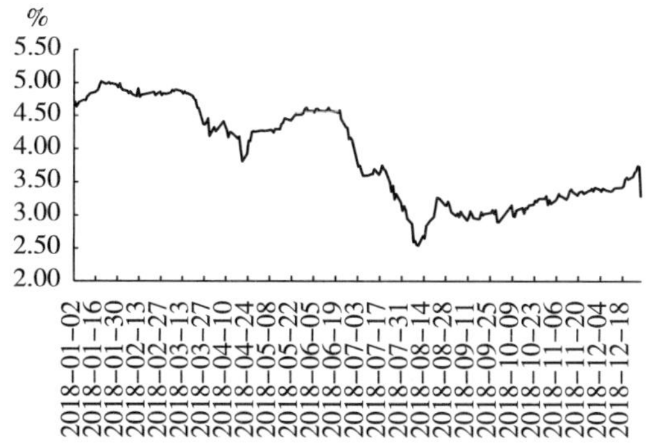

资料来源：Wind，平安证券研究所。

图表 3.3　2018 年人民币贷款利率保持刚性

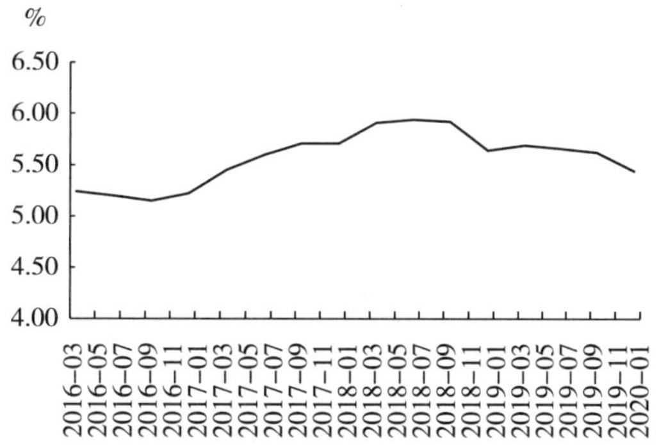

资料来源：央行，平安证券研究所。

根据客户的资质以及融资需求的强弱进行上浮和下浮，较少考虑债券收益率的变化。第二，我国的融资体系特点决定了贷款和债券并非等价。我国的融资体系是以银行贷款为主的间接融资，央行会对商业银行的信贷进行窗口指导，商业银行在配置资产时，贷款具有优先权，只有部分资金配置债券。贷款和债券的不对等地位决定了商业银行很难通过收益率大小来进行资产配置，商业银行在放贷时很少考虑债券收益率的变化，因此货币市场化利率很难传导至贷款利率。第三，由于监管考核机制的设计，存款和货币市场融资工具也非等价。商业银行的负债来源包括吸收存款、债券融资以及发行同业存单等。但在 MPA 考核体系中，发行债券和同业存单都存在额度或者比例的约束，存款具有明显的优先级。因此，无论债券和同业存单的利率如何变化，银行都会积极地抢夺存款，这样就会导致货币市场的利率无法有效传导到存款利率。第四，商业银行不同部门的内部资金转移定价（FTP）模式差异较大。商业银行不同业务部门从资金运营中心获取资金的成本定价存在较大差异，有的以存款利率作为 FTP 成本基准，有的以国债收益率作为成本基准。不同的成本定价模式隔断了货币市场利率向存贷款利率的传导路径。

在此背景下，为了从根本上推动利率市场化的落地，我国从 2018 年开始加快推进利率“双轨并轨”，同样遵循“先贷款，后存款”的原则，于 2018 年和 2022 年分别完成了对贷款利率和存款利率形成机制的改革。在贷款利率的定价方面，改革后国内银行贷款定价主要参考 LPR，LPR 的形成在参考公开市场操作利率的基础上加点报价确定，其中公开市场操作利率主要参考 1 年期的中期借贷便利（MLF）利率，加点幅度则主要取决于各银行自身资金成本、市场供求、风险溢价等因素。在存款定价方面，央行指导利率自律机制建立了存款利率市场化调整机制，自律机制成员银行参考以 10 年期国债收益率为代表的债券市场利率和以 1 年期 LPR 为代表的贷款市场利率，合理调整存款利率水平。由此，我国存贷款利率分别实现了“双轨并轨”，我国利率市场化的时代真正到来。

图表 3.4 存贷款定价机制进一步市场化

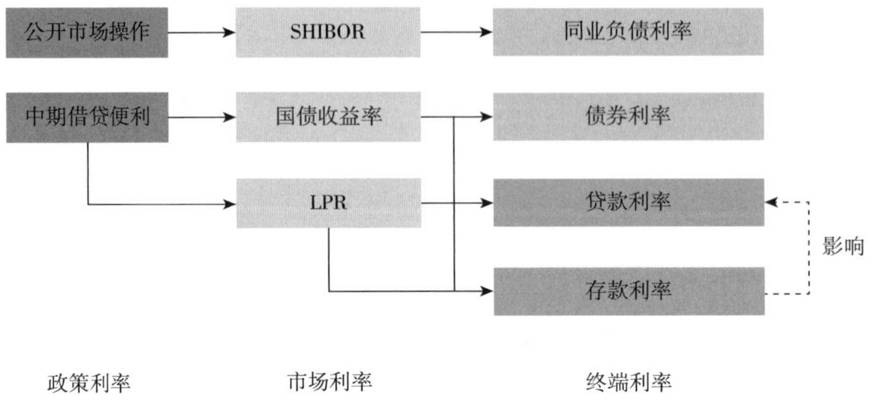

资料来源：公开资料整理，平安证券研究所。

3.2 海外经验：行业竞争加剧，揽储能力重要性凸显

通过回溯美国利率市场化的进程我们发现，利率管制的放开使银行利率定价与市场利率间的相关性明显增加，从而导致银行存贷款利率管控难度加大。存款作为银行的立行之本，利率市场化给银行存款经营带来的挑战尤其突出。从美国的经验来看，由于利率市场化推进的关键阶段恰逢石油危机时期，市场利率处于高位，银行负债成本居高不下，各家银行出于维持盈利能力的考虑，通过抬升资产端收益率来维持息差的稳定，但同时也使自身的经营脆弱性有所增加，尤其是大量的中小金融机构，最终导致了 20 世纪 80 年代中后期美国银行倒闭潮的出现。

能够看到，后利率市场化时代银行揽储能力的重要性进一步凸显，长期来看，随着存款利率管制的突破，我们认为各家银行间吸储能力的差异将被进一步放大，吸储能力更强的银行将在资产和负债两端的竞争中具有优势，因此增强吸储能力成为银行长期竞争力培育的关键。

3.2.1 美国利率市场化进程

美国的利率市场化改革开始于 20 世纪 70 年代中期。在此之前，“Q 条例”规定银行对活期存款不得公开支付利息，对储蓄存款和定期存款的利率设定最高限度。金融抑制下的低利率有利于经济发展获得低成本的资金，但 60 年代之后，“Q 条例”的弊端逐渐暴露出来。首先，在通货膨胀不断走高的情况下，负利率现象一直存在。由于利率受到压抑，不能反映市场的供需水平，市场利率远远超过“Q 条例”规定的存款利率最高限度，资金大量地从银行流向货币市场，“金融脱媒”现象凸显。其次，僵化的利率管制导致信用创造不足，限制了银行的放贷能力，进而制约了经济增长。最后，受管制的金融机构利用多种方式规避监管，削弱了利率管制的效果，并导致货币政策

传导受阻。

在上述背景下，美国自20世纪70年代开始推行利率市场化。美国的利率市场化改革大致可以分为以下几个阶段。第一，前期准备阶段。在该阶段，美国逐渐放松了对部分存款利率的限制。例如，1973年5月取消所有大额存单的利率管制；1973年11月取消了1000万美元以上、期限在5年以上定期存款利率的上限。第二，正式推进阶段。在该阶段美国通过多部法律来加速推进利率市场化。例如，1980年美国通过《废止对存款机构管制及货币控制法案》，承诺6年内取消存款利率上限规定；1982年通过《1982年存款机构法案》，详细规定了解除"Q条例"的步骤，创造一些新的金融产品来推动利率市场化；1983年取消所有定期存款利率上限。第三，改革完成阶段。1986年1月，取消了所有存款形式对最小余额的要求，同时取消了支付性存款的利率限制；1986年4月，取消了存折储蓄账户的利率上限；对于贷款利率，除住宅贷款、汽车贷款等极少数例外，也一律不加限制。至此，"Q条例"完全终结，利率市场化得以全面实现。

美国的利率市场化存在三个特点①：第一，利率市场化是一个长期、渐进的过程，整个改革过程长达16年。在推进的顺序上基本上表现为先长期资金市场利率后短期资金市场利率，先大额存款利率后小额存款利率，这与日本和韩国推进利率市场化的原则都是基本一致的。第二，利率市场化与金融工具和金融制度的创新相辅相成。金融创新通过规避金融监管形成了改革的倒逼机制，而改革的推进又进一步推动了金融创新的发展。第三，利率市场化对银行业提出了更大的挑战，促进商业银行提升风险管理能力和产品创新能力。

图表3.5　　美国利率市场化推进的重要节点

阶段	时间	事件
前期准备阶段	1970－06	取消10万美元以上、90天以内大额存款利率管制。
	1973－05	取消所有大额存单的利率管制。
	1973－11	取消1000万美元以上、期限在5年以上的定期存款利率上限。
	1978－06	允许存款机构引入货币市场存款账户（6月期以上，1万美元以上）。
	1979－05	国会通过了旨在改善金融市场效率的《金融制度改革法案》。
正式推进阶段	1980－03	通过《废止对存款机构管制及货币控制法案》，承诺6年内取消存款利率上限规定。
	1980－12	允许所有金融机构开办可转让支付命令账户（NOW账户）业务。
	1982－05	准许存款机构引入短期货币市场存款账户（91天以上，75000美元以上），取消6个月以上定期存款利率管制。
	1982－10	通过《1982年存款机构法案》，详细规定了解除"Q条例"的步骤，创造一些新的金融产品来推动利率市场化。
	1982－12	准许存款机构引入2500美元的货币市场存款账户。
	1983－01	准许存款机构引入可转让存款通知书账户。
	1983－10	取消所有定期存款利率上限。

① 胡新智，袁江．渐进式改革：中国利率市场化的理性选择——利率市场化的国际经验及其对中国的启示[J]．国际经济评论，2011（6）：132－147.

续表

阶段	时间	事件
改革完成阶段	1986－03	取消 NOW 账户利率上限。
	1986－04	取消存折账户的利率上限，同时管理当局设定存款利率上限的权利到期，利率市场化进程结束。

资料来源：公开资料，平安证券研究所。

3.2.2 美国利率市场化对银行业影响：双轨渐近，行业集中度提升

通过观察美国利率市场化进程能够看到，随着利率管制的放开，存款利率与市场利率逐步趋近，两者的相关性明显增加。值得注意的是，美国利率市场化推进的主要时期恰逢市场利率高企的阶段，因此对银行的存款成本会带来一定的影响。

从银行的行为变化来看，在市场利率大幅攀升以及存款管制不断放松的背景下，美国银行业将保持盈利能力的稳定摆在更突出位置，寄希望于通过抬升资产端收益率来维持息差的稳定。然而，银行风险偏好在此背景下被动抬升，使整个行业脆弱性上升，尤其是抗风险能力本来就较差的小型储贷机构。20 世纪 80 年代中后期内外部经济环境恶化，最终导致银行不良率大幅攀升以及盈利水平恶化，中小金融机构纷纷倒闭，行业集中度有所提升。

美国利率市场化过程中存款利率的变化

1980 年《存款机构放松管制和货币控制法》落地，美国存款管制的正式放开拉开帷幕，在这一阶段除了对各类期限存款利率上限的不断放开外，更为重要的是对银行存款金融创新的放松，在此背景下，1981—1982 年，NOW 账户、MMDA 账户等与市场利率挂钩的存款产品陆续出现，可以说实质上的利率管制已经放开，而到 1986 年，随着规定的时间表到期，名义上的利率上限也被完全放开。

在此阶段中，尤其是 1981—1983 年，市场利率与银行存款利率间的利差快速收窄，从 1981 年峰值时接近 6 个百分点的差异，收窄至 1%～2%。需要注意的是，由于当时正处于市场利率下行期，存款管制的放开并没有伴随存款利率的抬升，而是与市场利率同步下行，只是下行的幅度慢于市场利率，从而导致了“两轨”的趋近。不过需要注意的是，由于美国利率市场化放松的关键阶段恰逢第一次石油危机时期，市场利率位于高位，当时银行整体的存款成本居高不下。

美国利率市场化对银行资产和负债结构的影响

首先从负债结构来看，利率市场化有利于银行存款的稳定，可以看到随着 1980 年后各种利率管制逐步放开，银行存款在整个负债结构的占比开始保持稳定，不再继续下行，存款增速也在波动中逐步回升，可见存款利率管制放开的确对存款的稳定增长起到了重要的作用。

从资产端来看，为了应对在存款管制放开过程中存款成本上行的挑战，银行将维持息差的稳定作为更重要的考核目标，在此过程中，资产端的风险偏好明显抬升。主

图表 3.6　美国存款利率放松与市场利率的相关性逐步增强

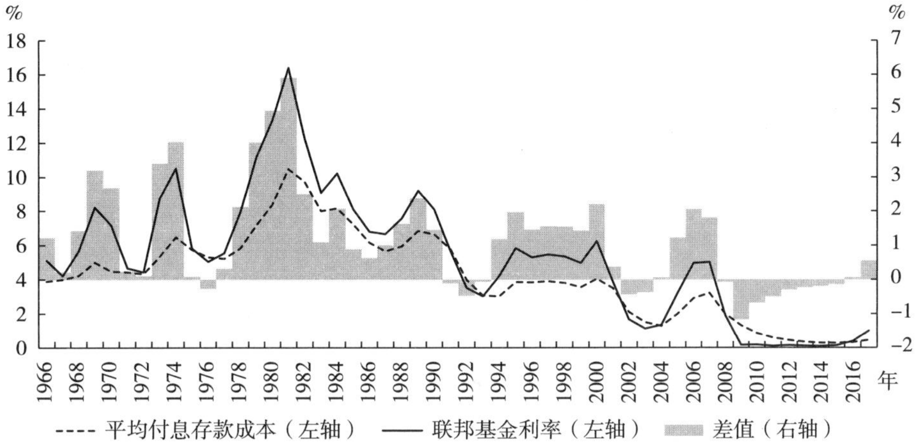

资料来源：FDIC、平安证券研究所。

要可以体现在以下方面：（1）加大对信贷的投放力度，可以看到在1970—1990年，美国银行业整体贷款在总资产中的占比从存款利率管制放开前的64%提升至存款利率管制放开完成后的70%左右。（2）为提升贷款收益率，银行在贷款结构上加大对于相对风险更高的商业地产、并购贷款等高风险资产的配置。在结构上，小型储贷机构的投资行为尤为激进，随着1982年国会通过《加恩—圣·杰曼法案》（Garn－St Germain Act），批准储贷协会可以开展除按揭贷款外的商业贷款以及垃圾债券的投资，绝大部分的小型储贷机构都大幅增加了对上述高收益资产的投资。

图表 3.7　存款在负债结构中的比重趋于稳定

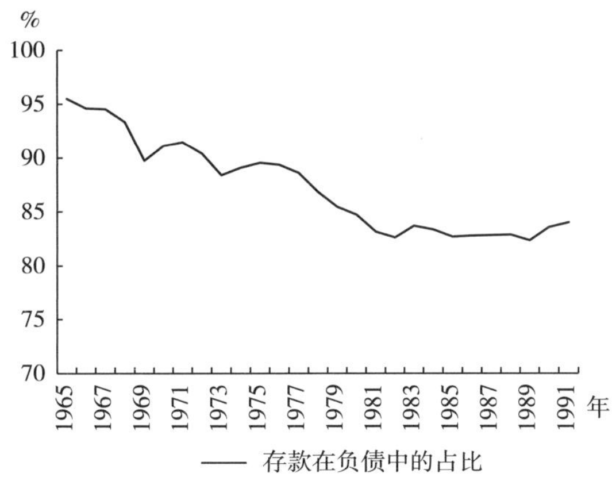

资料来源：FDIC，平安证券研究所。

图表 3.8　银行资产端风险偏好被动抬升

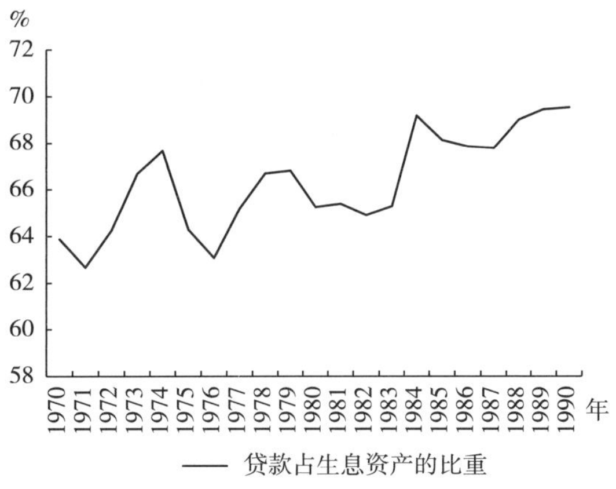

资料来源：FDIC，平安证券研究所。

在风险偏好抬升背景下，银行业金融机构的经营脆弱性问题凸显。一旦当外部经济环境恶化，银行业的资产质量就会受到不小的冲击。20世纪70年代末至80年代是美国经济调整时期，部分地区经济衰退严重。从70年代末美国经济进入滞胀阶段，经济发展停滞但物价严重上涨，两次石油危机演变而来的经济危机使大量企业破产倒闭，侵蚀银行利润。

随着1986年国际石油市场的震荡以及1987年美国股灾等事件的冲击，美国房地产泡沫同步破裂，对银行业的资产质量造成大幅冲击，20世纪80年代价格高涨的房地产、石油和农产品使大量贷款涌入这三个行业，信贷过度扩张，但在80年代末三类资产价格下行导致许多企业无力偿还贷款，产生坏账。

通过美联储公布的不良贷款率可以看到，从1986年开始银行的不良贷款率开始大幅攀升。1986—1987年，一年之间行业不良贷款率就上升了0.22个百分点，1986—1990年，行业平均不良贷款率最高时达5.36%。结构上小型银行的资产质量问题最先爆发，从另一个反映资产质量的指标贷款损失率（charge－off）可以看到，小规模的银行在利率市场化完成初期贷款损失率明显上行，大型银行在1989年末开始受到储贷危机蔓延、东北地区房地产崩盘、拉美债务危机等事件的叠加冲击，资产质量问题才逐步显露，贷款损失率迅速提升。

不良贷款的爆发对银行业的利润形成了严重的侵蚀，在此期间行业净利润和ROE都明显下降。从银行结构来看，其中小型银行抗风险能力更弱，受到的冲击尤为明显，1984—1987年中小规模银行ROE明显呈下行趋势，后续随着1988—1990年经济增速的又一轮下行，以及储贷危机的传导，大行的盈利能力开始调整回落。

图表3.9　美国银行业不良贷款率抬升

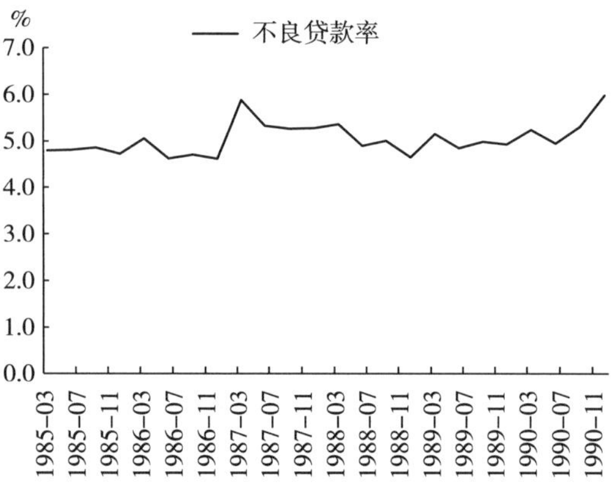

资料来源：FDIC，平安证券研究所。

图表3.10　银行资产端风险偏好被动抬升

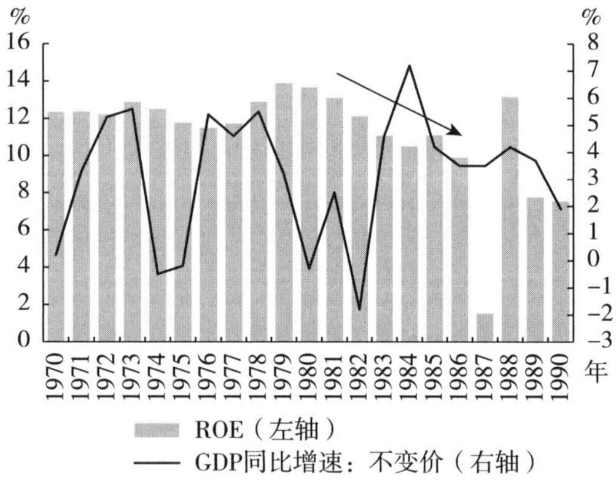

资料来源：FDIC，平安证券研究所。

3.2.3　美国利率市场化对银行业竞争格局的影响

从银行业整体竞争格局来看，随着大量中小银行经营困难，银行业机构数从1986年开始急剧减少，1986—1990年平均每年有400～500家银行倒闭，行业集中度快速提高，并且行业集中度提升的趋势自1986年起持续至今。

具体从银行结构来看，由于美国奉行“大而不倒”制，对系统重要性银行的保护要多于小型银行，且为小型银行存款提供保险的联邦储贷保险公司（FSLIC）的保险基金于1987年耗尽，倒闭潮中受到影响最大的还是规模较小的银行。自1986年后小型银行的规模数呈明显下降趋势，规模较大的银行则较为稳定，小型银行无论是在资产和负债管理能力、业务地域分散性，还是风险管理能力方面都弱于大行，因此在宏观经济下行、存款利率化改革等内外部因素的共同作用下大量破产倒闭，美国银行业逐步走上集中度提升通道。

图表 3.11　美国银行业1986年后加速出清

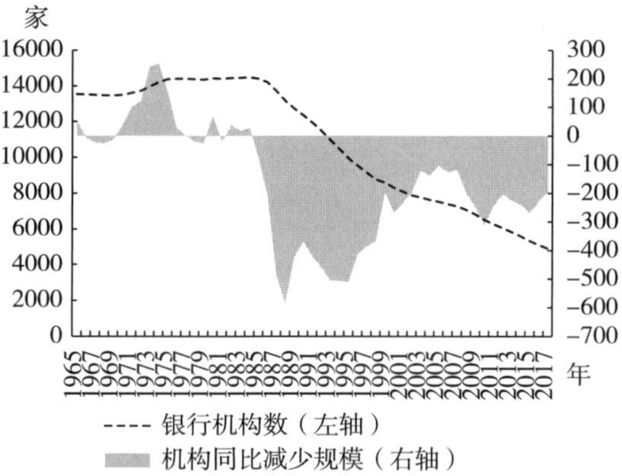

资料来源：Wind，平安证券研究所。

图表 3.12　中小银行在危机中受冲击更大

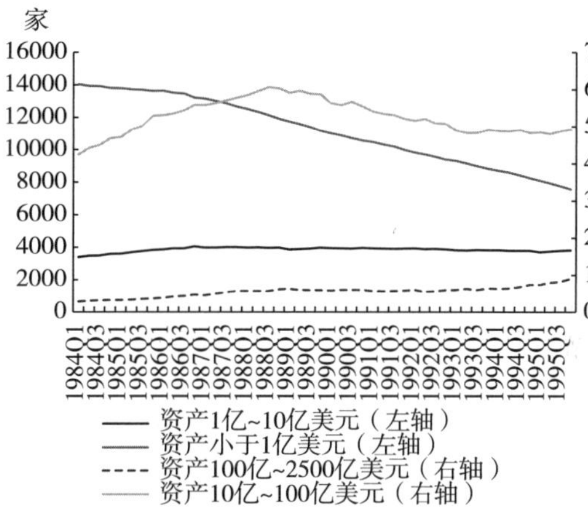

资料来源：Wind，平安证券研究所。

3.3　国内银行存款格局：两头优、中间弱，股份制银行揽储面临挑战

我国银行业管理负债能力格局呈现为“两头优、中间弱”，即大行和部分区域性银行（城商行和农商行）在负债结构和成本两方面都更具竞争力，而股份制银行普遍在负债结构上更加依赖同业负债，负债和存款成本偏高，同时对零售存款的吸收能力相对较弱，因此在未来行业同业负债发展受限、存款竞争加剧的趋势下，股份制银行预计将面临更多挑战。

3.3.1　两头优负债结构以存款为主，成本整体更具竞争力

在负债结构方面，大行和农商行的存款占比相对更高，而股份制银行、城商行存款基础相对薄弱，行业负债能力呈现“两头优、中间弱”的格局。同时，因为对一般性存款的吸收相对较弱，股份制银行、城商行更加依赖同业负债，2021年末同业负债比重分别达到20.4%、18.5%，而大行和农商行同业负债占比处于10%左右的水平。

在负债端成本方面，大行、农商行负债成本相对更低。而中小银行的负债成本长期都相对更高，揽储能力不及国有大型银行，其背后主要影响因素仍然是存款成本。具体来看，各类型机构活期存款成本的差异不大，但在定期存款和个人储蓄存款方面

图表 3.13　上市银行存款占负债的比重：两头优中间弱

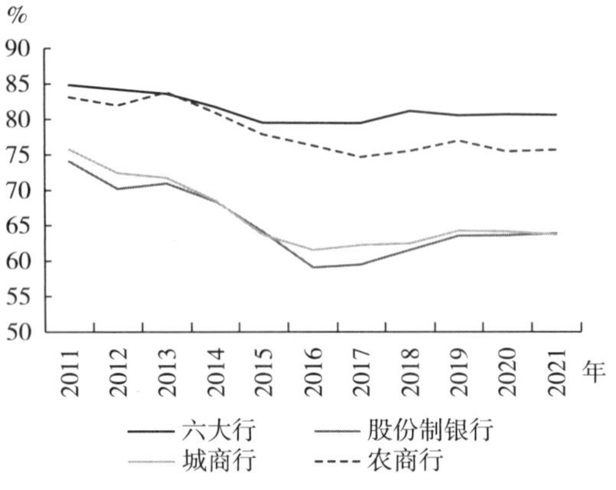

资料来源：公司公告，平安证券研究所。

图表 3.14　上市银行同业负债占比：股份制银行更依赖主动负债

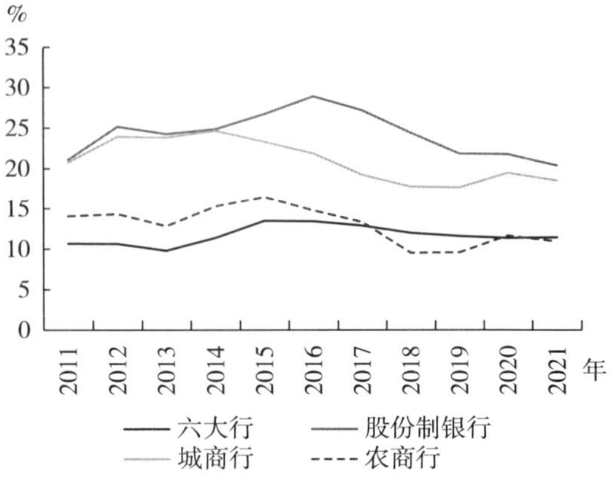

资料来源：公司公告，平安证券研究所。

中小型银行成本明显更高，在公司存款方面，2021 年末，股份制银行和城商行公司存款平均成本都为 2.00%，较大行（1.55%）高出 45 个基点。

图表 3.15　上市银行计息负债成本率变化

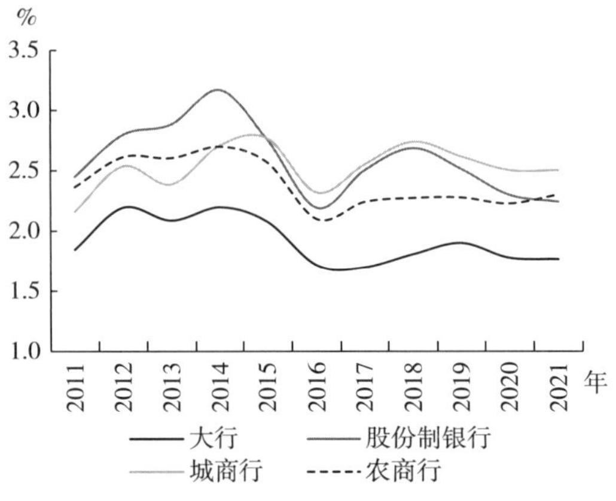

资料来源：公司公告，平安证券研究所。

图表 3.16　上市银行存款平均成本率（2021 年）

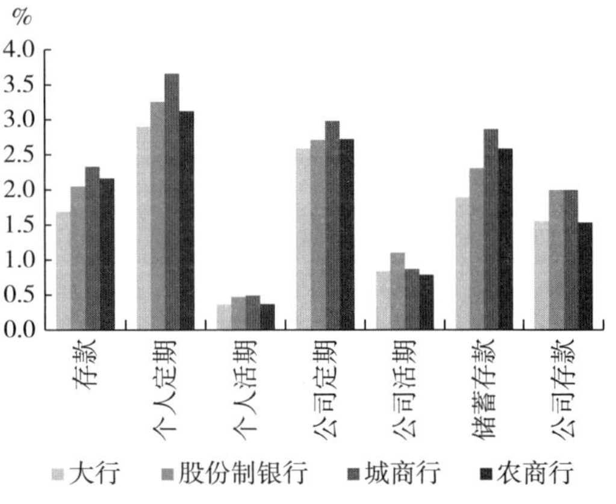

资料来源：公司公告，平安证券研究所。

3.3.2　大中型银行主导市场，两头零售存款吸收能力突出

在市场格局方面，从 2021 年末上市银行存款规模来看，大行、股份制银行和城农商行的市场份额比例约为 7:2:1，动态表现相对稳定，市场格局由大中型银行主导。

在存款结构方面，大中型银行在吸收活期存款方面更具竞争力，2021 年末大行、股份制银行活期存款占比分别达到 48%、46%，其中股份制银行在 2014—2016 年有较为大幅度的提升，但区域型银行活期存款占比呈现下降趋势，降至 40% 以下。

图表 3.17 上市银行存款格局：各类型机构份额相对稳定

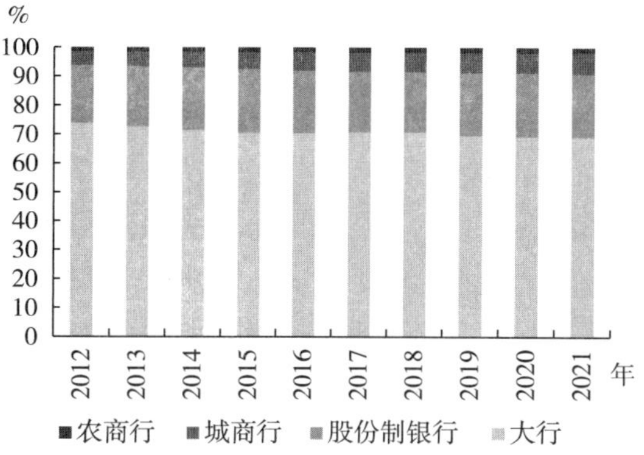

资料来源：公司公告，平安证券研究所。

图表 3.18 上市银行存款格局：股份制银行份额约 22%（2021 年）

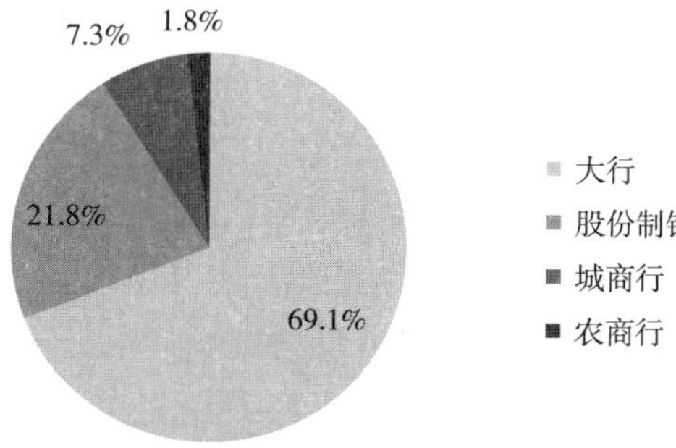

资料来源：公司公告，平安证券研究所。

动态看公私存款结构，出现各类型机构表现都相对稳定，依托于服务零售客户的优势，大行、农商行个人储蓄存款占比长期处于 50% 以上，而股份制银行、城商行个人储蓄存款占比普遍位于 20% ~30% 区间。

图表 3.19 上市银行活期存款占比变化

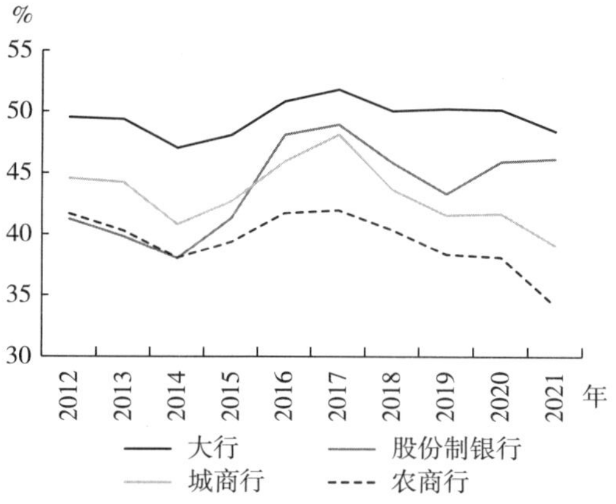

资料来源：公司公告，平安证券研究所。

图表 3.20 上市银行个人储蓄存款占比变化

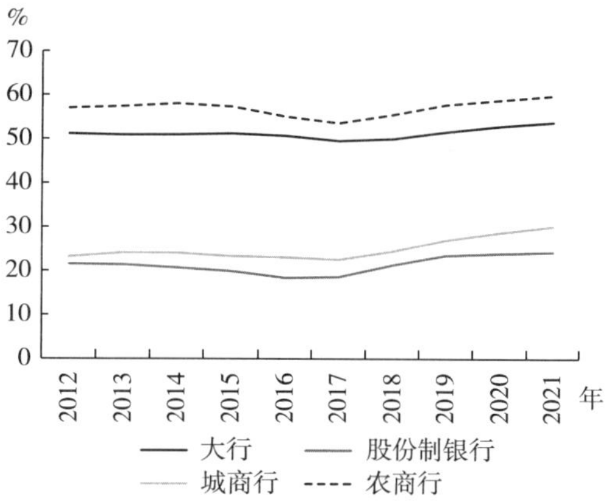

资料来源：公司公告，平安证券研究所。

3.3.3 个体差异较大，股份制银行面临更多挑战

银行揽储能力可以从量和价两个维度衡量，量更多体现为存款对负债端的支撑力度，价更多体现为获取负债的成本，综合量、价两个维度，透过 2021 年报数据，本研究发现个体同样呈现出“两头优、中间弱”的格局：（1）大行：计息负债成本普遍位于 2% 以下，2021 年末存款占负债的比重普遍位于 80% 左右，邮储银行更是达到了 96%；（2）区域行：以宁波银行、成都银行为代表的部分区域性银行存款成本率仅次于大行，负债端存款占比也高于股份制银行，且绝大多数上市农商行的存款占比达到

80%；（3）股份制银行：普遍负债成本较高，存款基础相对薄弱，因此股份制银行将面临更多挑战。但仍有负债能力相对突出的个体，如招商银行 2021 年计息负债成本率仅 1.59%，领跑全行业，存款占负债的比重达到 76%。

图表 3.21　上市银行存款的“量”与“价”分析：大行与部分区域性银行领先（2021 年）

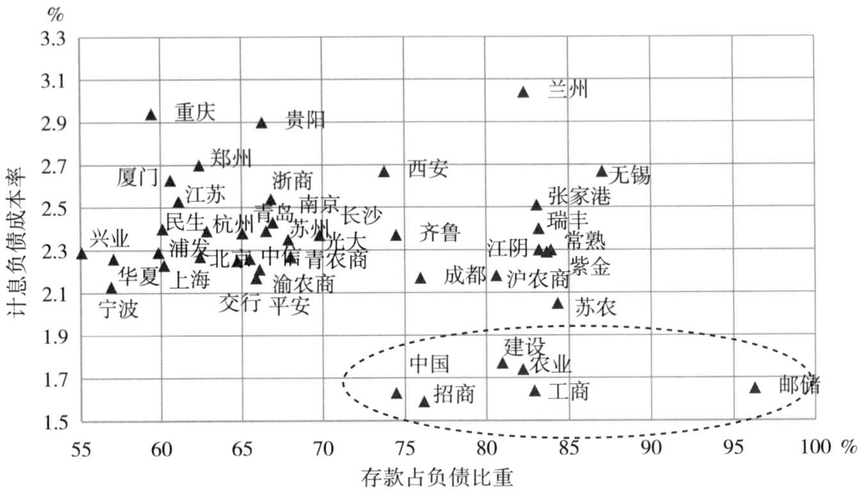

资料来源：公司公告，平安证券研究所。

第四章 资本监管趋严，外延发展模式面临挑战

4.1 背景：国内外银行业资本监管要求不断趋严

自2008年国际金融危机以来，国内外监管机构对银行业资本相关的监管要求不断趋严。国际上，一方面随着《巴塞尔协议Ⅲ》的出台，商业银行最低资本要求在不断提高，根据《巴塞尔协议Ⅲ》的要求，银行核心资本充足率由4%上调至6%、杠杆率不低于3%、对全球系统重要性银行（G－SIBs）提出附加1%～3.5%的资本要求。此外，在2008年国际金融危机爆发后，金融稳定理事会也针对G－SIBs增加了总损失吸收能力（Total Loss Absorbing Capacity，TLAC）要求，比《巴塞尔协议Ⅲ》更为严格。

我国银行业资本监管与国际改革步调保持一致。国内现有监管框架主要以2012年《商业银行资本管理办法（试行）》为基础，其监管指标要求与国际要求保持同步。因此在过去十多年间，我国对银行资本金的要求也在持续提升。特别地，随着在2021年我国发布了《系统重要性银行附加监管规定（试行）》，纳入名单中的国内系统重要性银行所面临的监管要求进一步提升。

4.1.1 国际银行业资本要求不断升级，监管维度进一步丰富

巴塞尔协议旨在建立一个国际通用的资本监管框架，确保银行拥有足够的资本储备应对风险。巴塞尔银行监理委员会（BCBS）是巴塞尔协议的制定者。1974年末，国际清算银行（BIS）成立了BCBS，最初的成员为十国集团（G10）国家央行行长，自成立以来，BCBS制定了一系列银行标准，以促进货币和金融稳定。其中，巴塞尔协议属于银行资本和风险监管的国际标准范畴，为各国银行业进行风险管理提供自愿原则下的监管框架。

从巴塞尔协议的演变来看，国际对商业银行的最低资本要求在不断提高。《巴塞尔协议Ⅰ》诞生于1988年，时值全球面临经济衰退、墨西哥等拉美国家无法偿债，国际银行面临危机，在此背景下，BCBS推出《巴塞尔资本协定》，要求银行资本充足率达到风险加权资产（RWA）的8%，其中核心资本至少为4%。2004年，《巴塞尔协议Ⅱ》形成了通用的“三大支柱”框架，包括：最低资本要求（MCR）、监督检查（SRP）和市场约束（MD）三大支柱。2008年国际金融危机爆发后，国际金融机构风险问题再次涌现，2010年，BCBS发布《巴塞尔协议Ⅲ》，进一步收紧对全球金融机构

的资本要求，具体变化包括：（1）核心资本充足率由4%上调至6%；（2）建立2.5%的储备资本缓冲和0～2.5%的逆周期资本缓冲；（3）对全球系统重要性银行（G-SIBs）提出附加1%～3.5%的资本要求；（4）提出杠杆率不低于3%等监管指标要求。2017年，为了保持与此前额外资本要求一致，《巴塞尔协议Ⅲ》针对G-SIBs提出附加0.5%～1.75%的杠杆率要求。

图表 4.1　　　　巴塞尔协议资本监管要求的演变

国际资本监管演变历程	资本充足率									杠杆率	
	普通股权益资本			一级资本		总资本		额外要求		一级资本	
	最低要求	储备资本缓冲	总要求	最低要求	总要求	最低要求	总要求	逆周期资本缓冲	系统重要性银行	最低要求	系统重要性银行
巴塞尔协议Ⅰ				4%		8%					
巴塞尔协议Ⅱ	2%			4%		8%					
巴塞尔协议Ⅲ	4.5%	2.5%	7%	6%	8.5%	8%	10.5%	0～2.5%	1%～3.5%	3%	0.5%～1.75%

资料来源：BCBS，平安证券研究所。

监管维度也进一步丰富，金融稳定理事会针对G-SIBs还设有总损失吸收能力要求，相较《巴塞尔协议》更为严格。2008年的国际金融危机显示出大型金融机构的全球性影响力，为了保证G-SIBs在进入处置程序时能够有足够的资本与合格的债务工具进行缓冲从而维持运营，同时避免出现危及全球金融市场或者需要动用大量财政资金挽救的情况，2015年，金融稳定理事会（FSB）出台了《全球系统重要性银行总损失吸收能力条款》（TLAC框架），并获得二十国集团（G20）的批准。实质上，相较于《巴塞尔协议Ⅲ》，TLAC框架对G-SIBs提出了更高的资本监管要求。首先，FSB要求在G-SIBs进入处置程序前，《巴塞尔协议Ⅲ》的资本缓冲必须可用，故G-SIBs应在最低TLAC要求的基础上，同时满足资本缓冲要求（包括储备资本、逆周期资本和系

图表 4.2　TLAC 框架对资本充足率要求更高

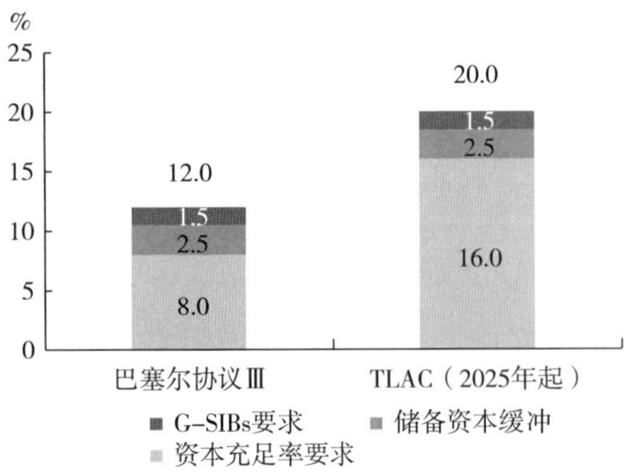

资料来源：FSB，平安证券研究所。

图表 4.3　TLAC 杠杆率要求更高

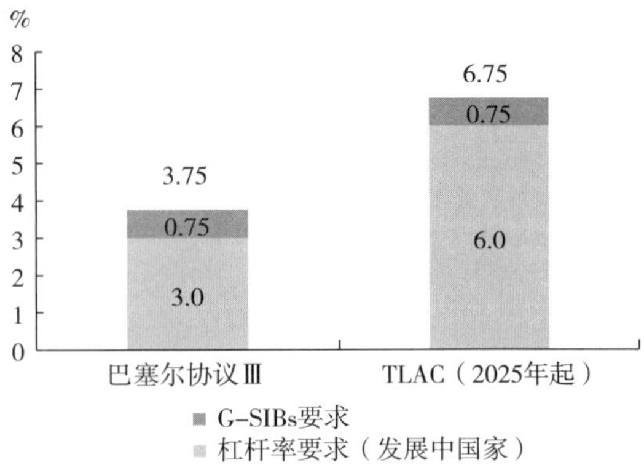

资料来源：FSB，平安证券研究所。

统重要性银行附加资本要求）。具体来看，对于符合条件的发展中国家市场，TLAC 与风险加权资产的比率自 2025 年起不得低于 16%，TLAC 杠杆率自 2025 年起不得低于 6%，考虑到资本缓冲，经本研究测算，TLAC 框架下资本要求比《巴塞尔协议Ⅲ》的资本充足率要求高出 8 个百分点，TLAC 杠杆率要求高出 3 个百分点。

4.1.2　国内监管与国际标准基本一致，形成分级监管框架

国内资本监管与国际改革步调基本保持一致，且在杠杆率上提出更高要求。早期，参照我国《商业银行资本充足率管理办法》，商业银行仅面临资本充足率不低于 8%、核心资本充足率不低于 4% 的资本要求，直至 2011 年，银监会发布《商业银行杠杆率管理办法》，规定国内银行需遵循比国际标准更高的杠杆率要求（国内为大于或等于 4%，《巴塞尔协议Ⅲ》为大于或等于 3%）。2012 年，国内监管全面引入《巴塞尔协议Ⅲ》，《商业银行资本管理办法（试行）》出台，形成国内商业银行的资本监管基础框架。2021 年，《系统重要性银行附加监管规定（试行）》发布，成为针对我国系统重要性银行的一般性监管框架，同年《全球系统重要性银行总损失吸收能力管理办法》对国内 G－SIBs 的损失吸收和资本重组能力提出要求，进一步完善了我国资本监管体系。

图表 4.4　　我国资本监管指标框架

一、资本充足率		要求	对应资本
基本要求	核心一级资本充足率	≥5%	核心一级资本
	一级资本充足率	≥6%	一级资本
	资本充足率	≥8%	资本
额外要求	储备资本缓冲	2.5%	核心一级资本
	逆周期资本缓冲	0～2.5%	核心一级资本
	国内系统重要性银行附加资本要求	0.25%、0.5%、0.75%、1%和 1.5%	核心一级资本
二、杠杆率		要求	对应资本
基本要求	杠杆率	≥4%	一级资本
额外要求	国内系统重要性银行附加杠杆率要求	其附加资本要求的 50%	一级资本
三、外部总损失吸收能力比率（适用于全球系统重要性银行）		要求	时间节点
外部总损失吸收能力风险加权比率		≥16%	自 2025 年 1 月 1 日起
		≥18%	自 2028 年 1 月 1 日起
外部总损失吸收能力杠杆比率		≥6%	自 2025 年 1 月 1 日起
		≥6.75%	自 2028 年 1 月 1 日起

资料来源：《商业银行杠杆率管理办法》《商业银行资本管理办法（试行）》《系统重要性银行附加监管规定（试行）》《全球系统重要性银行总损失吸收能力管理办法》，平安证券研究所。

具体来看，在资本界定上，商业银行总资本由一级资本（包括核心一级资本和其他一级资本）和二级资本组成，我国商业银行核心一级、其他一级、二级资本的比例约为7:1:2。一级资本为银行用于正常运作的资金，包括核心一级资本和其他一级资本，其中，核心一级资本主要包括实收资本或普通股、资本公积、盈余公积、一般风险准备、未分配利润和少数股东资本可计入部分，补充来源包括IPO、定增、配股、可转债等，其他一级资本的补充方式主要为优先股和永续债。二级资本是银行的附属资本，由未披露的准备金、次级定期债务、混合金融产品等构成，补充方式通常为二级资本工具。

图表4.5　商业银行各级资本组成及补充方式

大类	科目	内容	补充方式
核心一级资本	实收资本	指投资者按照企业章程或合同、协议的约定实际投入商业银行的资本。股份制商业银行的股本是在核定的股本总额及核定的股份总额的范围内通过发行股票或股东出资取得，一般分为普通股和优先股两种。	IPO、定增、配股、可转债等
	资本公积	指由投资者、其他人或其他单位投入，所有权归属于投资者，但不构成商业银行实收资本的那部分资本或出资。	
	盈余公积	指商业银行按照规定从净利润中提取的各种积累资金，根据规定包括法定盈余公积、任意盈余公积和法定公益金。	
	未分配利润	指商业银行以前年度实现的、留待以后年度进行分配的结存利润。	
	一般风险准备	指商业银行按规定从净利润中提取，用于弥补亏损的风险准备。	
	少数股东资本可计入部分	指子公司核心一级资本中归属于第三方少数股东且不超过其所对应的最低监管要求的部分。	
其他一级资本	其他一级资本工具及其溢价	如果一项资本工具能够符合其他一级资本标准并经过批准，则该项资本工具及其溢价可以计入其他一级资本。	优先股、永续债
	少数股东资本可计入部分	子公司少数股东一级资本中不超过最低监管要求的部分，扣除已计入集团核心一级资本的少数股东资本，其净额计入集团其他一级资本。	
二级资本	二级资本工具及其溢价	如果一项资本工具能够符合二级资本标准并经过批准，则该资本工具及其发行溢价可以计入二级资本。	二级资本工具
	超额贷款损失准备	是指商业银行实际计提的贷款损失准备超过最低要求的部分或超过预期损失的部分。	

资料来源：《商业银行资本管理办法（试行）》《系统重要性银行附加监管规定（试行）》平安证券研究所。

在指标要求上，以2012年《商业银行资本管理办法（试行）》为基础，国内监管体系主要考察资本充足率和杠杆率。

在资本充足率方面，（1）指标要求：根据商业银行各级资本的差异，我国对资本充足水平的要求分为三个层次：核心一级资本充足率（5%）、一级资本充足率（6%）和资本充足率（8%），并要求银行在最低资本要求的基础上，设置储备资本缓冲（2.5%）和逆周期资本缓冲（0～2.5%，目前为0），均由核心一级资本满足。（2）计算方法：以资本充足率为例，资本充足率指商业银行持有的符合规定的资本与风险加权资产之间的比率，计算公式为：资本充足率 =（总资本 - 对应资本扣减项）÷风险加权资产 ×100%。商业银行在发展各项业务时一般均需要计提风险资产，其中分母"风险加权资产"反映的是根据各类资产风险权重计量的整体风险水平，例如，现金和国债的风险权重为0，商业银行对我国其他商业银行债权的风险权重为25%，对我国其他金融机构和一般企业债权的风险权重为100%。

在杠杆率方面，（1）指标要求：根据《商业银行杠杆率管理办法》，商业银行并表和未并表的杠杆率最低要求为4%。（2）计算方法：杠杆率指商业银行持有的符合规定的一级资本净额与商业银行调整后的表内外资产余额的比率，计算公式为：杠杆率 =（一级资本 - 一级资本扣减项）÷调整后的表内外资产余额 ×100%。其中，分母"调整后的表内外资产余额"无须通过风险加权的形式计量，相比资本充足率，杠杆率在一定程度上降低了模型复杂性，减少了计量上的套利空间，分母计算公式为：调整后的表内外资产余额 = 调整后的表内资产余额（不包括表内衍生产品和证券融资交易）+衍生产品资产余额 + 证券融资交易资产余额 + 调整后的表外项目余额 - 一级资本扣减项。

除此之外，根据系统重要性银行的分级，不同个体仍然面临差异化的附加监管规定。

对于国内系统重要性银行，根据2021年《系统重要性银行附加监管规定（试行）》，在一般监管要求基础上，对五个不同分级的系统重要性银行的附加资本要求分别为0.25%、0.5%、0.75%、1%、1.5%，附加杠杆率要求为附加资本要求的50%。

图表4.6　我国系统重要性银行面临附加监管要求

组别	银行	核心一级资本充足率			杠杆率		
		基本要求	附加监管要求	综合要求	基本要求	附加监管要求	综合要求
第一组	平安银行	7.50%	0.25%	7.75%	4.00%	0.125%	4.125%
	光大银行						
	华夏银行						
	广发银行						
	宁波银行						
	上海银行						
	江苏银行						
	北京银行						

续表

<table>
<tr><th rowspan="2">组别</th><th rowspan="2">银行</th><th colspan="3">核心一级资本充足率</th><th colspan="3">杠杆率</th></tr>
<tr><th>基本要求</th><th>附加监管要求</th><th>综合要求</th><th>基本要求</th><th>附加监管要求</th><th>综合要求</th></tr>
<tr><td rowspan="4">第二组</td><td>浦发银行</td><td rowspan="4">7.50%</td><td rowspan="4">0.50%</td><td rowspan="4">8.00%</td><td rowspan="12">4.00%</td><td rowspan="4">0.25%</td><td rowspan="4">4.25%</td></tr>
<tr><td>中信银行</td></tr>
<tr><td>民生银行</td></tr>
<tr><td>邮储银行</td></tr>
<tr><td rowspan="3">第三组</td><td>交通银行</td><td rowspan="3">7.50%</td><td rowspan="3">0.75%</td><td rowspan="3">8.25%</td><td rowspan="3">0.375%</td><td rowspan="3">4.375%</td></tr>
<tr><td>招商银行</td></tr>
<tr><td>兴业银行</td></tr>
<tr><td rowspan="4">第四组</td><td>工商银行</td><td rowspan="4">7.50%</td><td>1.5%（G－SIBs）</td><td>9.00%</td><td>0.75%</td><td>4.75%</td></tr>
<tr><td>中国银行</td><td>1.5%（G－SIBs）</td><td>9.00%</td><td>0.75%</td><td>4.75%</td></tr>
<tr><td>建设银行</td><td>1.5%（G－SIBs）</td><td>9.00%</td><td>0.75%</td><td>4.75%</td></tr>
<tr><td>农业银行</td><td>1.0%（G－SIBs）</td><td>8.50%</td><td>0.50%</td><td>4.50%</td></tr>
<tr><td>第五组</td><td>—</td><td>7.50%</td><td>1.50%</td><td>9.00%</td><td>0.75%</td><td>4.75%</td></tr>
</table>

资料来源：《系统重要性银行附加监管规定（试行）》，平安证券研究所。

对于全球系统重要性银行，我国 G－SIBs 目前为中国银行、工商银行、农业银行和建设银行四家，附加资本要求采用国内标准、国际标准二者孰高原则确定，同时，我国 G－SIBs 面临与国际标准一致的 TLAC 要求。在 TLAC 比率方面，（1）指标要求：根据 2021 年《全球系统重要性银行总损失吸收能力管理办法》，我国 G－SIBs 的外部总损失吸收能力风险加权比率（TLAC 风险加权比率）自 2025 年 1 月 1 日起不得低于 16%，自 2028 年 1 月 1 日起不得低于 18%；外部总损失吸收能力杠杆比率（TLAC 杠杆率）自 2025 年 1 月 1 日起不得低于 6%，自 2028 年 1 月 1 日起不得低于 6.75%。（2）计算方法：两个 TLAC 比率的计算公式为：TLAC 风险加权比率 =（总损失吸收能力－扣除项）÷风险加权资产 ×100%；TLAC 杠杆率 =（总损失吸收能力－扣除项）÷调整后的表内外资产余额 ×100%。其中，TLAC 风险加权比率、TLAC 杠杆率的分母分别与资本充足率、杠杆率的分母保持一致；分子有所差异，TLAC 指 G－SIBs 进入处置阶段时可以通过减记或转为普通股等方式吸收损失的资本和债务工具的总和，主要涵盖剩余期限一年以上的监管资本和符合标准的非资本债务工具。

图表 4.7　　TLAC 构成

<table>
<tr><th>项目</th><th colspan="2">内容</th></tr>
<tr><td>适用对象</td><td colspan="2">我国的全球系统重要性银行，即中国银行、工商银行、农业银行和建设银行。</td></tr>
<tr><td rowspan="2">全额计入</td><td>符合标准的监管资本</td><td>符合银保监会资本监管规定的监管资本，在满足剩余期限一年以上（或无到期日）的情况下，可全额计入外部总损失吸收能力。</td></tr>
<tr><td>符合标准的非资本债务工具</td><td>（一）实缴。
（二）无担保。</td></tr>
</table>

续表

项目	内容	
全额计入		（三）不适用破产抵销或净额结算等影响损失吸收能力的机制安排。 （四）剩余期限一年以上（或无到期日）。 （五）工具到期前，投资者无权要求提前赎回。 （六）由全球系统重要性银行处置实体直接发行。
部分计入	存款保险基金	当外部总损失吸收能力风险加权比率最低要求为16%时，存款保险基金可计入的规模上限为银行风险加权资产的2.5%；当外部总损失吸收能力风险加权比率最低要求为18%时，存款保险基金可计入的规模上限为银行风险加权资产的3.5%。
不可计入	（一）受保存款。 （二）活期存款和原始期限一年以内的短期存款。 （三）衍生品负债。 （四）具有衍生品性质的债务工具，如结构性票据等。 （五）非合同产生的负债，如应付税金等。 （六）根据《中华人民共和国企业破产法》等相关法律法规规定，优先于普通债权受偿的负债。 （七）根据法律法规规定，难以核销、减记或转为普通股的负债。	

资料来源：《全球系统重要性银行总损失吸收能力管理办法》，平安证券研究所。

4.2　现状：股份制银行资本需求更为迫切，内外并举夯实资本能力

商业银行整体资本充足水平有所提升，但个体分化加剧。虽然商业银行面临盈利能力削弱、计提拨备增加和风险加权资产（RWA）快速扩张等多方面压力，但为了满足日趋严格的资本监管要求，我国商业银行资本水平整体上呈现稳步上升趋势，资本实力不断夯实。但从个体来看，国内银行资本水平分化加剧，大行与中小银行的差距不断扩大，2021 年末大行、股份制银行、城商行、农商行资本充足率分别为 17.29%、13.82%、13.08%、12.56%，较 2014 年末分别变化 +4.73 个、+3.27 个、+1.18 个、-0.73 个百分点。

面对资本监管的严格要求和展业扩张的需要，大行和中小银行均承受一定的资本补充压力。其中，大行资本充足水平普遍较高，四大行的核心一级资本充足率均超出监管要求 2% 以上，但由于国内四大行还面临 TLAC 的额外监管要求，未来四大行也存在一定的资本补充压力，但考虑到国内资本补充工具的拓展，整体达标压力有限。相比大行，国内部分股份制银行、城商行的资本补充迫切性更为明显，截至 2021 年第三季度，股份制银行中有中信、民生、华夏银行等，区域型银行中有成都、青岛、无锡等银行的核心一级资本充足率与监管底线距离不足 1%，面临一定的资本补充压力。面

对资本压力，能够看到大部分银行都在积极通过可转债、定增、配股等外源补充方式补充核心一级资本。

4.2.1 整体水平有所提升，个体差距不断扩大

在资本积累方面，商业银行面临盈利能力削弱、计提拨备增加和RWA快速扩张多方面的压力。(1) 经济下行压力加大，我国商业银行盈利能力尚未完全回暖，可以看到商业银行资产利润率处于下行通道，净息差仍在收窄；(2) 企业经营压力增加，不良贷款率的上升趋势驱使商业银行增加计提拨备，从而导致资本金的损耗；(3) 信贷业务占用大量资本，银行风险加权资产仍然保持快速扩张，整体来看，我国商业银行ROE与风险加权资产增速差距较小，银行仅通过未分配利润补充资本，难以支撑自身的长期发展。

图表4.8 资产利润率下行

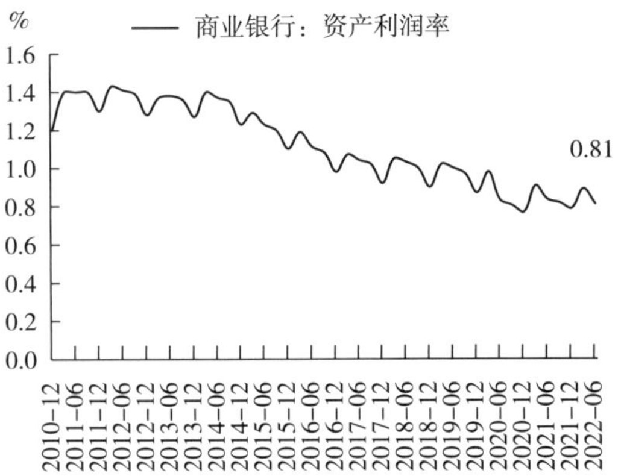

资料来源：银保监会，平安证券研究所。

图表4.9 净息差收窄

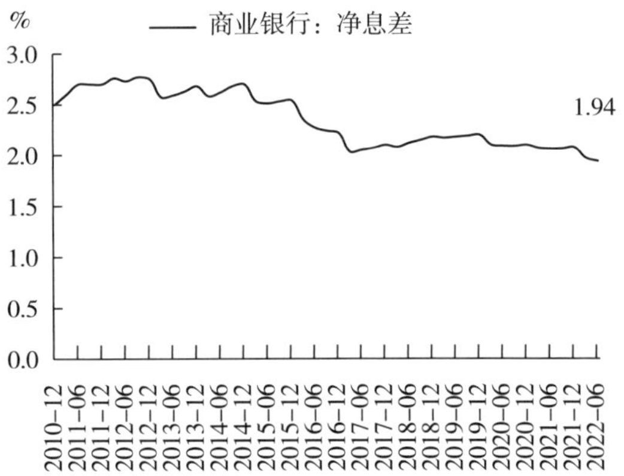

资料来源：银保监会，平安证券研究所。

图表4.10 不良贷款率上升

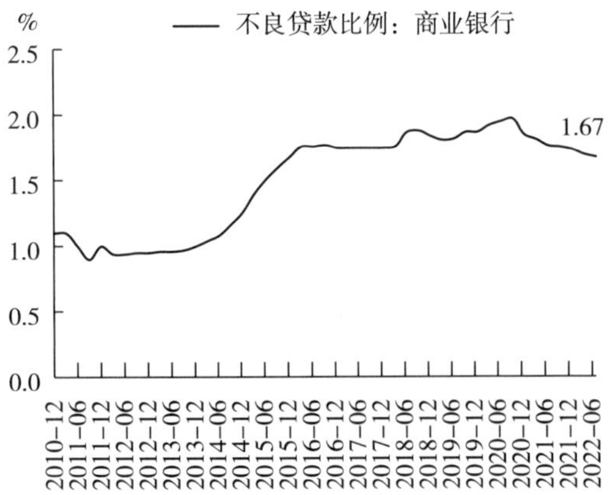

资料来源：银保监会，平安证券研究所。

图表4.11 ROE与RWA增速差距较小

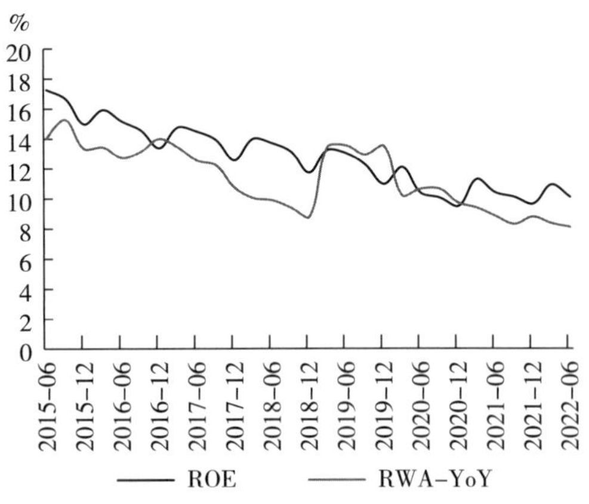

资料来源：银保监会，平安证券研究所。

整体来看，我国商业银行资本水平呈现稳步上升趋势，资本实力不断夯实。在资本要求方面，我国商业银行资本充足率自2009年末的11.4%提升3.7个百分点至2021年末的15.1%，高于监管最低要求4.6个百分点，安全边际不断扩大；核心一级资本充足率自2009年的9.2%提升1.6个百分点至2021年的10.8%，高于监管最低要求3.3个百分点。在杠杆要求方面，我国商业银行杠杆率稳定在6%～7%，保持持续上升，高于监管最低要求2个百分点以上。

图表4.12　商业银行资本充足率整体上行

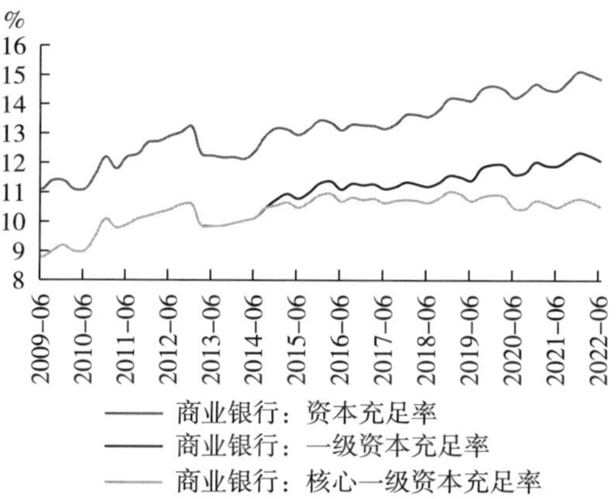

资料来源：银保监会，平安证券研究所。

图表4.13　商业银行杠杆率超出基本要求2%以上

资料来源：银保监会，平安证券研究所。

分机构来看，大型银行资本水平较高，与中小银行的差距逐渐扩大。国有大行的资本水平远远领先于其他类型的银行，整体与区域型银行的差距加大，股份制银行和城商行的资本充足率保持稳步提升，但农商行资本充足率小幅下行，存在一定的资本补充压力。2022年6月末，大行、股份制银行、城商行、农商行的资本充足率分别为16.57%、13.30%、13.49%、13.34%，较2014年末分别变化+2.47个、+2.07个、+1.30个、-0.47个百分点。

图表4.14　大行和股份制银行资本充足率显著提升

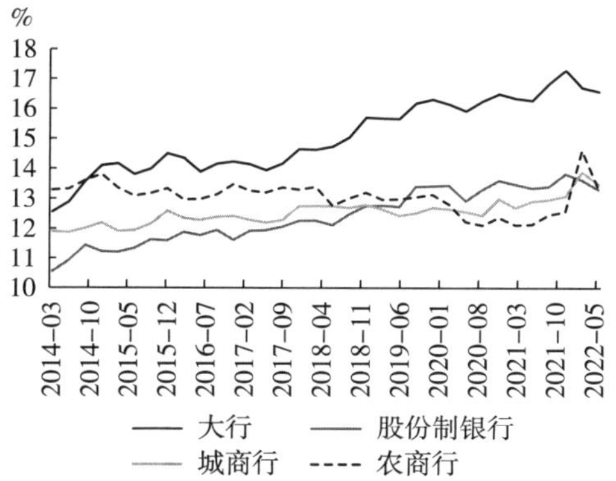

资料来源：银保监会，平安证券研究所。

图表4.15　大行资本充足率最高（2022年上半年）

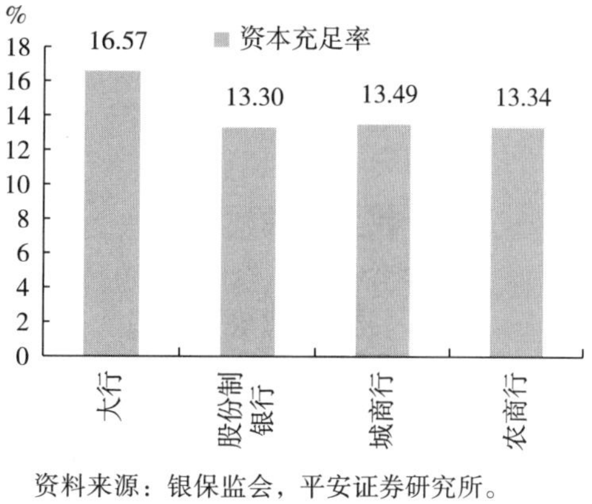

资料来源：银保监会，平安证券研究所。

4.2.2 大行资本实力较强，中小银行资本补充更迫切

从个体来看，大中型银行资本充足水平普遍较高，其中四大行的资本充足水平超出监管要求2%以上；但是部分股份制银行、城商行的核心一级资本充足率距离监管底线距离不足1%，考虑到展业扩张的需要，未来或有一定的资本补充压力。截至2022年第二季度末，大中型银行中，中信、民生、光大、华夏、平安、浙商银行的核心一级资本充足率与监管底线距离不足1%，区域型银行中，江苏、杭州、成都银行面临补充核心一级资本的压力。面对资本压力，能够看到大部分银行都在积极通过可转债、定增、配股等形式补充核心一级资本。

图表4.16　　上市银行核心一级资本充足率与资本补充计划

银行简称	2018年	2019年	2020年	2021年	2022H1	资本要求	与监管底线距离	2022年资本补充计划
工行	12.98	13.20	13.18	13.31	13.29	9.00	4.29	—
建行	13.83	13.88	13.62	13.59	13.40	9.00	4.40	—
农行	11.55	11.24	11.04	11.44	11.11	8.50	2.61	—
中行	11.41	11.30	11.28	11.30	11.33	9.00	2.33	—
邮储	9.77	9.90	9.60	9.92	9.33	8.00	1.33	—
交行	11.16	11.22	10.87	10.62	9.99	8.25	1.74	可转债600亿元——证监会核准
招行	11.78	11.95	12.29	12.66	12.32	8.25	4.07	—
兴业	9.30	9.47	9.33	9.81	9.51	8.25	1.26	可转债最新余额500亿元——发行完成
浦发	10.09	10.26	9.51	9.40	9.31	8.00	1.31	可转债最新余额500亿元——发行完成
中信	8.62	8.69	8.74	8.85	8.56	8.00	0.56	配股400亿元——股东大会通过 可转债最新余额400亿元——发行完成
民生	8.93	8.89	8.51	9.04	8.80	8.00	0.80	可转债500亿元——股东大会通过
光大	9.15	9.20	9.02	8.91	8.59	7.75	0.84	可转债最新余额242亿元——发行完成
平安	8.54	9.11	8.69	8.60	8.53	7.75	0.78	—
华夏	9.47	9.25	8.79	8.78	8.63	7.75	0.88	定增200亿元——证监会核准
浙商	8.38	9.64	8.75	8.13	8.04	7.50	0.54	配股180亿元——银保监会核准
北京	8.93	9.22	9.42	9.86	9.69	7.75	1.94	—
上海	9.83	9.66	9.34	8.95	8.93	7.75	1.18	可转债最新余额200亿元——发行完成
江苏	8.61	8.59	9.25	8.78	8.57	7.75	0.82	可转债最新余额200亿元——发行完成
宁波	9.16	9.62	9.52	10.16	9.87	7.75	2.12	—
南京	8.51	8.87	9.97	10.16	9.85	7.50	2.35	可转债最新余额170亿元——发行完成
杭州	8.17	8.08	8.53	8.43	8.14	7.50	0.64	可转债最新余额150亿元——发行完成
长沙	9.53	9.16	8.61	9.69	9.37	7.50	1.87	可转债110亿元——银保监会核准
成都	11.14	10.13	9.26	8.70	8.14	7.50	0.64	可转债最新余额80亿元——发行完成
重庆	8.47	8.51	8.39	9.36	9.57	7.50	2.07	可转债最新余额130亿元——发行完成

续表

银行简称	2018年	2019年	2020年	2021年	2022H1	资本要求	与监管底线距离	2022年资本补充计划
贵阳	9.61	9.39	9.30	10.62	10.77	7.50	3.27	—
郑州	8.22	7.98	8.92	9.49	9.43	7.50	1.93	—
青岛	8.39	8.36	8.35	8.38	8.81	7.50	1.31	—
苏州	10.07	11.30	11.26	10.37	9.60	7.50	2.10	可转债最新余额50亿元——发行完成
齐鲁	10.63	10.16	9.49	9.65	9.33	7.50	1.83	可转债80亿元——证监会核准
兰州	10.27	9.50	9.05	8.58	8.66	7.50	1.16	IPO 20亿元——已上市
西安	11.87	12.62	12.37	12.09	12.11	7.50	4.61	—
厦门	10.85	11.15	11.34	10.47	9.83	7.50	2.33	可转债50亿元——银保监会核准
渝农商	10.95	12.42	11.96	12.47	12.82	7.50	5.32	—
沪农商	12.69	12.59	11.67	13.06	13.05	7.50	5.55	—
青农商	10.60	10.48	9.73	9.62	9.63	7.50	2.13	可转债最新余额50亿元——发行完成
常熟	10.49	12.44	11.08	10.21	9.86	7.50	2.36	可转债60亿元——证监会核准
紫金	9.70	11.07	11.19	10.65	10.18	7.50	2.68	可转债最新余额45亿元——发行完成
无锡	10.44	10.20	9.03	8.74	9.03	7.50	1.53	定增20亿元——证监会核准 可转债最新余额29亿元——发行完成
张家港	11.94	11.02	10.35	9.82	9.55	7.50	2.05	可转债最新余额25亿元——发行完成
苏农	10.99	12.17	11.38	10.72	10.43	7.50	2.93	可转债最新余额13亿元——发行完成
江阴	14.02	14.16	13.34	12.96	12.17	7.50	4.67	可转债最新余额18亿元——发行完成
瑞丰	13.50	15.62	14.66	15.41	14.65	7.50	7.15	可转债50亿元——股东大会通过

注：其中可转债最新余额由最新公司公告披露（截至2022年9月5日）。

资料来源：公司公告，平安证券研究所。

第三篇　应对篇

第五章　资产端：净表提速，零售突破

回溯过去十余年，经济增速下行叠加经济结构转型的阵痛给银行的资产投放和风险管理带来挑战，其中股份制银行面临的调整压力尤其突出。面对外部挑战，各家银行都通过主动调整来积极应对，与此同时个体间的差异也在加大。本章聚焦近年来银行资产结构和信贷结构变化，以期向大家呈现一个更为真实客观的资产负债表。

5.1　大类资产配置：行业净表提速，压降非标加快出清

回溯过去10年，国内银行业的资产负债表经历了一个由浊到清的过程，具体体现在两个方面。

（1）从资产投放来看，通过非标转标，银行资产配置更为透明，无法识别底层的非标资产大幅压降，以上市银行为样本，整体非标资产占比从2016年高峰时的5.4%下降至2021年末的1.8%，其中非标资产占比更高的股份制银行则是从2016年的14.7%压减至2021年末的4.0%。压降的非标资产向信贷回归，上市银行贷款占总资产的比重较2016年提升8个百分点至2021年末的56%，银行资产端的隐性风险大幅降低。

（2）从资产处置来看，通过加大确认和出清的力度，银行的资产端不断“净化”，一方面行业大幅提升对不良资产的认定标准，行业逾期贷款与不良贷款的偏离度从2014年峰值165%下降至2021年末的96%，不良资产数据真实性大幅提升，与此同时核销处置力度不断加大，上市银行不良贷款处置规模自2018年来持续位于万亿元以上。在此背景下，广义口径不良指标——“不良率+关注率”从2016年高点5.86%降至2022年第一季度末的4.00%。

5.1.1　资产投放：贷款占比提升，非标持续压降

首先，银行在资产结构上有所优化，贷款作为其中最重要的组成部分，在过去十年始终保持10%以上的增长速度，占比得到提升。2021年末上市银行贷款贡献比例较2016年低点提升8个百分点至56%；证券投资占资产的比重提升9个百分点至29%；而同业资产占比较2011年下降17个百分点至12%。

分机构类型来看，大中型银行信贷占比提升幅度最大，大行、股份制银行分别提升8个、7个百分点，分别至57%、57%，区域性银行有小幅提升；中小银行证券投资提升幅度较大，股份制银行、城商行、农商行分别提升17个、21个、17个百分点至

图表 5.1 上市银行资产结构变化
（2011—2021 年）

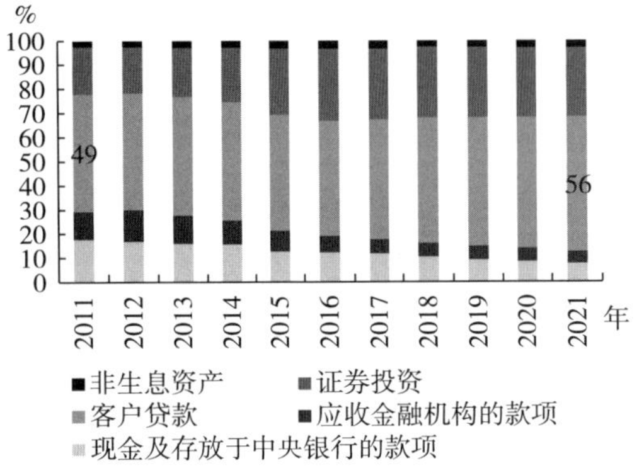

资料来源：公司公告，平安证券研究所。

图表 5.2 上市银行各类资产同比增速
（2011—2021 年）

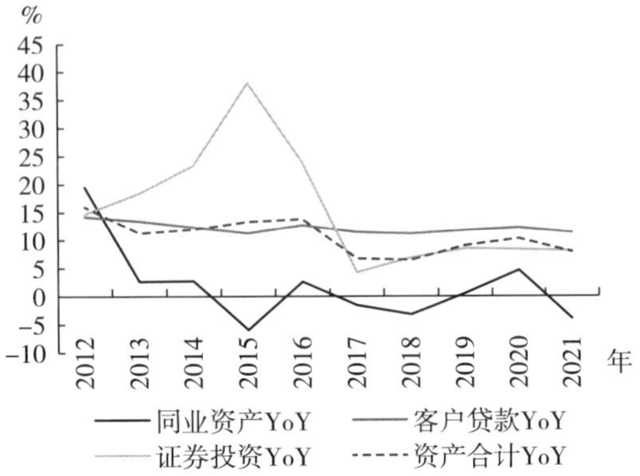

注：现金及存放于中央银行的款项、应收金融机构款项统称为同业资产。

资料来源：公司公告，平安证券研究所。

29%、39%、33%；各类银行的同业资产比例均有所下降，其中股份制银行同业资产占比下降幅度最大，由 2011 年的 35% 降至 2021 年的 11%。

图表 5.3 上市银行资产结构
（分机构类型，2021 年）

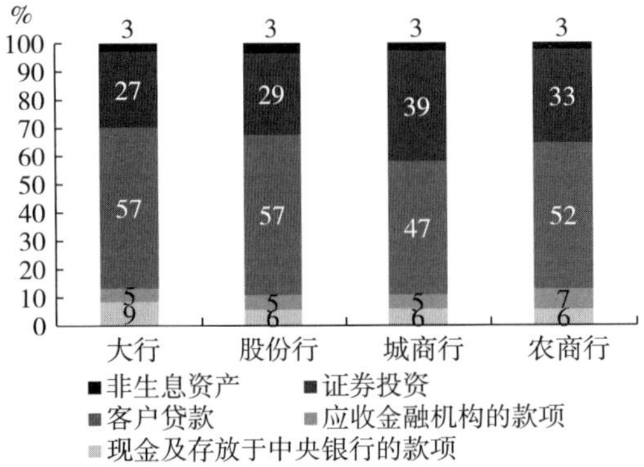

资料来源：公司公告，平安证券研究所。

图表 5.4 上市银行各类资产占比变化
（2011—2021 年）

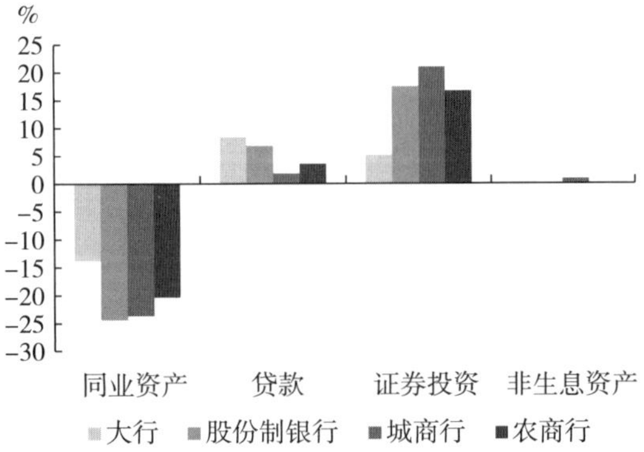

资料来源：公司公告，平安证券研究所。

从个体来看，2021 年末大中型银行贷款占资产的比重普遍在 50% ~60%，其中建设银行、平安银行信贷占比达到 60% 以上，位于同业较高水平；从近五年资产结构优化情况来说，大中型银行中民生、平安和中信银行 2021 年末信贷占比较 2016 年提升了 15 个百分点以上，在同业资产方面，平安、华夏、光大银行表现较为优异，同业资产占比较 2016 年均压降 10 个百分点以上。

图表 5.5　上市大中型银行资产结构（2021 年）

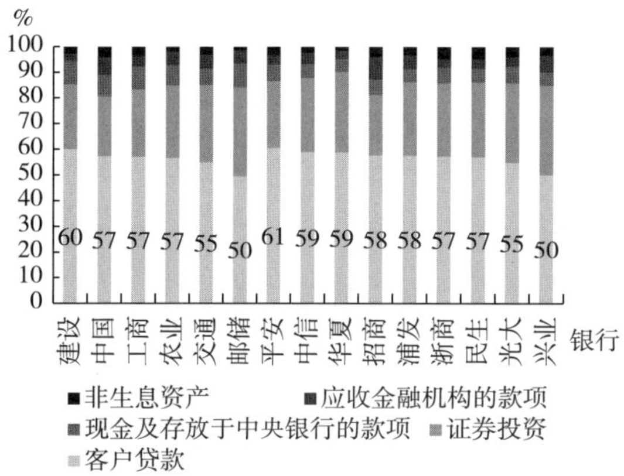

资料来源：公司公告，平安证券研究所。

图表 5.6　上市银行贷款占比变化（2016—2021 年）

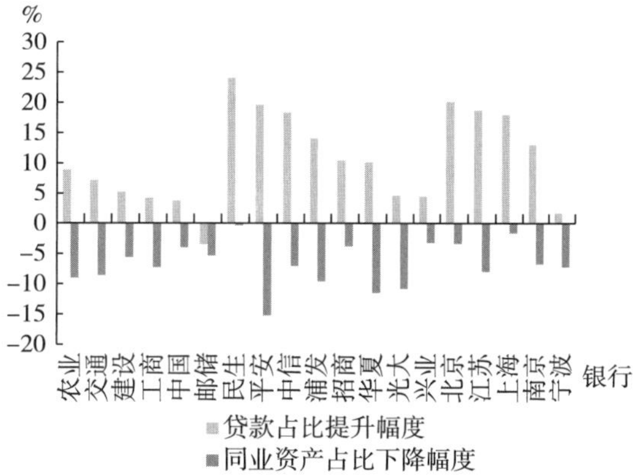

资料来源：公司公告，平安证券研究所。

同时资产端净表速度加快，表内非标资产得到压降，尤其是中小银行表内非标压降力度最大。从社会融资存量口径看净表进程，自 2016 年起作为非标底层资产的信托及委托贷款余额开始逐年压降，已经由 2016 年末的 12.5% 降至 2022 年第二季度的 4.4%，截至 2022 年第二季度信托和委托贷款存量规模分别降至 4.0 万亿元、10.9 万亿元，占社会融资的比重分别为 1.2%、3.3%。在行业层面，比较上市银行 2016 年末与 2021 年末的截面数据，可以看到绝大多数银行的表内非标资产占比实现了大幅压降，其中股份制银行非标资产压降最为明显，大行、股份制银行、城商行分别较 2016 年下降 0.7 个、10.7 个、7.3 个百分点，分别至 0.5%、4.0%、6.8%。在个体层面，股份制银行中，民生银行压降幅度最大，表内非标资产分别较 2016 年压降 17.5 个百分点至 1.3%，截至 2021 年末民生银行、招商银行表内非标资产占比均处于 2% 以内。

图表 5.7　委托及信托贷款占比自 2016 年起逐年下降

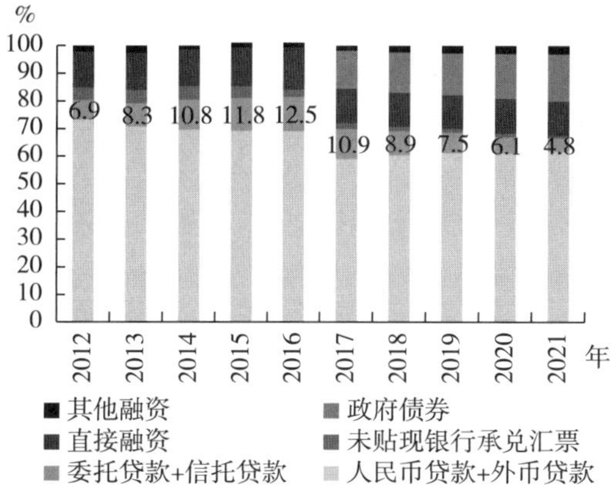

资料来源：央行，平安证券研究所。

图表 5.8　表内非标资产占比整体下降

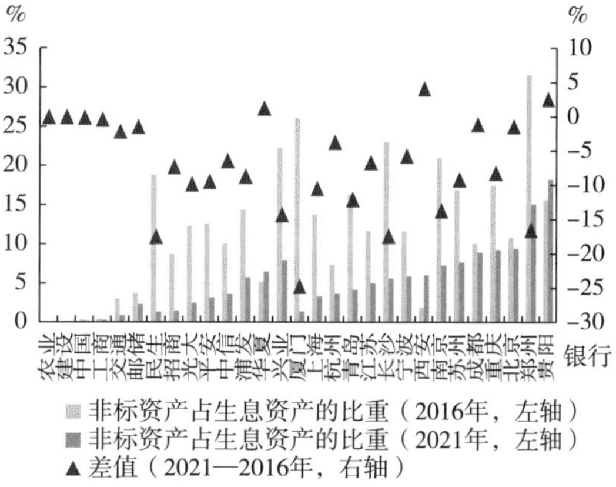

资料来源：公司公告，平安证券研究所。

5.1.2　资产处置：不良大幅出清，核心指标实质改善

伴随着资产结构的积极调整，资产质量也在大幅提升，一方面体现在行业整体逾期确认都更加严格，股份制银行逾期不良比率较 2014 年下降 108 个百分点至 131%，逾期确认加大力度同业领先（相较行业整体下降 69 个百分点）；另一方面核销处置力度也在加大，主要上市银行贷款处置（核销及转出）规模自 2018 年起达到万亿元级别，风险加速出清。

图表 5.9　逾期不良偏离度收窄

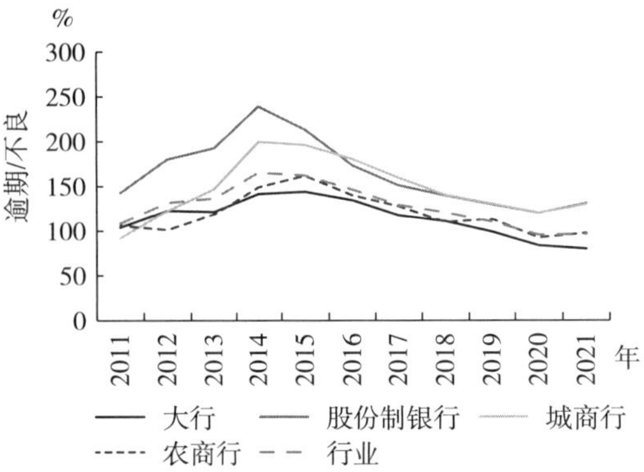

资料来源：银保监会，平安证券研究所。

图表 5.10　2018 年以来不良处置规模提升至万亿元级

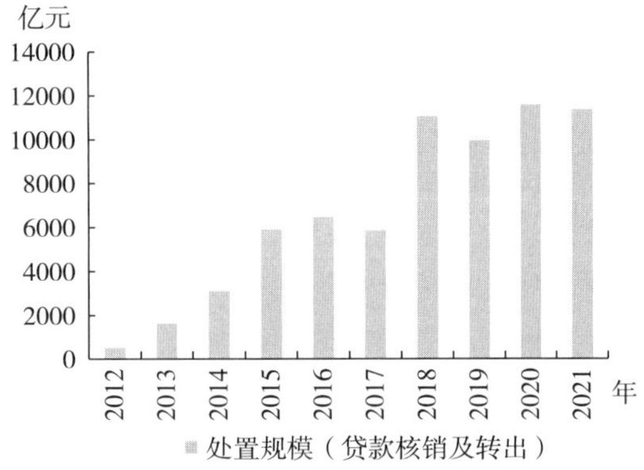

资料来源：公司公告，平安证券研究所。

在此背景下，行业资产质量指标获得实质性改善，大中型银行保持较优水平。我们跟踪的广义口径不良指标——"不良率 + 关注率"从 2016 年高点 5.86% 降至 2022 年第二季度末的 3.94%，实现了大幅改善。分机构类型来看，大行和股份制银行近年来都较为平稳，不良率水平处于同业较优地位。

图表 5.11　资产质量保持平稳

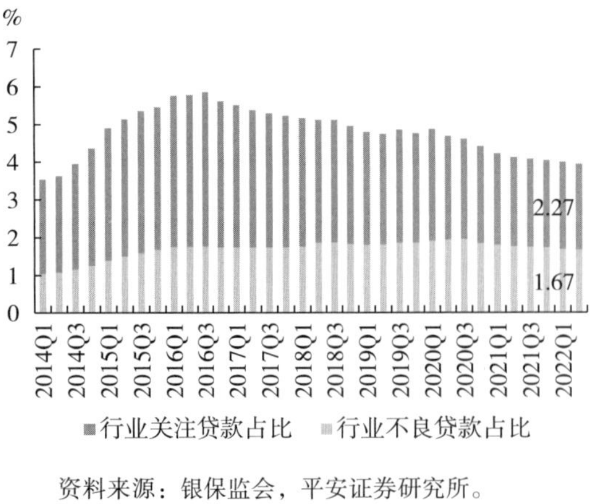

资料来源：银保监会，平安证券研究所。

图表 5.12　大中型银行不良率保持较优水平

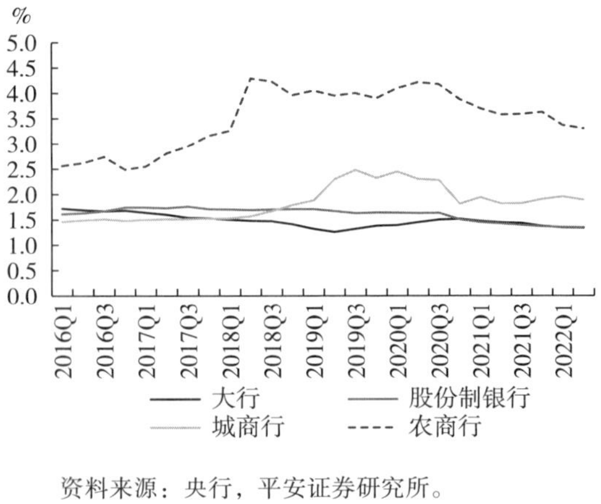

资料来源：央行，平安证券研究所。

在个体静态表现方面，首先从不良率、关注率两项静态指标和不良/逾期的不良认定指标审视个体间的存量资产质量表现，（1）将2021年末“不良率+关注率<2%”且“不良/逾期>90%”的银行定义为资产质量表现最优的银行；（2）将2021年末不良率和关注率均低于行业算术平均的银行定义为资产质量较优的银行。

从筛选结果来看：资产质量最优的主要是大行和区域性银行：邮储银行、宁波银行、杭州银行、成都银行、厦门银行、常熟银行、无锡银行、江阴银行8家银行处于绝对领先地位。股份制银行中，招商银行、兴业银行、平安银行的综合表现相对较好。稳健的资产质量表现一方面归因于经营区域经济情况较优，另一方面也与银行长期以来在严格信贷审批方面的优势有关。

图表5.13　　上市银行静态资产质量比较

（不良率、关注率、逾期率、不良/逾期，2021）　　单位:%

上市银行		不良率	关注率	逾期率	不良/逾期	不良/逾期90天以上
大行	工商银行	1.42	1.99	1.23	115	161
	建设银行	1.42	2.69	0.94	151	208
	中国银行	1.33	1.35	1.16	115	169
	农业银行	1.43	1.48	1.08	133	222
	交通银行	1.48	1.35	1.33	111	151
	邮储银行	0.82	0.47	0.89	92	135
股份制银行	招商银行	0.91	0.84	1.03	88	145
	中信银行	1.39	1.75	1.86	75	143
	民生银行	1.79	2.85	2.17	83	126
	兴业银行	1.10	1.52	1.47	75	130
	浦发银行	1.61	2.17	2.08	77	111
	光大银行	1.25	1.86	1.99	63	115
	华夏银行	1.77	3.10	1.88	94	125
	平安银行	1.02	1.42	1.25	82	138
	浙商银行	1.53	2.22	1.66	92	120
城商行	北京银行	1.44	1.48	1.75	82	156
	南京银行	0.91	1.22	1.26	72	112
	宁波银行	0.77	0.48	0.76	102	141
	上海银行	1.25	1.65	2.08	60	91
	江苏银行	1.08	1.34	1.17	92	135
	杭州银行	0.86	0.38	0.61	140	154
	长沙银行	1.20	1.98	1.72	70	121
	成都银行	0.98	0.61	0.96	102	122
	贵阳银行	1.45	3.08	2.98	49	109
	郑州银行	1.85	2.21	2.89	64	121

续表

上市银行		不良率	关注率	逾期率	不良/逾期	不良/逾期90天以上
城商行	青岛银行	1.34	1.03	1.13	119	185
	西安银行	1.32	2.92	2.04	65	101
	苏州银行	1.11	0.96	0.84	133	154
	重庆银行	1.30	3.12	2.67	49	115
	厦门银行	0.91	0.91	0.89	102	109
	齐鲁银行	1.35	1.95	0.90	149	194
农商行	渝农商行	1.25	1.92	1.18	106	171
	青农商行	1.74	5.59	2.13	82	208
	紫金银行	1.45	0.63	1.16	125	206
	常熟银行	0.81	0.89	0.97	84	136
	无锡银行	0.93	0.29	0.92	101	122
	江阴银行	1.31	0.56	1.29	101	123
	苏农银行	1.01	2.56	0.49	205	352
	张家港银行	0.95	1.61	0.90	106	175
	瑞丰银行	1.25	1.51	0.98	127	252
行业（算术平均）		1.25	1.70	1.42	98	152

资料来源：公司公告，平安证券研究所。

（1）从动态维度观察，从资产质量的长期稳定性来看，大行中的邮储银行、股份制银行的招商银行、城商行中的宁波银行和南京银行、农商行中的常熟银行资产质量波动性较小，基本维持在同业较低水平，以邮储银行、宁波银行为例，过去五年不良率始终维持在0.9%以下。

（2）资产质量明显改善银行：平安银行、成都银行、苏州银行、江阴银行、张家港银行。从不良率的改善来看，大中型银行中的平安银行、城商行中的成都银行和苏州银行、农商行中的江阴银行和张家港银行过去5年不良指标改善最为显著。以江阴银行为例，过去3年不良率累计下降85个基点，过去5年不良率累计下降141个基点。

图表5.14　　上市银行不良率变动　　单位:%

上市银行		2018年	2019年	2020年	2021年	2022Q2	过去3年	过去5年
大行	工商银行	1.52	1.43	1.58	1.42	1.41	-0.02	-0.14
	建设银行	1.46	1.42	1.56	1.42	1.40	-0.02	-0.09
	中国银行	1.42	1.37	1.46	1.33	1.34	-0.03	-0.11
	农业银行	1.59	1.40	1.57	1.43	1.41	0.01	-0.40
	交通银行	1.49	1.47	1.67	1.48	1.46	-0.01	-0.04
	邮储银行	0.86	0.86	0.88	0.82	0.83	-0.03	0.08

续表

上市银行		2018年	2019年	2020年	2021年	2022Q2	过去3年	过去5年
股份制银行	招商银行	1.36	1.16	1.07	0.91	0.95	-0.21	-0.66
	中信银行	1.77	1.65	1.64	1.39	1.31	-0.34	-0.37
	民生银行	1.76	1.56	1.82	1.79	1.73	0.17	0.02
	兴业银行	1.57	1.54	1.25	1.10	1.15	-0.39	-0.44
	浦发银行	1.92	2.05	1.73	1.61	1.56	-0.49	-0.58
	光大银行	1.59	1.56	1.38	1.25	1.24	-0.32	-0.35
	华夏银行	1.85	1.83	1.80	1.77	1.79	-0.04	0.03
	平安银行	1.75	1.65	1.18	1.02	1.02	-0.63	-0.68
	浙商银行	1.20	1.37	1.42	1.53	1.49	0.12	0.34
城商行	北京银行	1.46	1.40	1.57	1.44	1.64	0.24	0.40
	南京银行	0.89	0.89	0.91	0.91	0.90	0.01	0.04
	宁波银行	0.78	0.78	0.79	0.77	0.77	-0.01	-0.05
	上海银行	1.14	1.16	1.22	1.25	1.25	0.09	0.10
	江苏银行	1.39	1.38	1.32	1.08	0.98	-0.40	-0.43
	杭州银行	1.45	1.34	1.07	0.86	0.79	-0.55	-0.80
	长沙银行	1.29	1.22	1.21	1.20	1.18	-0.04	-0.06
	成都银行	1.54	1.43	1.37	0.98	0.83	-0.60	-0.86
	贵阳银行	1.35	1.45	1.53	1.45	1.64	0.19	0.30
	郑州银行	2.47	2.37	2.08	1.85	1.76	-0.61	0.26
	青岛银行	1.68	1.65	1.51	1.34	1.33	-0.32	-0.36
	西安银行	1.20	1.18	1.18	1.32	1.22	0.04	-0.02
	苏州银行	1.68	1.53	1.38	1.11	0.90	-0.63	-0.53
	重庆银行	1.36	1.27	1.27	1.30	1.29	0.02	-0.06
	厦门银行	1.33	1.18	0.98	0.91	0.90	-0.28	-0.55
	齐鲁银行	1.64	1.49	1.43	1.35	1.33	-0.16	-0.21
农商行	渝农商行	1.29	1.25	1.31	1.25	1.23	-0.02	0.25
	青农商行	1.57	1.46	1.44	1.74	1.72	0.26	-0.14
	紫金银行	1.69	1.68	1.68	1.45	1.20	-0.48	-0.64
	常熟银行	0.99	0.96	0.96	0.81	0.80	-0.16	-0.34
	无锡银行	1.24	1.21	1.10	0.93	0.87	-0.34	-0.51
	江阴银行	2.15	1.83	1.79	1.31	0.98	-0.85	-1.41
	苏农银行	1.31	1.33	1.28	1.01	0.95	-0.38	-0.69
	张家港行	1.47	1.38	1.17	0.95	0.90	-0.48	-0.88
	瑞丰银行	1.46	1.35	1.32	1.25	1.20	-0.15	-0.36

注：过去3年为2019年末到2022年第二季度末，过去5年为2017年末到2022年第二季度末。

资料来源：Wind，公司公告，平安证券研究所。

5.2 信贷资产：零售成为转型突破口，对公压降风险偏好

从信贷结构来看，行业整体贷款投向正在向零售倾斜；从盈利质量来看，零售业务相比对公业务具有资产质量优异、收益率高、资本占用少等多个优点，能够较大地改善银行整体盈利质量，因此提升零售占比成为商业银行资产管理的重要突破口，未来贷款大类向零售资产倾斜的趋势将仍然存在。在个体维度，近年来绝大部分上市银行零售贷款占比均有所提升，大中型银行中平安银行（62%）、邮储银行（58%）、招商银行（54%）零售贷款占比处于行业领先地位，相较大中型银行，区域性银行零售贷款占比偏低，但也不乏静态表现和动态改善都较为突出的个体，例如城商行中的长沙银行（41%）、江苏银行（40%）和农商行中常熟银行（61%）、瑞丰银行（61%）。

在零售信贷结构方面，回顾过去十年零售信贷投向结构的变化，本研究发现：（1）按揭贷占比相对平稳，跟随房地产调控周期在50%～60%区间波动，依旧是零售信贷结构的中流砥柱。（2）与此同时，商业银行也在寻找零售的新增长点，积极丰富非房类产品线，消费贷占比有所抬升，达到20%左右。（3）经营贷占比有所下降，近年来占零售贷款的比重约为20%。但个体与行业趋势存在差异，大行仍在按揭方面重点发力，按揭成为其最主要的零售信贷投向，大行的按揭贷占比普遍处于60%以上，而中小银行尤其是股份制银行信用卡发展更为突出，不少中小银行信用卡贷款近年来年复合增速都超过20%，宁波银行、平安银行2021年末零售贷款中消费信贷（含信用卡）占比分别达66%、57%。考虑到当下房地产调控因素和商业银行丰富资产组合的需要，未来非房类零售信贷将仍然是行业发力的重要方向。

在对公信贷结构方面，本研究发现行业的风险偏好有所下降，无论大行，还是中小银行，对公方面均向基础建设项目类贷款倾斜，自2015年以来，大行基建项目类贷款占比提升了15.6个百分点至55%，股份制银行中招商银行、中信银行、华夏银行及城商行中北京银行、上海银行、南京银行的基建类贷款投放比例也均超过40%。制造业和批发零售行业贷款，均有不同程度的下降，反映行业整体的风险偏好收敛。展望未来，基建项目类贷款依然会扮演银行对公投放的“压舱石”角色，而房地产行业的贷款占比将会持续回落，与此同时，顺应国家经济结构调整，商业银行在先进制造业、绿色金融、普惠金融等领域仍大有可为。

5.2.1 零售成为商业银行重要突破口

从行业发展现状来看，各家银行贷款投向正在向零售倾斜，尤其是股份制银行的零售贷款占比实现了大幅提升。具体看过去十年金融机构的贷款投向，发现零售贷款占比较2012年第二季度的24%大幅提升11个百分点至2022年第二季度的35%，对公贷款占比降至65%，从增速来看零售贷款快于对公贷款，对公贷款增速长期稳定在

10%上下，而零售贷款在2013年第二季度至2019年第三季度增速也均高于15%。同时相较大行，股份制银行零售贷款占比提升幅度更大，自2011年的26%提升18个百分点至2021年末的44%。

图表5.15　金融机构贷款投放结构：零售贷款占比提升

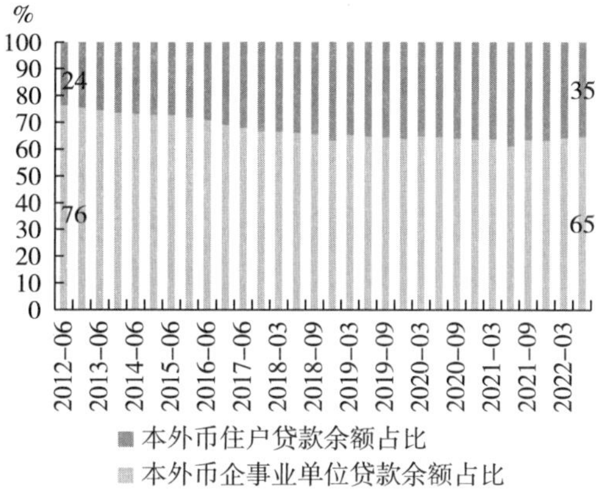

资料来源：央行，平安证券研究所。

图表5.16　上市银行贷款结构变化（对公vs零售）

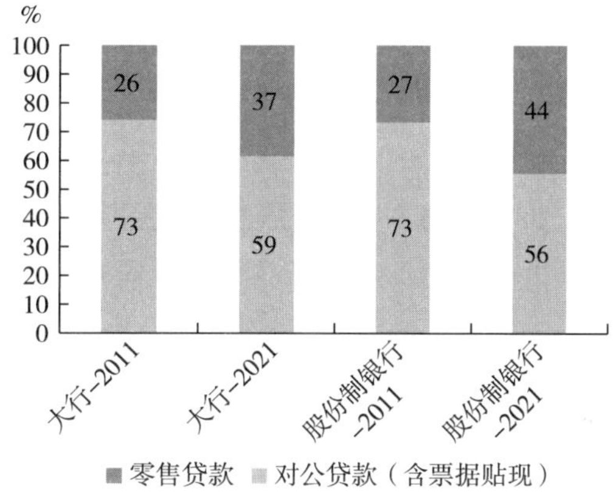

资料来源：公司公告，平安证券研究所。

从个体来看，近年绝大部分上市银行零售贷款占比均有所提升，大中型银行中邮储银行、平安银行、招商银行零售贷款占比均已过半，其中平安银行较2016年提升了26个百分点至62%，零售贷款在过去五年实现了快速增长。区域性银行零售贷款占比普遍位于20%～40%，相较大中型银行偏低，但也不乏静态表现和动态改善都较为突出的个体，城商行中长沙银行、江苏银行零售贷款占比处于40%以上，且较2016年均提升了近20个百分点，农商行中常熟银行、瑞丰银行零售贷款占比达到60%以上，远超行业平均水平，分别较2016年提升16个、31个百分点。

图表5.17　上市银行贷款结构变化（对公vs零售，2016—2021年）

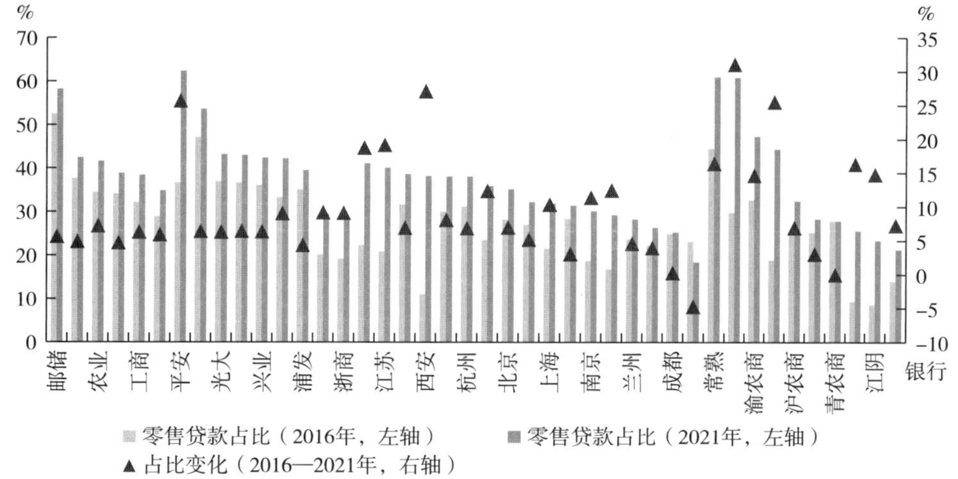

资料来源：公司公告，平安证券研究所。

究其原因，零售业务相比对公业务具有资产质量优异、收益率高、资本占用少等多个优点，提升零售业务占比成为商业银行资产管理的重要突破口。原先粗放式模式下对公信贷投放对收入和利润绝对额的贡献十分显著，相比零售资产户均规模不足百万元的情况，对公贷款单笔少则千万元多则数亿元的信贷投放对银行整体规模的拉动更为迅速，在规模考核导向下，大量银行将更多资源投向对公。但实际上，如果从盈利质量来看，零售资产考虑其更低的风险占用、更优的资产质量以及对非息收入的拉动能力，能够更大地改善银行整体盈利质量，是商业银行资产管理的重要突破口。

5.2.1.1 资产质量优于对公，考虑风险后的回报率更为优异

零售贷款由于在定价方面更具优势，平均收益率普遍高于对公贷款，同时从披露数据的上市银行来看，大部分银行的零售贷款不良率都明显低于对公贷款不良率，由于零售贷款的单户金额更低，风险也更加分散、独立，在考虑资产质量维度以后，实际零售业务的回报更为优异。

图表 5.18 零售贷款定价高于对公贷款（2021 年）

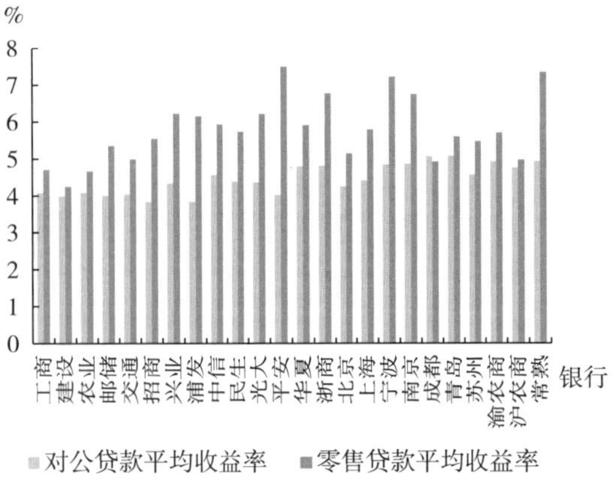

资料来源：公司公告，平安证券研究所。

图表 5.19 零售贷款资产质量优于对公贷款（2021 年）

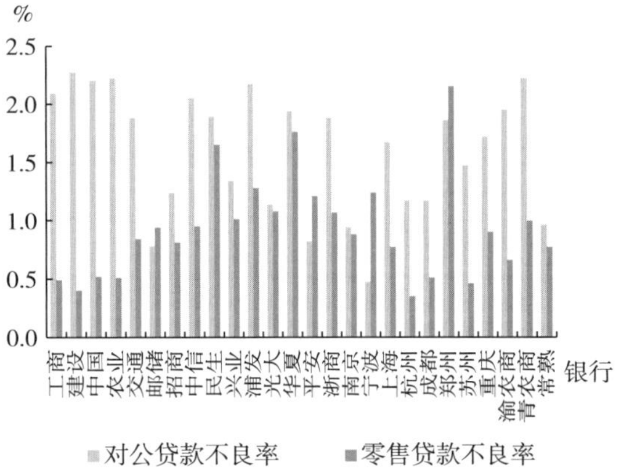

资料来源：公司公告，平安证券研究所。

5.2.1.2 资本占用更低，有利于银行实现轻型化

根据 2012 年颁布的《商业银行资本管理办法（试行）》的要求，目前在信贷类资产中，风险权重相对较低的主要有小微贷款（75%）、个人非按揭贷款（75%）以及按揭贷款（50%）。因此，加大对小微及零售业务的拓展力度有利于银行降低风险资产对资本金的消耗。不过，考虑到在当前经济环境下，小微企业整体经营风险依然较大，银行短期风险偏好难以大幅提升，相比之下，发力零售信贷业务成为当前时点银行更为经济和效率的选择。

本研究对各家上市银行 2021 年零售及对公板块的 ROA 水平进行了比较。[①] 从结果

① 由于各家银行在披露分部报表时并没有披露分板块净利润数据，在 ROA 计算过程中本研究用税前利润代替净利润作为分母，所有银行均做相同处理，因此并不会影响结果的可比性。

来看，零售业务整体表现好于对公板块，18 家样本银行中有 9 家银行零售业务的资产收益率表现好于对公业务。进一步，如果将资本占用因素考虑在内，保守给予零售资产以 75% 的风险权重（考虑到目前各家银行零售业务大部分均以按揭为主，因此实际的风险加权权重可能更低），对公资产依旧维持 100% 的权重，调整后 18 家银行资产回报率中有 12 家高于对公业务，且收益率差距均有所扩大。

图表 5.20　零售与对公板块 ROA 对比

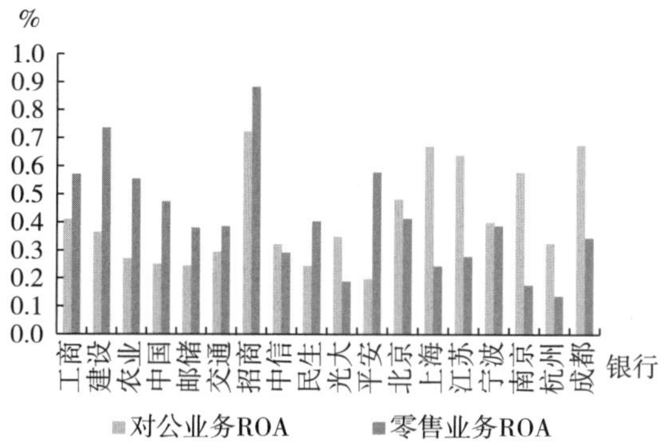

资料来源：公司公告，平安证券研究所。

图表 5.21　考虑资本消耗，零售业务资产回报率高于对公业务（2021 年）

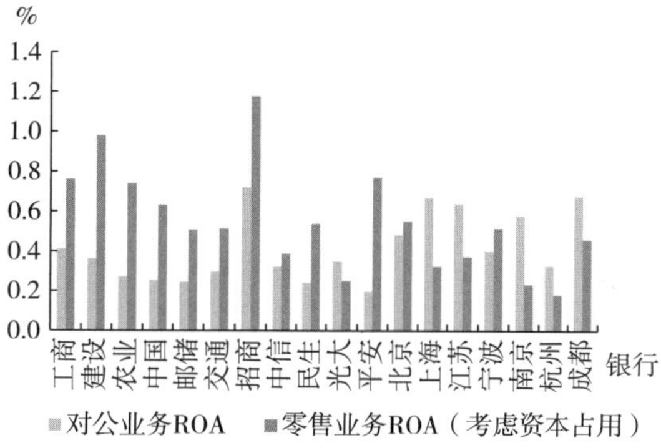

资料来源：公司公告，平安证券研究所。

5.2.2　结构变化：零售发力非房类贷款，对公压降风险偏好

5.2.2.1　零售贷款：按揭仍为中流砥柱，非房类前景可期

在行业层面，回顾过去十年零售信贷投向结构的变化，本研究有以下发现。

（1）按揭贷占比相对平稳，跟随房地产调控周期在 50% ~60% 波动，依旧是零售信贷结构的中流砥柱。按揭贷增长与房地产市场情况紧密相关，在 2015—2016 年按揭贷增速出现大幅提升，于 2016 年末筑顶达到 35%，与 2015 年起房地产去库存、棚改货币化等一系列政策催化下房价迅速上涨、商品房销售火爆有关，在该阶段我们看到按揭贷占比出现回升，于 2016 年末再次达到 57%。2017 年起房地产市场迎来新一轮调控周期，“房住不炒”成为政策主基调，按揭贷款增速回落后趋于稳定，按揭贷占比也长期稳定在 54% ~55%。不过值得注意的是，疫情以来市场对房地产风险的担忧有所抬升，行业对按揭贷投放也更为谨慎，2022 年增速回落至个位数，截至 2022 年第二季度按揭贷占零售贷款的比重为 53%。

（2）与此同时，商业银行也在寻找零售的新增长点，积极丰富非房类产品线，消费贷占比有所抬升，达到 20% 左右。服务于国家战略消费升级，消费贷作为商业银行探索非房类产品的试金石，在 2019 年前一直保持高速增长，占比于 2018 年末达到历史最高水平 29%。而由于 2019 年 P2P 爆雷、共债风险等问题引发监管的高度重视，伴随 P2P 机构清退，消费贷也得到出清，消费贷占零售贷款比重降至 24% 的水平后便趋于稳定。

（3）经营贷占比有所下降，近年来占零售贷款的比重约20%。早期经营贷增长速度一直不及按揭贷和消费贷，因此经营贷占比不断下降，由2012年末的35%降至2018年末的21%的水平，但值得注意的是，2020年起政策大力引导金融机构支持实体经济，银行对小微企业和个体工商户的经营贷投放开始加快，经营贷占比小幅回升至2022年第二季度24%的水平。

考虑到当下房地产调控因素和商业银行丰富资产组合的需要，未来非房类零售信贷将仍然是行业发力的重要方向。

图表5.22　金融机构零售信贷十年结构变化

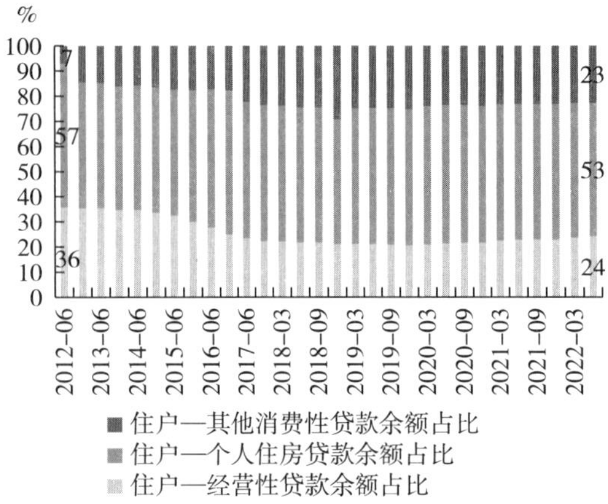

资料来源：央行，平安证券研究所。

图表5.23　金融机构各类型零售贷款投放增速

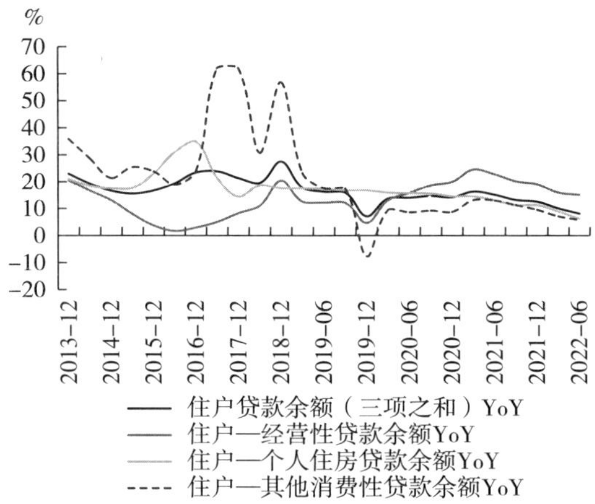

资料来源：央行，平安证券研究所。

不同类型银行的信贷结构变化与行业趋势存在差异，大行仍在重点发力按揭贷，而股份制银行信用卡发展更为突出。大行零售信贷结构以按揭贷为主，且2021年末按揭贷占比较2011年实现了7个百分点的增长进一步提升达到75%。相较大行，股份制银行的零售信贷结构趋于多元，信用卡作为消费金融的重要载体，发展尤为强劲，信用卡贷款占比实现了较大幅度的提升达到26%，随之而来的是按揭贷占比下降幅度较大，下降14个百分点至44%。但大行和股份制银行的经营贷占比均有所下降，与行业整体变化趋势一致。

值得注意的是，股份制银行信用卡贷款占比显著提升，源自其对信用卡市场的快速拓展和客户的持续活跃。股份制银行信用卡贷款在过去十年增长迅猛，信用卡贷款余额十年复合增长率达到了33.8%（大行的为19.4%）。近年来，股份制银行仍在持续开拓信用卡客户，股份制银行的信用卡发卡量、交易额的年复合增长率（2015—2021年）分别为22.7%、21.5%，均远超大行10%以上，未来股份制银行信用卡业务的发展值得期待。

图表 5.24 上市银行零售信贷结构变化

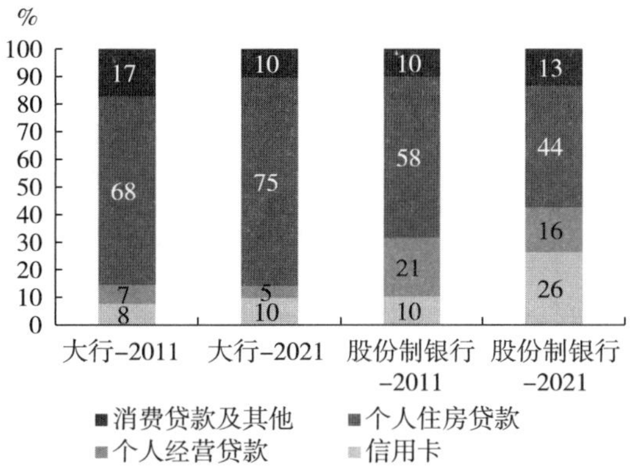

注：大行口径剔除邮储银行。

资料来源：公司公告，平安证券研究所。

图表 5.25 各类零售信贷占比变化（2011—2021 年）

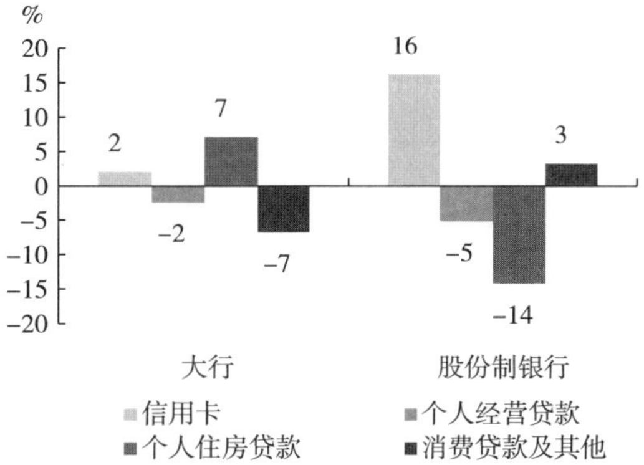

资料来源：公司公告，平安证券研究所。

图表 5.26 上市银行信用卡贷款余额同比增速

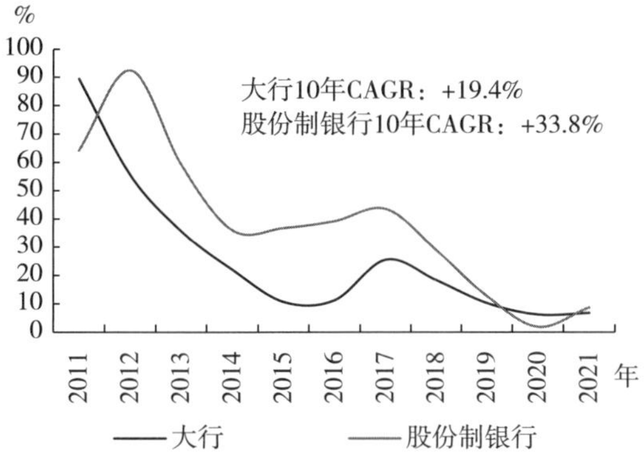

注：大行口径剔除邮储银行，股份制银行口径剔除浙商银行。

资料来源：公司公告，平安证券研究所。

图表 5.27 信用卡发卡量及交易额年复合增长率（2015—2021 年）

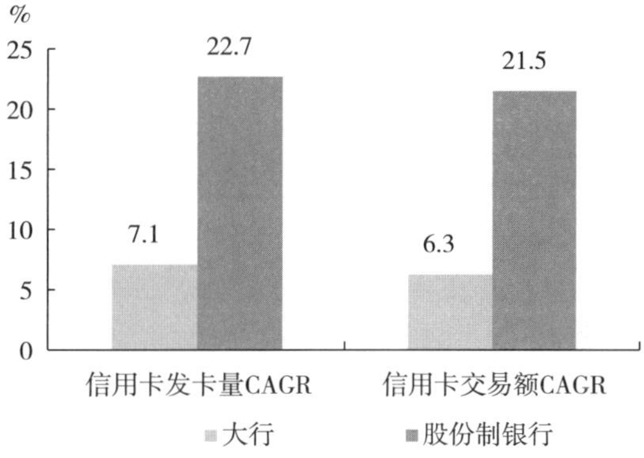

资料来源：公司公告，平安证券研究所。

在个体结构方面，从静态来看，按揭贷是大中型银行最主要的零售信贷投向，大行的按揭贷占比相较其他银行更高，普遍处于60%以上，股份制银行普遍达到40%，但部分银行的非按揭类贷款占比更为突出，如宁波银行（89%）和平安银行（85%），得益于其对消费贷和经营贷业务的积极布局。相较其他银行，股份制银行在信用卡方面的优势更为明显，信用卡贷款占比均达到20%，其中，平安银行和光大银行的信用卡贷款占比达到30%以上，处于行业领先位置。

从动态来看，中小银行的非房类信贷发展态势更为亮眼。近年来各家银行按揭贷增长速度基本与零售贷款一致，但也有部分中小银行如南京银行、上海银行的非按揭类零售贷款增长更为强劲，年复合增速（2015—2021 年）超过零售贷款，分别达到43%、35%。信用卡成为中小银行发力非按揭类贷款的重要突破口，我们看到不少中

图表 5.28　　　　　上市银行零售信贷结构（2021 年）

单位：%

银行类型	上市银行	2021年占零售贷款的比重				占比较2015年变动			
		个人住房贷款	信用卡	个人经营贷款	消费贷款及其他	个人住房贷款	信用卡	个人经营贷款	消费贷款及其他
大行	工商	80.1	8.7	8.8	2.4	9.0	-3.1	0.5	-6.4
	农业	73.7	8.8	6.6	11.0	3.0	0.7	-1.9	-1.8
	建设	80.9	11.4	2.9	4.8	0.9	0.1	1.0	-2.1
	中国	79.2	8.3	—	12.5	5.2	-1.4	—	-3.8
	交通	65.2	21.6	—	13.3	4.3	-5.8	—	1.4
	邮储	57.8	4.7	—	37.6	10.5	1.0	—	-11.6
股份行	招商	46.0	28.1	18.8	7.1	5.3	2.6	-6.5	-1.3
	中信	47.4	25.7	15.2	11.7	7.2	-0.6	-0.6	-6.0
	民生	34.2	27.1	33.2	5.5	18.5	3.6	-18.8	-3.3
	兴业	59.6	23.2	10.8	6.3	1.4	8.0	-2.3	-7.0
	浦发	47.9	22.0	20.7	9.3	3.6	3.1	-3.9	-2.8
	光大	39.5	31.3	14.2	15.0	-5.8	-1.6	-5.7	13.1
	平安	14.6	32.5	—	52.8	4.2	-1.0	—	-3.2
	华夏	46.7	26.8	—	26.5	-8.6	0.4	—	8.2
城商行	北京	59.4	2.0	22.7	16.0	-5.7	2.0	-2.6	6.3
	上海	40.0	9.9	13.6	36.5	-14.7	-4.4	-3.3	22.5
	南京	35.1	3.5	12.2	49.3	-19.9	-1.5	6.5	14.9
	宁波	11.2	—	22.8	66.0	9.4	—	18.8	-28.2

资料来源：公司公告，平安证券研究所。

小银行信用卡贷款近年来年复合增速超过 20%，从信用卡贷款增长来看，股份制银行中的兴业银行（33%）、平安银行（27%）最为突出，而从信用卡余额来看大行普遍领先，但股份制银行中注重零售转型战略的银行如招商银行、平安银行、中信银行，其信用卡贷款存量居于行业前列，位列上市银行第二、第五和第六。

图表 5.29　上市银行非按揭类零售贷款年复合增速

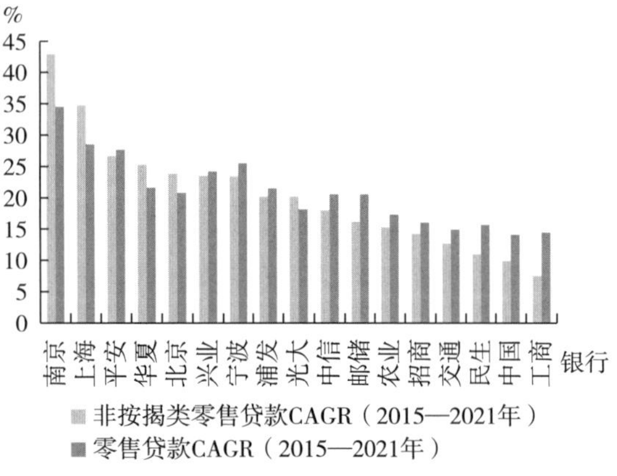

资料来源：公司公告，平安证券研究所。

图表 5.30　上市银行信用卡贷款余额及年复合增速

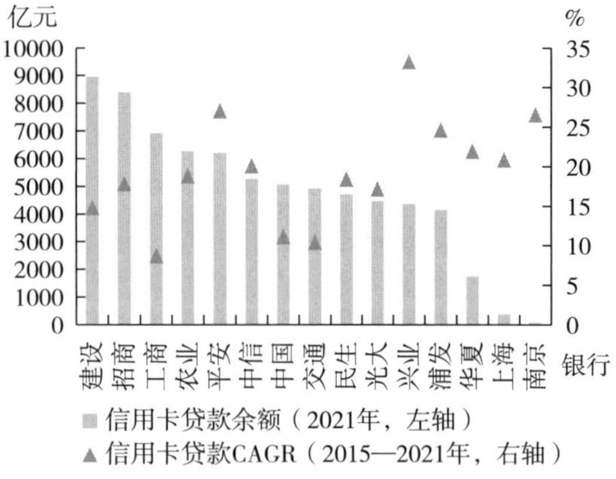

资料来源：公司公告，平安证券研究所。

5.2.2.2 对公贷款：风险偏好逐渐下降，基建项目类贷款占比提升

对比2015年与2021年的对公贷款投放情况，无论是大行，还是股份制银行都将资源重点向基建倾斜，房地产与建筑行业投放相对平稳，同时对制造业、批发和零售业的投放比例均大幅减少，可见风险偏好有所下降。大行、股份制银行基建类行业贷款占比较2015年分别提升15.6个、14.2个百分点至55%、39%，房地产与建筑行业贷款占比分别变化+0.3个、-0.6个百分点，分别维持在13%、21%的水平；与此同时，风险相对较高的批发和零售业以及制造业贷款占比有所下降，大行、股份制银行制造业贷款投放比例分别下降6.5个、6.1个百分点，均降至17%水平，批发和零售业贷款占比更是大幅分别下降7.4个、7.2个百分点，至5%、9%。

图表5.31 上市银行对公贷款结构（分行业）

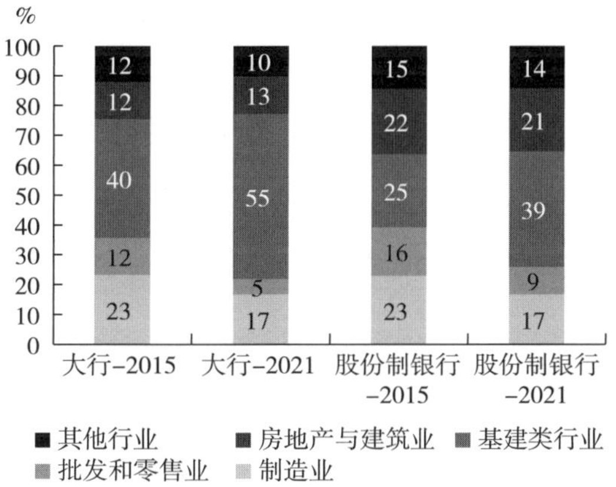

注：（1）基建类行业包括：交通运输、仓储和邮政业，电力、燃气及水的生产和供应业，水利、环境和公共设施管理业，租赁和商务服务业，公共事业五大类；（2）其他行业包括：农林牧渔业（占比1%以内）、服务业（占比约1%~3%，具体包括：住宿餐饮，科教文卫，信息传输、计算机服务和软件业三大类）、采矿业（占比约2%~4%）及财报披露的其他行业。

资料来源：公司公告，平安证券研究所。

图表5.32 对公贷款投放比例变化（2015年和2021年）

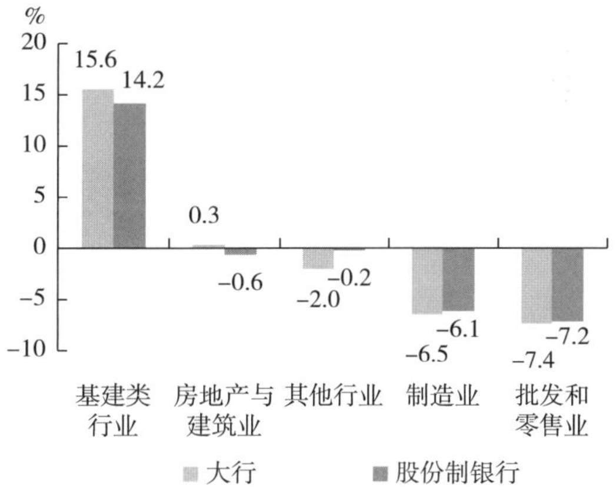

资料来源：公司公告，平安证券研究所。

从个体情况来看，大行仍然主投基建行业，基建类行业贷款占对公贷款的比重大多达到50%以上，其中工商银行占比最高，约60%，同时大行在房地产与建筑行业方面的贷款投放控制在10%~15%，近年来占比变动均不大。相较大行，中小银行对公涉房类贷款占比相对更高，但也有以南京银行、宁波银行为代表的银行在近年来对房地产与建筑业贷款增长控制良好，2021年末占比分别约9%、13%，与大行水平较为接近；中小银行基建类行业投放比例相较大行更低，但也不乏优异个体，股份制银行中招商银行、中信银行、华夏银行与城商行中北京银行、上海银行、南京银行的基建类贷款投放比例均超过40%，动态来看，其中南京银行增长最为强势，年复合增速达

到30%，基建类贷款占比较2015年几乎翻倍，提升了27个百分点至56.2%。

图表5.33　　上市银行对公贷款结构（分行业，2021年）

单位：%

银行类型	上市银行	2021年占对公贷款比重					占比较2015年变动				
		基建类行业	房地产与建筑业	制造业	批发和零售业	其他行业	基建类行业	房地产与建筑业	制造业	批发和零售业	其他行业
大行	工商银行	59.8	10.5	14.8	4.6	10.3	14.3	0.4	-5.6	-6.4	-2.7
	农业银行	54.3	11.8	17.0	5.7	11.2	16.5	-1.4	-8.5	-5.4	-1.2
	建设银行	51.6	12.4	14.9	9.2	11.8	5.5	0.2	-6.5	1.5	-0.7
	中国银行	53.0	15.7	19.7	-	11.5	7.0	0.9	-6.7	-	-1.2
	交通银行	49.9	14.0	17.7	5.2	13.2	13.5	1.1	-6.1	-7.6	-0.8
	邮储银行	52.4	11.5	14.5	5.8	15.9	-2.0	3.2	-1.0	-0.2	0.1
股份制银行	招商银行	40.9	24.3	15.5	6.8	12.4	15.1	3.4	-6.5	-9.8	-2.2
	中信银行	46.0	16.7	15.2	7.0	15.1	17.8	-3.5	-8.2	-7.8	1.7
	民生银行	38.6	20.5	15.1	11.2	14.5	14.3	-2.0	-4.4	-2.5	-5.4
	兴业银行	39.3	21.9	19.7	11.1	8.0	14.0	-1.0	-5.0	-6.0	-2.0
	浦发银行	38.8	20.6	18.0	7.4	15.2	13.3	-2.0	-3.9	-11.4	4.0
	光大银行	39.7	18.4	18.5	8.4	15.1	15.0	-2.7	-8.3	-5.1	1.2
	平安银行	7.5	33.8	15.7	10.4	32.6	1.5	9.7	-5.4	-9.4	3.6
	华夏银行	48.4	15.8	13.4	9.6	12.8	21.1	-3.7	-12.1	-7.9	2.7
	浙商银行	30.1	25.6	19.8	14.4	10.1	1.5	0.3	-1.2	-0.8	0.2
城商行	北京银行	46.0	18.7	11.6	9.4	14.3	12.1	-4.1	-6.2	-3.3	1.5
	上海银行	43.6	26.1	7.9	8.2	14.3	15.5	-1.9	-8.3	-7.0	1.7
	南京银行	56.2	8.7	12.8	11.6	10.7	26.6	-3.5	-2.1	-4.9	-16.2
	宁波银行	38.6	13.1	25.9	15.7	6.7	8.9	-7.4	2.7	-2.0	-2.1

资料来源：公司公告，平安证券研究所。

图表5.34　房地产与建筑业贷款投放变化

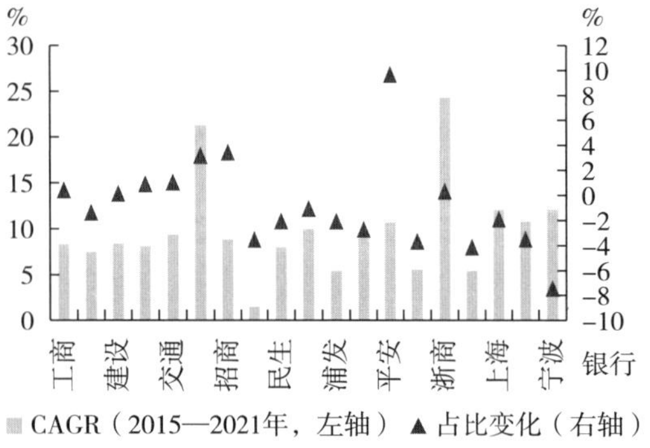

资料来源：公司公告，平安证券研究所。

图表5.35　基建类行业贷款投放变化

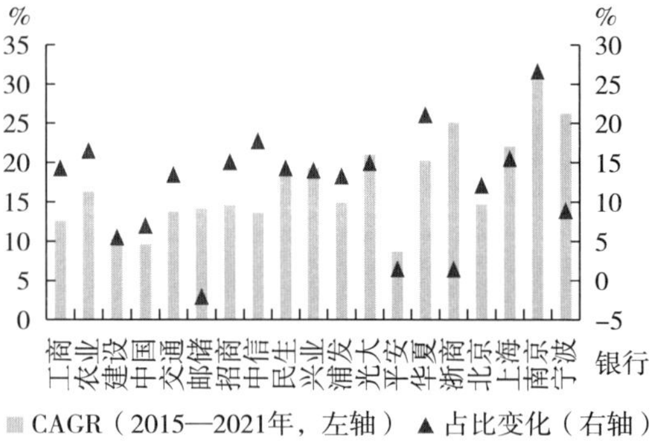

资料来源：公司公告，平安证券研究所。

展望未来，本研究认为基建项目类贷款依然会扮演银行对公投放的“压舱石”角色，而房地产行业的贷款占比将会持续回落，与此同时，顺应国家经济结构调整，商业银行在先进制造业、绿色金融、普惠金融等领域仍大有可为。制造业中长期贷款自2020年起增速不断提升，从最新数据来看，2022年6月末金融机构投向制造业的中长期贷款余额同比增长29.7%，比各项贷款的增速高18.5个百分点，仍然保持十分强劲的增长势头；绿色及普惠金融贷款自2021年增速逐季上行，2022年6月末绿色贷款同比增长40.4%，较各项贷款的增速高出29.2个百分点，未来前景值得期待；而普惠金融贷款也基本保持 20% 以上的快速增长，6 月末普惠金融贷款余额分别同比增长 20.8%，比各项贷款增速高出 9.6 个百分点。

图表 5.36　中长期制造业贷款高速增长

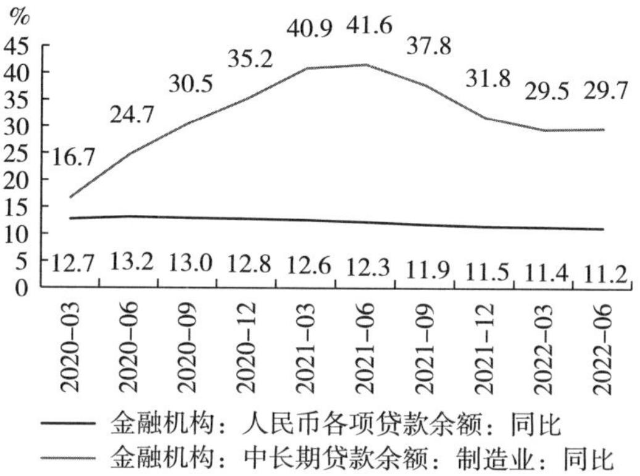

资料来源：央行，平安证券研究所。

图表 5.37　绿色及普惠金融贷款同比增速

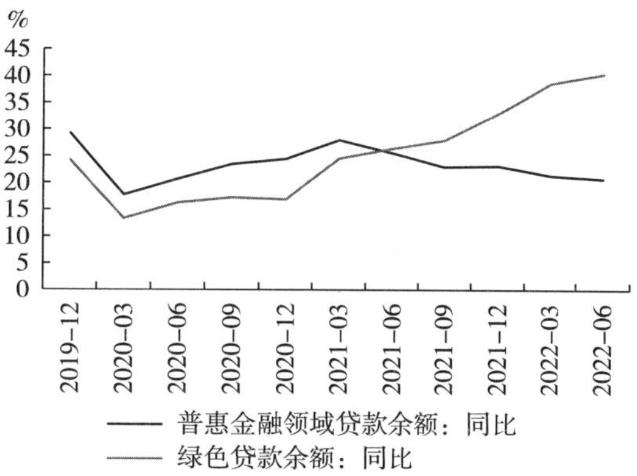

资料来源：央行，平安证券研究所。

第六章 负债端：回归本源，打造存款竞争力

6.1 打造存款竞争力——零售：从网点到场景，化被动为主动

相较于对公存款，零售存款在银行个体间的差异更为明显。传统意义上，网点的布局和数量在极大程度上决定了银行对个人存款的揽储能力，站在这一角度，大行和农商行更具优势。但是面对客户需求变化和互联网浪潮的冲击，站在银行角度，当下更多需要思考的是如何将原先的被动获客模式向主动获客转变，关键在于如何搭建更全面、更细分的场景入口，精确匹配零售用户在金融活动各环节（收入、储蓄、投资和消费）的需求，这给予了以业务创新见长的股份制银行更多机遇。以招商银行、平安银行、光大银行为代表的股份制银行正在积极布局代发、理财、生活消费等场景，充分触达零售用户从而带动存款沉淀，未来发展空间值得期待。

6.1.1 被动获客时代，网点数量决定个体差异

发力零售是拉开个体间差异的关键。在负债结构方面，各家银行对公存款占比差异并不明显，贡献度基本在 30% ~50%。但从零售业务来看，各家银行存款结构表现出显著差异，大行、农商行个人存款对总负债的贡献程度明显更高，而股份制银行和城商行表现相对较弱。以 42 家上市银行为例，大行和农商行个人存款占比排名靠前，其中邮储银行排名第一位，截至 2021 年末占比达 85%，而股份制银行、城商行的个人存款对总负债的贡献比例相对更低。同时，从个人存款的期限结构来看，招商银行及国有大行的个人活期存款占比也相对更高，侧面反映出其良好的零售客户基础和存款成本优势。

传统维度上，个人存款的获取依赖渠道，大行和农商行在网点布局上拥有先天资源禀赋优势，也为其吸收低成本存款带来了便利。大行和农商行的存款成本相对更低，与其个人活期存款对负债的贡献程度较高有关，而股份制银行的个人活期存款占比仍有较大的进步空间。股份制银行不具备显著的网点优势，从线下网点布局来看，大行全国性展业，在网点布局的广度上领先同业，为零售业务的开展尤其是零售存款的获取奠定了基础，因此存款成本优势显著。农商行相比大行而言虽然在营业网点广度上落后，但多年深耕本地，经营网络更下沉，同时在农商行所经营的区域由于居民金融

图表 6.1　9 家大行、农商行个人存款占负债比重相对更高（2021 年）

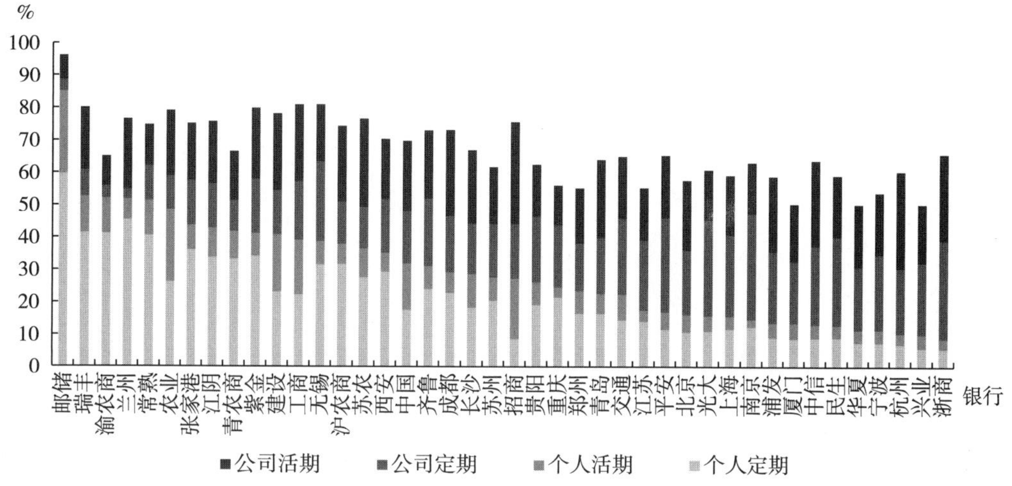

资料来源：公司公告，平安证券研究所。

服务的可触达性较差，在负债端也积累了稳定、低成本的储蓄存款。

图表 6.2　大行网点广泛布局有助于存款吸收（2021 年）

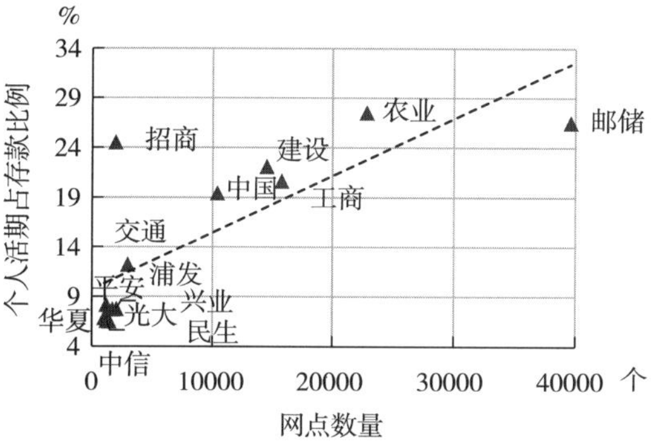

资料来源：公司公告，平安证券研究所。

图表 6.3　部分中小银行通过深耕区域积累低成本个人存款（2021 年）

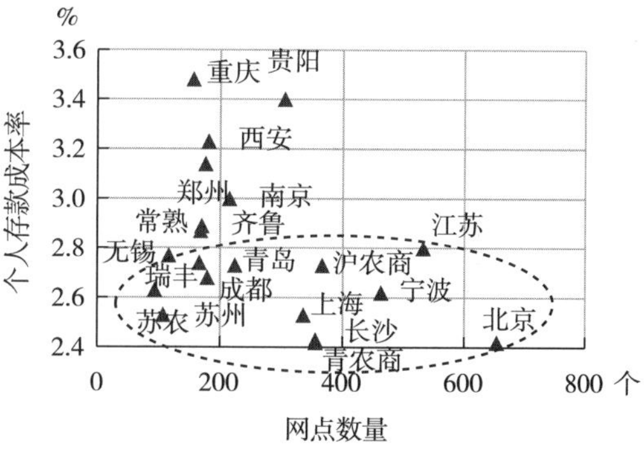

资料来源：公司公告，平安证券研究所。

6.1.2　居民网点依赖度降低，互联网浪潮冲击传统金融

从居民需求来看，用户正在远离银行网点。银行的物理网点作为过去银行与用户发生交互的最主要渠道的情形正在发生变化，在过去十多年间，伴随着科技进步，尤其是互联网和移动互联网应用的普及，居民触网率不断提升，根据国家统计局，2021 年我国互联网普及率达到 73.0%；同时，数字支付工具的普及使用户对持有现金的需求降低，以蚂蚁、腾讯为代表的互联网巨头旗下的支付工具已经成为国内居民日常支付的最主要手段。根据 2019 年德勤数字银行全球消费者调研，七成以上客户使用银行网点的频率每月不足 1 次，国内主要通过银行网点和 ATM 办理银行业务的“传统派”

仅有五分之一。

图表 6.4　客户使用网点、ATM 的频率不如数字化渠道

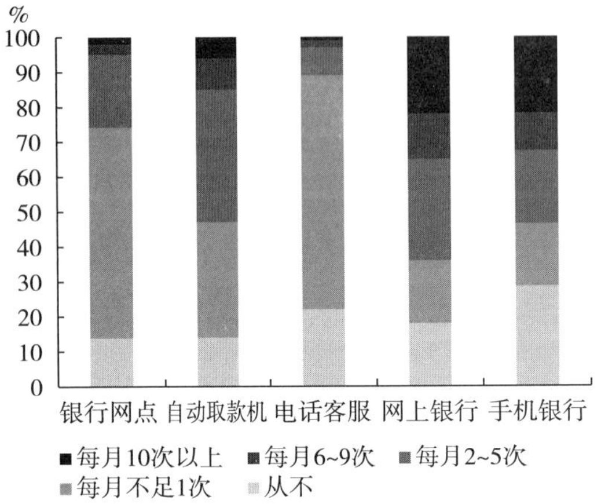

资料来源：德勤，平安证券研究所。

图表 6.5　国内主要使用传统渠道的银行客群占比极低

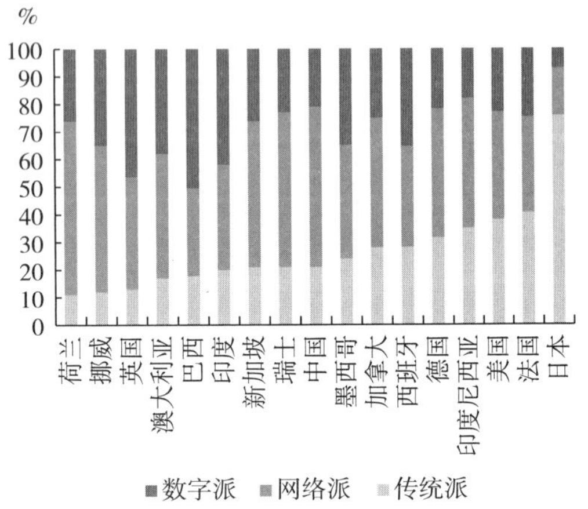

资料来源：德勤，平安证券研究所。

从行业现状来看，线上化转型速度已经远超线下渠道的建设发展速度。近年来伴随着互联网技术的发展和移动终端的普及，银行在数字化渠道建设中的投入力度加大，银行传统线下办理业务的方式基本可被效率更高、更便捷的网络渠道所替代，离柜率超出 90%，因此自 2018 年起，银行网点数量和全国 ATM 数量呈现下降趋势，线下金融服务渠道发展步入减速阶段。而数字化业务正值高速发展期，以移动支付数据为例，2015—2021 年我国移动支付交易规模年复合增速达到 30.2%，移动支付业务笔数年复合增速为 49.0%，均保持快速增长态势。

图表 6.6　线下渠道：网点、ATM 数量减少

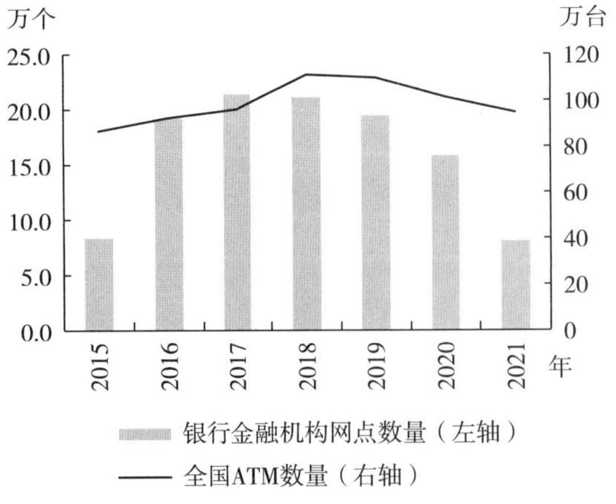

资料来源：央行，平安证券研究所。

图表 6.7　线上渠道：移动支付量及笔数保持快速增长

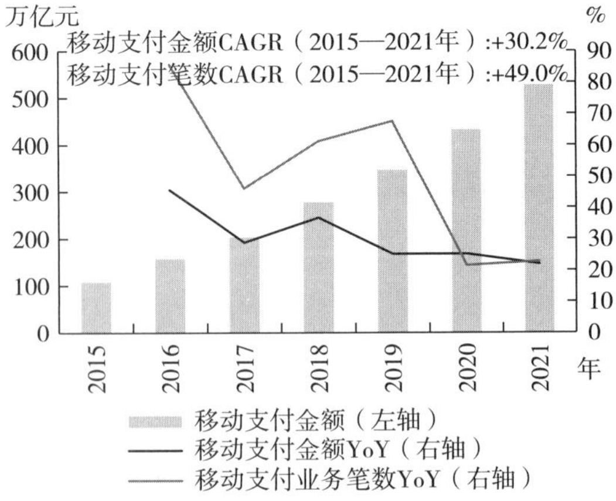

资料来源：央行，平安证券研究所。

同时，互联网企业正在不断抢占理财、支付等市场的份额，并探索改变用户金融行为习惯，银行传统吸收存款的模式迎来挑战。互联网金融业兴起并迅速发展，随着互联网平台在理财、支付等市场份额逐渐提升，对传统银行的负债端也造成了强烈冲击，例如支付宝、腾讯等互联网企业占据第三方支付市场，使用户资金更多流入，导致银行大量个人活期存款的流失。互联网金融推动下银行用户行为习惯已经发生改变，在用户支付渠道发生重大变化的背景下，零售用户更多接触并习惯使用互联网平台的金融产品，这对未来传统银行的财富管理、信贷业务及存款派生都将形成冲击。

6.1.3 主动获客：场景为王，触达居民核心需求

面对客户需求变化和互联网浪潮的冲击，对银行而言，当下更多需要思考的是如何将原先的被动获客模式向主动获客转变。具体来看，构建场景的关键在于围绕居民用户的金融活动，匹配零售用户在收入、储蓄、投资和消费各方面的需求，与用户产生连接，因此场景对于银行主动获客和吸收存款都具有重要意义。在需求端，围绕居民金融活动：从收入端领取薪资，到储蓄与投资，再到买房买车、衣食住行等各项消费支出，资金在各个环节间实现流转和增值，为银行吸收存款创造了有利的条件。在供给端，银行通过自建和外部合作的方式搭建了多个场景入口，并将金融服务融入如代发薪资、财富管理、按揭、消费贷、信用卡等多个场景中，以此为用户提供服务价值，实现主动获客和存款吸收。

图表 6.8 以用户为中心的场景布局思路

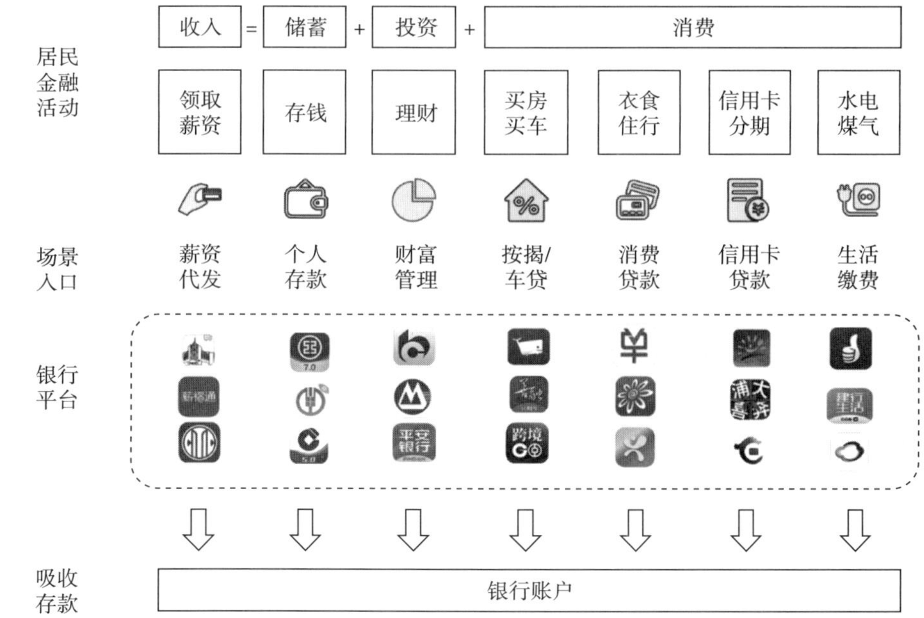

资料来源：平安证券研究所。

6.1.3.1 居民收入：公私联动，代发业务带动 C 端存款

从居民收入端来看，领取薪资是居民办理银行业务时最为常见的需求，银行作为

薪资发放的重要中介，连接企业与员工，因此代发不仅能为银行带来大量低成本存款，也能通过公私联动带动零售客户的增长。

代发对于低成本批量获客、带动存款增长具有重要意义。工资与大多数人息息相关，薪资代发需要建立大量的公户和个人账户，能够带来大量存款沉淀。根据公开披露的数据，代发对存款的带动作用明显，以平安银行为例，截至 2022 年 6 月末，其代发薪资及批量业务客户带来的 AUM 余额 6258 亿元（YoY +35.0%），占全行 AUM 的比重达 18.0%，带来客户存款余额 1787 亿元（YoY +42.1%），据我们测算，代发带动存款占全行零售存款的比重达到 20.6%。

图表 6.9　平安银行：代发带动存款占个人存款比重 20%

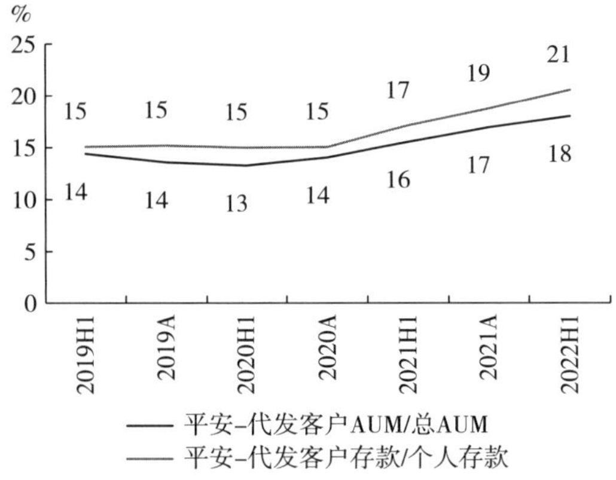

资料来源：公司公告，平安证券研究所。

图表 6.10　代发业务：B 端和 C 端的连接器

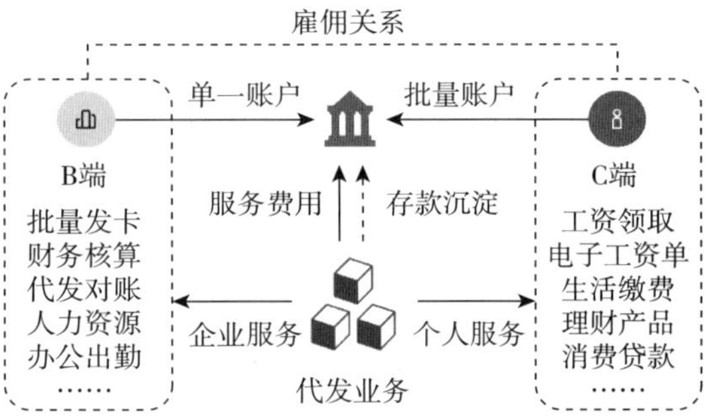

资料来源：平安证券研究所。

伴随着数字化转型浪潮，主动获客重要性凸显，代发业务公私联动的机制有利于银行批量开发零售客群，如今已成为商业银行必争之地。薪资代发能够通过 B 端带动 C 端，对于零售资源禀赋有限的银行来说，代发业务有助于传统对公银行实现零售客户方面的突破。因此，作为批量获客的重要渠道之一，银行纷纷加大对代发业务的布局，尤其是股份制银行充分运用其金融科技优势实现代发平台的使用场景的拓展，从最基础的薪资代发和薪酬管理服务开始，沿着企业用户内部管理的各个节点，如人力、财务、办公需求，延伸到个人用户电子工资单、生活缴费、理财借贷等场景，迭代出诸如招商银行“薪福通”3.0、中信银行“开薪易”3.0 等数字化平台产品，最大限度地覆盖代发两端的客户需求。

图表 6.11　股份制银行齐发力数字化代发平台

股份制银行	代发平台	年份	定位	版本迭代
招商银行	薪福通	2019	B 端	2019 年推出数字化代发平台“薪福通”，主要为企业提供算薪、发薪、报税、电子工资单等方面的服务；2021 年迭代出 3.0 版，聚焦人事、财务、协同办公等重点场景，新增注册认证企业数 33.90 万家。

续表

股份制银行	代发平台	年份	定位	版本迭代
浦发银行	靠浦薪	2022	B 端	2022 年推广“靠浦薪”平台，定位为以数字化薪资代发为起点，聚焦企业人事、财务、办公三大方向开发的一站式企业数字服务通用平台，浦发银行多家分行将该平台无偿提供给中小企业使用。
中信银行	开薪易	2019	B 端 + C 端	2019 年针对代发业务推出“开薪易”1.0，实现代发业务线上化和数字化；2.0 版提供更多企业数字化工具；2021 年升级为 3.0 版本，聚焦个人用户，涵盖智能工资条、智慧党建、员工健康管理和防疫等服务，2021 年中信银行有效代发工资客户数、有效代发额分别同比增长 61% 和 40%。
光大银行	薪悦管家	2019	B 端 + C 端	2019 年在手机银行端开设专区“薪悦管家”；2020 年和 2021 年加速代发业务数字化转型，推出“薪悦云管家”实现同时为 B 端与 C 端客户提供服务，包括：B 端客户代发业务协议签约、批量发卡、代发资金、代发对账的全流程服务，C 端客户结算、投资、融资、权益在内的九大类 30 余项金融与非金融综合服务。
平安银行	平安薪	2019	B 端 + C 端	2019 年在口袋银行 App 设立“平安薪”专区；2020 年重点推广“平安薪”服务平台，该平台提供代发工资等基础服务，同步配套考勤管理、职业培训、差旅管理等非金融服务；2021 年加入针对个人用户的“安薪管家”板块，调用了智能转账、预约转账、生活缴费等接口，“安薪管家”绑定客户数超 38 万户。

资料来源：公司官网，平安证券研究所。

中信银行：代发获客，紧跟 B、C 两端需求

以代发获取基础客户是中信银行的重要战略规划，依托强大的对公资源，中信银行着力于通过代发场景布局撬动零售业务的发展，实现了良性的公私联动。中信银行早期便以公私联动见长，作为以对公为主的银行，自 2005 年启动“零售银行”战略后，借助强大的对公客户资源切入中高净值客群，在极短时间实现了对零售客群的突破，实现 B 端对 C 端的带动。截至 2021 年末，中信银行对公客户数达到 92.67 万户，其中日均存款 50 万元及以上对公客户 12.43 万户。

代发平台“开薪易”的两次迭代都紧密贴合 B、C 两端用户需求，因此实现客户数量的持续突破。中信银行自 2019 年推出“开薪易”代发平台后始终将其作为重点场景进行布局，将代发业务从银行内部延伸到用户终端和企业平台，实现代发客户对全行 AUM 的贡献比例达到 10.9%。2020 年“开薪易”迎来第一次迭代即 2.0 版本，通过人事、薪酬、财务、办公多个场景为企业提供数字化服务，迅速积累了大量公司客户，带动全年代发个人客户数同比增长 73%。2021 年“开薪易”聚焦个人用户需求迭代至 3.0 版本，在个人端推出发卡、支付、理财、信贷和保险等六大产品，同时全面接入企业微信、钉钉、飞书等平台，企业端实现面向部分行业的定制解决方案，在代发和企业数字化基础上进一步完善场景服务生态。

图表 6.12 “开薪易”针对发薪企业提供数字化服务

资料来源：公司官网，平安证券研究所。

图表 6.13 中信银行：代发客户数增长迅猛

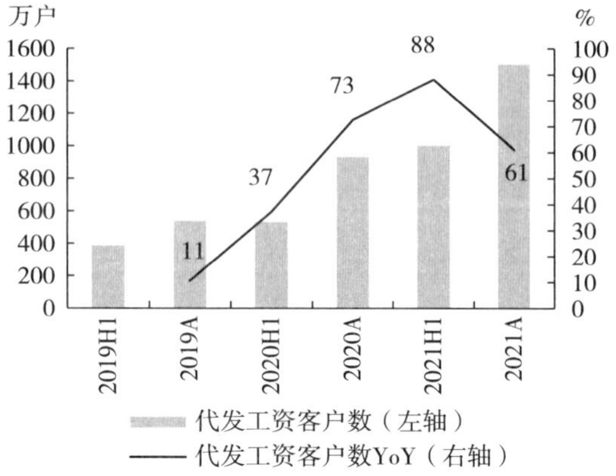

资料来源：公司公告，平安证券研究所。

6.1.3.2 居民投资：从存款转向 AUM，发力财富管理

在居民资产配置多元、权益投资迅速发展的趋势下，商业银行需要积极拥抱居民需求的变化，将视角从网点揽储的单一模式转移至广义 AUM 营销上。

从居民需求变化来看，一方面，我国居民金融资产中存款分流明显，资产配置更趋多元，首先居民资产配置逐步从房地产等实物资产转向金融资产，金融资产占居民总资产的比重从 2000 年的 43% 上升至 2019 年的 57%，值得注意的是金融资产结构的变化，存款占金融资产的比重持续下降，银行亟须把握居民金融配置趋向多元化的趋势。另一方面，在政策引导下居民权益投资发展迅速，监管部门从 2018 年以来大力支持直接融资发展，并持续引导长期资金入市，权益投资迎来良好氛围，居民配置权益资产的热情被逐渐点燃，近年来权益类产品发展最为迅猛，包括股票和混合基金在内的权益型产品 3 年内增长了 6.3 万亿元，证券类私募规模增长了 2.2 万亿元，分别占整个资产管理行业增量的 36%、22%。

图表 6.14 我国居民金融资产中存款占比下降

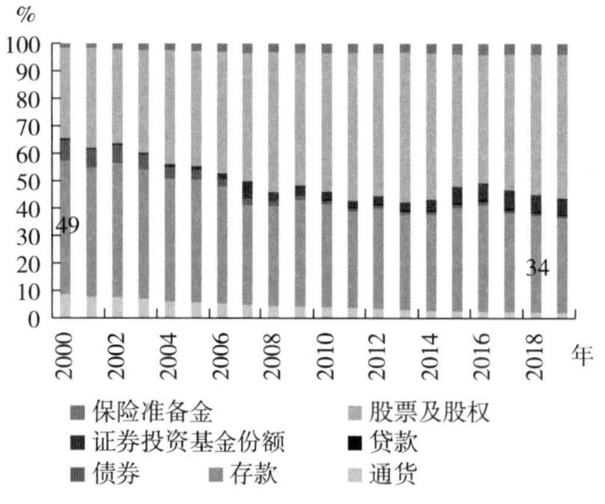

资料来源：中国社科院，平安证券研究所。

图表 6.15 权益型公募近年来占比不断提升

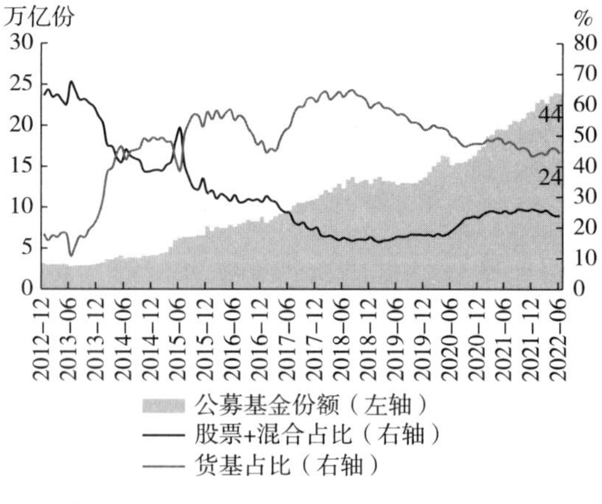

资料来源：中国证券投资基金业协会，平安证券研究所。

随着居民理财需求的高涨，财富管理能够为银行带来优质的存款沉淀。对于银行来说，一方面，财富管理业务不仅能够撬动低息的活期存款，另一方面，财富管理客户注重品牌优势和金融机构的综合服务能力，因此财富管理业务领先的机构依靠精细化服务能力，能够收获扎实的客户基础。因此，站在银行的角度，应注重发展财富管理业务以及获取非存款类AUM，这样才能在未来权益类产品大发展的时代背景下，抓住财富管理行业变革的契机。

图表6.16　AUM增长与个人存款增长正相关（2021年）

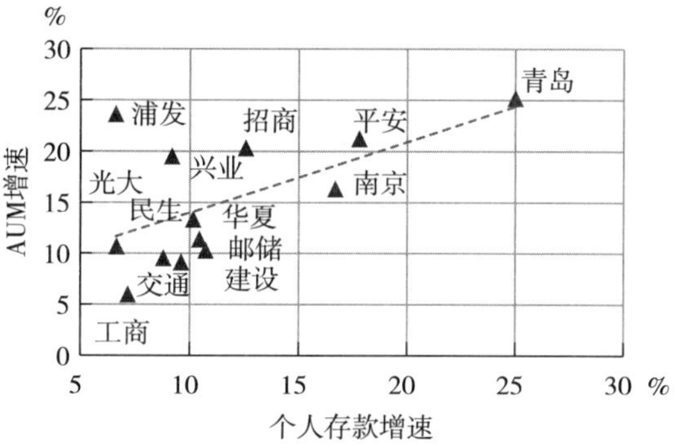

资料来源：公司公告，平安证券研究所。

图表6.17　招商银行：财富管理业务撬动低成本活期存款

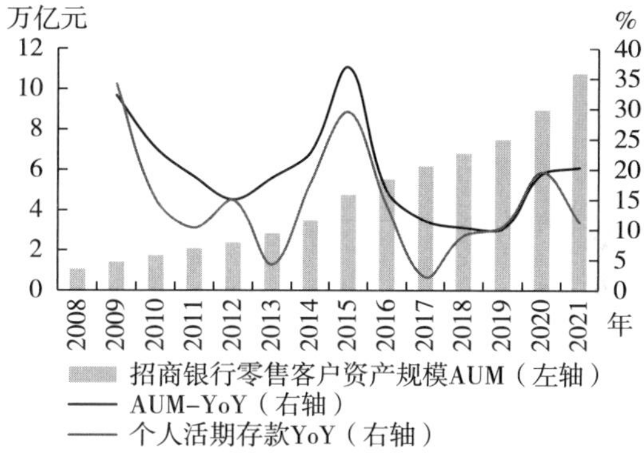

资料来源：公司公告，平安证券研究所。

各银行尤其是股份制银行高度重视财富管理的重要性，股份制银行率先将财富管理纳入自身长期发展的战略中，早先招商银行和兴业银行在2012年便提出将财富管理作为战略重点，而近年来由于互联网冲击和数字化进程的加快，其他股份制银行也开始将打造财富管理生态作为战略目标，纷纷确立了财富管理与科技赋能相结合的战略，探索以客户为中心的发展路径。

图表6.18　股份制银行纷纷将财富管理纳入发展战略

股份制银行	财富管理战略提法
招商银行	2012年，公司战略定为“盈利能力领先、服务品质一流、品牌形象卓越的有特色的创新型银行”，提出在零售业务领域重点发展财富管理、小微金融、私人银行、信用卡和电子银行。 2017年，提出打造“投资银行—资产管理—财富管理”专业化体系，形成新核心竞争优势。 2021年，提出“大财富管理、数字化运营和开放融合”的招商银行3.0模式，聚焦“财富管理、金融科技、风险管理”三个能力建设。
兴业银行	2012年，公司将财富管理业务表述由“新兴业务”转变为“战略重点业务”。 2015年，财富管理业务重心向代理业务转变。 2021年，提出加快“财富管理生态圈”建设。
浦发银行	2020年，公司提出致力于打造客户“财富管理首选银行”，构建集需求洞察、投研规划、交互陪伴于一体的智能财富管理体系。 2021年，财富管理强化“数智化”经营，建立零售财富和私人银行、资产管理、投资银行、托管的财富管理生态链。

续表

股份制银行	财富管理战略提法
中信银行	2020 年，公司提出以“打造客户首选的财富管理主办银行”为目标，将全面深化“主结算、主投资、主融资、主服务、主活动”的客户关系作为发展路径。 2021 年，公司提出以财富管理为核心牵引打造“新零售”，坚持客户导向、价值导向，全面深化“五主”的客户关系。
民生银行	2018 年，公司提出“财富管理＋资产业务”双轮驱动的发展战略，全面开启财富管理改革转型。 2019 年，持续推进私人银行中心建设。 2021 年，打造稳健的基金产品金字塔、理财产品货架与保险产品体系，提供“一站式”财富管理解决方案。
光大银行	2017 年，公司表述将转变增长方式，加快战略转型，夯实管理基础，提升盈利能力，突出财富管理特色。 2018 年，公司开启“打造一流财富管理银行”新版战略，积极推进财富管理 3.0 建设。 2021 年，聚焦“打造一流财富管理银行”战略愿景，推进“敏捷、科技、生态”转型。
平安银行	2021 年，公司首提“大财富管理战略”，将积极把握财富管理市场机遇，强化科技赋能与专业领先，推动私人银行财富业务突破式发展，打造“有温度的、全球领先的财富管理主办银行”。
华夏银行	2020 年，公司表示将按照零售金融转型战略指引，加快推进财富与私人银行体制机制建设。 2021 年，公司明确说明零售金融转型立足建设特色财富管理银行的战略目标，推出财富管理和私人银行双品牌。

资料来源：公司公告，平安证券研究所。

重视客户广义 AUM 营销，大中型银行财富管理优势明显。国内上市银行中，六大行与招商银行的零售客户数相对领先，从 AUM 指标来看，工商银行、建设银行、邮储银行、中国银行、招商银行排名靠前。在高净值客群方面，除了国有大行，股份制银行中招商银行、平安银行表现优异，招商银行自 2007 年推出私人银行业务后持续积累高净值客群资源，私人银行 AUM 领先于全行业，2022 年 6 月末达到 3.65 万亿元，而平安银行借助服务于高净值客群的综合金融优势，持续突破私人银行业务，私人银行客户数连续三年保持 20% 以上的增长速度，已达到 7.49 万户。

6.1.3.3 居民消费：发力高频，消费场景促存款派生

从居民消费端来看，银行场景经历了从低频到高频、从广泛到细分的演进，但无论是传统的按揭、车贷，还是信用卡消费，以及衣食住行、生活缴费等场景，商业银行应该始终坚持通过自建或合作的形式不断扩充场景，在广度或深度上打造出自身差异化的生态优势。

早期银行着力开发居民低频高额的消费场景，例如偿还房贷、车贷，而其中住房按揭作为居民最基本的需求，对储蓄存款的带动作用尤为明显。1997 年央行出台《个人住房担保贷款管理试行办法》。1998 年建设银行北京分行率先推出个人住房贷款业

图表 6.19　大行与招商银行零售客户数量排名靠前（2021 年上半年）

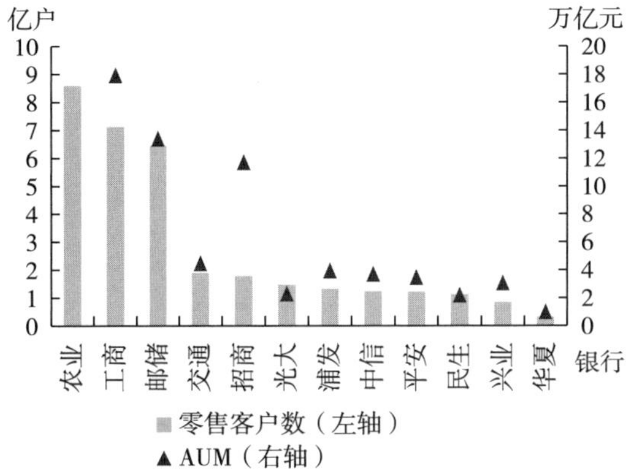

资料来源：公司公告，平安证券研究所。

图表 6.20　招商银行私人银行 AUM 领先（2022 年上半年）

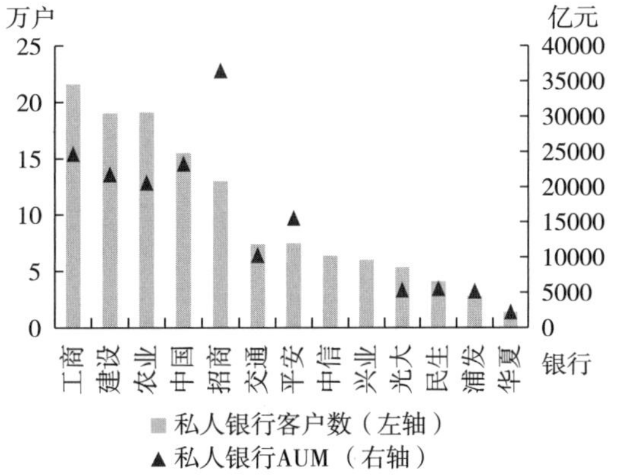

资料来源：公司公告，平安证券研究所。

务，随后商业银行陆续进入按揭领域，带来社会购房热潮，我国金融机构的按揭贷款投放持续保持较高增速。由于按揭贷款期限长，能够稳定地带动个人存款，从大中型银行的存贷结构可以看到，按揭贷款占比高的银行，个人存款占比相较更高。

图表 6.21　按揭贷款投放保持快速增长

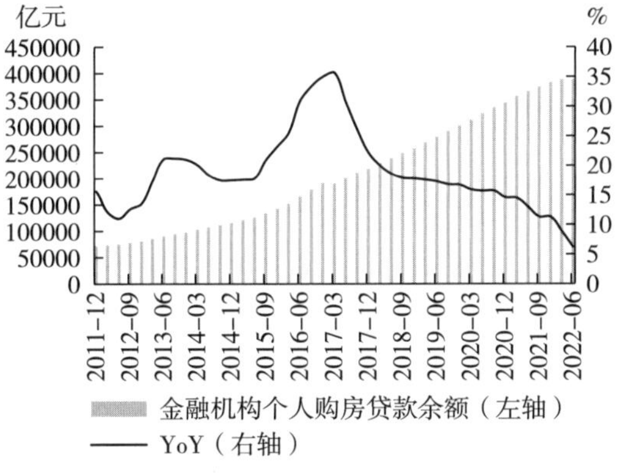

资料来源：公司公告，平安证券研究所。

图表 6.22　按揭贷款占比与个人存款占比正相关（2021 年）

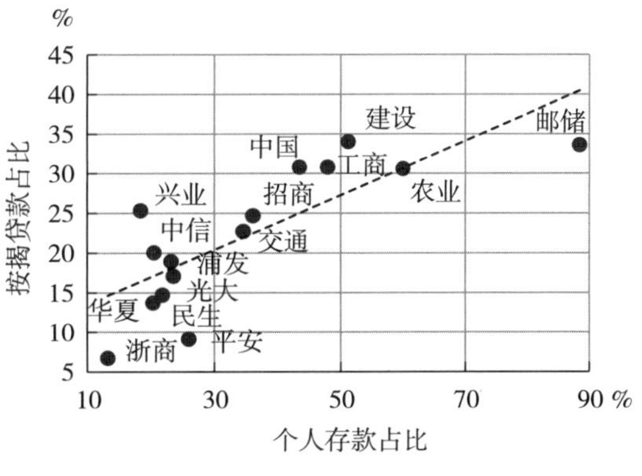

资料来源：公司公告，平安证券研究所。

在居民刚需场景的基础上，银行开始聚焦于更细分、更高频的消费场景，作为银行与居民消费媒介的信用卡业务成为首要突破口。信用卡业务面向最广阔的 C 端群体，涉及居民日常消费的方方面面，因此成为各家银行突破零售的主阵地，2021 年末行业信用卡累计发卡量已达到 7.98 亿张。信用卡业务保持较高的增长速度，上市银行信用卡贷款余额 2015—2021 年复合增速达到 15.8%，尤其是股份制银行受益于信用卡市场的快速拓展和客户的持续活跃，CAGR 达到 18.2%。同时信用卡业务也有利于带动个人存款，大中型银行信用卡贷款增速与个人存款增速有较为明显的正相关关系。

图表 6.23　信用卡贷款余额年复合增速（2015—2021 年）

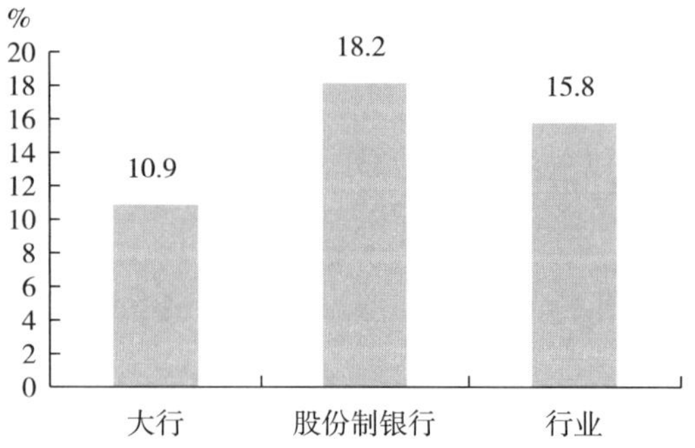

资料来源：公司公告，平安证券研究所。

图表 6.24　信用卡贷款增速与个人存款增速正相关（2021 年）

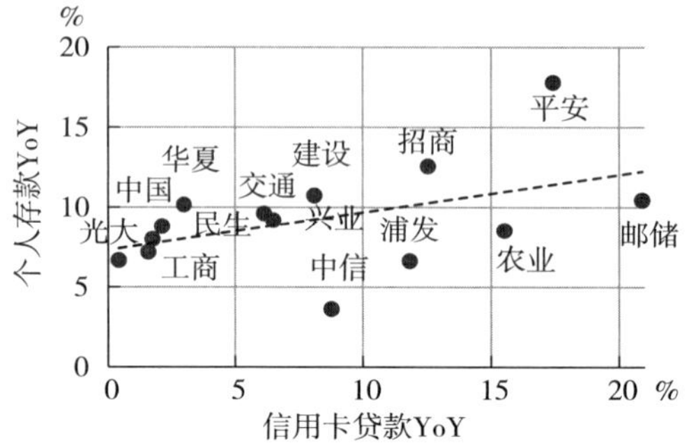

注：其中邮储银行口径为“信用卡透支及其他”。

资料来源：公司公告，平安证券研究所。

从发展现状来看，股份制银行由于高度重视信用卡业务、持续发力多种营销方式促进其发展，在信用卡领域的表现颇为亮眼。在行业层面，大中型银行信用卡贷款的绝对规模更高，2021 年末建设银行和招商银行的信用卡贷款余额均超出 8000 亿元，值得注意的是，股份制银行不仅实现了信用卡规模的高速增长，在信贷结构上也具备可比优势，信用卡占比处于同业较高水平，2021 年末，绝大多数股份制银行的信用卡贷款占比超过 10%，其中平安银行（20.3%）、招商银行（15.1%）、光大银行（13.5%）位居行业前三。

图表 6.25　上市银行信用卡贷款规模及占比（2021 年）

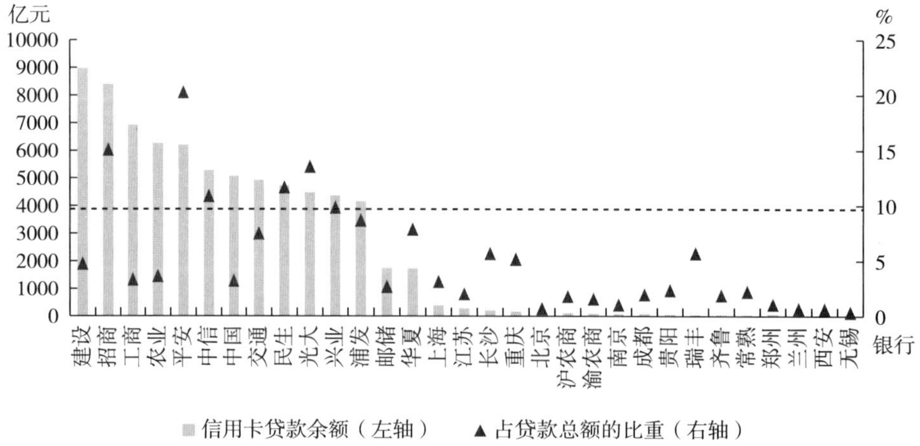

资料来源：公司公告，平安证券研究所。

从银行实践来看，各家银行都正在通过搭建更全面的居民消费场景入口，实现对零售用户更广泛的触达。银行高度重视对居民衣食住行需求的覆盖，纷纷探索将场景入口前移至消费环节的更前端，通过打造消费生态闭环、为个人用户提供更完整生命周期的服务，实现更大程度的用户转化。一方面，当下主流的银行信用卡 App 除了满足居民还款、查账等信用卡基础操作需求，目前基本都已经实现餐饮、购物、出行、便民缴费等场景的全面覆盖，借助丰富的营销活动吸引用户使用场景服务。另一方面，不同银行根据自身资源禀赋搭建了差异化的场景入口，如针对居民餐饮和观影需求的招商银行“饭票影票”、提供便民缴费服务的光大银行“云缴费”、围绕居民用车需求的浦发银行“小浦买卖车”。

招商银行：信用卡到消费，发力高频场景促活跃

在消费类平台中，招商银行掌上生活 App 持续领跑于同业，截至 2021 年末，招商银行掌上生活 App 累计用户数 1.27 亿户，月活跃用户数（MAU）4600 万户，客户规模和活跃度均领跑同业信用卡类 App。

回顾其发展历程，掌上生活 App 实现了由信用卡类 App 向涵盖“生活 + 消费 + 金融”开放平台的成功转型，开拓出居民商圈消费、出行、电商等生活场景，并在业内较早实现了对用户消费场景的全面覆盖。2010 年掌上生活 App 在业内首次被推出时，定位为“信用卡工具箱”。2015 年，掌上生活 App 开始聚焦流量和黏性，率先开拓饭票、影票两大生活场景，并向所有用户开放了平台，伴随着平台对接商户规模和范围的扩大，2016 年掌上生活 App 建立“本地优惠”频道，着手布局范围更广的商圈消费场景。2018 年掌上生活 App 开始聚焦出行、校园、医疗多个垂直细分领域，重点覆盖城市公交、地铁、停车场等出行类场景，初步实现用户生活、消费、金融场景的覆盖，2019 年提出以“连接亿万人的生活、消费和金融”作为掌上生活 App 的发展愿景，继续拓展内容生态、品质电商、汽车生活三大生活类场景。高频场景不仅成为获客入口，还有效提升了零售用户的黏性和活跃度，2019 年掌上生活 App 非金融场景使用率 73.9%，达到金融场景使用率的同等水平，信用卡数字化获客占比达 64.3%，2020 年招商银行“饭票”和“影票”两大自建场景入口实现交易额近 100 亿元，已成为招商银行信用卡交易额的重要组成部分，同时带动掌上生活 App 的用户活跃度不断提升，2021 年平台 MAU 达到 2015 年的 2.5 倍。

图表 6.26　掌上生活 App 用户数高速增长

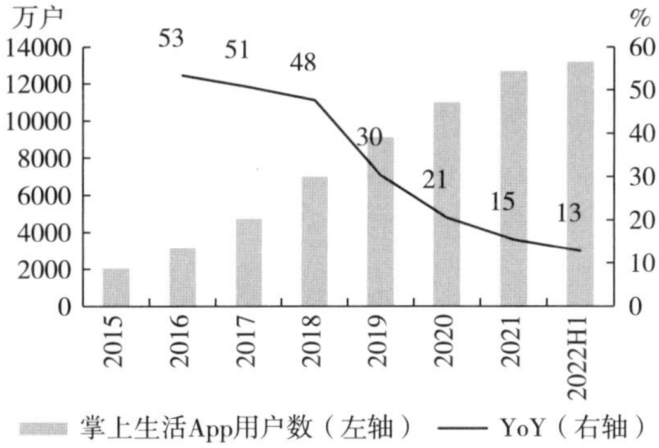

资料来源：公司公告，平安证券研究所。

图表 6.27　掌上生活 App 实现从信用卡到生活、消费场景的覆盖

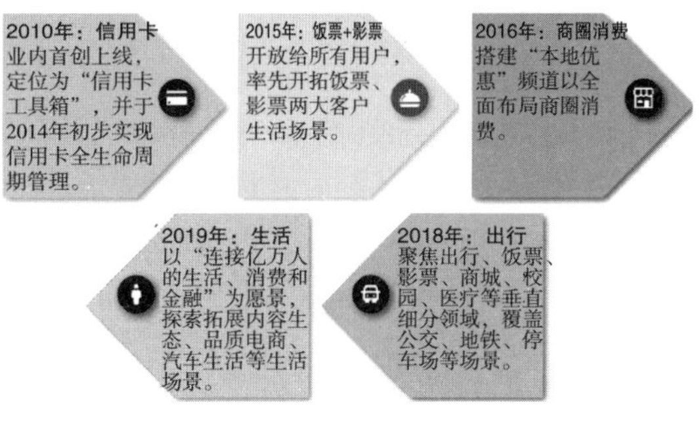

资料来源：公司公告，平安证券研究所。

光大银行：缴费全场景，整合活跃平台助增长

在居民众多消费场景中，缴费场景属于居民的必要需求，拥有较高的黏性。光大银行深耕缴费场景这一垂直领域，其“云缴费”平台作为国内最大的便民缴费平台，服务缴费用户数5.65亿户，直联客户已达到1.06亿户，同比增长110.1%，助力公司实现了零售用户数的飞跃。

依托集团资源禀赋优势，“云缴费”基本实现国内主流服务平台和缴费项目的全覆盖。2021年末“云缴费”平台与互联网公司、金融同业及各省市级政务平台进行合作，累计输出平台达到668家，覆盖水、电、燃气、教育、理财、医疗等20个大类、220个小类的缴费业务等1.2万项缴费项目，处于业内最大的开放式便民缴费平台领先地位。

“云缴费”核心竞争力在于其开放的缴费场景生态，支撑用户数和缴费量的快速增长。“云缴费”一端连接收费单位，另一端面向集团内部及金融同业、互联网平台、社会机构三大外部输出渠道，例如微信、支付宝、美团、中国银联等，与它们建立了长期稳固的合作关系，借助合作渠道的活跃，2021年“云缴费”缴费金额实现同比增长36.8%。以与微信渠道的合作模式为例，用户可以直接通过微信钱包“生活缴费”栏目完成水、电、燃气、固定电话、宽带、有线电视和供暖费七大缴费项目，而其中95%的服务均由“云缴费”提供接入支持。

图表6.28 “云缴费”用户数与缴费量激增

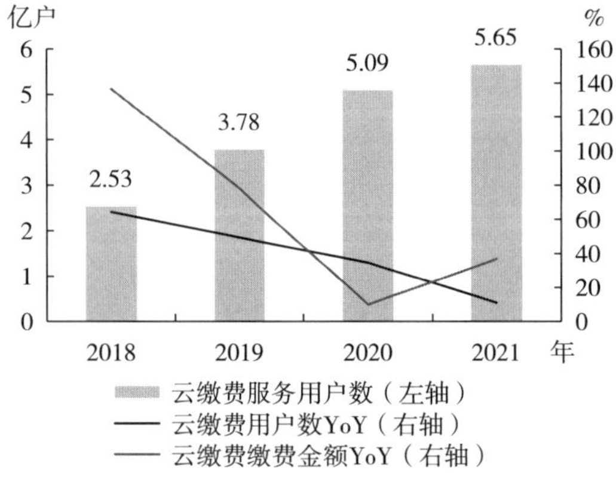

资料来源：公司公告，平安证券研究所。

图表6.29 “云缴费”平台深耕缴费场景

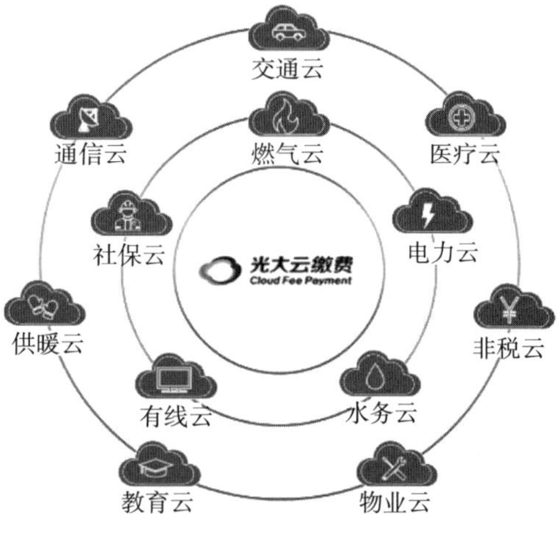

资料来源：公司公告，平安证券研究所。

6.2 打造存款竞争力——对公：从关系到价值，以服务为内核

面对企业多元融资需求和数字化转型需求的变化，银行与对公客户的关系正在发

生变化，存款资源的积累正在从原先的关系型业务向价值型业务转变，未来对公方面的突破口在于综合金融和数字金融两大方向。

一方面，在我国融资结构向直接融资调整发展的背景下，商业银行应该高度重视综合金融对存款的带动作用，提供更全面的金融服务以满足企业多元的融资需求，我们看到以兴业银行为代表的大中型银行通过“商行 + 投行”的业务模式介入企业更早的生命周期，为客户提供一站式的综合金融服务，实现了客户融资总量（FPA）对存款的带动；

另一方面，探索传统金融以外的服务范畴，深入挖掘企业客户的非融资甚至是非金融需求，以浦发银行为代表的股份制银行正在发挥自身金融科技优势，通过交易银行的创新模式服务于企业数字化转型，整合财资管理、供应链金融等业务，为客户创造独特价值，从而实现客户黏性的提升。

6.2.1 关系型业务：本质看资源，关注企业需求多维度变化

对公存款是银行存款的“压舱石”，本质是关系型业务，主要依靠银行的对公客户资源。在负债结构中，对公存款占比明显高于零售存款，贡献活期存款最多的也是对公业务。而对于对公存款的吸收，客户关系资源禀赋的差异成为主要决定力量，对公存款贡献较大的银行普遍都是在经营核心区域内具有良好的地方客户基础，尤其是政府和大型企业客户基础的银行。

图表 6.30 上市银行对公存款占负债的比重（2021 年）

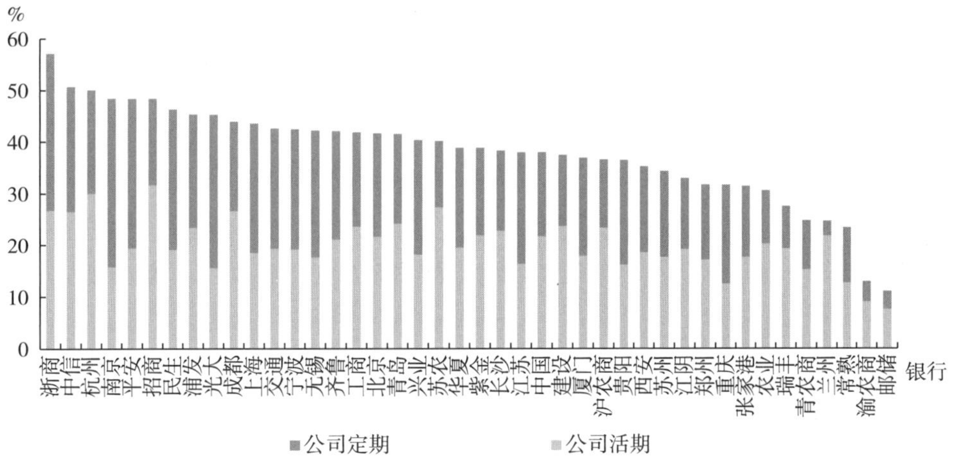

资料来源：公司公告，平安证券研究所。

然而，面对大量新兴行业的涌现以及企业需求的变化，无论是从宏观层面为了更好地支持国内融资结构向直接融资的转变，还是从微观层面为了更好地支持企业适应外部经营格局与内生经营需求的双重变化，商业银行，尤其是本身对公资源不占据优势的银行，需要转变自身经营理念，通过创新的服务模式开拓或维护对公关系。

自上而下来看，在我国融资结构调整的背景下，国家大力支持企业融资方式向直接融资转变，银行走向综合金融是大势所趋。近年来，我国通过科创板创设、注册制推行、新三板改革、再融资松绑等多项举措推动我国资本市场基础制度与体系的完善，为了增强资本市场的融资功能，新一轮“十四五”规划更是提出要完善上市公司分红制度、大力发展机构投资者、深化新三板改革、畅通科技型企业国内上市融资渠道等目标，这些都为商业银行开展资本市场业务形成了积极支撑。从发展程度来看，我国直接融资存量所占比重、证券化率仍有较大的提升空间，社会融资存量结构中贷款所占比重约60%，而直接融资占比仅为13%，相比发达国家40%以上的直接融资比重仍有较大差距。根据国际清算银行（BIS）统计，2020年我国证券化率83%，与发达国家如美国195%的水平同样存在较大差距，资本市场仍有不断发展深化的空间。

图表6.31 社会融资存量结构：直接融资占比约13%

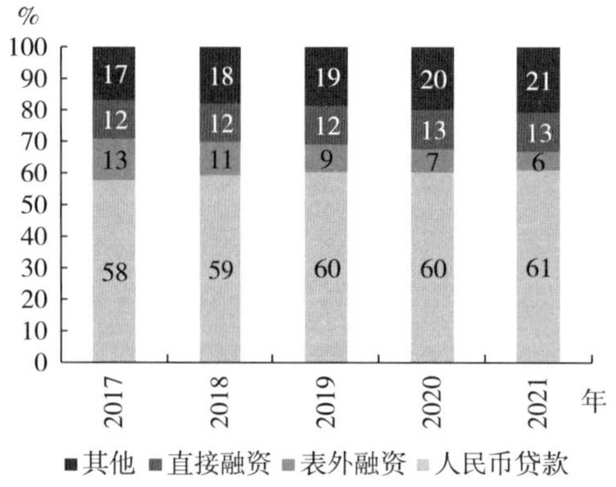

资料来源：央行，平安证券研究所。

图表6.32 我国证券化率目前处于相对较低水平

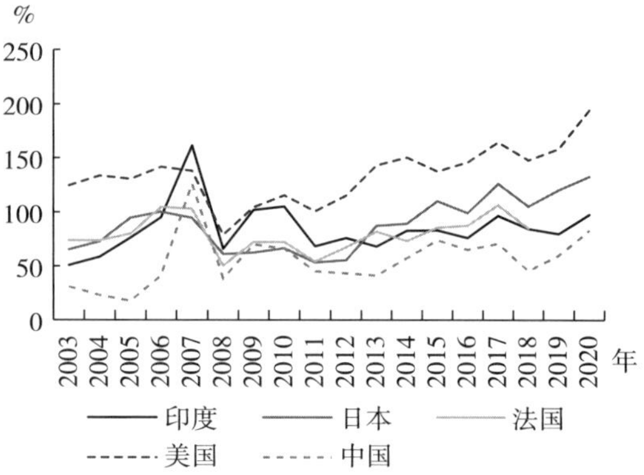

资料来源：BIS，平安证券研究所。

自下而上来看，企业需求正在发生变化，主要体现在直接融资与数字化转型，因此银行转变对公策略理念，发力综合金融和数字化产品的重要性不断凸显。一方面，企业的金融需求不再局限于信贷类需求，部分企业尤其是中小型企业可能无法通过借贷获取足够的贷款，银行亟须转变服务理念、发展直接融资产品，介入企业更早的融资生命周期，通过非信贷类的综合金融产品有效满足企业的融资需求。另一方面，企业内部涌现出更多的非金融需求，数字经济时代的到来给所有实体企业的经营带来了深刻影响，数字产业蓬勃发展推动大量新兴业态不断涌现，给不少传统产业带来冲击，而传统产业的企业数字化进程也在不断加快，因此银行可以充分利用自身在金融科技方面的优势，为企业提供数字化转型的解决方案，提升其数字化经营能力，并维护好客户关系。

图表 6.33 企业数字化经营需求全景

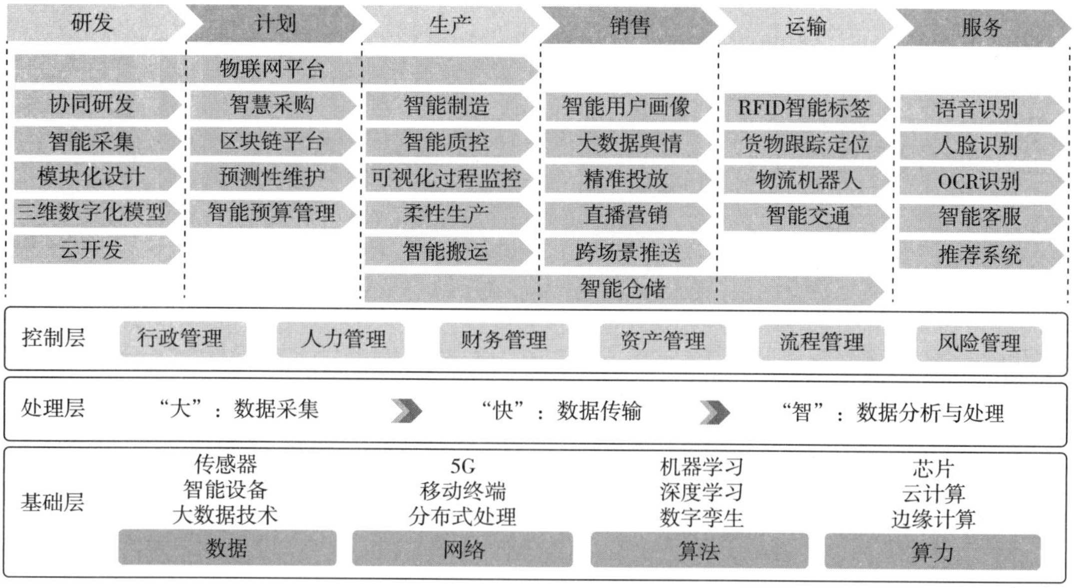

资料来源：平安银行《企业用户数字化价值体系白皮书 1.0》，平安证券研究所。

6.2.2 价值型业务：服务多元化融资，助力数字化转型

一方面在我国融资结构向直接融资调整发展的背景下，商业银行应该高度重视综合金融对存款的带动作用，通过提供更全面的金融服务以满足企业多元的融资需求，另一方面商业银行应超越传统金融的服务范畴，深入挖掘企业客户的非融资甚至是非金融需求，发挥自身在金融科技方面的优势，通过以交易银行为代表的业务创新模式服务于企业数字化转型、为客户创造价值，从而实现客户黏性的提升，获取低成本且稳定的存款。

6.2.2.1 综合金融："商行 + 投行"满足企业多元融资需求

国内大中型银行的金融牌照较为丰富，将有效赋能综合金融业务，满足企业的多元化融资需求。除了获取保险、消费金融等以利差收入业务为主的牌照，大中型银行普遍还拥有信托、基金、理财等资管类牌照，有利于其向对公客户提供全生命周期的服务，构筑“投商行一体化”综合金融优势（具体内容详见第七章）。

兴业银行作为最早确立综合经营发展战略方向的股份制银行，高度重视投行对存款的带动作用，其“商行 + 投行”的业务模式始终引领行业。2008 年，兴业银行首次提出综合经营发展战略，2014 年率先提出将大投行作为一大战略方向。2018 年，兴业银行行业内首次提出“商行 + 投行”战略体系，2020 年打造投行生态圈，提供“股 + 债 + 贷 + 转”综合金融服务，2021 年通过“绿色、财富、投行”三张名片建设，兴业银行已经成为国内优秀的综合化金融服务提供商之一，搭建了“银银平台”“钱大掌柜”和“兴财资”等一系列业内领先的金融服务平台。兴业银行通过投行业务不断扩

大基础客群，带动结算性存款稳步增长，2021 年，兴业银行实现投行业务收入 45.3 亿元，同比增长 12.6%，2021 年投行重点集团客户结算性日均存款 4700 亿元。

图表 6.34　　多元牌照使大中型银行能够充分参与资本市场业务

银行	证券/投行	保险	消费金融	金融租赁	资管牌照			资产管理
					信托	基金公司	理财子公司	公司（AMC）
工商银行	√（中国香港）	√		√		√	√	
建设银行	√（中国香港）	√		√	√	√	√	
中国银行	√（中国香港）		√	√		√	√	√
农业银行	√（中国香港）	√		√		√	√	
交通银行	√（中国香港）	√		√	√	√	√	√
邮储银行			√			√	√	
招商银行	√（中国香港）	√	√	√		√	√	√
中信银行	√	√	√	√		√	√	√
民生银行	√（中国香港）	√		√		√		
兴业银行	√		√	√	√	√	√	√
浦发银行	√（中国香港）			√	√	√		√
光大银行	√		√	√	√	√	√	√
华夏银行		√		√			√	
平安银行	√	√	√		√	√	√	√
浙商银行				√				

注：（1）标注“中国香港”表示可通过中国香港持牌子公司从事证券业务；（2）中信银行、光大银行、平安银行的牌照多来自隶属同一集团的关联公司。

资料来源：公司公告，平安证券研究所。

6.2.2.2　数字金融：交易银行服务企业数字化转型

除了企业的金融活动，银行也在探索融入企业的日常活动，而服务企业数字化转型正是银行探索的重要突破口之一，交易银行概念应运而生。从服务对象来看，交易银行围绕企业日常交易活动提供银行产品和服务，针对企业在融资、支付结算、资金管理各环节的需求，提供包括现金管理、贸易融资、跨境金融、供应链金融等数字化服务，关键在于发挥银行的金融科技能力，以满足企业内外部交易的数字化转型。

从行业发展进程来看，绝大多数银行已经关注到交易银行的轻资产属性以及对中间业务收入和低成本负债的带动作用，同时在战略上将其视作对公业务转型发展的重要抓手。2012 年广发银行率先成立环球交易银行部后，大中型银行陆续成立了交易银行一级部门，开始投入资源开发交易银行平台和产品，不少商业银行更是将交易银行作为对公转型的战略重点，2021 年年报表述如下：中信银行“将交易银行业务作为对公转型的重要支点”、平安银行“对公坚持两大赛道，其一则是科技赋能的交易银行”。

股份制银行在交易银行业务的布局相对全面。无论是作为交易银行基础的支付结

图表 6.35　交易银行：一站式服务于企业内外部交易的数字化转型

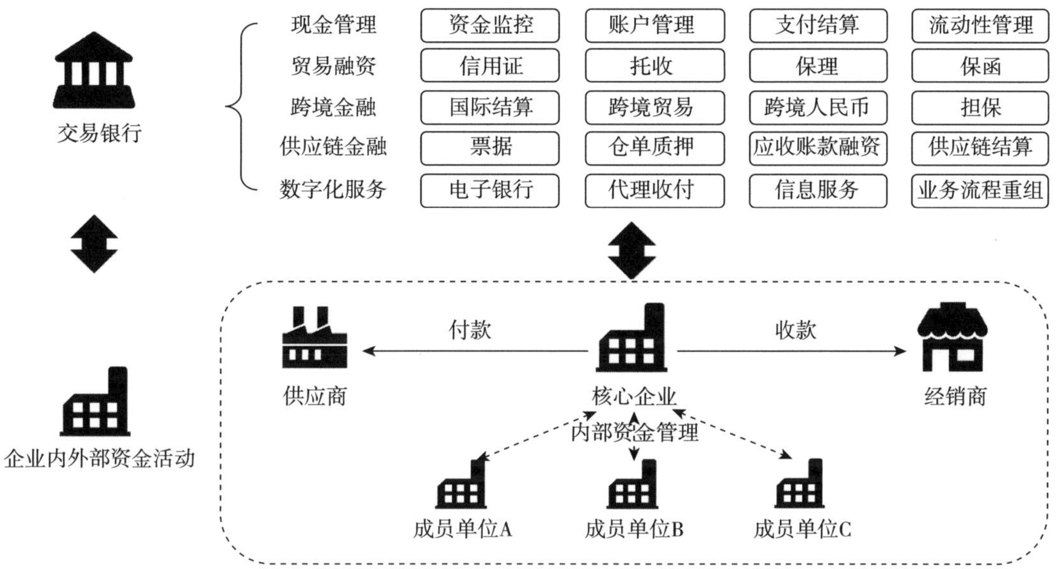

资料来源：公司网站，平安证券研究所。

算类业务，还是通过搭建数字化经营平台满足企业交易、融资、票据、采购、预算等各方面需求的财资管理类业务，或者是更偏重产业链上企业的信用管理和融资需求的供应链金融，都对银行金融科技能力有较高要求。银行都在大力投入科技与人才资源，在平台和产品方面，以工商银行“工银聚”、建设银行“禹道·财资云”、招商银行“CBS＋”、中信银行“交易＋”为代表的诸多交易银行平台正在不断推陈出新。在发展方向方面，依托于强大的金融科技能力，股份制银行的交易银行规划更为具体，招商银行“围绕企业经营全周期资金结算管理”打造交易银行产品服务体系，浦发交易银行主要“依托供应链金融、跨境金融、财资管理、公司电子渠道及贸易服务五大业务”，平安银行则更为重视围绕物联网的技术布局及整合客群生态，提出“交易银行继续布局物联网技术，沿着供应链布局优质资产；以开放银行为纽带，打造全方位、一体化的客户经营平台”。

图表 6.36　　大中型银行以交易银行作为对公业务发展的重要抓手

银行	交易银行相关平台/产品
工商银行	工银聚（一站式交易银行）、工银 e 企付（代理收付）、工银 e 信（应收账款电子凭据）
建设银行	禹道·财资云（企业跨银行财资管理）、BCTrade（全球区块链贸易金融）、账簿通（资金分类管理）
农业银行	农银智付＋（财资管理）、银企通（现金管理）、农银智链（供应链金融）
中国银行	中银跨境 e 商通（跨境电商收付结算）、中银全球现金管理（跨境现金管理）
交通银行	智慧交易链平台（供应链金融）、资本金管家（跨境资金收付）
邮储银行	智能薪支付（批量支付结算）、中邮车务（汽车产业链金融）

续表

银行	交易银行相关平台/产品
招商银行	CBS+（财资管理开放平台）、招银易融通（供应链金融）
兴业银行	兴享供应链（应收账款融资）、兴业单证通（跨境金融）
浦发银行	浦发创富（一站式交易银行）、数智账管家（财资管理）
中信银行	交易+（一站式交易银行）、外汇交易通（外汇资金交易）
民生银行	企业财资管理云平台（结算与现金管理）、民生环球速汇（跨境汇款）
光大银行	阳光供应链云平台（供应链与跨境金融）、云财资（现金管理）、阳光e结算（国际结算与贸易融资）
平安银行	数字口袋（中小微企业经营）、数字财资（大中型企业财资管理）、平安好链（应收账款融资）
华夏银行	企悦财资管家（现金管理）、共赢链（供应链金融）、服务贸易直通车（贸易金融）
浙商银行	应收款链（区块链应收账款融资）、易企银平台（供应链金融）

资料来源：公司公告，平安证券研究所。

平安银行：物联网打造企业数字网络

平安银行长期致力于金融科技创新，如今围绕物联网技术形成了线上线下协同的交易银行数字化网络，为企业经营提供科技服务，2021 年末通过其供应链平台“平安好链”累计为 2.17 万家企业客户提供金融服务。自 2018 年平安银行正式宣布成立交易银行事业部，整合此前供应链金融、贸易金融和离岸业务三个部门，对交易银行的探索创新拉开帷幕。2019 年，平安银行推出“平安好链”线上供应链品牌，提出将交易银行的重心放在支付结算、供应链金融、跨境金融、开放银行四大方面。2020 年平安银行围绕物联网技术进一步构建更为立体的交易银行数字网络，线上通过门户网站连接 B 端用户形成客户经营平台，线下通过物联网终端设备布设为企业提供全面的数字化转型服务，并率先在智慧车联、智慧能源、智慧制造、智慧基建、智慧农业、智

图表 6.37　平安银行围绕物联网布设打造立体交易银行数字网络

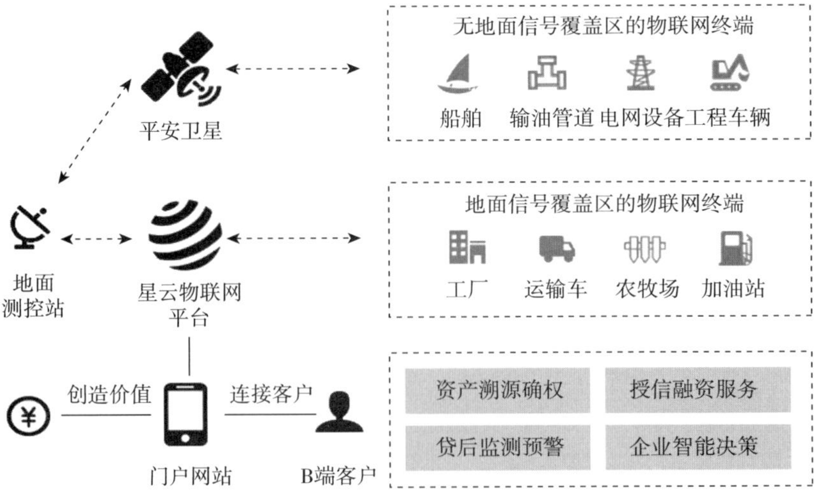

资料来源：平安银行《企业用户数字化价值体系白皮书 1.0》，平安证券研究所。

慧物流六大产业场景落地，2021 年末，平安银行“星云物联网平台”接入物联网设备已超过 1100 万台，服务企业客户超过 1.2 万户，全年支持融资发生额超过 3000 亿元，对公开放银行服务企业客户超过 3 万户，较上年末增长 154.7%。

浦发银行：抢占先发优势，打造一站式交易银行

2016 年初，浦发银行成立总行一级部门交易银行部，并提出“5－4－3”交易银行新战略布局，成为国内首批最早搭建交易银行架构并整合业务的商业银行之一。在交易银行业务的带动下浦发银行对公业务量突飞猛进，2016 年末业务条线日均结算性存款增量达 2500 亿元，交易银行特色业务量 5.6 万亿元，同比增长 134%，如今交易银行主要依托供应链金融、跨境金融、财资管理、公司电子渠道及贸易服务五大业务板块，2021 年末公司交易银行支付结算活跃客户达 37 万户。

全面布局财资管理，有效带动对公活期存款沉淀。面向大中型集团企业，浦发银行通过五大平台、十大特色服务提供一站式资金管理解决方案，五大服务平台分别面向企业基础网银、接入银行系统、跨行管理、手机端管理和多层级账户管理的需求，为企业搭建定制化的系统，十大特色服务主要针对企业资金集中管理、分账核算、集中代理支付、资金监管等内外部资金管理需求。自浦发银行启动交易银行战略以来，活期存款对负债端的贡献实现大幅提升，2021 年末活期存款占负债的比重达到 23.4%，较 2015 年末提升了 3.2 个百分点，提升程度处于行业前列，发力交易银行在一定程度上起到带动浦发银行活期存款沉淀的作用。

图表 6.38　浦发银行：针对大中型企业提供的财资管理服务

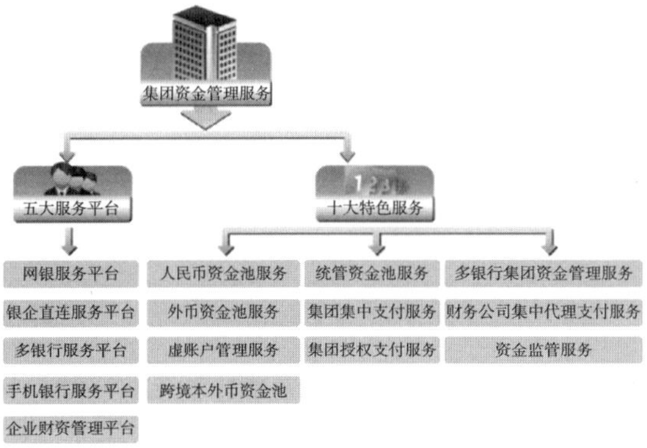

资料来源：公司官网，平安证券研究所。

图表 6.39　浦发银行：启动交易银行以来公司活期存款占比提升

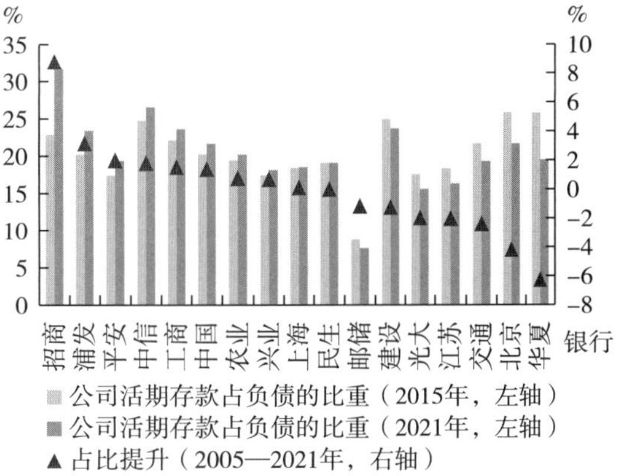

资料来源：公司公告，平安证券研究所。

同时，浦发银行通过供应链金融实现重点产业链客户的批量获取。早在 2006 年浦发银行就推出金融品牌“浦发创富”旗下的“企业供应链融资解决方案”，自 2011 年起开始致力于打造线上供应链金融平台，与中国移动、神龙汽车、中远物流等多家核心企业和物流公司合作，实现信息流、物流和资金流的整合。经过长期以来供应链服务的创新，浦发银行着重梳理出汽车、生物医药、大消费等产业链，加快打造产业数字金融 SaaS 平台，供应链融资和数字化服务均实现了飞速发展，2021 年末供应链核心客户达 974 户，上下游供应链客户数达 1.5 万户，其中汽车金融上下游客户数达 2336 户，均保持高速增长态势。

图表 6.40　浦发银行：供应链金融获客效果亮眼

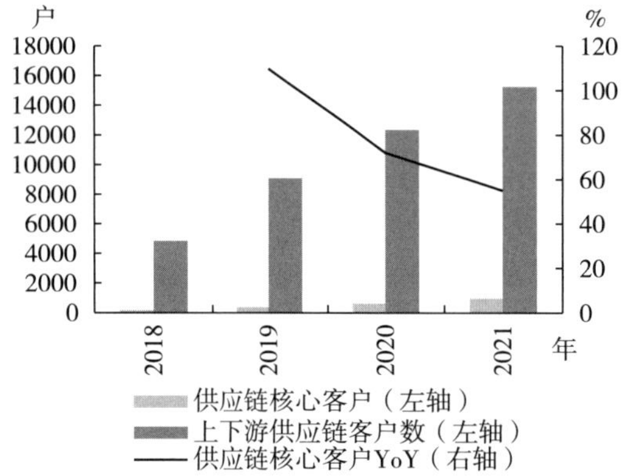

资料来源：公司公告，平安证券研究所。

图表 6.41　浦发银行：汽车供应链金融保持快速发展

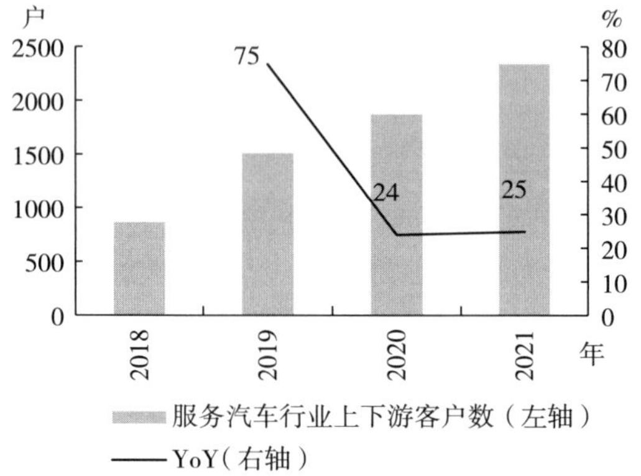

资料来源：公司公告，平安证券研究所。

第七章 资本管理：发力中间业务，寻找第二增长曲线

随着国内外银行业资本监管的不断趋严，以规模扩张为主的重资产模式面临的约束越发明显。我们对目前 ROE 水平下的风险加权资产（RWA）增速上限进行了静态测算，在假设分红率为 30% 的情况下，2021 年商业银行 9.6% 的平均 ROE 能够支撑 6.7% 的 RWA 增速，同时使资本充足率水平维持稳定。需要注意的是，测算并没有考虑资本监管要求以及 ROE 的动态变化，从过去几年来看，行业整体资本监管不断趋严。与此同时，在国内经济增长放缓背景下，行业整体的 ROE 水平呈现下行趋势，可以预见未来以规模扩张为主的重资产模式面临的约束越发明显。

从银行个体的测算情况来看，大多数商业银行 RWA 实际增速与内生增速上限偏离度较大，表明其内生资本补充能力无法匹配其 RWA 扩张速度，需要更多依赖外部资本补充方式，仅有少部分银行实现了内生增长。

图表 7.1　不同 ROE 对应的风险加权资产增速上限

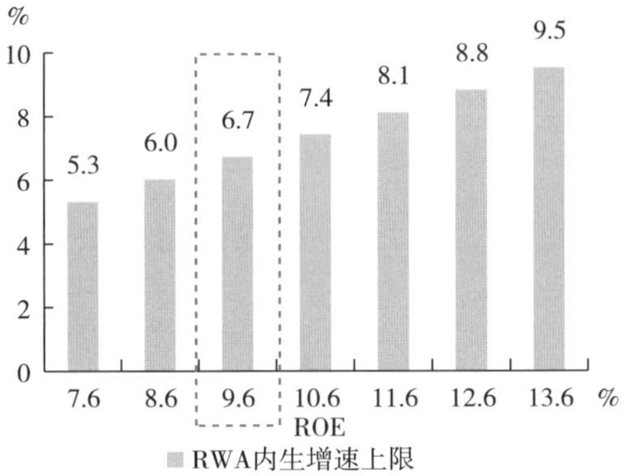

资料来源：平安证券研究所。

图表 7.2　上市银行 2021 年 RWA 实际增速与内生增速

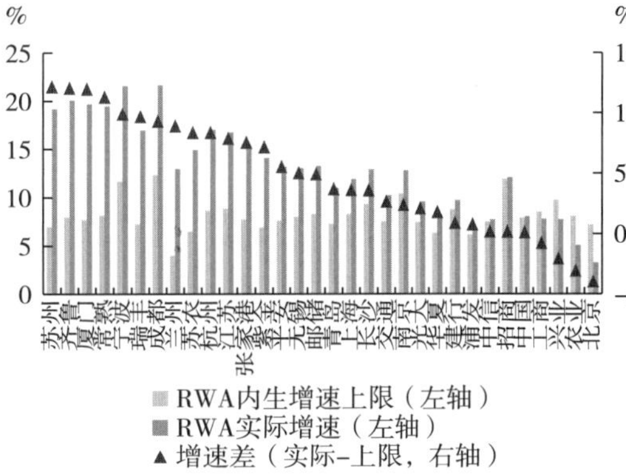

资料来源：公司公告，平安证券研究所。

中间业务将成为银行构筑第二增长曲线以及实现轻资本经营的重要支撑。银行的中间业务来源丰富，从传统的支付结算到近几年受到广泛关注的财富管理都是银行中间业务的组成部分。相较于利息收入，中间业务对资本金的占用较少，因此更有利于银行实现轻资本及内生增长的目标，同时，随着国内经济增速的放缓以及融资结构的调整，传统利息收入增长面临更多挑战，未来更好地拓展中间业务将会成为银行构筑第二增长曲线的关键所在。

近年来国内主流银行中间业务受重视程度不断提升，但贡献度受行业监管和口径调整等因素的影响不增反降，截至2021年末，行业中间业务对营收的贡献在15%左右，考虑整体非息收入贡献近20%，与海外银行相比依然存在不少差距（国外大型银行中间业务收入占比普遍长期保持在40%以上）。

图表7.3　中间业务收入占比提高有助于盈利能力提升　单位：%

中间业务收入占比	5	10	15
ROE	9.38	10.38	11.54
ROA	0.84	0.93	1.04
中间业务收入占比	20	25	30
ROE	12.85	14.34	16.04
ROA	1.15	1.29	1.44
中间业务收入占比	35	40	45
ROE	18.00	20.29	22.99
ROA	1.62	1.82	2.06

注：以工商银行数据为模型分析，假设（1）非息收入为增量收入；（2）成本收入比、有效税率不变。

资料来源：公司公告，平安证券研究所。

图表7.4　国外大型银行非息收入占比普遍在40%以上

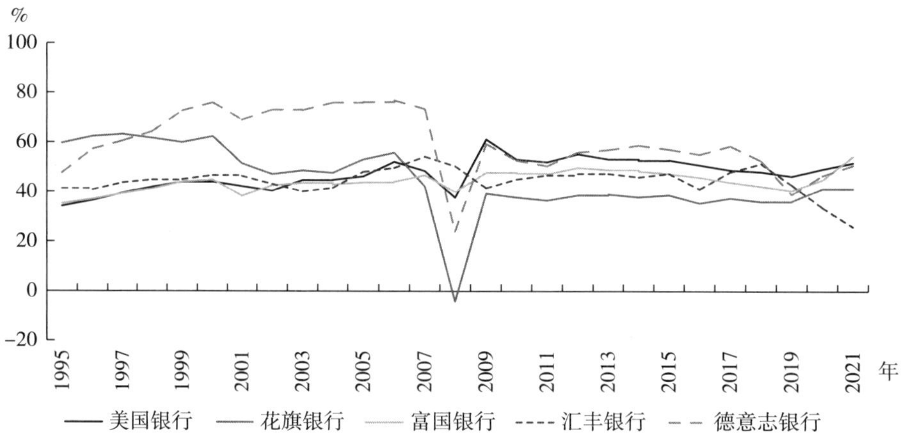

资料来源：公司公告，平安证券研究所。

7.1　现状：去伪存真，大中型银行优势凸显

本研究认为发展中间业务是银行优化资本使用效率、寻求轻资本发展模式的重要途径，过去十年，银行业高度重视中间业务的拓展，在2010—2016年行业中间业务收入占营收的比重不断提升，但其中仍然包含部分占用资本的传统表内业务。伴随着银行业监管的不断趋严，在资管新规、收费整治、减费让利等政策及会计准则变化的影

响下，近年来行业整体中间业务收入增速有所放缓，占比较往期水平略有下降，2021年主要上市银行中间业务收入占比为14.7%，但本研究认为这更客观地反映出中间业务的本质和银行的轻资本能力，有望促进行业良性发展。

从发展现状来看，绝大多数银行的中间业务收入占比较2016年有所下降，少数银行表现相对平稳。分机构来看，股份制银行中间业务收入占比最高，2021年中间业务收入占营收的比重为19.1%，其次是大行、城商行、农商行，占比分别为13.2%、11.2%、6.8%，股份制银行和大行综合金融服务能力更强，因此中间业务收入表现更佳。

7.1.1　现状：去伪存真，强监管促进中间业务良性发展

过去十年我国银行业中间业务的发展大致能够以2017年为分界岭分为两个阶段。

（1）2017年以前，随着行业转型发展脚步加快，银行对中间业务收入的重视程度不断提升，与此同时服务模式加速创新，推动中间业务收入保持较快增长，占营收的比重于2016年末提升至20.9%，为近年来最高水平。但需要注意的是，由于缺乏系统性的监管，当时银行的中间业务存在不少灰色业务，并非真正意义上的中间业务，这也为2017年之后的强监管埋下了伏笔。

（2）2017年后，自“三三四十”专项治理行动之后，银行中间业务得到了整治和规范，乱收费、息转费、隐性刚兑等问题逐步暴露，行业中间业务的发展步入调整期，中间业务收入对营收的贡献度逐年走低，而2020年随着监管要求对银行卡手续费收入的分期收入进行还原，中间业务收入占营收的比重进一步降低，本研究以上市主要大中型银行为口径测算，2021年末行业中间业务收入占比较2017年下降6.2个百分点至14.7%。过去几年监管的方向是，在很大程度上将原来处于灰色地带的业务从中间业务中剥离出来，去伪存真，使当前的口径能够更好地反映银行中间业务的发展能力和水平。其中，除2020年对信用卡分期收入确认的调整仅影响会计口径之外，其他监管新规的落地均给相关业务带来了深远的影响。通过拆分手续费收入结构能够发现，2017年以来以投资咨询、代理理财、托管为代表的创新型中间业务的表现出现大幅波动甚至较长时间的负增长。以下对这些受监管政策影响较大的业务展开具体分析。

代理理财与托管业务

受2018年资管新规的影响，银行理财、托管业务经历调整，从而影响相关收入。资管新规明确提出打破刚性兑付，要求银行理财等资管产品实施净值化管理，使原先大量隐性刚兑的保本型产品逐步退出历史舞台，理财产品规模的收缩使银行理财手续费收入受到冲击。此外，资管新规通过禁止多层嵌套、期限错配等约束极大地制约了非标投资，从而给通道类业务带来了冲击，可以看到在2017年以前增长迅猛的各类通道机构规模快速回落，托管类业务受到一定的负面影响。

图表 7.5　主要上市银行手续费收入增速放缓

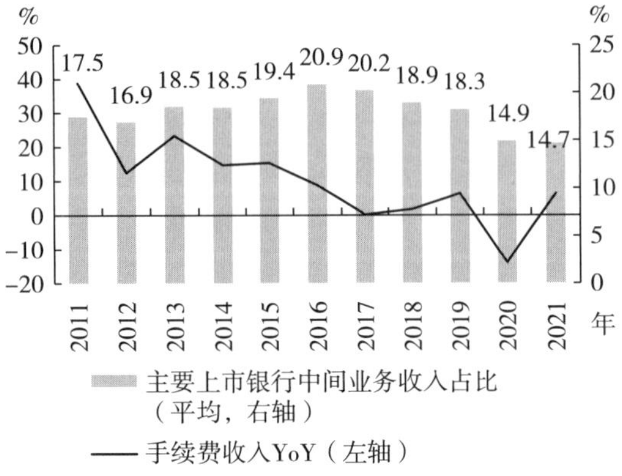

资料来源：公司公告，平安证券研究所。

图表 7.6　手续费收入各分项占比变化

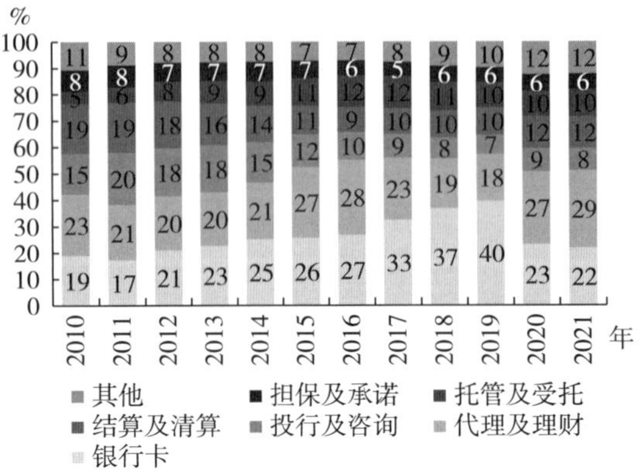

资料来源：公司公告，平安证券研究所。

图表 7.7　2018 年资管新规内容

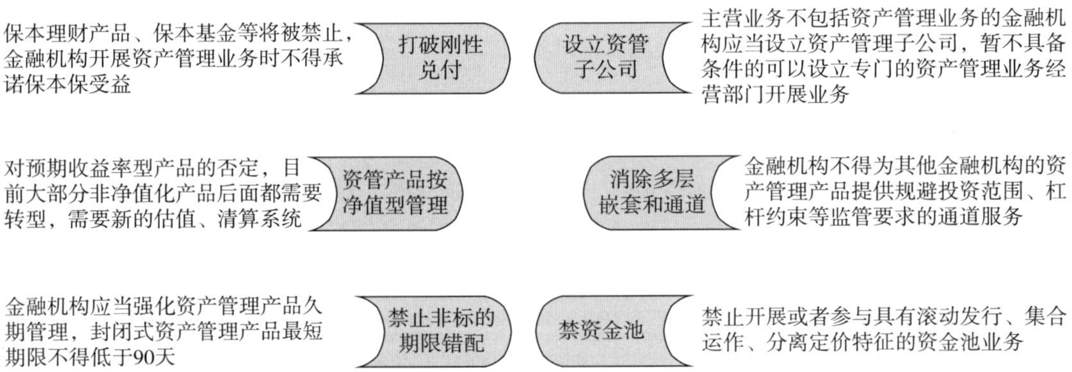

资料来源：央行，平安证券研究所。

图表 7.8　理财产品手续费增速于 2018 年达到低点

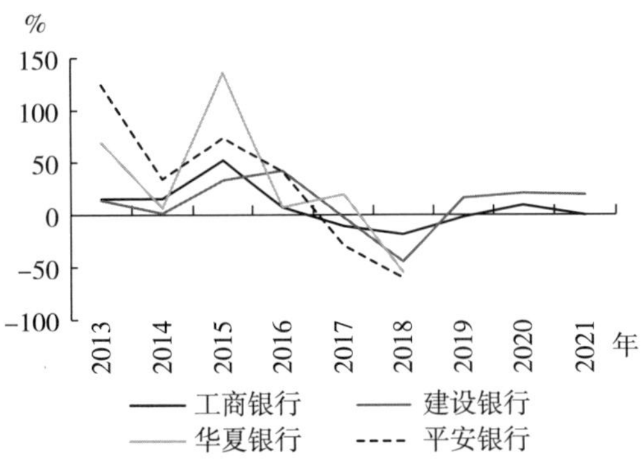

注：近年缺失数据为未披露。

资料来源：公司公告，平安证券研究所。

图表 7.9　托管手续费增速同样受资管新规影响

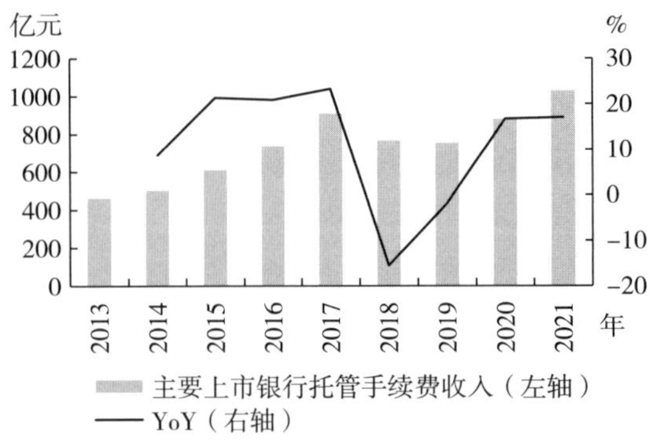

资料来源：公司公告，平安证券研究所。

投资咨询业务

行业收费乱象整治力度加大，导致顾问咨询费大幅压缩。过去部分银行业金融机构存在“以贷收费”“浮利分费”等收费乱象，例如，借发放贷款之机向客户收取其他不合理费用，或者将贷款利息分解为中间业务费用收取。2012 年，银监会提出“七不准、四公开”收费规定，督促银行自查收费管理不规范问题；2014 年 2 月，发改委和银监会颁布《商业银行服务政府指导价政府定价目录》，为银行收费制度直接提供了强有力的法律支撑，同年 8 月国务院出台文件要求金融部门对降低企业融资成本提起高度重视。为了贯彻降低企业融资成本的指导意见，监管部门整治力度不断加大，2015 年银监会开始着手银行不规范服务收费清理工作，2017 年 4 月开展银行业“四不当”专项治理工作，随着隐性收费项目逐渐被清理，行业整体顾问咨询费得到大幅压缩。

图表 7.10 “七不准”明确禁止不合理中间业务的收费

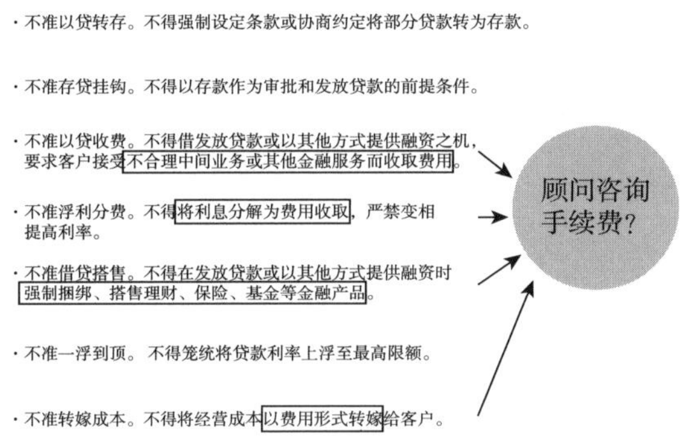

资料来源：银保监会，平安证券研究所。

图表 7.11 顾问咨询费收入自 2014 年起持续缩减

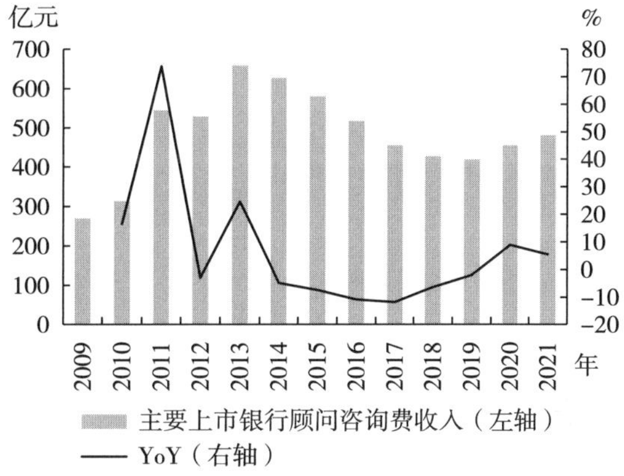

资料来源：公司公告，平安证券研究所。

图表 7.12 多轮监管行动整治银行收费乱象，降低企业融资成本

● 2012 年	● 2014 年	● 2015 年	● 2017 年
银监会《关于整治银行业金融机构不规范经营的通知》 重点是整治“附加不合理贷款条件和不合理收费”行为，提出“七不准”和“四公开”业务规定。要求各银行业金融机构在全系统范围内组织全层级、全流程、全品种的地毯式、无死角的自查清理。	发改委、银监会《商业银行服务政府指导价政府定价目录》 公布了商业银行服务实行政府指导价、政府定价的目录，降低和调整了部分收费标准，规定了部分免费服务项目，自 2014 年 8 月 1 日起执行。	银监会《关于进一步开展银行不规范服务收费清理工作的通知》 自 2014 年 1 月至 2015 年 5 月排查银行不规范服务收费情况，严格落实国务院领导关于规范银行服务收费行为的各项工作要求，进一步清理和规范收费项目，努力挖掘为企业进一步减费让利的空间。	银监会《关于开展银行业“不当创新、不当交易、不当激励、不当收费”专项治理工作的通知》 自 2017 年 4 月起开展“四不当”专项治理工作，不当收费方面治理要点包括收费行为规范、价格信息披露和内部管理程序三大方面。

资料来源：发改委，银监会，平安证券研究所。

支付结算业务

在减费让利政策的推动下，结算类手续费增长有所放缓。2014 年政府指导价政策落地后，银行转账汇款、现金汇款等基础金融服务收费均受到严格约束，随后行业迎来进一步的减费让利。为了降低企业融资成本，政策文件陆续出台指导商业银行降低刷卡手续费、柜台和 ATM 取现、信贷融资、信用卡收费等费用；疫情以来，“推动企业综合融资成本稳中有降”更是成为重要的政策基调，同时针对小微企业和重点帮扶区域，监管部门还鼓励商业银行在指导价基础上进一步实行打折、免收等优惠。行业结算与清算手续费自 2015 年开始出现长期负增长，这是持续让利实体经济的结果。

图表 7.13　　2014 年政府对商业银行服务作出明确价格指导

收费项目		政府指导收费标准
个人	跨行柜台转账汇款手续费	每笔 0.2 万元以下（含 0.2 万元），收费不超过 2 元； 0.2 万～0.5 万元（含 0.5 万元），收费不超过 5 元； 0.5 万～1 万元（含 1 万元），收费不超过 10 元； 1 万～5 万元（含 5 万元），收费不超过 15 元； 5 万元以上，收费不超过 0.03%，最高收费 50 元。
	现金汇款手续费	每笔不超过汇款金额的 0.5%，最高收费 50 元。
	异地本行柜台取现	每笔不超过取现金额的 0.5%，最高收费 50 元。
对公	跨行柜台转账汇款手续费	每笔 1 万元以下（含 1 万元），收费不超过 5 元； 1 万～10 万元（含 10 万元），收费不超过 10 元； 10 万～50 万元（含 50 万元），收费不超过 15 元； 50 万～100 万元（含 100 万元），收费不超过 20 元； 100 万元以上，收费不超过 0.002%，最高收费 200 元。
票据	手续费	每笔不超过取现金额的 0.5%，最高收费 50 元。
	挂失费	按票面金额 0.1%（不足 5 元收取 5 元）。
	工本费	支票每份 0.4 元，本票或汇票每份 0.48 元。

资料来源：发改委，平安证券研究所。

图表 7.14　结算与清算手续费 2015 年出现负增长

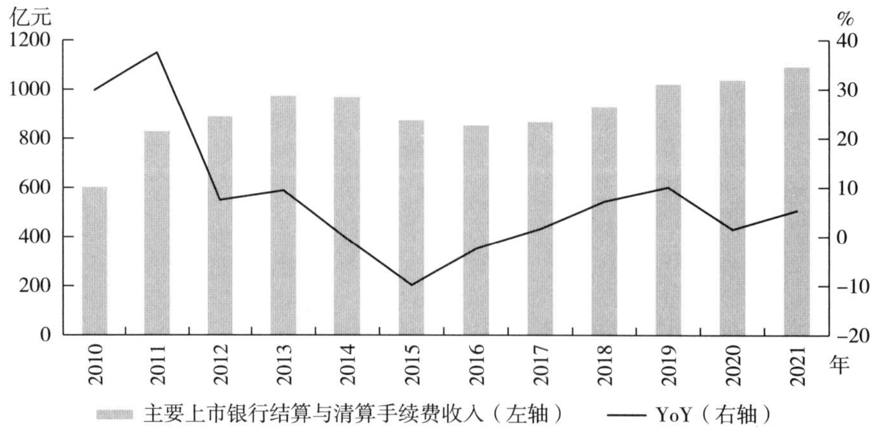

资料来源：公司公告，平安证券研究所。

图表 7.15　　政策不断出台推动商业银行减费让利

时间	颁布主体	监管法规	主要内容
2014-02	发改委、银监会	《商业银行服务政府指导价政府定价目录》	商业银行为银行客户提供的基础金融服务实行政府指导价、政府定价管理。实行政府指导价、政府定价的基础金融服务包括部分转账汇款、现金汇款、取现和票据等商业银行服务项目。
2014-08	国务院	《关于多措并举着力缓解企业融资成本高问题的指导意见》	贯彻落实《商业银行服务价格管理办法》，督促商业银行坚决取消不合理收费项目，降低过高的收费标准。
2016-03	发改委、央行	《关于完善银行卡刷卡手续费定价机制的通知》	自 2016 年 9 月 6 日起，对发卡机构收取的发卡行服务费实行政府指导价、上限管理（借记卡不超过 0.35%，13 元/笔封顶；贷记卡不超过 0.45%）。
2017-06	发改委、银监会	《关于取消和暂停商业银行部分基础金融服务收费的通知》	自 2017 年 8 月 1 日起，取消个人异地本行柜台取现手续费，暂停收取本票、汇票的手续费、挂失费、工本费 6 项收费，各商业银行应主动对客户在本行开立的唯一账户免收账户管理费和年费等。
2020-05	银保监会	《关于进一步规范信贷融资收费 降低企业融资综合成本的通知》	银行不得收取信贷资金受托支付划拨费。对于已划拨但企业暂未使用的信贷资金，不得收取资金管理费。对于小微企业信贷融资，不得在贷款合同中约定提前还款或延迟用款违约金，取消法人账户透支承诺费和信贷资信证明费。
2020-06	国务院	2020 年 6 月 17 日国务院常务会议	进一步通过引导贷款利率和债券利率下行、发放优惠利率贷款、实施中小微企业贷款延期还本付息、支持发放小微企业无担保信用贷款、减少银行收费等一系列政策，推动金融系统全年向各类企业合理让利 1.5 万亿元。
2021-03	国务院	《2021 年政府工作报告》	适当降低小微企业支付手续费。
2021-06	央行等四部门	《关于降低小微企业和个体工商户支付手续费的通知》	(1)（3 年期限，小微企业和个体工商户）鼓励商业银行免收全部单位结算账户管理费和年费。 (2)（3 年期限，小微企业和个体工商户）通过柜台渠道进行的单笔 10 万元（含，下同）以下的对公跨行转账汇款业务，商业银行应按照不高于现行政府指导价标准的 9 折实行优惠。 (3)（长期，所有客户）商业银行取消收取支票工本费、挂失费，以及本票和银行汇票的手续费、工本费、挂失费。 (4)（3 年期限，所有客户）对标准类商户借记卡发卡行服务费、网络服务费在现行政府指导价基础上实行 9 折优惠、封顶值维持不变，对优惠类商户发卡行服务费、网络服务费继续在现行政府指导价基础上实行 7.8 折优惠。

续表

时间	颁布主体	监管法规	主要内容
2021－06	中国银行业协会、中国支付清算协会	《关于降低自动取款机（ATM）跨行取现手续费的倡议书》	自本倡议书发布之日起一个月内实施降低 ATM 跨行取现手续费措施。 （1）同城跨行取现：降低同城 ATM 跨行取现手续费，收费标准不超过 3.5 元/笔。其中，发卡行减半收取手续费，收费标准不超过 0.2 元/笔。 （2）异地跨行取现：鼓励发卡行不再按取款金额一定比例收取变动费用，异地 ATM 跨行取现手续费的固定费用标准与同城业务一致，不超过 3.5 元/笔。
2021－09	银保监会	《关于印发支持国家乡村振兴重点帮扶县工作方案的通知》	除国家禁止和限制类行业外，银行业金融机构在重点帮扶县发放的贷款利率要低于其他地区，鼓励参照贷款市场报价利率（LPR）放款，最大限度减免贷款服务费、手续费、咨询费。
2021－12	银保监会	《关于进一步促进信用卡业务规范健康发展的通知（征求意见稿）》	向客户展示分期业务收取的资金使用成本时，应当统一采用利息形式，不得采用手续费等形式，法律法规另有规定的除外。客户提前结清信用卡分期业务的，银行应当按照实际占用资金金额及期限计收利息。

资料来源：公开资料，平安证券研究所。

7.1.2 个体分化加大，大中型银行优势凸显

动态来看，受监管因素影响，大部分银行 2021 年的中间业务收入占比较 2016 年有所下降，但在整体下行趋势下，也有少数银行的中间业务收入占比表现相对平稳，大型银行中，邮储银行提升 0.8 个百分点，股份制银行中招商银行、兴业银行下降幅度较小，区域性银行中，包括青岛银行、兰州银行在内的多家银行中间业务收入占比在低基数上有小幅提升。

静态来看，股份制银行中间业务收入占比最高，2021 年中间业务收入占营收的比重为 19.1%，其次是大行、城商行、农商行，占比分别为 13.2%、11.2%、6.8%，区域型银行主要由于业务范围和金融牌照制约，中间业务发展受限，而股份制银行和大行综合金融服务能力更强，中间业务收入表现更为优异。个股方面，上市银行中排名靠前的依次为招商银行、平安银行、兴业银行，2021 年中间业务收入占比分别为 28.5%、19.5%、19.3%。

图表 7.16　上市银行中间业务收入占比变化（2016 年和 2021 年）

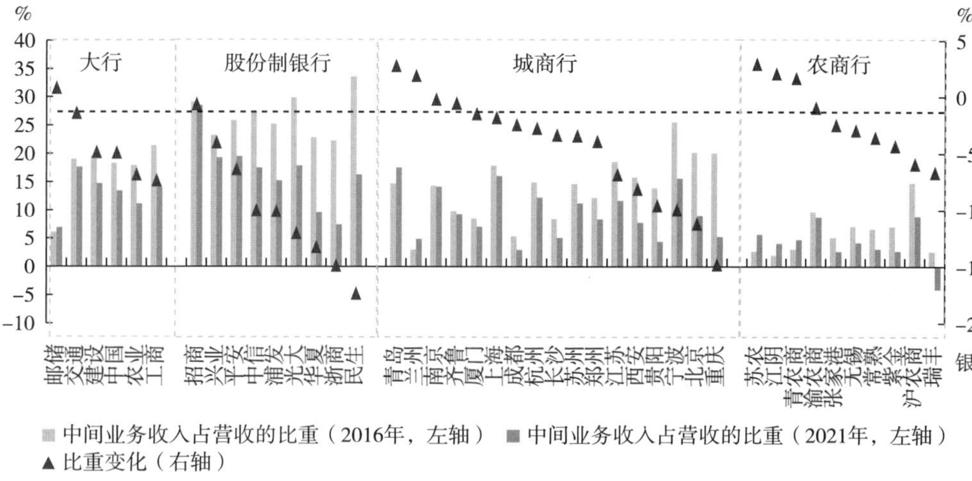

资料来源：公司公告，平安证券研究所。

7.2　海外经验：资本市场业务成为中间业务收入助推器

通过比较四家美国大型银行与国内的中间业务发展情况能够看到，其更高的中间业务收入占比主要源自财富管理、资产管理以及投行等与资本市场高度相关的业务板块。这一方面受益于美国混业经营的制度环境和活跃的资本市场，另一方面各家银行极大的战略资源倾斜也十分重要，最大化地提升各板块的业务能力并达到行业顶尖水平，最终得以实现业务联动和共赢，以摩根大通为例，其资管、投行板块均处行业前十水平，专业能力优势突出。

7.2.1　非息收入贡献半壁江山，资本市场相关板块表现活跃

本研究以摩根大通银行、美国银行、花旗银行、富国银行四家美国大型银行非息板块的表现与国内商业银行进行比较分析。从营收结构来看，四家美国大行的非息收入占比在过去十多年间基本保持稳定，长期较国内高出约 20 个百分点。2021 年，国内主要上市银行非息收入占比平均为 28%，而四家美国大行的非息收入占比分别达到 57%、52%、54%、41%，明显优于国内平均水平。

中间业务收入结构差异明显，投行资管成为海外大行中间业务收入重要助推器。进一步拆解两者非息收入结构能够发现，国内外银行非息收入占比的差距主要来自中间业务收入，国内银行中间业务收入占比平均水平仅 15%，而四家美国大行中间业务收入占比平均达到 39%。从中间业务收入结构来看，四家美国大行主要由资管和投行业务驱动，以美国银行为例，近十年来资管、投行业务的中间业务收入增速长年高于非息收入增速，成为非息收入的重要驱动，对应板块 2021 年占中间业务收入的比重分

图表 7.17 国内外银行非息收入占比存在20%左右差距

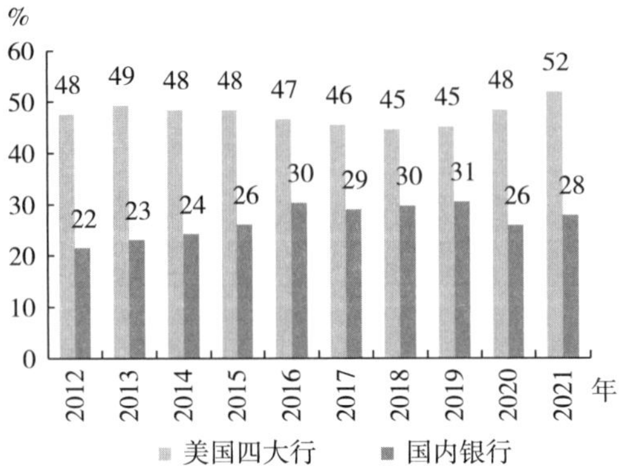

注：美国四大行口径为摩根大通银行、美国银行、富国银行、花旗银行；国内银行口径为2012年已上市A股的16家商业银行。

资料来源：公司公告，平安证券研究所。

图表 7.18 国内外银行非息收入占比（2021年）

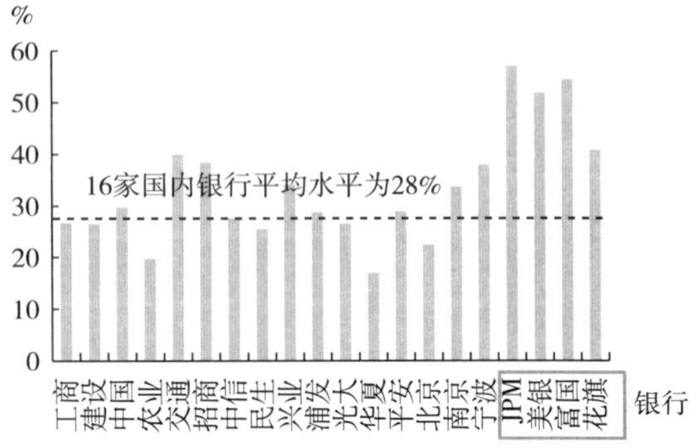

资料来源：公司公告，平安证券研究所。

别高达32%、23%，为主要收入来源；而国内银行中间业务收入结构仍以传统的银行卡业务（占比22%）为主，但可以看到，近两年国内资管类收入（代理及理财手续费口径）发展势头向好，占营收的比重由2019年的18%升至2021年的29%。

图表 7.19 国内外银行非息收入结构（2021年）

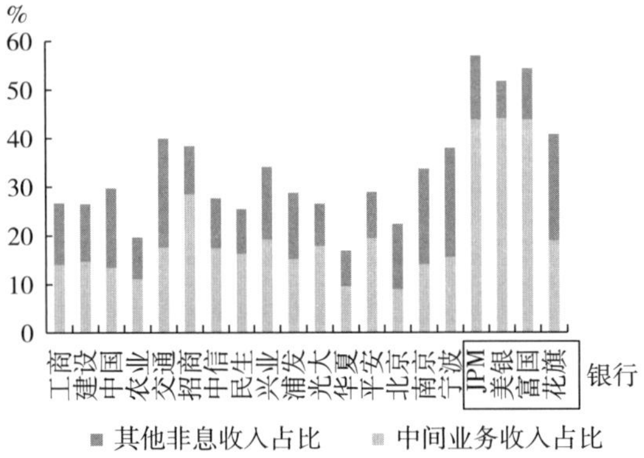

资料来源：公司公告，平安证券研究所。

图表 7.20 美国银行：资管和投行业务成为非息收入的主要驱动

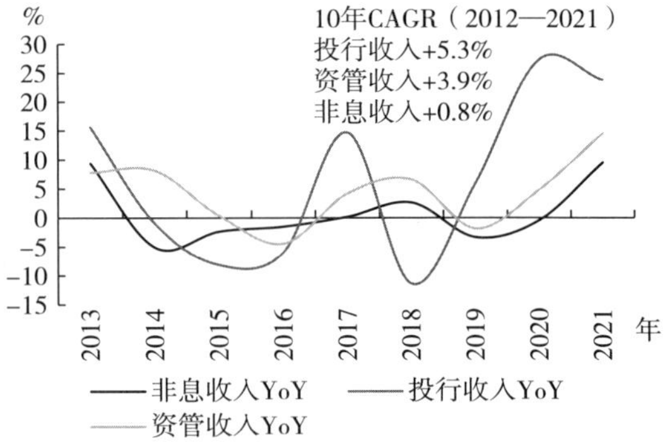

资料来源：公司公告，平安证券研究所。

除此之外，国内外银行其他非息收入对营收的贡献类似，占比为10%～20%，但在结构上有所不同。我们看到，其他非息收入同样是驱动海外银行非息收入的重要因素，增速长年高于非息收入整体增速，海外银行的其他非息收入主要包括做市交易收入和投资收益。在投资结构方面，海外银行投资交易与权益市场的关系更为密切，以美国银行为例，2021年美国银行的交易投资类非息收入有52%来自股票市场。

图表 7.21　国内外银行中间业务收入结构比较：海外以资管、投行为主（2021 年）

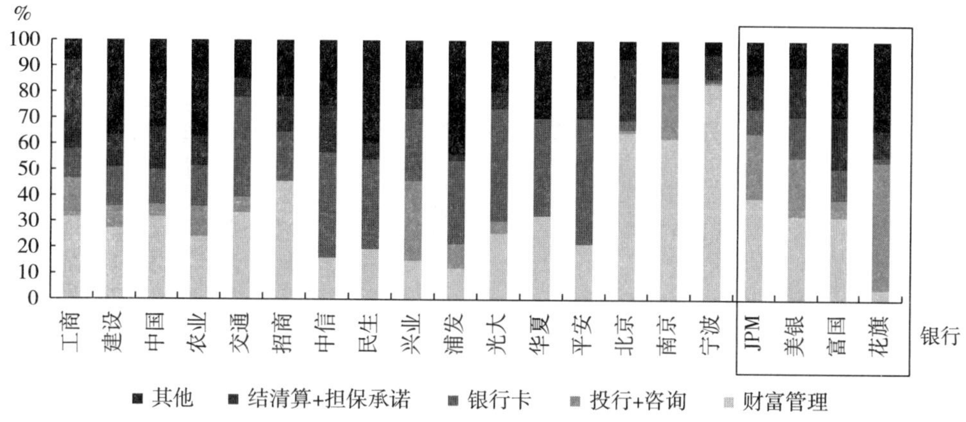

资料来源：公司公告，平安证券研究所。

图表 7.22　交易投资类收入增速高于非息收入增速

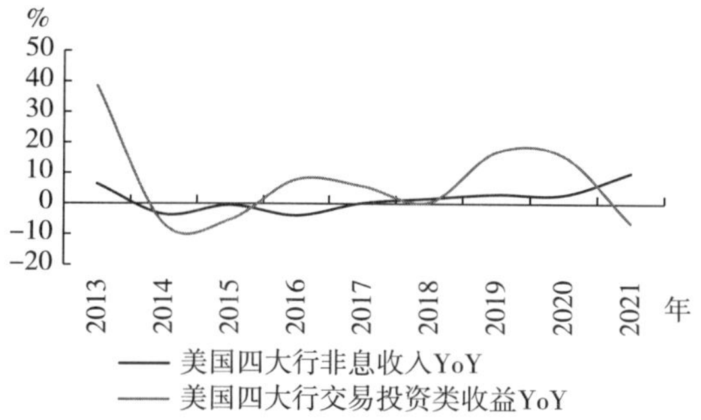

资料来源：公司公告，平安证券研究所。

图表 7.23　美国银行：交易投资类非息收入拆分（根据一级风险，2021 年）

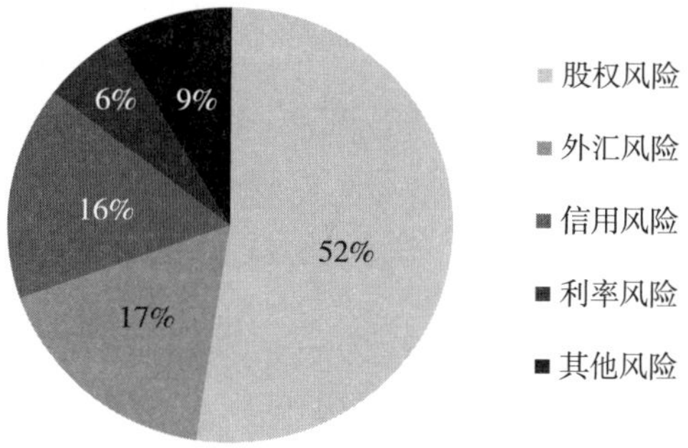

资料来源：公司公告，平安证券研究所。

7.2.2　混业为先，专业制胜

通过进一步研究发现，近十年来驱动四家美国大型银行非息收入增长的核心板块（资管、投行、交易）均与资本市场高度相关。究其根本原因，一方面，得益于混业制度红利，美国商业银行拥有丰富的展业权限，成为支撑中间业务统筹发展的重要前提；另一方面，在居民、企业对金融机构的需求向高阶服务转化的背景下，银行自身高度重视对资本市场业务的资源倾斜以及专业能力的培育，最大化地提升各板块的业务能力并达到行业顶尖水平，最终得以实现业务联动和共赢。

图表 7.24　美国股市自 2009 年后迎来新一轮“长牛”

资料来源：Wind，平安证券研究所。

图表 7.25　美国居民在金融资产配置结构上向股票、基金倾斜

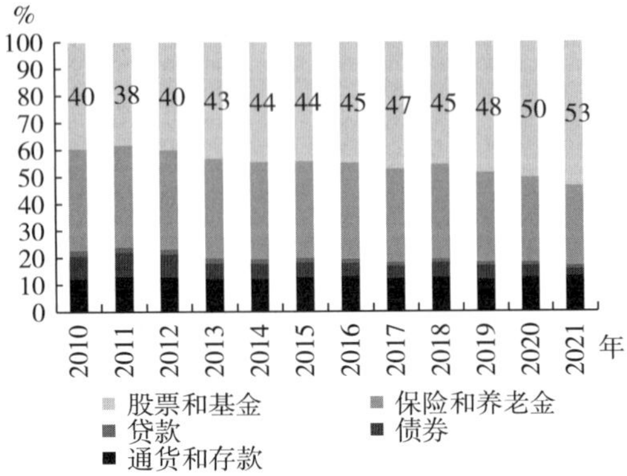

资料来源：BEA，平安证券研究所。

从外部环境来看，在美国商业银行混业经营体制下，银行拥有多牌照的优势带来了多元发展空间，成为中间业务统筹发展的重要前提。20 世纪 70 年代后期，美国政府逐步放松金融管制，1980 年美国国会通过《放松管制和货币控制法》，取消利率上限，允许各类金融机构业务交叉；同期金融创新浪潮翻涌，新的金融工具、产品不断推出，衍生品交易规模迅速扩大。1999 年，随着《金融服务业现代化法案》颁布，美国全面进入混业经营时代，商业银行开始将财富管理与证券、信托、基金等业务结合起来，这为美国商业银行资管、投行各项中间业务统筹发展提供了有利条件。

图表 7.26　美国金融业于 1999 年全面进入混业经营时代

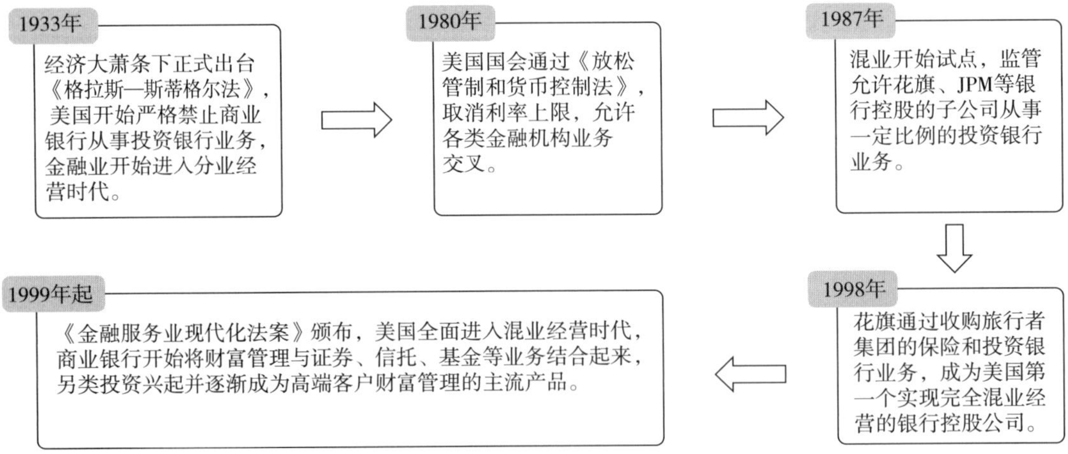

资料来源：公司官网，公司公告，平安证券研究所。

以摩根大通银行为例，作为一家全球化经营的金融机构、美国总资产排名首位的银行，能够通过外延并购拓展混业经营范围，形成了丰富综合的服务体系，从而筑牢中间业务的客户根基。摩根大通银行于 2000 年由大通曼哈顿银行及 JP Morgan 公司合并而成，随后收购芝加哥第一银行、贝尔斯登、华盛顿互惠银行，拓展自身在零售、投行、储蓄等方面的经营范围。后又通过购买嘉诚集团（Cazenove），为欧洲、中东和非洲的客户提供证券研究服务，近年来通过收购 WePay、Nutmeg 等多家金融科技公司，提升在支付、资管等领域的数字化服务能力，如今，在各类牌照支撑下，零售和企业客户的多元需求得到满足，从而推动中间业务收入实现蓬勃的发展。

图表 7.27　摩根大通银行外延并购拓展自身服务领域

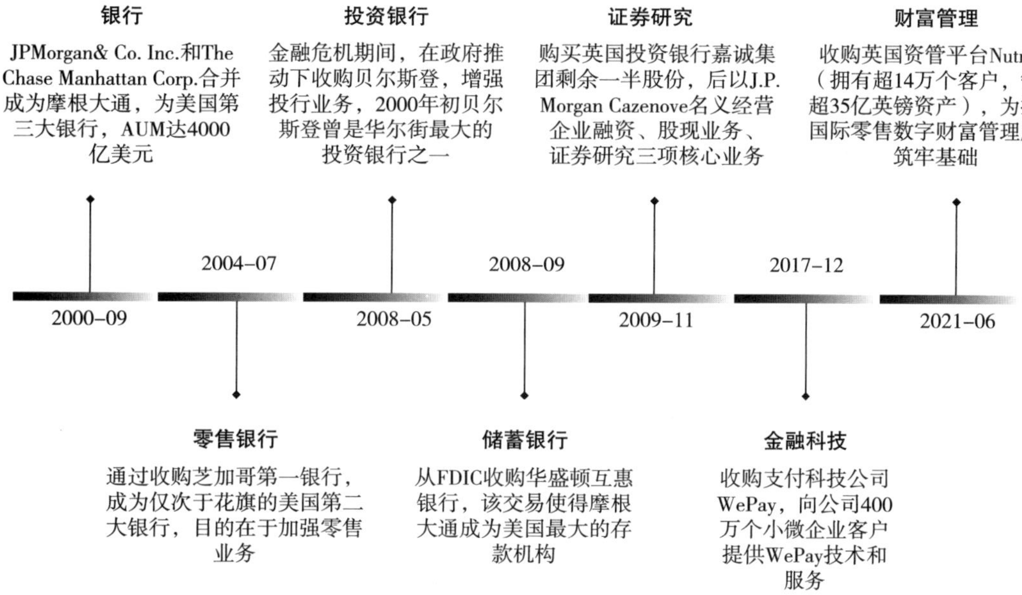

资料来源：公司官网，公司公告，平安证券研究所。

从内部发展来看，在市场需求的拉动下，银行自身高度重视对资本市场业务的资源倾斜。发展资本市场业务成为重中之重，居民、企业对金融机构的需求由购买产品开始向以提供咨询建议、全权委托为代表的高阶服务转化，对银行提出了更高的专业要求，也带来了更高的利润率。因此，在业务板块划分时，资管和投行业务得到高度重视，摩根大通银行、美国银行、富国银行均单独设立与对私、对公业务并行的资产和财富管理业务板块，摩根大通银行、富国银行同时设置了一级投行板块。

图表 7.28　　美国商业银行的业务板块划分

商业银行	业务一	业务二	业务三	业务四	业务五
摩根大通	消费者和社区银行 • 消费者/商业银行 • 住房贷款 • 信用卡和汽车	公司和投资银行 • 银行 • 市场和证券服务	商业银行 • 中间市场银行 • 对公客户银行 • 商业地产银行	资产/财富管理 • 资产管理 • 财富管理	—

续表

商业银行	业务一	业务二	业务三	业务四	业务五
美国银行	消费者银行 • 存款 • 消费贷款	全球财富和投资管理 • 美林全球财富管理 • 美国信托和美国银行私人财富管理	全球银行 • 投资银行 • 全球对公银行 • 全球商业银行 • 业务银行	全球市场 • 固定收入 • 权益	其他 • 资产负债管理 • 非核心抵押贷款 • 清算业务 • 权益投资
富国银行	消费者银行和借贷 • 消费者和小企业银行 • 住房贷款 • 信用卡 • 汽车 • 个人借贷	商业银行 • 中间市场银行 • 抵质押和租赁	公司和投资银行 • 融资 • 商业地产 • 市场	财富和投资管理 • 富国银行顾问 • 私人银行	商业 • 公司金库 • 企业职能 • 投资组合 • 关联风险 投资和私募股权投资 • 非直接业务

资料来源：公司官网，公司公告，平安证券研究所。

这些银行通过不断提升各板块的业务能力，在资管、投行多方面均达到全球顶尖，从而实现了各条线的联动和共赢。

在资管业务方面，AUM 排名靠前的头部资管机构不乏大型金融集团，包括排名第三的瑞银集团、第五的道富、第六的摩根大通、第九的高盛等，在混业经营体制下，这些金融机构能够统筹公司资源、具有提供综合化服务的优势，通过零售银行、社区银行业务获得了强大的客户基础，通过存贷业务与客户建立了长期的信任关系后，深入了解客户的财务追求目标，为其深入挖掘客户理财需求奠定了基础。

以摩根大通为例，2021 年其累计服务超过 6600 万户美国家庭，覆盖率超过 50%，为财富管理提供了优异的客户基础，夯实的客户基础能够打造信赖度和品牌优势，自 2009 年以来，摩根大通管理资产规模（AUM）便常年跻身全球前十位；同时，大量的零售客户资源也为培育潜力客户并将其升级为私人银行客户提供了条件，摩根大通私人银行 AUM 也长期居于全球前五位。

图表 7.29　　全球资管机构 AUM 排名（2021 年）

排名	资管机构	AUM（万亿美元）	总部位于	公司性质
1	贝莱德集团（BlackRock）	10.01	美国	基金系
2	美国先锋集团（Vanguard）	8.50	美国	基金系
3	瑞银集团（UBS）	4.60	瑞士	银行系
4	富达投资集团（Fidelity Investment）	4.50	美国	基金系
5	道富（State Street Global Advisors）	4.14	美国	银行系

续表

排名	资管机构	AUM（万亿美元）	总部位于	公司性质
6	摩根大通（JPMorgan Chase）	3.11	美国	银行系
7	安联集团（Allianz Group）	2.71	德国	保险系
8	美国资本集团（Capital Group）	2.70	美国	基金系
9	高盛（Goldman Sachs）	2.47	美国	投行系
10	纽约梅隆银行（Bank of New York Mellon）	2.40	美国	银行系
11	太平洋资产管理公司（PIMCO）	2.20	美国	基金系
12	东方汇理（Amundi）	2.06	法国	银行系
13	保德信金融（Prudential Financial）	1.74	美国	保险系
14	恒达理财（Edward Jones Investments）	1.70	美国	银行系
15	普信集团（T. Rowe Price）	1.69	美国	基金系
16	瑞士信贷集团（Credit Suisse）	1.61	瑞士	银行系
17	美国银行（Bank of America）	1.58	美国	银行系
18	富兰克林坦伯顿基金集团（Franklin Resources）	1.58	美国	基金系
19	摩根斯坦利（Morgan Stanley）	1.57	美国	投行系
20	英国法通保险公司（Legal & General）	1.42	英国	保险系

资料来源：公司公告，ADV Ratings，平安证券研究所。

图表 7.30　全球私人银行 AUM 排名（2021 年）

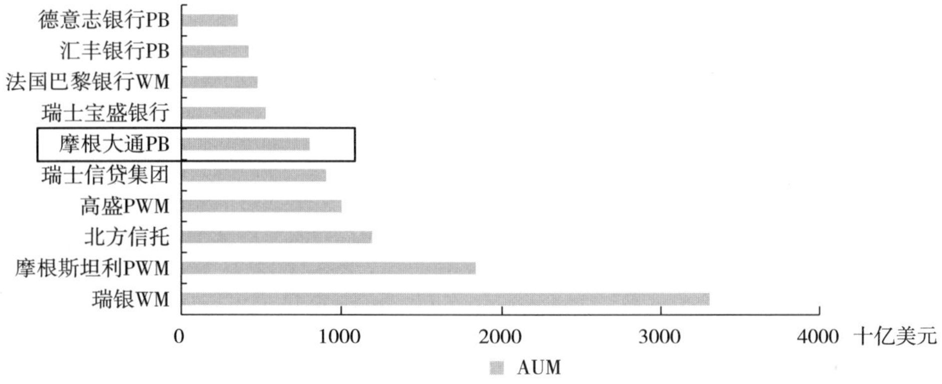

资料来源：公司公告，ADV Ratings，平安证券研究所。

在投行业务方面，全球前五的顶级投行均来自美国，从银行属性的机构来看，摩根大通、美国银行、花旗银行的投资银行业务都处于全球领先地位，2021 年投行营收占全球市场的份额分别达到 9.6%、6.4%、4.9%。根据 IBISWorld 的调查，美国投行营收结构中，做市交易收入占比近 60%，该业务对银行的定价能力、风险控制等专业性要求极高，侧面体现了海外银行对投行队伍建设和专业能力培养的重视。

图表 7.31　全球投资银行市场占有率排名（2021 年）

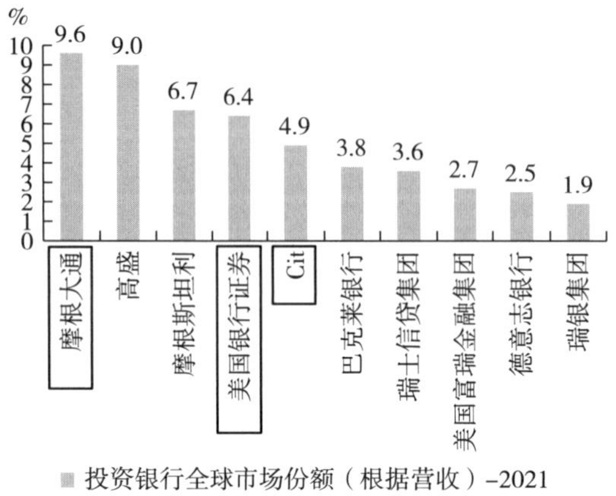

资料来源：Statista，平安证券研究所。

图表 7.32　美国投资银行营收结构（2019 年）

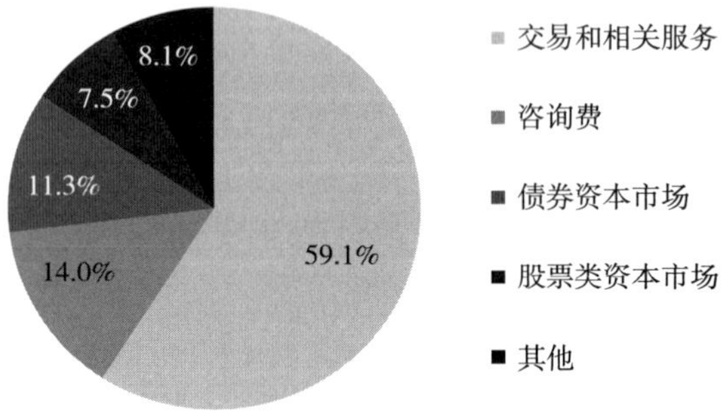

资料来源：IBISWorld，平安证券研究所。

7.3　展望：把握改革红利，“财管 + 资管 + 投行”三轮驱动

对于国内银行而言，虽然当前制度环境的约束仍在，但从长期来看直接融资占比提升以及资本市场发展趋势明确，这就要求国内银行适时提前布局，提升子板块专业能力，把握变革中的机遇。具体来看，财富管理、资产管理与投资银行将会成为未来提升的关键。

7.3.1　财富管理：行业长期转型关键，渠道力争先

我国居民资产配置正在逐渐转向金融资产，伴随着资管新规和资本市场改革的持续推进，权益投资迎来良好氛围，在监管引导下，公募、私募在财富管理市场的份额快速提升。银行是财富管理市场存量规模最大的机构类型，且在渠道侧份额保持领先，基金保有量占比接近 50%，近年来代理及理财手续费增速逐渐回升至较高水平，从个体来看，招商银行等大中型银行仍为财富管理的领先者。在财富管理赛道，我们看好渠道力领先的银行，目前招商银行等头部传统金融机构在持续服务能力、精细化服务能力和综合服务能力等多个方面优势显著，能够更好地匹配客户需求。

7.3.1.1　居民资产配置转向金融资产，监管促使财富管理市场转型

居民资产配置逐步从房地产等实物资产转向金融资产，权益类产品发展仍有巨大空间。我国居民金融资产占比不断提升，占居民总资产的比重从 2000 年的 43% 上升至 2019 年的 57%。根据人民银行《2019 年中国城镇居民家庭资产负债情况调查》，我国城镇居民金融资产配置结构中仍以现金和存款为主，股票与基金等金融资产占比 10% 左右，美国目前权益类资产在居民总资产中占比约为 40%，可见我国权益类资产的发

展空间依然巨大。

图表 7.33　我国居民金融资产占比不断提升

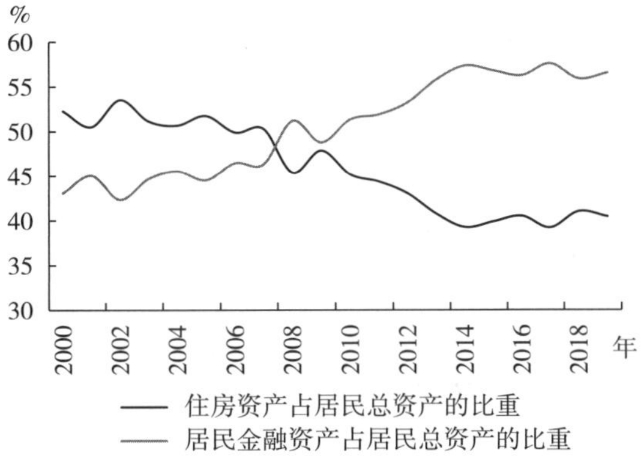

资料来源：中国社科院，平安证券研究所。

图表 7.34　中美金融资产配置比较（2019 年）

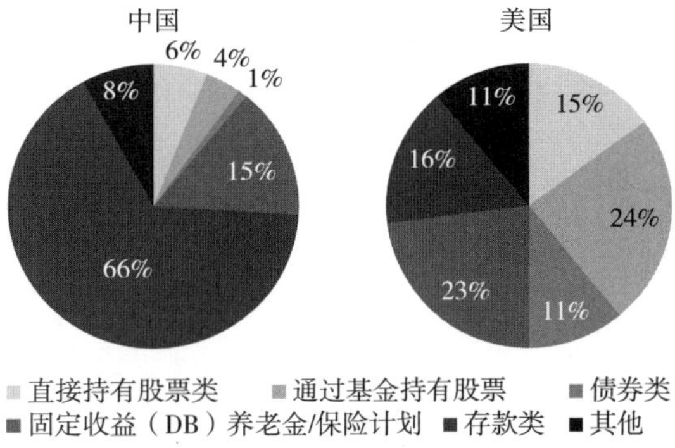

资料来源：央行，美联储，平安证券研究所。

资本市场改革持续推进，权益投资迎来良好氛围。除了资管新规带来的变革外，在政策的引导下资本市场的改革也在深化，监管从 2018 年以来大力支持直接融资发展，并持续引导长期资金入市。近年来，社保、养老金、险资等持股比例限制不断提高，鼓励居民通过基金等方式积极参与资本市场建设。同时，机构投资者占比的提升有利于股市的平稳健康发展，也为居民营造了更好的权益类资产投资氛围。

图表 7.35　资本市场改革持续推进

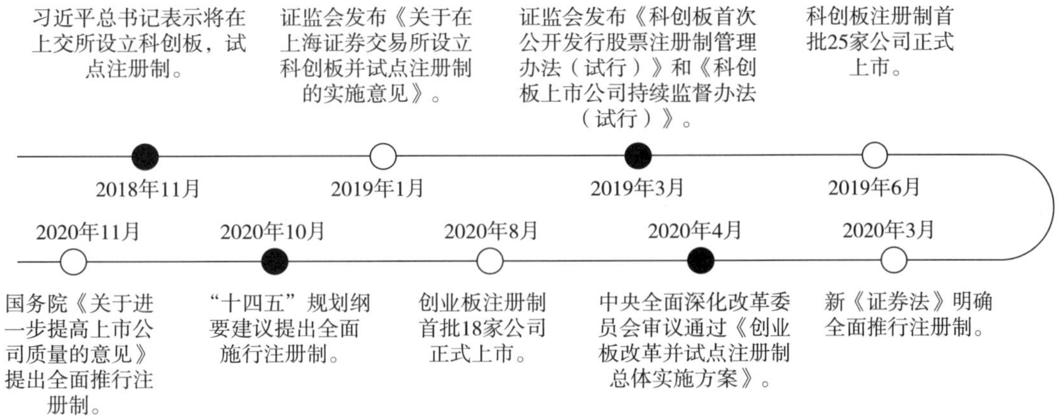

资料来源：公开资料，平安证券研究所。

公募、私募基金的份额快速提升，在后资管新规时代，财富管理市场前景广阔。在政策的持续引导下，居民配置权益资产的热情被点燃，在该阶段，公募基金、私募基金抓住了时代发展的机遇，凭借领先的主动管理能力实现快速发展。截至 2021 年末，公募基金、私募基金管理规模分别达到 25.6 万亿元和 20.3 万亿元，分别较 2017 年提升 14.0 万亿元和 9.2 万亿元，值得注意的是，权益类产品发展最为迅猛，包括股票和混合基金在内的权益型产品 3 年内增长了 6. 3 万亿元，证券类私募规模增长了 2. 2 万亿元，分别占整个资产管理行业增量的 36%、22%。

图表 7. 36　权益型公募近年占比不断提升

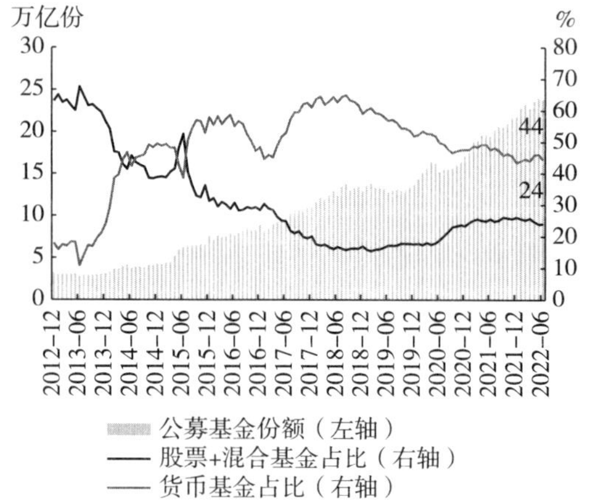

资料来源：Wind，中国证券投资基金业协会，平安证券研究所。

图表 7. 37　证券类私募快速发展

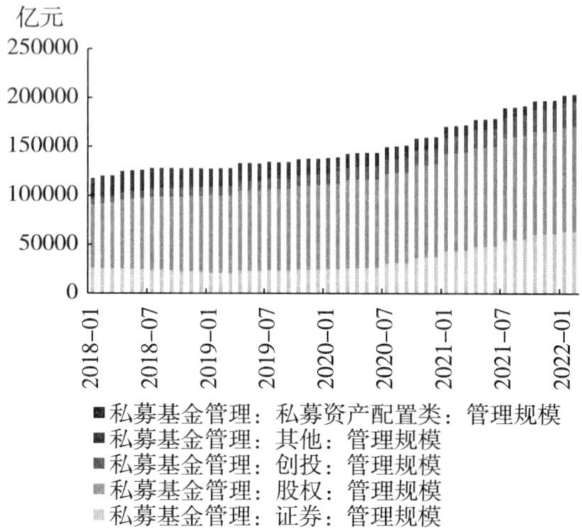

资料来源：中国证券投资基金业协会，平安证券研究所。

7. 3. 1. 2　财富管理增速回升，银行在渠道侧份额保持领先

从中间业务收入来看，行业相关收入增速曾因监管推动财富管理市场转型的影响下滑，近年来逐渐回升至较高水平。我国财富管理行业经历了较长时间的“野蛮生长”，2015 年银行理财产品规模增速筑顶达 56. 5%，推动行业代理及理财手续费收入增速达到 43. 0%。2016 年后财富管理行业监管逐渐加强，2016 年私募新规出台规范私募市场，2018 年资管新规推动保本产品退出市场，财富管理行业迎来调整，银行业代理与理财手续费收入于 2017—2018 年出现负增长，2019 年增速开始回升，伴随着居民财富管理需求的日益高涨，2021 年恢复 13. 3% 的增速水平。

图表 7. 38　代理及理财手续费增速近年来回升

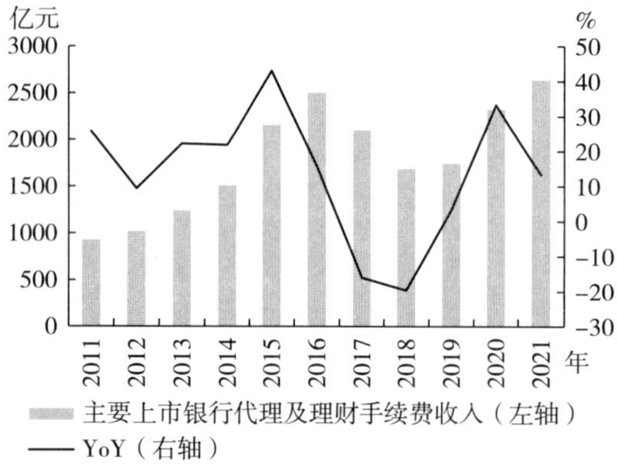

资料来源：公司公告，平安证券研究所。

图表 7. 39　银行理财产品规模增速于 2015 年筑顶

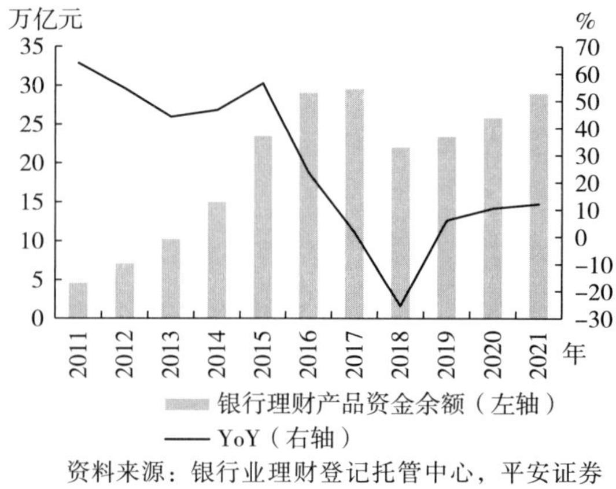

资料来源：银行业理财登记托管中心，平安证券研究所。

一方面，银行为存量规模最大的机构类型，银行理财投资者近两年保持高速增长。银行理财虽然过去几年规模扩张放缓，但随着净值化转型的不断推进，规模重回正增长，借助在大类资产配置和母行稳固的渠道优势，在资产管理行业中仍然保持份额领先，2021 年末存量规模达到 29 万亿元，连续三年居各类资管产品首位。我们看到，银行理财投资人数迅速增长，2021 年持有理财产品的投资者数量达到了 8130 万个，同比增长 95.3%。

图表 7.40 资管产品存续规模趋势（2017—2021 年）

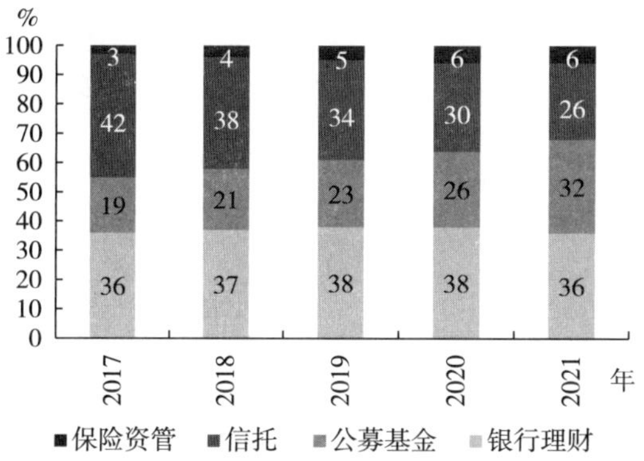

资料来源：银行业理财登记托管中心，平安证券研究所。

图表 7.41 理财投资人数迅速增长

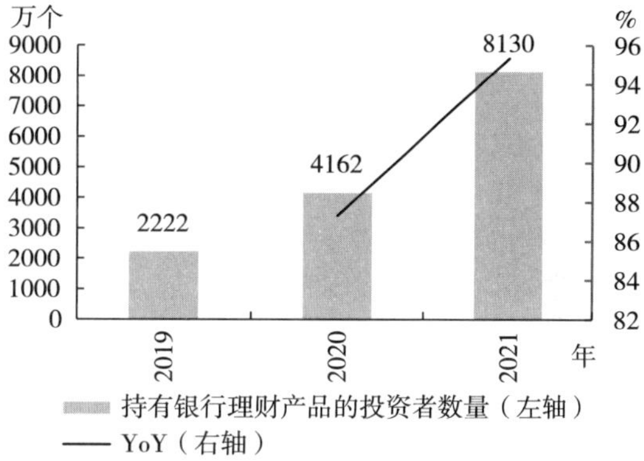

注：仅统计 2018 年 10 月 1 日之后发行的理财产品。

资料来源：银行业理财登记托管中心，平安证券研究所。

另一方面，借助居民主账户和线下渠道的优势，银行在渠道侧份额仍然保持领先。在我国间接融资体系下，商业银行在居民财富管理行业仍然占据主导地位，首先体现在渠道侧，银行线下经营网点多、渠道下沉充分，早期借助众多网点和居民主账户的优势实现客户触达，在大众市场占据先发优势，虽然近两年以蚂蚁、天天基金为代表的互联网平台借助流量优势实现异军突起，但从基金保有量来看，根据 2022 年第二季度末前百名公募基金渠道保有量进行估算，目前银行占比接近 50%，第三方平台约为 35%，券商约为 16%，同时考虑到相比其他两大渠道机构，银行能够代销信托、保险、理财，且在份额上大幅领先，综合来看，银行在渠道侧仍然占据主导地位。在高净值客群方面，银行更是独占鳌头，根据招商银行《2021 中国私人财富报告》数据，银行占比超过 80%。

从个体来看，招商银行等大中型银行仍为财富管理的领先者。上市银行在财富管理类中间业务收入方面，在规模上仍以国有大型银行、招商银行等大中型银行引领，在增速上着力于财富管理转型的兴业银行、光大银行、宁波银行表现亮眼。代销业务是财富管理的重要服务内容，以基金代销为例，招商银行凭借渠道优势稳居同业基金保有量规模第一位，排名接下来为工商银行、建设银行、中国银行、交通银行、农业银行。同时，工商银行、建设银行、招商银行等凭借其在财富管理上的渠道优势，有效发挥对托管业务的引流作用，托管业务收入和资产规模均居行业前列。

图表 7.42　基金保有量份额

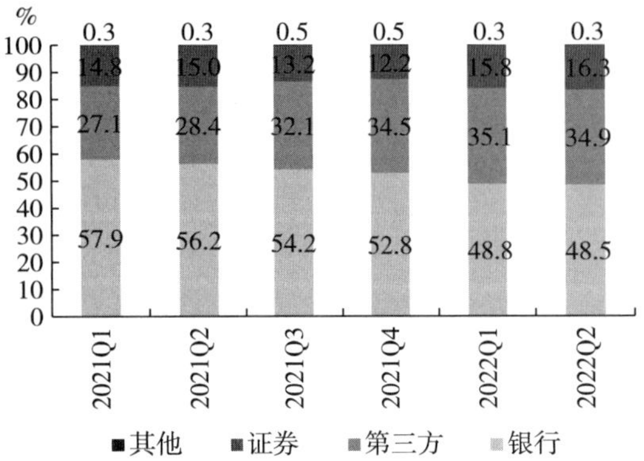

资料来源：中国证券投资基金业协会，平安证券研究所。

图表 7.43　高净值资产市场份额

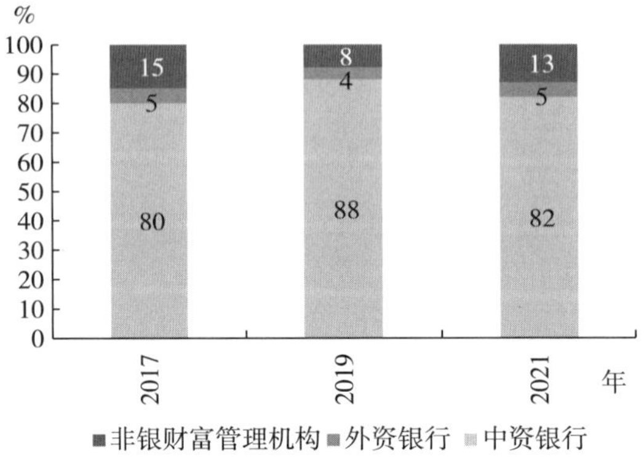

资料来源：招商银行、贝恩公司《中国私人财富报告》，平安证券研究所。

图表 7.44　上市银行代理及理财手续费收入及增速

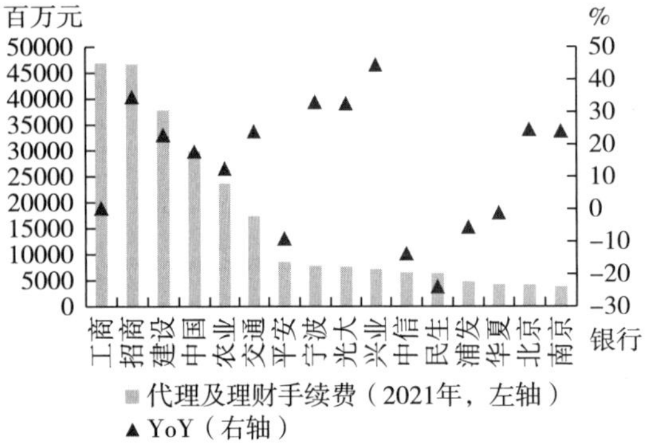

资料来源：公司公告，平安证券研究所。

图表 7.45　银行基金保有量排名（2022 Q2）

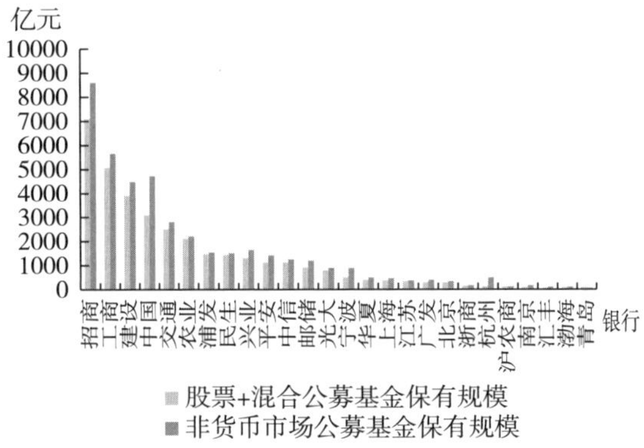

资料来源：中国证券投资基金业协会，平安证券研究所。

7.3.1.3　看好渠道力，关键在于持续性和精细化

在财富管理赛道，我们看好渠道力领先的银行，其依托自身在持续服务、精细化服务方面的优势，能够在增量市场中收获更多份额。在增量市场中，由于财富管理市场的客群和需求都在不断增长，对银行而言，打造渠道竞争力的重要性不言而喻。财富管理客群的需求随着资产配置结构的变化逐步升级，长期来看，居民金融资产结构中以权益基金为代表的复杂产品占比提升的趋势仍将持续，而复杂产品对财富管理机构的持续服务能力也提出了更高的要求，因此在未来渠道端的竞争，我们更看好在服务能力上领先的财富管理机构，目前招商银行等头部传统的金融机构在持续服务能力、精细化服务能力和综合服务能力等多个方面优势显著，能够更好地匹配客户需求。

图表 7.46 上市银行托管业务收入及增速

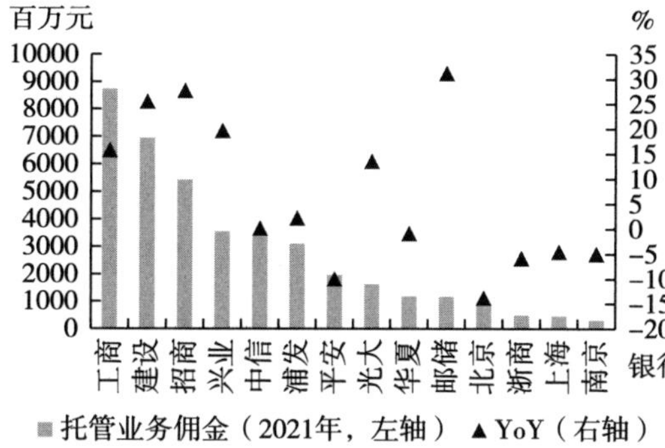

资料来源：公司公告，平安证券研究所。

图表 7.47 上市银行托管资产规模

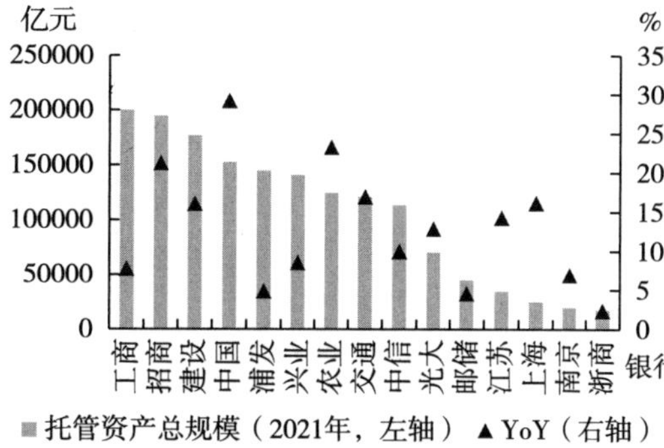

资料来源：公司公告，平安证券研究所。

招商银行：多年综合服务经验，客户分层精细化经营

招商银行 2002 年创建了“金葵花”理财品牌并建立分层结构服务不同资产规模的客户，对金葵花级别以下客户以金融科技服务为主，包括微信、电话、邮件等电子渠道，提供标准化产品和服务，对该级别以上客户专门配备客户经理，提供高品质、个性化的综合财富管理服务。此外，招商银行在 2007 年进一步推出私人银行服务（资产 1000 万元以上客户），并专门设立由高级客户经理与全球招募的专家投资顾问组成的“1 + N”专家团队，协同公司内部其他业务条线资源，提供定制化、多元化的 7 ×24 小时贴身式服务。2009 年招商银行进一步推出了“金葵花”钻石客户（资产在 500 万元以上客户）服务，并在深圳、南京等多地启动钻石会员俱乐部，对符合条件的客户由分行财富管理中心集中管理。领先的服务能力打造了金葵花财富管理品牌，为招商银行积累了丰富的财富管理客户资源。截至 2021 年末，招商银行 AUM 达到 10. 8 万亿元，同比增长 20. 3%，继续保持高速增长，其中金葵花及以上规模达到 8. 8 万亿元，占比达到 82%。

图表 7.48 招商银行 2008 年便开始针对资产在 50 万元以上客户提供贴身服务

服务分类		金葵花服务	金葵花钻石	私人银行服务
客群		AUM 在 50 万元以上	AUM 在 500 万 ~ 1000 万元	AUM 在 1000 万元以上
专项服务空间	专享服务空间	网点金葵花理财中心	以分行级财富管理中心作为投资理财服务专享空间	私人银行服务中心
	漫游服务	全国漫游		
	特别礼遇	无	无	客户经理代为预约，支行分管行长全程陪同办理业务
财富规划	内容	标准化的理财规划模板	全面的财富规划，以及定期提供的投资绩效报告	个性化、家族式的财富规划报告，以及定期财富分析报告
	服务人员	金葵花客户理财经理，“1 对 1”	分行产品经理，钻石客户理财经理，“1 对 1”	私人银行客户经理加一组资深“投资顾问”团队提供支持，“1 + N”

续表

服务分类		金葵花服务	金葵花钻石	私人银行服务
客群		AUM 在 50 万元以上	AUM 在 500 万～1000 万元	AUM 在 1000 万元以上
产品差异化	限量产品优先供应	限量发售的产品优先供应		
	同质产品收益差异策略	针对高端客户群推出专享高收益产品		
	超高端客户专享产品	针对产品结构复杂、风险收益双高产品，仅对超高端客户发售		
	个性化定制产品	无	无	为私人银行客户提供个性化定制产品
专享资讯	资讯内容	金葵花投资资讯、金葵花外汇资讯	共享私人银行的投资研究平台，提供同样的资讯服务	每周、每月、每季的投资市场分析与投资趋势分析
	资讯发送渠道	短信、邮件、微信	客户经理	客户经理
	制作人员	外包给专业机构	私人银行研究人员	私人银行研究人员

资料来源：公司官网，平安证券研究所。

图表 7.49　招商银行金葵花服务体系

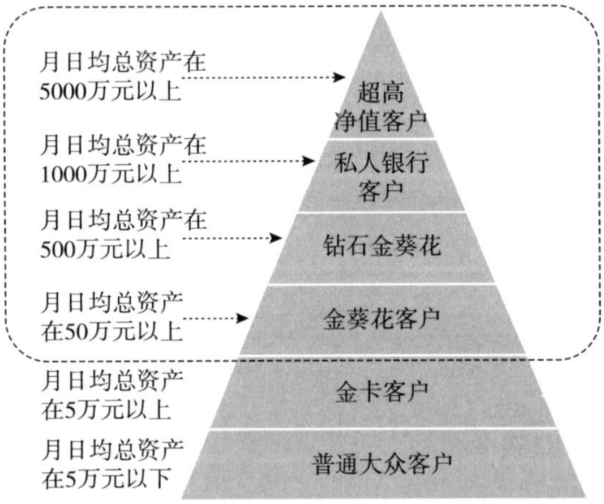

资料来源：公司公告，平安证券研究所。

图表 7.50　招商银行金葵花以上 AUM 增速

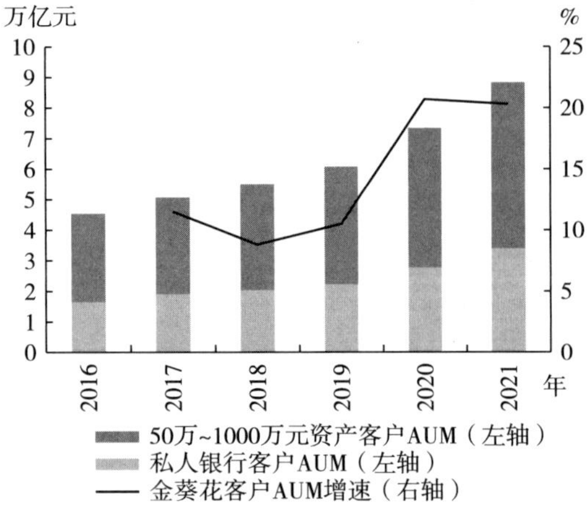

资料来源：公司公告，平安证券研究所。

7.3.2　资产管理：后资管新规时代竞争加剧，差异化制胜

2022 年行业步入后资管新规时代，一方面，银行理财逐步完成存量整改和净值化转型，理财产品结构也在不断优化调整，目前正重新步入正轨，市场份额仍具引领优势。另一方面，理财业务从母行独立出来，银行理财子公司相继成立，成为银行理财业务的运营主体，运营机制的改善也为未来银行理财业务发展打下了良好基础。但在

资管新规过渡期以后，资管产品更趋同质化，同时净值化转型导致理财收益率有所降低、产品净值波动加大，行业竞争将不断加剧。在此背景下，商业银行亟须提升投资管理能力，尤其是拓宽管理边界，既要追求稳健业绩，也要寻求差异化发展。

7.3.2.1　存量整改基本完成，产品结构优化调整

净值化转型进程显著，银行理财规模恢复增长，市场份额仍具引领优势。在资管新规确立的主动化、净值化的监管导向下，2021 年末银行保本理财产品规模已由资管新规发布时的 4 万亿元压降至零，市场上的刚性兑付预期逐步被打破。同时，随着老产品的持续压降和新产品的不断发行，净值型产品的比例不断增加，截至 2021 年末，净值型理财产品余额 27 万亿元，占比实现大幅提升至 93%。从市场份额来看，截至 2021 年末，与公募基金、信托、保险资管等其他类型资管产品相比，银行理财产品存续规模已连续三年居各类资管产品首位，市场份额达到 36%。

图表 7.51　银行理财规模变化（保本 vs 非保本）

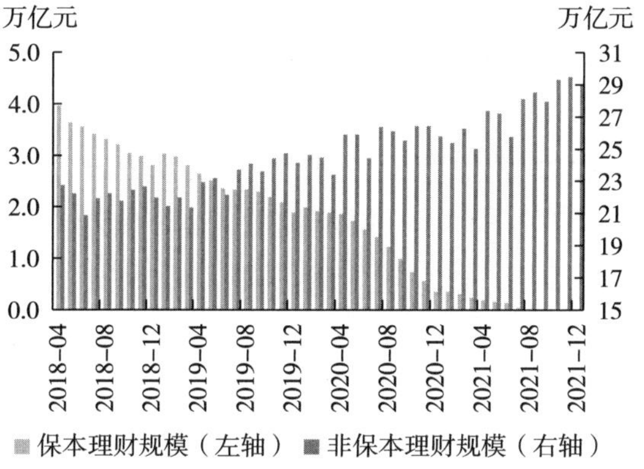

资料来源：银行业理财登记托管中心，平安证券研究所。

图表 7.52　银行理财净值化程度实现飞跃

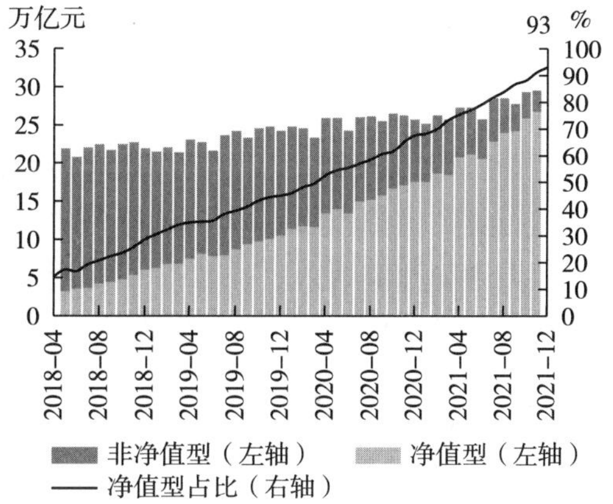

资料来源：银行业理财登记托管中心，平安证券研究所。

理财产品结构不断优化调整，表现在期限逐步拉长、配置标准化资产比例增加等方面。资管新规发布时，全市场新发行的封闭式理财产品平均期限为 138 天，2021 年 12 月则大幅增长至 481 天，有助于为市场提供长期稳定的资金来源。根据银行业理财登记托管中心统计，1 年以上的封闭式产品存续余额占比（占全部封闭式产品的比重）持续上升至 63.0%，较资管新规发布前提高 54.8 个百分点，90 天以内的短期封闭式不合规理财产品规模压降至零。同时，理财产品配置标准化资产的比例稳步增加，非标资产占比降低，近年来理财产品投资组合中，配置债券类资产规模及占比不断上升，而配置非标资产占比正在逐步降低，2021 年 12 月降低至 8%。

7.3.2.2　运营主体转为理财子公司，大中型银行表现突出

理财子公司已成为银行理财市场的运营主体。为了实现风险隔离，资管新规及配套细则明确由独立子公司开展理财业务，因此各银行纷纷将理财业务从母行中独立出来，银行理财子公司相继成立，成为银行理财业务的运营主体。

图表 7.53　全市场封闭式理财产品期限情况

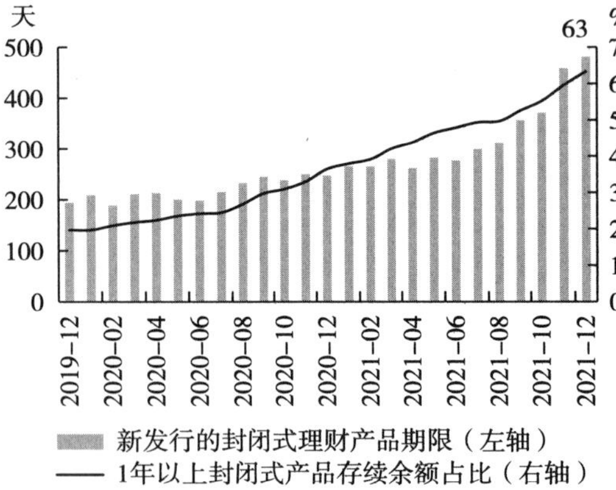

资料来源：银行业理财登记托管中心，平安证券研究所。

图表 7.54　理财产品中非标资产配置占比逐步降低

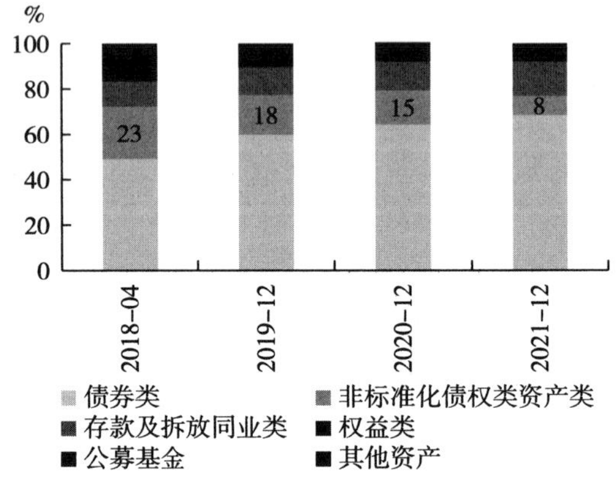

资料来源：银行业理财登记托管中心，平安证券研究所。

目前银行理财子公司共获批筹建 29 家，其中 25 家已正式开业，运营机制的改善为未来银行理财业务发展打下了良好基础。2022 年第一季度，浦银理财、施罗德交银理财、上银理财相继开业，据银行业理财登记托管中心统计，第一季度末银行理财子的产品整体存续规模达到 17.3 万亿元（YoY +127%）。从设立情况来看，（1）6 家国有大型银行均已在 2019 年率先设立理财子公司，注册资本均在 80 亿元以上；（2）作为发起设立者，股份制银行和城商行在数量上占主导地位，分别为 11 家和 7 家；（3）中外合资理财子公司有汇华理财、贝莱德建信理财、施罗德交银理财和高盛工银理财，且 4 家均为外资控股；（4）目前农村金融机构中仅有一家理财子公司即渝农商理财获批设立。

图表 7.55　　理财子公司设立情况

类型	名称	开业时间	注册资本（亿元）	注册地
大型银行理财子公司	建信理财	2019 年 5 月	150	深圳
	工银理财	2019 年 5 月	160	北京
	交银理财	2019 年 6 月	80	上海
	中银理财	2019 年 7 月	100	北京
	农银理财	2019 年 7 月	120	北京
	中邮理财	2019 年 12 月	80	北京
股份制银行理财子公司	光大理财	2019 年 9 月	50	青岛
	招银理财	2019 年 11 月	50	深圳
	兴银理财	2019 年 12 月	50	福州
	信银理财	2020 年 7 月	50	上海

续表

类型	名称	开业时间	注册资本（亿元）	注册地
股份制银行理财子公司	平安理财	2020 年 8 月	50	深圳
	华夏理财	2020 年 9 月	30	北京
	广银理财	2021 年 12 月	50	上海
	浦银理财	2022 年 1 月	50	上海
	民生理财	2020 年 12 月（获批筹建）	50	北京
	渤银理财	2021 年 4 月（获批筹建）	20	天津
	恒丰理财	2021 年 6 月（获批筹建）	20	青岛
城商行理财子公司	杭银理财	2019 年 12 月	10	杭州
	宁银理财	2019 年 12 月	15	宁波
	徽银理财	2020 年 4 月	20	合肥
	南银理财	2020 年 8 月	20	南京
	苏银理财	2020 年 8 月	20	南京
	青银理财	2020 年 9 月	10	青岛
	上银理财	2022 年 3 月	30	上海
农村金融机构理财子公司	渝农商理财	2020 年 6 月	20	重庆
外方控股的合资理财公司	汇华理财	2020 年 9 月	10	上海
	贝莱德建信理财	2021 年 5 月	10	上海
	施罗德交银理财	2022 年 1 月	10	上海
	高盛工银理财	2021 年 5 月（获批筹建）	—	上海

资料来源：公司公告，平安证券研究所。

从个体来看，大中型银行仍是理财业务的引领者，招商银行表现最为突出。在规模方面，2021 年末，招商银行的非保本理财产品余额位列行业第一，国有大行中工商银行、建设银行、农业银行规模排名靠前，股份制银行中兴业银行、中信银行表现更为突出。在规模增速方面，大中型银行中增速较快的有平安银行（YoY +34.5%）、光大银行（YoY +27.6%）、中国银行（YoY +23.2%）、兴业银行（YoY +20.7%），城农商行中，长沙银行、青岛银行、西安银行、苏州银行增速均超过 35%。

7.3.2.3　资管行业竞争加剧，寻求差异化发展

监管框架趋于完善，各类型机构的监管标准趋于统一，资管产品更趋同质化。在过去分业经营体制下，不同资管产品面临的监管标准不一，因此在收益率、准入门槛、投资期限等方面存在明显差异。例如，银行理财、信托等受益于资金池运作、非标投资要求上的优势，在收益率上长期高于无风险利率 2 ~ 3 个百分点以上，领先其他资管产品。但资管新规出台后，伴随着整个资管行业监管框架的逐步完善，同类别资管产品的监管标准逐步趋于统一，主要体现在投资门槛、投资期限、投资集中度、杠杆水平、多层嵌套和通道业务几个方面。以现金管理类理财产品为例，过去普遍采用资产端拉长久期、信用下沉和投资非标等方式提高投资收益，在收益率上较货币基金更有

图表 7.56　上市银行非保本理财产品余额及增速（2021 年）

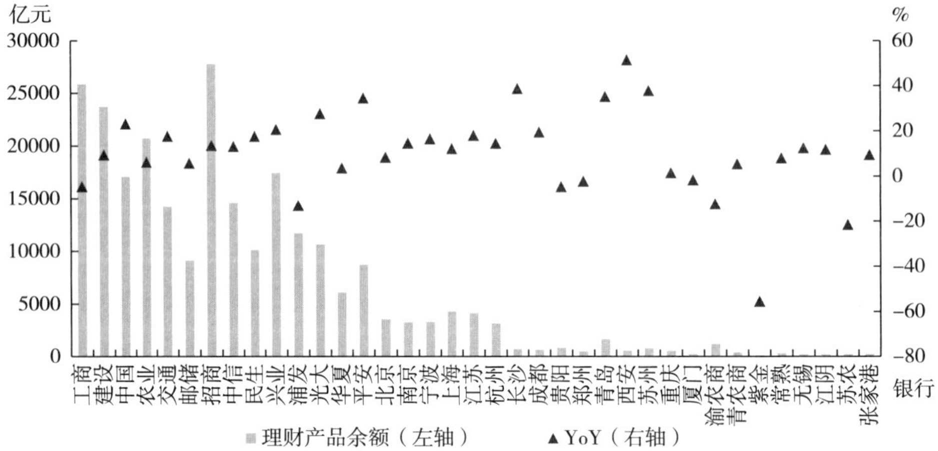

资料来源：公司公告，平安证券研究所。

优势，一度成为后资管新规时代银行理财规模增长的利器。但新规将现金管理类产品的各项管理细则严格对标货币基金等同类产品，使其在投资期限、投资集中度等方面全面看齐货币基金。

图表 7.57　资管新规出台后，理财和公募基金的监管要求趋同

要求	资管新规出台前		资管新规出台后	
	公募理财	公募基金	公募理财	公募基金
投资金额门槛	单一投资者销售起点金额不得低于 5 万元人民币	1 元	母行理财为不低于 1 万元，理财子公司为 1 元，公募基金为 1 元	
可投资范围	债券、银行信贷资产、非标、商品、金融衍生品	债券、股票、商品、金融衍生品	股票、债券、商品、金融衍生品（银行理财仍可以投资非标，但对非标投资的限制明显增多）	
估值方法	摊余成本法计量原则	公允价值计量原则（净值化管理）	实行净值化管理（理财中仅有部分符合条件的定期开放类产品可以继续使用摊余成本法）	

资料来源：央行，银保监会，平安证券研究所。

伴随着净值化转型的深入，理财产品收益率降低，净值波动加剧。在打破刚性兑付的目标引领下，资管新规要求银行理财实施净值化管理，对资产端投向作出严格限制，在巨大转型压力下，理财产品收益率在资管新规后出现震荡下滑，并逐渐回归无风险收益率水平。同时产品估值方法由摊余成本法切换至市值法，导致理财产品稳定性减弱，净值波动加大，根据我们测算，2022 年资管新规正式实施后，理财产品破净现象较之前更为频繁，2022 年 3 月破净率更是达到了 8%。

图表 7.58　理财产品收益率震荡下行

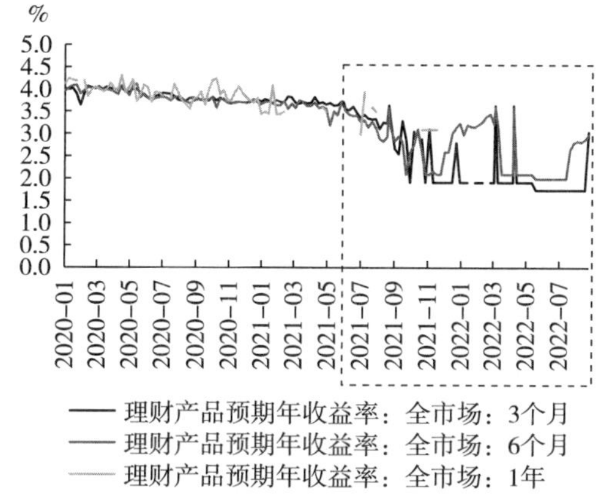

资料来源：Wind，中债估值中心，平安证券研究所。

图表 7.59　过渡期后理财产品净值波动加大

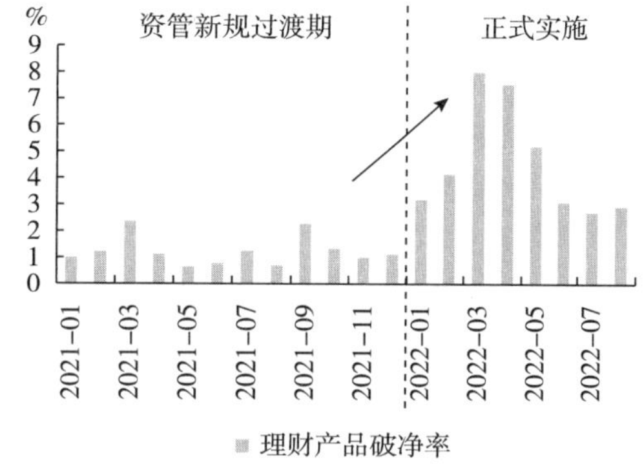

注：每月破净率 = 当月单位净值小于 1 的银行理财子产品数/当月披露净值的银行理财子产品数。

资料来源：Wind，平安证券研究所。

商业银行亟须提升管理能力，尤其是拓宽管理边界，在行业竞争不断加剧的背景下既要追求稳健业绩，也要寻求差异化发展。目前市场理财产品以固定收益类为主，权益类仍处于探索阶段，后者有较大的发展空间。从理财产品类型来看，固定收益类的理财产品最为常见，存续规模及占比长期居其他类型前列，且呈上升趋势。2021 年末固定收益类理财产品存续余额为 27 万亿元，同比增长 23%，占全部理财产品存续余额的 92.3%，而混合类、权益类产品占比仅为 7.4%、0.3%，从理财产品资产配置来看，权益类资产占总投资资产的比例也仅为 3.3%，占比较往年有所收缩。

图表 7.60　理财产品各类型占比（按投资性质，2021 年）

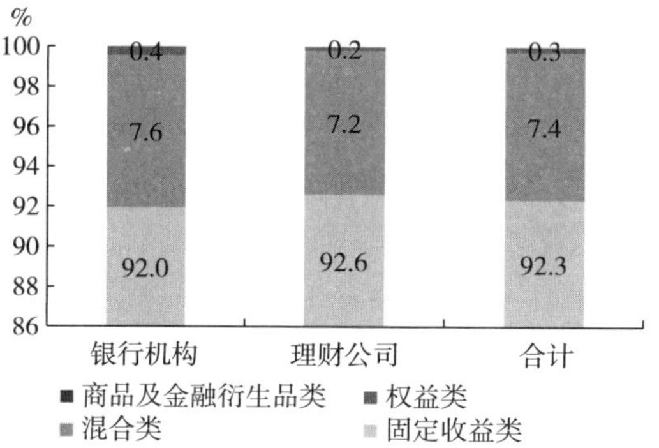

资料来源：银行业理财登记托管中心，平安证券研究所。

图表 7.61　理财产品资产配置情况（2021 年）

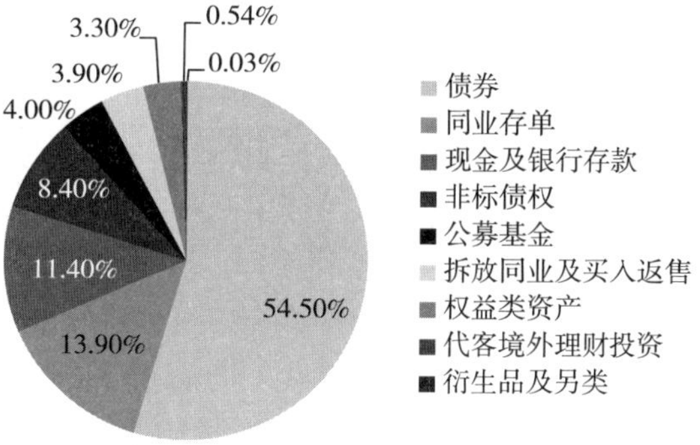

资料来源：银行业理财登记托管中心，平安证券研究所。

在行业竞争加剧的背景下，部分理财子公司也在寻求差异化的路线，目前权益类产品以主动管理、基金中基金（FOF）、指数增强等产品为主。目前由理财子公司发行的权益类产品共 22 只，其中招银理财、光大理财、宁银理财均已经形成诸如“招卓”

“阳光红”“宁耀”的权益类特色产品线。具体来看形成了以下几种产品类型。(1) 主动管理：以招银理财“招卓”系列产品为代表，直接投资于二级股票市场，产品的风险收益特征与股票资产一致，激进性更强。(2) FOF：以宁银理财“宁耀”产品线为代表，其中每只产品在前十大重仓资产中除打底现金资产外均为公募基金。(3) 指数增强：以光大理财的“阳光红 300 红利增强”为代表，开放式运作，在成立之初主要投资于沪深 300 成分股，以红利为主因子构建股票因子评价体系。

图表 7.62　　理财子公司权益类产品一览

发行机构	序号	产品名称	期限类型	募集方式	运作模式	风险等级
工银理财	1	工银理财·工银财富系列工银量化理财–恒盛配置理财产品	7 天至 1 个月（含）	公募	开放式净值型	四级（中高）
招银理财	2	招银理财招卓沪港深精选周开一号权益类理财计划	7 天（含）以内	公募	开放式净值型	五级（高）
	3	招银理财招卓消费精选周开一号权益类理财计划	7 天（含）以内	公募	开放式净值型	五级（高）
	4	招银理财招卓泓瑞全明星精选日开一号权益类理财计划	T+0 产品	公募	开放式净值型	五级（高）
	5	招银理财招卓专精特新权益类理财计划	T+0 产品	公募	开放式净值型	五级（高）
信银理财	6	信银理财百宝象股票优选周开 1 号理财产品	7 天（含）以内	公募	开放式净值型	四级（中高）
	7	中信理财之睿赢精选权益周开净值型人民币理财产品	1~3 个月（含）	公募	开放式净值型	四级（中高）
光大理财	8	阳光红卫生安全主题精选	7 天（含）以内	公募	开放式净值型	四级（中高）
	9	阳光红 300 红利增强	7 天（含）以内	公募	开放式净值型	四级（中高）
	10	阳光红 ESG 行业精选	T+0 产品	公募	开放式净值型	四级（中高）
	11	阳光红基础设施公募 REITs 优选 1 号	6~12 个月（含）	公募	开放式净值型	三级（中）
	12	阳光红新能源主题	T+0 产品	公募	开放式净值型	四级（中高）
华夏理财	13	华夏理财权益打新一年定开理财产品 1 号	6~12 个月（含）	公募	开放式净值型	四级（中高）
	14	华夏理财权益打新周期 360 天理财产品 A 款	T+0 产品	公募	开放式净值型	四级（中高）
	15	华夏理财龙盈权益类 G 款 1 号三个月定开 FOF 型理财产品	1~3 个月（含）	公募	开放式净值型	五级（高）

续表

发行机构	序号	产品名称	期限类型	募集方式	运作模式	风险等级
宁银理财	16	宁银理财宁耀权益类全明星 FOF 策略开放式产品 1 号	7 天（含）以内	公募	开放式净值型	四级（中高）
	17	宁银理财宁耀权益类优质成长 FOF 策略开放式产品 2 号	7 天（含）以内	公募	开放式净值型	四级（中高）
	18	宁银理财宁耀权益类稳健价值 FOF 策略开放式产品 3 号	7 天（含）以内	公募	开放式净值型	四级（中高）
青银理财	19	青银理财璀璨人生成就系列人民币个人理财计划成就系列 2022 年 204 期（权益类）	1～3 年（含）	公募	封闭式净值型	四级（中高）
	20	青银理财璀璨人生成就系列人民币个人理财计划成就系列 2022 年 205 期（权益类）	1～3 年（含）	公募	封闭式净值型	四级（中高）
贝莱德建信理财	21	贝莱德建信理财贝盈 A 股新机遇私行专享权益类理财产品 1 期（最低持有 360 天）	7 天至 1 个月（含）	公募	开放式净值型	五级（高）
	22	贝莱德建信理财贝盈 A 股新机遇权益类理财产品 2 期（最低持有 720 天）	7 天（含）以内	公募	开放式净值型	五级（高）

资料来源：中国理财网，平安证券研究所。

7.3.3 投行：顺应资本市场改革，品牌决定竞争力

当前我国直接融资比重仅为 13%，仍然偏低，政策引导下资本市场改革不断深化，国家大力支持直接融资发展，可见商业银行的投行业务拥有广阔的发展空间。在“商行＋投行”领域，商业银行的品牌效应尤为重要，这背后极大地依托于其同业整合的能力。以在国内投行业务领域颇具影响力的兴业银行为例，兴业银行依托于综合金融服务能力和对同业客户的多年深耕经验，构筑了“投行生态圈”，通过平台化战略不断增强其同业客户黏性，进一步拓宽了在同业资金结算、财富管理、资产流转等领域的“护城河”。

7.3.3.1 资本市场改革深化，“商行＋投行”大有可为

我国直接融资存量比重、证券化率仍有待提高。我国社会融资以间接融资为主，从存量结构来看，贷款占社会融资存量的比重约为 60%，而直接融资占比仅为 13%；从增量角度来看，2016 年以前我国直接融资所占比重呈现持续上升趋势，企业债券融资、非金融企业境内股票融资所占比重在 2016 年第四季度后金融强监管、去杠杆背景下有所下滑，2019 年后，资本市场以服务于实体经济转型为重要任务开启了新一轮制度变革，企业债券融资、股票融资占比开始回升，2021 年占社会融资增量的比重分别

为10.5%、3.9%，但相比发达国家40%以上的直接融资比重，我国仍有较大差距。同时，根据BIS统计，2020年我国证券化率为83%，与发达国家如美国195%的水平同样存在较大差距，资本市场仍有不断发展深化的空间。

图表7.63 社会融资存量结构：直接融资占比约13%

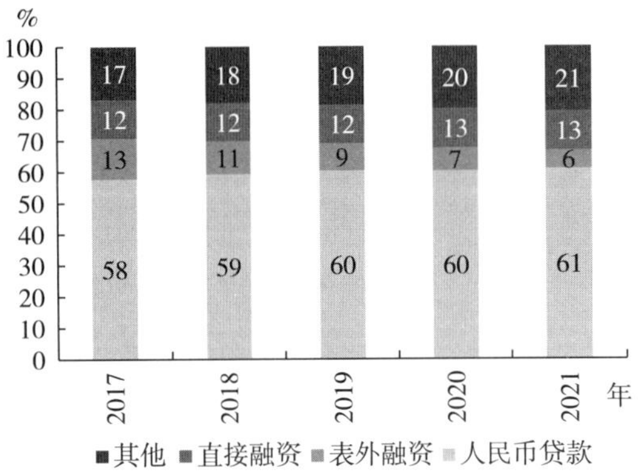

资料来源：央行，平安证券研究所。

图表7.64 社会融资增量结构：股债融资占比有所提升

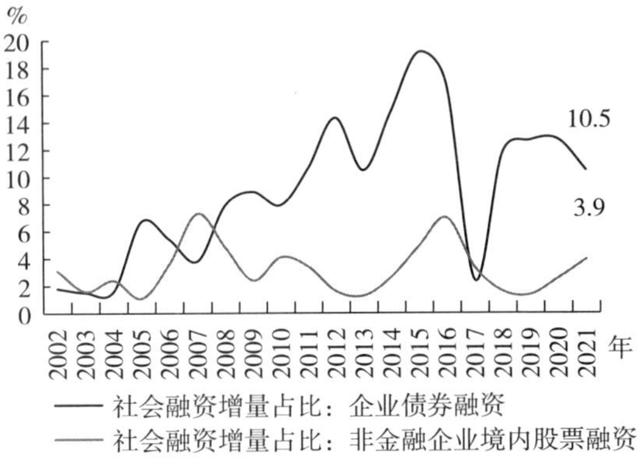

资料来源：央行，平安证券研究所。

图表7.65 各国证券化率：我国证券化率目前处于相对较低水平

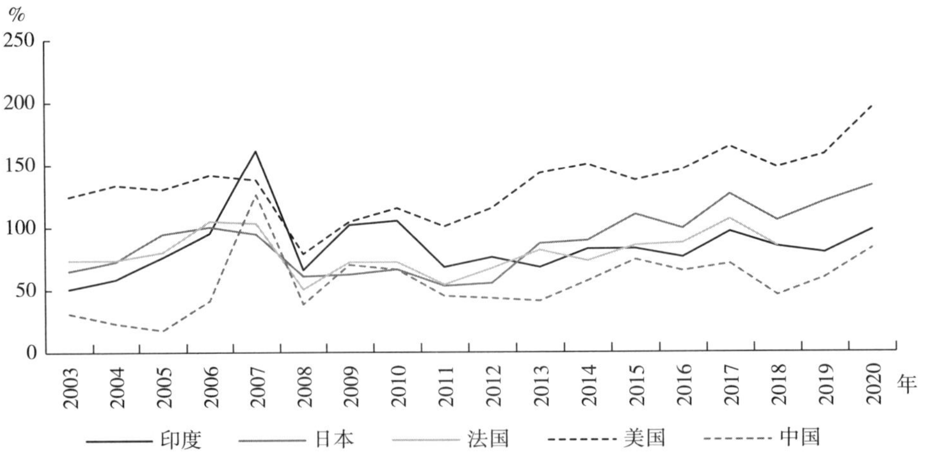

资料来源：BIS，平安证券研究所。

在我国大力支持直接融资发展的背景下，商业银行的投行业务将迎来广阔的发展空间。资本市场改革在不断深化，近年来我国在出台了大量文件，通过科创板创设、注册制推行、新三板改革、再融资松绑等多项举措推动资本市场基础制度与体系的完善，为了增强资本市场的融资功能，新一轮“十四五”规划更是提出要完善上市公司分红制度、大力发展机构投资者、深化新三板改革、畅通科技型企业国内上市融资渠道等目标，这些都为商业银行开展资本市场业务形成了积极支撑。

图表 7.66　国家大力支持发展直接融资、深化资本市场改革

时间	机构/会议	政策/意见	主要内容
2015－12	国务院常务会议	确定进一步显著提高直接融资比重措施，提升金融服务实体经济效率	会议确定：（1）完善股票、债券等多层次资本市场。建立上海证券交易所战略新兴板，支持创新创业企业融资。完善相关法律规则，推动特殊股权结构类创业企业在境内上市。增加全国中小企业股份转让系统挂牌公司数量，研究推出向创业板转板试点。规范发展区域性股权市场。（2）丰富直接融资工具。（3）加强资信评级机构和会计、律师事务所等中介机构监管，研究证券、基金、期货经营机构交叉持牌，稳步推进符合条件的金融机构在风险隔离基础上申请证券业务牌照。（4）促进投融资均衡发展。（5）强化监管和风险防范。
2015－12	国务院	《关于进一步显著提高直接融资比重优化金融结构的实施意见》	实施意见从五个方面提出具体举措：（1）进一步健全直接融资市场体系。（2）积极拓展直接融资工具和渠道。（3）提高直接融资中介服务水平。（4）促进投融资功能平衡发展。（5）营造直接融资稳定健康发展的良好环境。
2016－07	中共中央国务院	《关于深化投融资体制改革的意见》	第十点提出：大力发展直接融资。依托多层次资本市场体系，拓宽投资项目融资渠道，支持有真实经济活动支撑的资产证券化，盘活存量资产，优化金融资源配置，更好地服务投资兴业。
2018－12	发改委	《关于支持优质企业直接融资 进一步增强企业债券服务实体经济能力的通知》	支持信用优良、经营稳健、对产业结构转型升级或区域经济发展具有引领作用的优质企业发行企业债券。
2019－02	中共中央、国务院	《关于加强金融服务民营企业的若干意见》	第五点提出：积极支持符合条件的民营企业扩大直接融资。完善股票发行和再融资制度，加快民营企业首发上市和再融资审核进度。深化上市公司并购重组体制机制改革。结合民营企业合理诉求，研究扩大定向可转债适用范围和发行规模。扩大创新创业债试点，支持非上市、非挂牌民营企业发行私募可转债。抓紧推进在上海证券交易所设立科创板并试点注册制。稳步推进新三板发行与交易制度改革，促进新三板成为创新型民营中小微企业融资的重要平台。支持民营企业债券发行，鼓励金融机构加大民营企业债券投资力度。
2020－01	银保监会	《关于推动银行业和保险业高质量发展的指导意见》	第九点指出：发挥银行保险机构在优化融资结构中的重要作用。银行保险机构要健全与直接融资发展相适应的服务体系，运用多种方式为直接融资提供配套支持，提高直接融资比重。有效发挥理财、保险、信托等产品的直接融资功能，培育价值投资和长期投资理念，改善资本市场投资者结构。
2020－11	中共中央	《关于制定国民经济和社会发展第十四个五年规划和2035年远景目标的建议》	完善资本市场基础制度，健全多层次资本市场体系，大力发展机构投资者，提高直接融资特别是股权融资比重。

续表

时间	机构/会议	政策/意见	主要内容
2021－11	国务院办公厅	《关于进一步加大对中小企业纾困帮扶力度的通知》	加强直接融资支持。发挥国家中小企业发展基金、国家新兴产业创业投资引导基金、国家科技成果转化引导基金等作用，带动社会资本扩大直接融资规模。鼓励中小企业通过并购重组对接资本市场。
2021－12	银保监会	《关于银行业保险业支持高水平科技自立自强的指导意见》	积极支持科技企业直接融资。在依法合规、风险可控、商业自愿前提下，支持商业银行具有投资功能的子公司、保险机构、信托公司等出资创业投资基金、政府产业投资基金等，为科技企业发展提供股权融资。

资料来源：国务院，银保监会，平安证券研究所。

国内银行拥有综合牌照，将有效赋能资本市场业务。国内银行的金融牌照较为丰富，全国性商业银行普遍可通过中国香港持牌子公司从事证券业务，或通过隶属同一集团的关联证券公司形成业务联动和客户引流，部分大中型银行除了获取保险、消费金融等以利差收入业务为主的牌照，还拥有信托、基金、理财子公司等资管类牌照，大大有利于公司向对公客户提供全生命周期的服务，以此构筑“投商行一体化”综合金融优势。

目前，国内银行正在积极布局资本市场，战略上突出打造综合金融服务能力。从2021年年报表述来看，各家银行在公司金融和同业金融两方面战略上普遍强调综合金融对业务拓展和创新的推动作用，形成了各具特色的资本市场服务体系的建设路径，大中型银行已着手布局“商行＋投行”的业务，例如，招商银行针对拟上市企业全生命周期需求开展“千鹰展翼计划”，兴业银行在国内率先推出金融同业合作品牌“银银平台”，平安打造PE/VC联盟和服务科创企业的“数字投行”平台。

图表7.67　　上市银行2021年报关于“商行＋投行”战略的表述

银行	战略表述（2021年）
工商银行	本行积极服务国家重大战略和实体经济重点领域，培育数字化转型新动能，构建一体化服务新模式，提升综合金融服务水平和客户满意度，推动公司金融业务高质量发展。坚持服务实体经济导向，围绕客户多元融资需求，加快产品创新，持续做优“融资＋融智”服务方案。服务多层次资本市场建设，争做资本市场的资金枢纽和同业领军银行，与全国股转公司、北京证券交易所签署三方战略合作协议。
中国银行	做强做优综合化经营，发挥商行、投行、直接投资、理财、保险、租赁等综合金融服务优势，提升市场竞争力和集团贡献度。推进亚太私人银行平台建设，建立公私联动、境内外联动、商投行联动的一体化服务机制，形成“私行＋投行＋商行”多轮驱动的私人银行服务体系。
交通银行	对接科技强国战略，打造商行和投行一体化服务体系，大力提升服务战略性新兴产业、先进制造业、科技创新、绿色低碳、传统产业升级等领域的能力和水平，调整优化客户结构和资产结构，带动中间业务收入和利息收入增长。

续表

银行	战略表述（2021 年）
招商银行	强化“投商私科”一体化服务。从企业经营逻辑出发，把投行、商行、私行、科技及研究服务等分散的优势整合起来，以差异化、有针对性的服务有效覆盖处于不同阶段、不同行业、具备不同特征的客户，形成招商银行独有的“投商私科”一体化服务特色。
兴业银行	从“大投行、大资管、大财富”，到“结算型、投资型、交易型”三型银行建设，再到“1234”战略体系，树牢擦亮“绿色银行、财富银行、投资银行”三张金色名片，公司“客户为本、商行为体、投行为用”的发展理念一脉相承，将“一张蓝图绘到底”，保持战略定力，实施路径清晰成熟，经营成效更加显著。
中信银行	中信集团“金融全牌照”和“产业全覆盖”的独特优势，是我们做强做优做大综合融资服务的强大支撑。我们将加快布局资本市场业务，努力整合各种融资渠道和产品，综合运用“商行 + 投行”“股权 + 债权”“境内 + 境外”“批发 + 零售”等模式，实现由传统“信用中介”，向聚合型“服务中介”的升级蝶变。
浦发银行	我们将推动轻型化转型，重点做强投行、财富、消费金融、理财、资产托管等轻资本业务，打造特色业务和产品，优化业务结构，实现更少资本消耗、更集约经营、更高效发展和更丰厚价值回报的发展模式。
光大银行	公司金融业务加快打造“分层、集中、专业化”的营销新模式，积极推进“商行 + 投行 + 资管 + 交易”战略转型，构建公司金融“投商行一体化”的竞争新优势，建设具有鲜明财富管理特色、高质量的一流公司金融。
平安银行	持续加大对战略企业的支持力度，以“商行 + 投行 + 投资”方式，提供全方位、全流程、全生命周期服务，助力国家产业升级。在复杂投融方面，本行与平安集团内专业公司通力合作，打造“商行 + 投行 + 投资”模式，形成“价格优、落地快、产品全、方案特”四条护城河，行业银行与投资银行、团体综合金融充分联动，建立“行业 + 产品”的体系化作业机制，搭建“房生态”“车生态”“基建生态”和资本市场等投融生态圈，满足客户多元化和个性化需求。
北京银行	展望 2022 年，本公司将加快推动中间业务轻资本转型，进一步优化业务和收入结构，培育可持续的非息收入增长点：持续打造大财富管理平台，全力构建“商行 + 投行 + 私行”的业务新模式和新打法，深化与北交所、头部投行的战略合作，积极拓展大财富管理市场，带动财富管理、债券承销、资产管理和资产托管等轻资本业务协调发展。
上海银行	升级普惠金融、绿色金融、民生金融、科创金融、供应链金融、跨境金融服务体系，打造商投行联动特色，创新、完善特色产品。同业金融大力推进商行与投行联动，打造资本市场客群合作平台。
南京银行	公司以五年战略规划（2019—2023 年）为引领，聚焦客户与科技两大主题，深入推进大零售和交易银行两大战略，金融科技赋能引领公司金融、零售金融、金融市场三大业务板块齐头并进，打造“商行 + 投行 + 交易银行 + 私人银行”综合化经营模式。
江苏银行	针对客户需求的多样化、多变性、综合性特点，坚持“商行 + 投行 + 资管 + 托管”的服务策略，推动直接融资与间接融资互补式发展，将金融租赁、理财、消费金融全牌照综合服务功能叠加，努力为客户提供全生命周期、全产品、全渠道服务。
厦门银行	通过深化客群分类经营，围绕战略客户、机构客户、中小企业、台商企业等目标客群，构建“商行 + 投行”“融资 + 融智”、银租协同的综合服务体系，提升公司业务的协同作战能力与整体实力，推动公司业务高质量发展。

资料来源：公司公告，平安证券研究所。

7.3.3.2 注重牌照和客户整合，打造品牌辐射效应

在“商行+投行”领域，本研究认为商业银行的品牌效应尤为重要，这极大依托于其同业整合的能力。我们以在业内率先将对公融资余额（Finance Product Aggregate, FPA）作为对公战略引领的兴业银行为例，兴业银行依托于综合金融服务能力和对同业客户的多年深耕经验，构筑了“投行生态圈”，通过平台化战略不断增强其同业客户的黏性，进一步拓宽了在同业资金结算、财富管理、资产流转等领域的“护城河”，兴业银行在债券承销等投行业务上表现优异，并对托管、结算性存款等商业银行业务形成带动作用。

兴业银行：打造投行生态圈，强化同业整合

首先，在战略方面，FPA 提法体现出兴业银行对综合金融的高度重视，在 FPA 考核指标的引领下，兴业银行非信贷类融资业务呈现出良好的发展势头。兴业银行于 2020 年在业内率先在年报中披露 FPA，并将其作为重要的考核指标。与面向零售客户的 AUM 概念相对应，FPA 面向对公客户，口径上不限于传统信贷，涵盖债券发行、权益融资、并购重组等表外融资，目标在于更全面地衡量对公融资的服务水平。在 FPA 的战略指引下，兴业银行充分整合资本市场资源，形成了差异化的做法，2022 年 6 月末兴业银行存量 FPA 高达 7.65 万亿元，从结构来看，非传统表外融资余额（代表其表外投行业务）占比已提升至 39%，成为其对公融资业务规模的重要助推器。

图表 7.68 兴业银行对公融资余额（FPA）达 7.65 万亿元

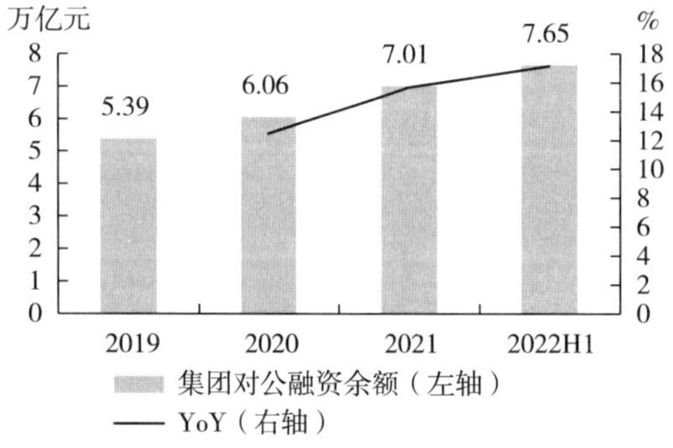

资料来源：公司公告，平安证券研究所。

图表 7.69 兴业银行：FPA 结构

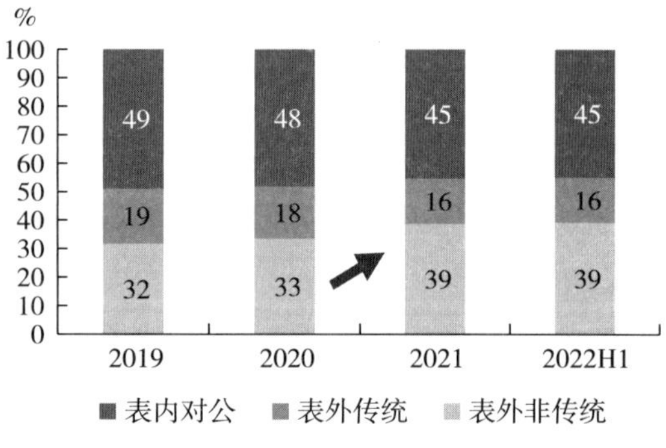

注：表外非传统对公融资余额包括债务融资工具、权益融资工具、资管产品项下对公融资、资产证券化业务、境外债等；表外传统包括银行承兑汇票、信用证、保证凭信等。

资料来源：公司公告，平安证券研究所。

（1）综合金融全牌照，夯实资本市场服务能力。兴业银行拥有强大的牌照优势，已经成长为以银行为主体，涵盖信托、金融租赁、基金、期货、资产管理、消费金融、数字金融等多领域的综合金融集团，这为其发展同业和对公业务打下了坚实的基础。在综合金融牌照的支撑下，兴业银行形成了健全的大投行产品体系、形成了更宽频的资本市场服务能力，以客户投资、融资、交易、避险等需求为发端，对内整合集团内各业务单

元，对外联合公募、券商、保险、信托、私募股权、政府投资基金等机构，综合运用并购重组、银团贷款、债券发行、权益融资等多元投融资工具，构建“投行生态圈”。

图表 7.70　兴业银行拥有综合金融牌照

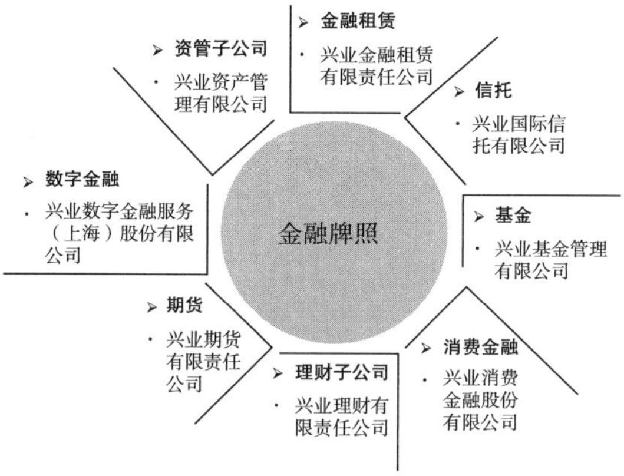

资料来源：公司公告，平安证券研究所。

图表 7.71　兴业银行的投行生态圈

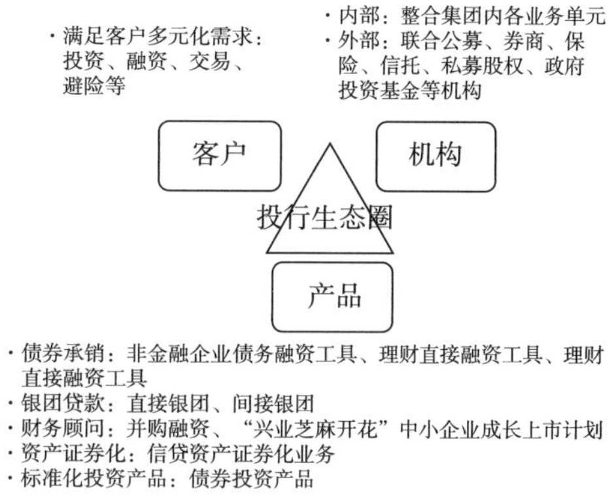

资料来源：公司公告，公司官网，平安证券研究所。

（2）强化同业整合能力，平台化提升黏性。兴业银行打造了“银银平台”“钱大掌柜”“兴财资”等具有市场影响力的同业服务品牌，例如，“银银平台”是兴业银行在国内率先推出的金融同业合作品牌，截至2021年末，为2344家法人机构提供涵盖财富管理、支付结算、资金交易、跨境金融、科技金融、资本补充等一揽子综合金融服务；“钱大掌柜”是在“银银平台”的基础上形成的面向合作银行的综合财富管理平台，客户可以通过“钱大掌柜”网站或合作银行柜台办理资金转账及相关财富管理产品交易，进一步增强了同业客户的黏性；“兴财资”作为资产流转平台，一端面向银行及理财子公司、保险资管、信托公司等金融机构，另一端面向企业客户，实现企业客户融资需求与各类金融机构投资需求的精准对接。

图表 7.72　兴业银行：打造各类同业平台，为金融机构提供资金结算、资产交易、信息共享等综合金融服务

兴业银行同业品牌	成立时间	内容
银银平台	2007 年	“将管理、科技、业务流程等作为可输出的产品，为各类合作银行提供全面的金融服务解决方案”，是中国规模最大的支付结算网络之一和最大的商业银行信息系统提供商之一。2021 年末，银银平台法人客户数达到 2344 户。
钱大掌柜	2013 年	在“银银平台”理财门户基础上优化升级、面向互联网终端客户的平台，2021 年末，签约客户数达到 1526 户。
非银金融机构资金管理云	2015 年	依托场景聚集客户和资金，全面满足非银行金融机构资金结算及收付管理、账户及财务管理、资产交易及交收清算管理、咨询及技术输出服务等一揽子综合金融服务需求。截至 2021 年末，非银行金融机构资管云对主要非金融机构覆盖率达到 92%。

续表

兴业银行同业品牌	成立时间	内容
机构投资交易平台	2017 年	以各类金融机构为主要服务对象，以“资产交易、理财投资、资金撮合”为主要功能，以 O2O 线上线下相结合为服务方式，建设而成的一个综合性机构客户投资、交易、资产流转的线上服务平台。截至 2020 年末，累计注册用户 1926 家。
财富云	2017 年	兴业银行通过接入市场上众多的财富产品的提供方和代销方，提供统一的产品信息与交易信息传输、资金清算等服务，截至 2021 年末，已经上线 65 家全国性、区域性商业银行及省级农村信用社等金融机构，向零售客户销售理财突破 6676.39 亿元，同比增长 429.18%。
汇收付	2017 年	集成了包括市场主流银行在内的数百家银行的资金收付渠道，为基金、保险、信托、消费金融等同业金融机构提供一站式资金收付服务的支付结算产品，截至 2021 年末，该平台为 188 家金融机构提供结算服务。
兴财资	2019 年	面向银行及理财子公司、保险资管、信托公司、租赁公司、股权投资机构等各类金融机构，线上推介包括非金融债券、金融债券、城市开发及基础设施、资产证券化、并购、股权等十二大类资产的平台。2021 年，资产流转规模达到 3315.74 亿元。
同业与金融市场开放门户	2021 年	为客户提供一站式线上账户管理、资金融通、投资交易、支付结算等综合金融服务平台。
跨境金融服务	—	提供以跨境结算、贸易结算及融资、本外币投融资三大类业务为主线的金融服务，将银银合作业务由境内逐步扩展延伸到跨境、国际业务方向。截至 2021 年末，兴业银行与全球 95 个国家和地区的 1002 家银行协同建立了全球银行跨境服务网络，为 146 家境内外银行代理接入人民币跨境支付系统，跨境人民币结算量 6833.93 亿元。

资料来源：公司官网，平安证券研究所。

（3）发力债券承销等投行业务，推动兴业银行进一步发展。兴业银行表外投行业务发展尤为迅速，其中债券承销规模长期维持快速增长，2021 年，兴业银行实现投行业务收入 45.3 亿元，同比增长 12.6%，在非金融企业债务融资工具承销规模方面，排名股份制银行第一位。伴随着兴业银行投行业务护城河的夯实，投行对商业银行的带动作用不断增强，一方面，兴业银行同业销售与交易能力不断增强，有效带动了托管业务的发展，2021 年投行业务托管规模超过 8500 亿元。另一方面，投行业务推动商业银行负债端结算性存款沉淀，2021 年投行重点集团客户结算性日均存款 4700 亿元，投行带动占全行结算性存款的 30%。

图表 7.73 兴业银行：对公融资中表外非传统业务发展迅速（2021 年）

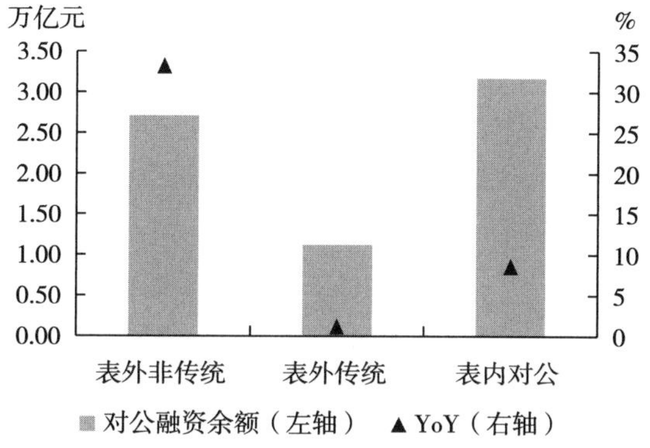

资料来源：公司公告，平安证券研究所。

图表 7.74 兴业银行：债券承销金额保持快速增长

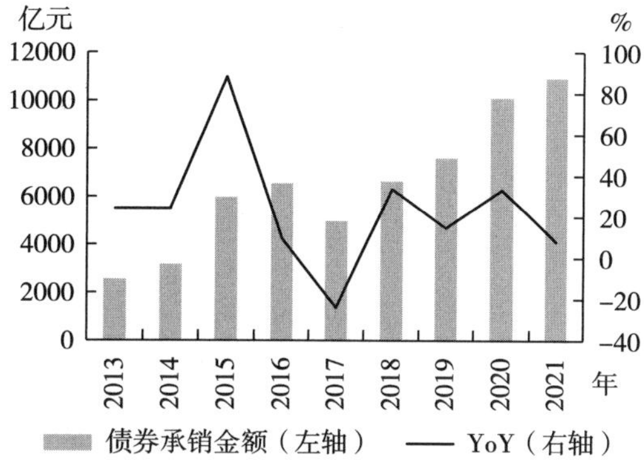

资料来源：公司公告，平安证券研究所。

第四篇　展望篇

第八章 数字金融

8.1 引言：金融科技革命，加速金融业态重塑

在我国以间接融资为主的金融结构下，银行在金融服务领域仍然占据主导地位，但过去几年，在政策支持和底层技术迭代升级的共同推动下，金融与科技的融合加深，以大型互联网平台为代表的非金融机构相继涌入金融行业，打破了原有的竞争边界和竞争格局，尤其在支付、信贷、财富管理三大领域，凭借在生态场景和技术方面的优势，给银行带来巨大的挑战。面对这种竞争压力，银行一直扮演“追赶者”的角色，积极拥抱金融科技，多措并举增强自身科技实力，向数字化、开放化转型，可以看到在支付、信贷、财富管理等诸多领域取得了跨越式发展。

图表 8.1 我国金融科技的发展历程

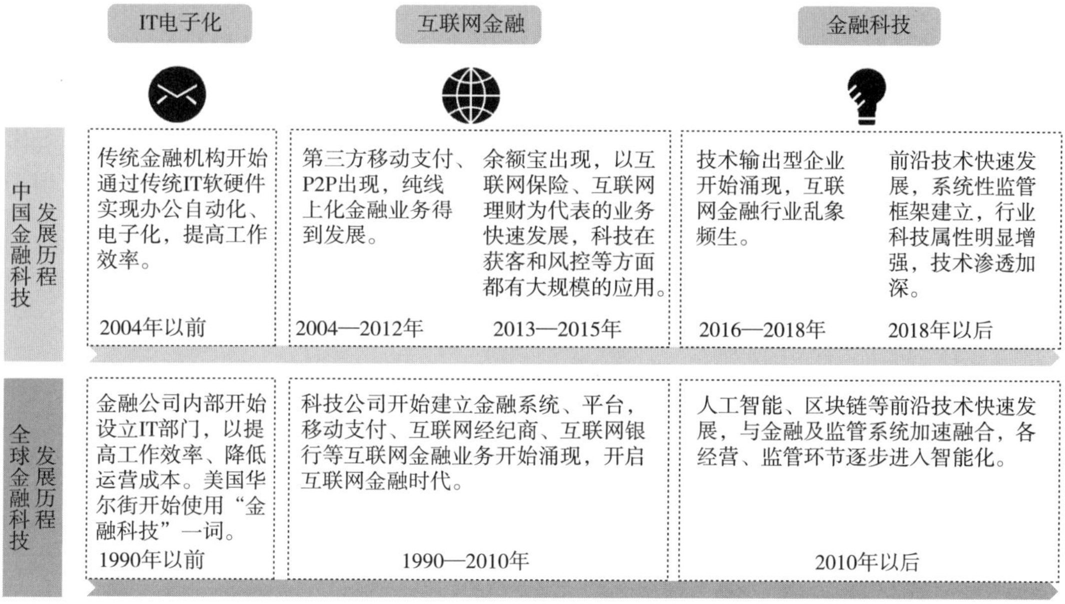

资料来源：平安证券研究所。

8.2 支付：持续推进生态场景建设，竞争流量入口

目前银行在电子支付领域仍然占据主导地位，但在 2012 年以后，大型互联网平台

抓住了电商兴起和移动互联网技术快速发展的契机，凭借丰富的生态场景优势和线上线下的大面积推广，尤其在小额支付领域快速提升市场份额。展望未来，支付业务仍然是零售重要的流量入口，围绕支付账户的争夺，近几年银行持续推进开放银行的布局，积极地尝试从丰富生态场景、完善线上渠道建设和提升支付体验等多个方面弥补低频金融服务短板，最终实现流量获取。以光大银行为例，公司打造了国内最大的线上开放缴费平台——“光大云缴费”平台，以缴费场景切入，对接 B 端收费单位和 C 端缴费客户，截至2020 年末，该平台缴费用户已达 5. 1 亿户，累计接入项目超过 1 万个，累计输出平台 575 家，2020 年共实现缴费金额 4038 亿元。

8. 2. 1 凭借生态场景布局和技术优势，第三方平台在支付领域给银行带来挑战

便捷、高效的支付体验驱动电子支付行业快速发展。过去几年，随着移动互联网深入普及、数字支付基础设施快速建设与落地，数字化和移动技术的高度普及带来了支付便捷、高效的体验，加速了 C 端用户和 B 端商户的使用习惯转变，我国社会持续向无现金社会转变，从而驱动了整个电子支付行业快速增长。根据央行数据统计，2020 年全国电子支付规模突破了 3000 亿元。

第三方支付逐步取代现金支付和银行转账，第三方支付平台的市场份额有所提升，在小额支付领域占据了明显的优势。在这样的进程中，随着非现金支付尤其是电子支付的快速发展，我们观察到第三方支付机构抓住了发展契机，逐步参与到支付流程的资金结算和信息处理过程中，目前，从处理支付业务的金额来看，作为传统支付媒介的银行仍然占据主导地位，根据央行统计的数据，2020 年银行电子支付业务金额占比为 90%，但从处理交易的笔数来看，非银行支付机构已经处于明显的领先地位，2020 年非银行支付机构电子支付业务笔数占比达到 78%。

图表 8. 2 银行在电子支付金额上依然占据主导地位

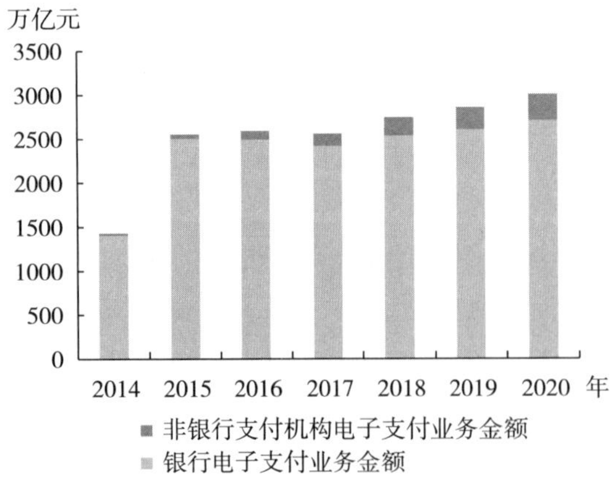

资料来源：央行，平安证券研究所。

图表 8. 3 非银行支付机构在交易笔数上处于领先地位

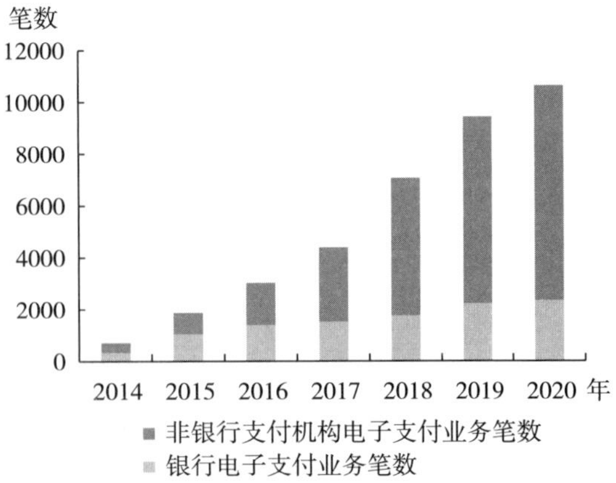

资料来源：央行，平安证券研究所。

支付宝和财付通凭借场景和技术优势，在账户侧给银行带来巨大挑战，围绕数字钱包打造高频流量入口。从整个第三方支付产业链来看，给银行支付业务带来最大冲击的是以支付宝和财付通为代表的背靠互联网生态的账户侧机构，两家机构成功地将电商和社交场景及海量客户转化为C端支付流量，实现了份额的快速提升，目前尤其在移动支付领域已经形成了双寡头市场，根据艾瑞咨询的数据统计，截至2020年第二季度，支付宝、财付通在第三方移动支付的市场份额分别达到了56%和39%。

图表 8.4　支付宝数字支付交易规模

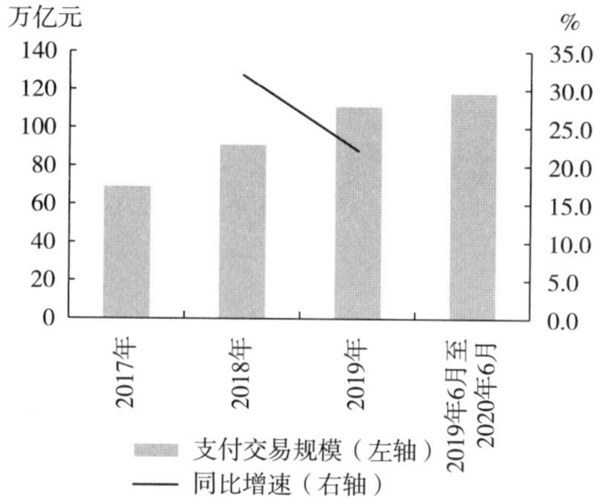

资料来源：Wind，平安证券研究所。

图表 8.5　第三方移动支付市场份额

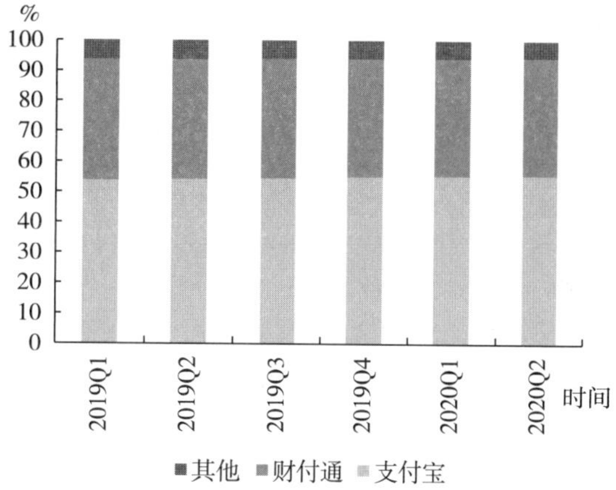

资料来源：易观智库，平安证券研究所。

以支付宝、财付通为代表的账户侧机构背靠互联网电商、社交巨头，具有场景和频率优势，在此背景下，如何弥补在服务生态和场景应用方面的劣势是银行竞争支付流量的重要命题。展望未来，账户侧机构在生态服务和支付场景的优势依然存在，且先发优势和多年的经营已经构筑了较高的用户黏性。以支付宝为例，设立伊始的定位是为阿里巴巴（以下简称阿里）电商平台提供担保支付工具，随后逐步走上了从独立第三方支付平台到综合开放平台的发展道路，深度植入了阿里的生态场景，而阿里在过去十年间通过不断的外延和并购，建立了覆盖范围广泛的生态体系。从电子商务交易平台逐渐拓展至零售商业、批发商业、跨境商贸、数字媒体及娱乐、生活服务等多个业务场景，由线上延伸到线下，由电商、零售延伸到本地生活服务。丰富的生态和应用场景为支付宝支付业务带来了丰富的流量。

支付作为金融的基础服务，天生具有切入其他金融服务的优势，而支付交易所积累的数据具有真实、高频、高质量的特点，能够丰富银行客户的数据维度，为银行提供精准营销、客户管理、信用评级和金融产品推广等增值服务。相比第三方支付机构，国内商业银行在生态建设、场景布局、客户存量、交互频率等方面处于明显的劣势，且在移动支付领域起步较晚、初期重视程度不足，展望未来，如何拓展服务生态、扭转金融服务低频的劣势成为银行竞争支付流量入口的关键。

图表 8.6　支付宝依靠场景优势，以支付打造服务生态的高频入口

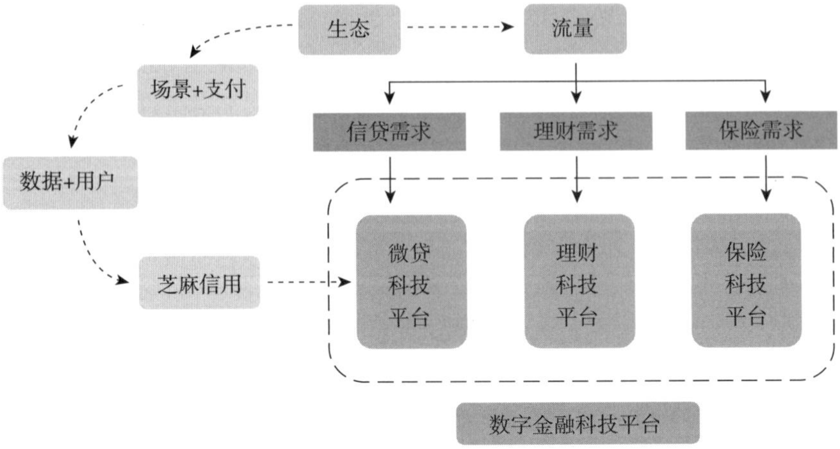

资料来源：公司公告，平安证券研究所。

8.2.2　银行积极布局支付生态建设，以开放的战略应对挑战

为应对互联网等非金融机构的挑战，近几年以大中型银行为代表的金融机构纷纷加快数字化转型的步伐，围绕数字支付账户的竞争，一方面，探索开放化的商业模式，发展平台化、场景化的综合服务模式，打破金融服务壁垒；另一方面，立足小额高频的支付需求，发展生物识别、区块链技术，赋能提升支付的便捷性和安全性。

打破金融服务壁垒，尝试以开放的银行战略，布局更多生态场景建设

丰富的支付场景是竞争支付流量入口的关键要素。近几年，随着国内数字化进程的稳步推进以及移动互联网技术的快速发展，支付业务的竞争已不再是产品的竞争，而是已经上升到高频支付场景的竞争。银行过去更多局限于单一金融服务和产品的提供，在场景和生态的丰富度上相比互联网等新型机构处于明显的劣势。

图表 8.7　支付机构全场景平台化服务

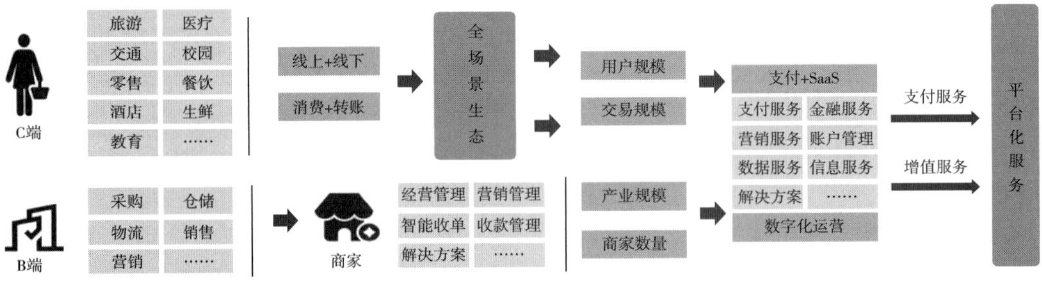

资料来源：易观咨询，平安证券研究所。

但我们看到过去几年银行持续加码相关投入，充分借鉴互联网非金融机构的成功经验，尤其注重深化在线平台建设和场景布局，持续加快开放银行建设，构建与用户

的生态链接，一方面，银行积极地“引进来”，在自己的生态中叠加更多的生活模块，为用户提供生活娱乐、健康医疗、出行等数字生活场景，如近期多家银行在 App 内均内嵌了美团和饿了么的点餐系统、滴滴的打车系统以及携程和飞猪的旅游系统等。另一方面，银行也要“走出去”，加大和流量平台的合作，如为其他平台提供一站式账户解决方案，接入自身服务，为支付和其他金融服务获取流量。

目前以工商银行、交通银行、平安银行、兴业银行、光大银行为代表的大中型银行的开放银行建设走在了市场的前列。

（1）工商银行：在《2018—2020 年全行发展战略规划》中对开放银行建设进行了顶层设计，提出构建开放、合作、共赢的金融服务生态圈，向服务无所不在的“身边银行”、创新无所不包的“开放银行”、应用无所不能的“智慧银行”转型。此后工商银行以自有平台融 e 行、融 e 联、融 e 购为基石，以应用程序编程接口（API）开放平台和金融生态云平台为跨界合作抓手，构建了十余类“金融 +”热点场景，截至 2020 年末，工商银行 API 平台对外开放了 9 大类、1000 多项服务，合作方超过 2000 家，同时工商银行的开放生态平台上已经入驻了超过 1000 家合作伙伴。

（2）交通银行：稳步推进开放银行建设。2020 年，开放银行已上线接口 633 个，涵盖投资理财、资产信贷、收单支付、金融信息、账户服务、生活缴费、对公服务 7 大模块，形成车主服务等 6 大类生活场景，消费金融、收单支付、账户存款 3 类业务模式。

（3）平安银行：持续深化开放银行战略，通过加强与互联网场景方合作，推动“共同经营、共建生态、共助实体”，2020 年末，平安银行开放银行 1.0 平台已发布 402 个产品、1309 个 API 和 H5 接口，覆盖了账户、理财、支付、保证金、贷款、信用卡等产品能力；在流量开放方面，通过打造开放银行小程序平台，标准化、自助化、场景化地引入第三方服务；本行小程序平台 1.0 于 2020 年 6 月上线，2020 年末，小程序平台已开放 48 项能力、254 个 API，覆盖会员能力、支付能力、营销能力、App 基础能力等。合作场景包括商业消费、交通出行、生活服务、教育医疗等领域，将金融服务和用户生活场景深度融合，形成优势互补、共赢发展的新生态。

（4）兴业银行：2017 年，兴业银行着力在兴业数金金融云的基础上建设开放银行，力争建立“场景驱动、科技赋能、开放共赢”的开放平台运营模式。2018 年 1 月其开放银行平台正式上线，并于 2019 年将开放银行嵌入移动端，在手机银行 App 中内嵌“多元金融”板块，通过“织网”工程与餐饮、娱乐等商户合作，全面融入用户吃、喝、玩、乐等生活消费场景，并探索基于各类生活消费场景的发卡、收单、分期等金融服务，构建互联网生态闭环。截至 2020 年末，合作商户近 8 万家，注册用户数突破 970 万个。

（5）光大银行：2014 年，光大银行推出“云缴费”品牌，目前已形成以缴费开放平台、收费托管平台、光大云缴费客户端为核心的三大系统平台，平台一端连接收费单位，一端连接缴费渠道，将缴费服务通过“光大云缴费”进行标准化整合，并开放

图表 8.8　平安银行开放银行建设——“打造第三方平台场景化、小程序生活数字化的新基建”

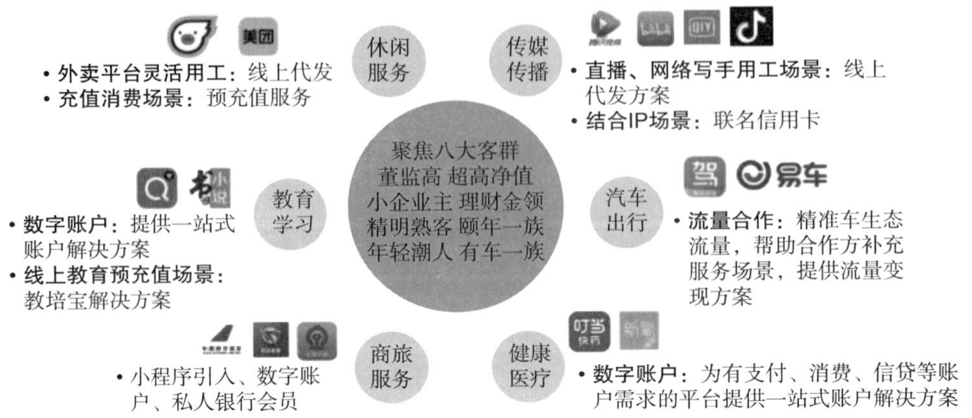

资料来源：公司年报，平安证券研究所。

至互联网渠道，服务全网客户。截至 2020 年末，光大云缴费平台服务项目已经涵盖了水、电、燃、有线电视、供暖费、非税、社保、医疗、教育等 10000 多个缴费项目，已经成为国内最大的开放便民缴费平台。截至 2020 年末，该平台累计缴费用户达到 5.1 亿户，为光大银行带来了丰富的用户流量。

图表 8.9　光大云缴费商业模式

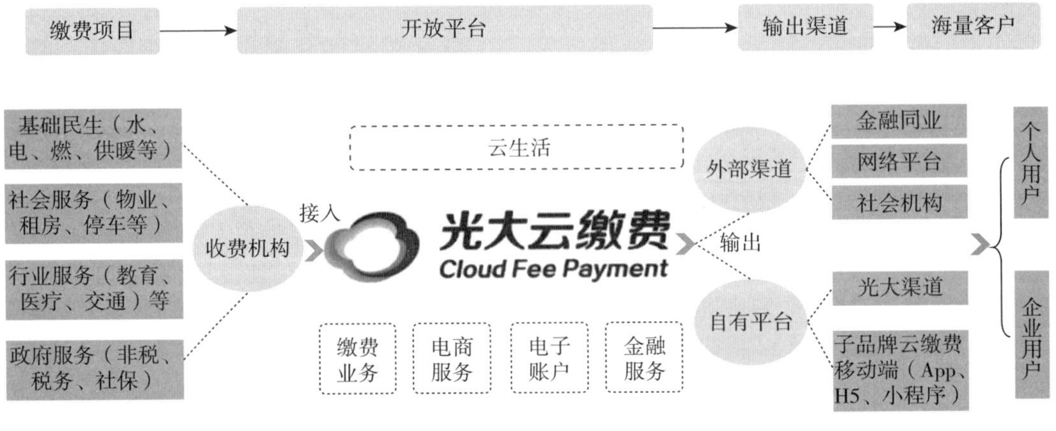

资料来源：公司官网，平安证券研究所。

发展支付技术，提高支付的安全性与便捷性

除了丰富生态场景，银行近几年也在持续加码支付技术研发投入，通过创新的支付体验提升自身效率，可以看到人工智能、大数据、云计算、区块链等先进科技开始在银行支付业务中试点与落地。

（1）生物识别技术提高支付的便捷性和安全性。在支付端，指纹识别、声纹识别、人脸识别等基于大数据基础上的人工智能识别技术被应用于支付交易中用户身份识别和指令验证环节，与传统的身份识别和交易验证相比，生物识别技术具有精度高、速度快、防伪性好等特点，有助于提升客户体验和支付的安全性，有效削减欺诈和盗用等事件的发生。近几年，银行在生物识别技术领域的实践明显加快，以刷脸支付为例，2019 年央行首次明确提出支持银行推出刷脸支付业务，并提出 2020 年“刷脸支付设备替换 POS 需达 20%”，在政策引导下各大银行加快推出刷脸支付产品，目前以工商银行、建设银行、农业银行、招商银行为代表的大中型银行都已在多个场景推出了自身的刷脸支付产品。

（2）云计算提高支付业务系统承载能力和在支付清算行业中的应用。支付市场交易具有很高的波动性，其交易频次会在节假日期间出现突发性增长。云计算技术具有高扩展性、高连续性的特点，支付服务与云计算技术的结合能够迅速扩张服务能力，动态支持海量支付交易和相关服务需求，提高支付业务系统承载力。

（3）大数据应用于支付过程中的用户行为分析和交易欺诈识别。在用户行为分析方面，通过大数据精准提炼用户画像，对用户行为进行深度分析。在对客户精准分层的基础下，针对不同层次用户进行精准营销，同时也能为特约商户定制财务管理、营销规划等服务。在交易欺诈识别方面，大数据可以利用账户基本信息、交易历史、位置历史、历史行为模式、正在发生行为模式等，结合智能规则引擎进行实时的交易反欺诈分析。

（4）区块链技术解决传统支付清算在时效性、安全性等方面的痛点。就银行间金融机构支付清算系统而言，异地系统间的资金流转存在时滞，会计核算系统依赖人工等问题，造成境内银行间结算效率低下。而在跨境支付领域，跨境支付长期依赖环球同业银行金融电信协会（SWIFT）系统，SWIFT 系统采用委托代理的运行方式，汇款行、代理行、收款行等参与方的账务处理机制各不相同，彼此之间缺乏授信，每笔交易需在各机构之间分别记录并清算对账，且报文通信处理手续复杂、运行成本高。而区块链作为一种通过去中心化的方式集体维护一个可靠数据库的技术方案，在支付清算中的应用具有时效性、安全性等多方面优势。从商业银行最新的 2020 年年报披露来

图表 8.10　金融科技助力支付结算降本增效、提升安全性

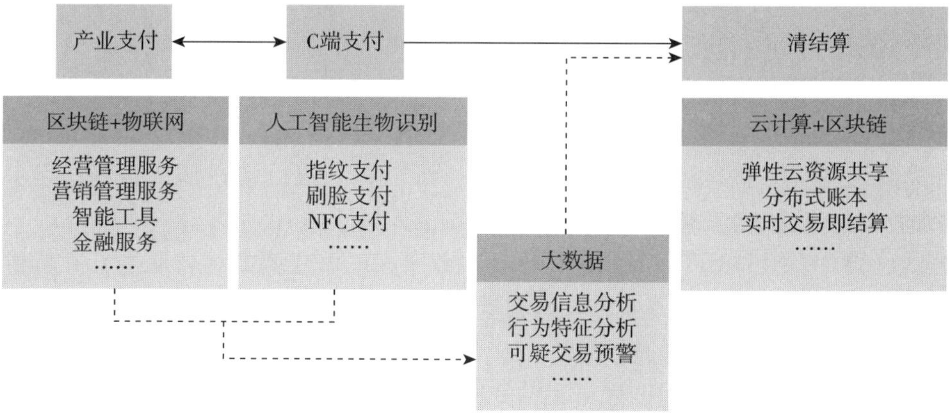

资料来源：平安证券研究所。

看，国有商业银行及规模较大的股份制商业银行以既有业务优势为基础，不断拓宽区块链平台的应用场景。如工商银行在2019年启动智慧政务平台建设，联合雄安新区管理委员会共同发布“征拆迁资金管理区块链平台”，建设银行在2017年完成首笔区块链福费廷交易，首次将区块链技术应用于国际保理业务，招商银行在2017年通过首创区块链直联跨境支付应用技术，为前海蛇口自贸片区注册企业南海控股有限公司通过永隆银行向其在香港同名账户实现跨境支付。

8.2.3 在政策支持下，数字人民币的推广给银行重夺支付流量入口带来全新的机遇

数字人民币的推广具有战略意义，政策支持力度远超以往。数字人民币（Digital Currency/ Electronic Payment，DCEP）是我国的央行数字货币。数字人民币属于法定货币，由央行中心化发行和管理，定位于 M_0，作为现钞的数字化形式，价值、功能属性都和现钞类似。

数字人民币的推广具有战略意义，未来将有长期可持续的配套政策以支持数字人民币的发展，通过自上而下的方式从供给端推动数字人民币的普及，从而对支付行业长期竞争格局带来微妙影响。本研究认为数字人民币较其他支付方式的优势主要体现在以下几个方面。

（1）数字人民币的可追踪性可以用于反洗钱、反恐，并应对私人数字货币的挑战。由于现钞具有不记名、不可追踪等特征，少数不法分子利用大额现金交易逃废银行债务、偷逃国家税款。而数字人民币在央行的监管下，能够对货币精准跟踪，有效减少洗钱、逃税等金融犯罪行为。此外，目前全球正在面对激烈的数字货币竞争，私人数字货币的应用规模扩大给反洗钱等带来挑战。数字人民币由于实行中心化管理，可以抵御全球私人数字货币的侵蚀，维护国家的货币主权地位。

（2）数字人民币的可控匿名性可以满足公众对隐私的保护需求。数字人民币具有可控匿名的特点，即公众的相关交易信息只能被央行所掌控，交易双方无法获取对方的交易信息，这可以满足公众在使用过程中对隐私保护的需求。

（3）数字人民币可以广泛应用于跨境支付。目前全球主流的跨境清算模式是通过美国主导的SWIFT体系，跨境支付业务一直面临支付费用高、结算周期长等问题。数字货币的应用可以极大降低跨境贸易的手续费和时间成本，从而推动人民币国际化。

银行深度参与数字人民币的推广和发行，可以看到银行都在加快布局，力求抓住这次新的流量入口机会。从发行体系来看，数字人民币采用“央行—商业银行”双层运营模式，即“二元体系”，商业银行承担了数字人民币主要的运营职能，其提供数字人民币的兑换、支付、管理等服务。从目前数字人民币的试点情况来看，用户主要通过两种方式参与数字人民币的使用。

（1）通过央行的数字人民币 App，该 App 由央行数字货币研究所研发，通过六大行合作运营。在试点过程中，采用红包抽签的模式向用户发放数字人民币，参与试点

图表 8.11 数字人民币在跨境支付中的应用

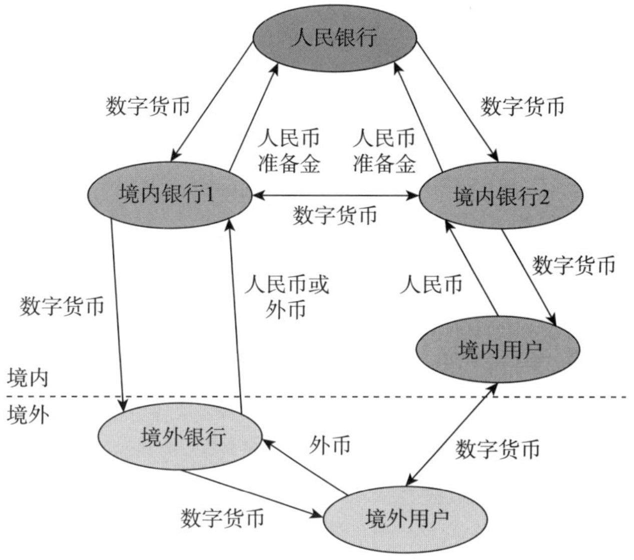

资料来源：零壹智库，平安证券研究所。

活动的中签者会收到数字人民币 App 的下载链接，用户在注册过程中，不需要预先拥有银行账户，但需要在注册时选定具体的运营商开通相应钱包。从支付使用方式来看，主要支持数字人民币的扫码付款模式和离线操作、基于 NFC 的碰一碰操作。而在线上支付方面，需要消费者将运营机构（商业银行）的子钱包推送至相关的移动 App，便可以在相关的平台进行数字人民币的支付。

（2）通过银行 App 内的数字人民币子钱包参与数字人民币的测试。以建设银行数字人民币钱包为例，其集合了付款、收款、扫一扫、转款、充值等功能，用户在开通数字人民币子钱包后，可以绑定银行账户进行充值，目前支持的支付方式主要包括扫码支付和 NFC 支付（碰一碰，目前还处于测试阶段，未上线）。客户在选择扫码支付的方式时，需要打开中国银行 App 内的数字人民币模块，选择付款生成付款码让商户扫码，或者选择扫一扫去扫描商户的收款码完成支付。

预计未来各家银行的数字子钱包将会是数字人民币的主要运营模式，由于用户在使用数字人民币子钱包时需要打开银行的 App，数字人民币的推广将给银行带来增量线下支付流量入口，可以看到银行都在加快布局，力求抓住这次新的流量入口机会。从目前数字人民币的测试情况来看，试点的国有大型银行也已经开始注重加大与数字人民币用户的交互，以建设银行为例，其数字人民币子钱包除了可以接入京东 App、滴滴出行等合作伙伴外，还内嵌了建设银行旗下 B2C 购物平台“善融商务”，为用户提供线上支付场景，目前已开展了多场数字人民币消费满减活动，极大地盘活了支付流量客户。此外，建设银行将数字人民币试点场景延伸到公共服务等领域，搭建 G 端场景生态圈，如联合海南易铁动车组餐饮服务有限公司开展数字人民币业务宣传活动，让客户仅需打开建设银行手机银行或数字人民币 App，扫描海南易铁动车组餐饮服务有限公司数字钱包二维码，通过数字人民币支付即可体验满减优惠活动。

8.3 信贷：推进场景拓展，科技赋能风控

近年来，消费金融与互联网深度结合，以支付宝为代表的互联网企业通过互联网银行牌照、消费金融牌照、互联网小贷牌照布局消费贷和小微经营贷业务，依托消费场景和线上客群容量的优势，实现快增增长。以支付宝为例，截至2020年上半年的12个月，约5亿名用户通过支付宝平台获得了消费信贷，为超过2000万名小微经营者提供了信贷，截至2021年上半年末，其消费信贷余额达到1.7万亿元，小微经营贷余额达到4200亿元。

为应对互联网企业带来的冲击，银行围绕场景和产品积极布局，在零售方面，以自建场景和融入外部生态场景两种模式积极拓展消费场景，同时利用互联网和大数据技术推出快速申办和放款的一般性消费信贷产品，如招商银行“闪电贷”、平安银行“新一贷”、兴业银行“兴闪贷”、工商银行“融e借”等。在小微经营服务方面，构建线上线下综合服务生态，深化中小企业用户经营，增强与企业用户的交互；发展供应链金融，实现批量获客；通过信贷工厂的模式将信贷流程标准化、数字化，提升审批效率和风控能力。

8.3.1 互联网企业入局，借助数据和场景优势实现规模快速增长

C端：互联网企业通过互联网银行牌照、消费金融牌照、互联网小贷牌照布局消费贷业务

消费逐步成为国内经济增长的主要驱动因素，在线消费贷款快速发展。2012年以来，我国经济结构加快转型，随着居民可支配收入的稳步增长，消费成为国内经济增长的重要驱动力。此外，新一代年轻人逐渐成为社会消费主力，且注重个性化展示与生活品质，消费信贷迎来快速发展，在总贷款中所占的比重逐年提升。截至2019年末，根据奥维咨询的统计，我国18岁以上人口仍有超过75%的人没有信用卡，可以预见未来消费金融仍有较大的发展空间。在消费金融快速发展的同时，互联网和移动互联网技术的普及、电子商务的快速发展，为消费金融提供了扩张的土壤，消费信贷线上化趋势明显。根据奥维咨询的统计，中国的在线消费信贷规模在2019年达到6万亿元，预计在2025年将达到19万亿元，2019年至2025年年均复合增长率达到20.4%。

互联网企业依托场景、数据优势，挤占传统消费金融的市场份额。在消费行为互联网化的进程中，以电商平台为代表的互联网消费金融参与机构涌入产业链，充分发挥线上平台优势，贷款审批和客户资信审查依赖背后生态积累的用户数据和领先的风控技术，智能决策，依靠创新、高效的产品，在消费金融领域给银行带来挑战。

图表 8.12 中国没有信用卡的人口

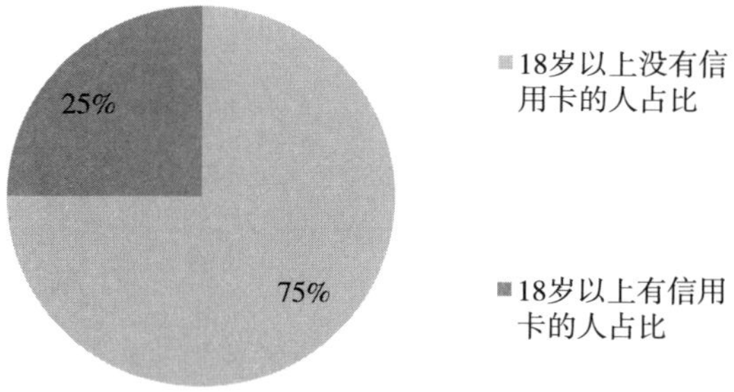

资料来源：奥维咨询，平安证券研究所。

图表 8.13 在线消费信贷未来有望延续高增长

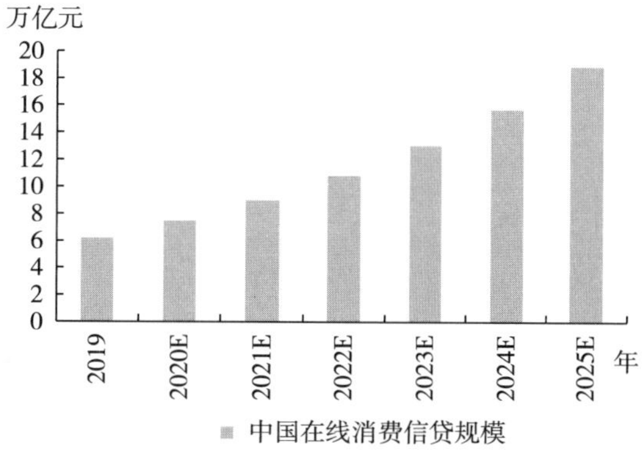

资料来源：奥维咨询，平安证券研究所。

（1）京东率先作出尝试，推出“京东白条”进军互联网金融领域。2014 年 2 月，京东金融推出一款先消费、后付款类似于“赊购”的消费金融产品“京东白条”，以京东自营电商平台为依托，并不断向体系外拓展场景，输出数据和风险控制能力。

（2）支付宝推出花呗和借呗的数字化无抵押循环消费信贷产品。支付宝在 2015 年开始布局消费信贷业务，尝试开发和设计能够融入支付宝钱包的信贷产品，推出花呗与借呗。截至 2020 年 6 月 30 日的 12 个月，约 5 亿名用户通过该公司的微贷科技平台获得了消费信贷。截至 2021 年上半年末，其消费信贷余额达到 1.7 万亿元。

（3）微众银行微粒贷。微粒贷是腾讯微众银行推出的首款互联网小额信贷产品，定位于中产阶级及都市白领群体，额度相对较高。微粒贷的风控依托于内外部多维度的数据，并建立了针对性的风控数据模型。腾讯控股有限公司年报显示，截至 2019 年末，微粒贷累计放款金额已经超过了 3.7 万亿元。

B 端：互联网企业利用互联网的技术、数据和产品的创新，发展普惠金融

小微经营者对中国经济的重要性与日俱增，仍具备庞大的未被充分满足的信贷需求。小微企业作为我国经济的“毛细血管”，贡献了我国 50% 以上的税收、60% 以上的 GDP、70% 以上的技术创新成果和 80% 以上的城镇劳动就业。据统计，2020 年末我国拥有市场主体 1.4 亿户，其中个体工商户有 9000 万户，占比 67%。小微经营者对中国经济的重要性明显提升，但相较大型企业，小微企业经营不稳定、缺乏抵质押物，因此，特别是缺乏信用记录的小微经营者仍未被金融机构充分服务。

互联网企业利用互联网的技术、数据和产品的创新，发展普惠金融。除了消费金融领域，在中小企业服务方面，互联网平台也充分发挥场景和商户流量的优势，依托股东强大的自有生态，依托互联网银行牌照，通过线上获客和生态积累留存的增新数据，开展小微企业融资业务，产品以信用贷款为主，近几年已经逐步成为小微金融领域的重要参与力量。

图表 8.14　　9 家互联网银行提供线上小微信贷产品

序号	互联网银行	客群定位	自营小微信贷产品	股东背景	小微客户数（2020 年，户）
1	微众银行	小微 + 大众	微业贷（中小微企业，最快 1 分钟到账，纯信用）	腾讯	57 万
2	网商银行	小微 + “三农”	网商贷（小微企业和创业者，30 秒在线申请，纯信用，年化利率最低 8.8%）	阿里	累计 3500 万
			旺农贷（农村小微客户）		
3	苏宁银行	微商 + 长尾个人	微商贷（诚信纳税小微，纯信用，年化利率 9%）	苏宁	14 万
			房押快贷（最快 3 天获批）		
4	新网银行	小微 + “三农”	“企业网银”（小微企业线上金融服务）	新希望 小米	4 万
5	亿联银行	小微 + “三农”	易税贷（小微企业，纯信用）	美团	—
			亿农贷（农村小微客户）		
6	百信银行	小微 + 个人	百兴贷（纯信用，最高 300 万元，几分钟到账）	百度	—
7	众邦银行	小微 + 交易银行	众微贷（个体工商户，最快 48 小时内审批放款）	卓尔控股	2 万
8	北京中关村银行	小微 + 科创	惠抵贷（科技型小微企业，房产抵押，最高 500 万元，期限 3 年）	用友网络	5000
			惠研贷（获得中关村管委会科技型小微企业研发费用资金支持的企业，最高 100 万元，期限 1 年）		
9	福建华通银行	小微 + “三农”	税贷通（按企业的纳税授信，最高 50 万元，纯信用，最快当日可提款，年化利率 7.2%）	永辉	1000

资料来源：公司公告，平安证券研究所。

以网商银行为例，可以看到在场景和数据支持下，互联网平台在小微信贷领域具有生态获客和技术优势。支付宝从 2010 年开始协同联营子公司网商银行服务小微经营者的融资需求，服务对象主要包括淘宝和天猫上的商家、使用支付宝的线下商户以及“三农”用户群体，提供的信贷产品通常金额较小、无担保、期限灵活、利率较低且可及时放款。

（1）生态获客：阿里作为网商银行的股东，为网商银行提供活跃的生态，阿里生态中的小微客户可以通过经营类服务（如 1688 的店铺服务、支付宝的支付服务、菜鸟裹裹的物流服务），触达网商银行的金融服务。阿里的客户包括“微商”和“码商”，“微商”是阿里电商生态中的使用店铺服务的线上商家，“码商”为阿里支付生态中持有用二维码交易的线下商家，均以个体经营户居多，为网商银行提供稳定的小微客群流量。网商银行自 2015 年开业以来，仅花费 6 年时间开拓了大量小微企业客户，2020 年末累计服务小微企业 3507 万户，体现出较强的获客能力。

图表 8.15　　网商银行经营贷主要产品

产品名称	产品内容介绍	产品期限
阿里信用贷款	针对 1688 会员提供的信用贷款，满足客户在交易场景中的融资需求。纯信用、无抵押、免担保。	固定贷 12 个月，循环贷最长为 6 个月
集市信用贷款	淘宝集市信用贷款是集市店铺卖家以个人/企业名义申请，用于淘宝店铺的经营和推广的融资渠道。	6 个月、12 个月
网商贷（国际站专享）	针对国际站会员提供的信用贷款，满足客户在外贸交易场景中的融资需求。	12 个月
速卖通	面向全球速卖通平台卖家提供信用贷款，无须抵押，无须担保。	单笔最长 12 个月
普惠贷	普惠贷是蚂蚁提供给除正式入驻商户平台的小微商户外，线下使用支付宝收款、转账码收款的小型商家的资金借贷服务。	3 个月
订单贷款	订单贷款是网商贷的产品之一，其服务对象为淘宝个人和企业卖家，只要卖家符合一定的条件，且当前有符合条件的“卖家已发货，买家未确认收货”的订单，就可以申请订单贷款，申请成功的贷款将直接发放到店铺绑定的支付宝账户或网商二类户。	随借随还，按日计息
旺农贷	为农户提供种养殖贷款、经营性贷款。	3 个月、6 个月、9 个月、12 个月
淘客贷	根据淘宝客的收入情况提供的信用贷款。	12 个月
口碑贷	适用于口碑签约账户为支付宝个人账户，名下有在营实体店。	12 个月
河北“村村通”农村网点贷款	位于河北的、在生产经营过程中，有流动性资金需求的小企业主和个体工商户。	纯循环贷，每笔支用 6 个月

资料来源：招股书，平安证券研究所。

图表 8.16　阿里生态支撑下网商银行小微企业客户迅速增长

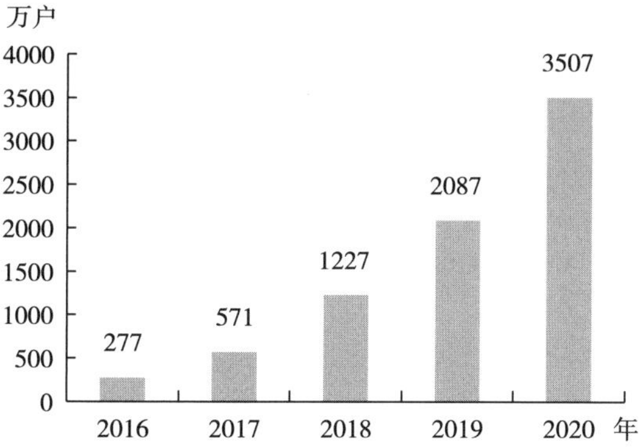

资料来源：公司公告，平安证券研究所。

图表 8.17　网商银行的小微客户和风控数据均依托阿里生态

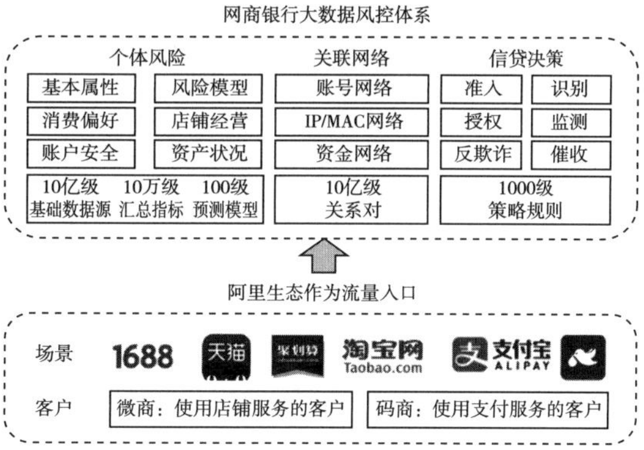

资料来源：公司公告，平安证券研究所。

（2）大数据风控：网商银行享有阿里系生态的交易、资金、物流等数据资源禀赋，由于这些数据体量庞大、涉及多条交叉验证逻辑，网商银行能够建立复杂的风控模型，以验证客户的真实交易背景，构建为无信贷记录、无抵质押资产的自有生态用户提供增信的能力。2017 年、2018 年、2019 年支付宝微贷科技平台促成的消费信贷余额 30 天以上逾期率最高为 1.56%，90 天以上逾期率最高仅为 1.05%，验证了该平台借款用户的信用质量及公司商业决策和动态风险管理系统的有效性。除了余额逾期率，支付宝平台促成的消费信贷于2020 年前五个月的历史批次“M1 + 逾期率”① 皆小于 0.7%，并从 2020 年 2 月起逐月改善。

图表 8.18　支付宝微贷科技平台促成消费信贷逾期率

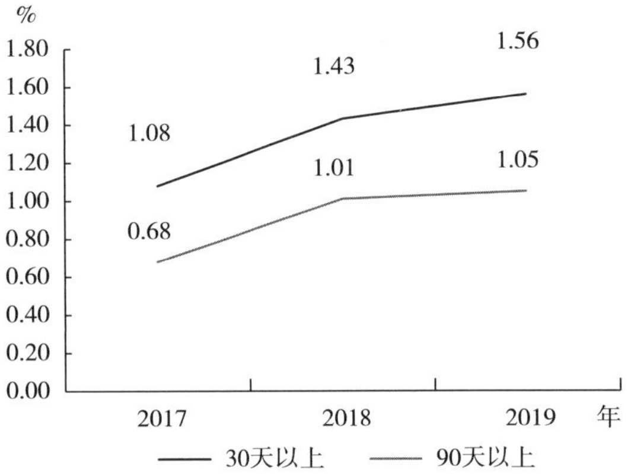

资料来源：招股书，平安证券研究所。

图表 8.19　支付宝微贷科技平台消费信贷历史批次“M1 + 逾期率”

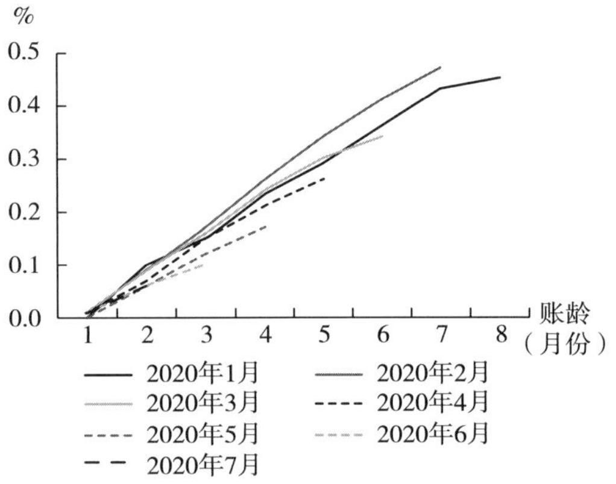

资料来源：招股书，平安证券研究所。

8.3.2　消费金融：加快产品创新，推进场景拓展

与互联网等新进入者相比，商业银行在线下网点、客户经理资源方面具有优势，但近几年互联网机构凭借线上场景的优势，加大了拓展力度，抢占了一定的流量和信贷需求。此外，商业银行在客户社交、生活、偏好等非金融数据上相对匮乏，而互联网机构在消费信贷业务的开展方面充分发挥自身领先的技术能力和基于生态运作积累的多维用户数据优势。银行围绕场景和数据能力的劣势，过去几年在积极地弥补短板，一方面，加强消费场景建设，目前尤其是科技实力相对领先的股份制银行在平台化建设方面已初显成效。另一方面，运用大数据优化信贷业务流程，推出可以快速申办和放款的标准化线上消费信贷产品，并构建全面风险管理体系。

① 历史批次“M1 + 逾期率”的定义为：某个批次逾期超过 1 个月的本金总额，减去同一批次逾期贷款已回收本金总额，再除以该批次所有贷款的初始本金总额。

图表 8.20 消费金融业务节点与金融科技相结合

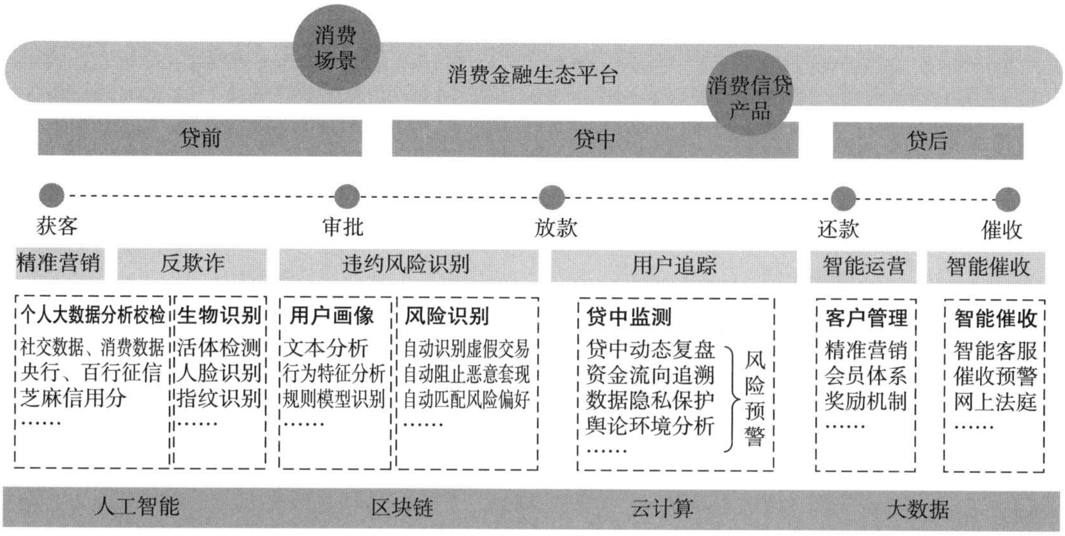

资料来源：艾瑞咨询，平安证券研究所。

加快线上线下消费场景构建

场景化已经成为消费信贷领域突破同质化竞争、抢占市场份额的主流方式。从互联网机构在消费信贷领域的快速发展可以看出场景是消费金融业务的制胜关键，首先，场景可以批量获取客户的需求。从客户营销角度而言，单笔支付金额较高的消费场景本身就有信贷的潜在需求，这些场景自然地成为金融机构批量挖掘客户的入口。其次，场景聚焦用户特征。同一类场景下批量获取的信贷客户具备类似的消费能力和消费需求，向具备同类特征的客户群体提供信用贷款并深入挖掘其他方面的信贷需求，提高精准营销能力。最后，场景是风险管理的要求。场景中的客户资质、消费需求、交易行为、资金流向等信息，可用来对贷款用途的真实性和客户资质水平进行判断评估，预测客户还款能力。

银行以自建场景和融入外部生态场景两种模式积极拓展消费场景。银行在线下具有网点和服务客户经理资源的优势，但线上场景覆盖不足是金融机构开展消费金融的短板。因此，过去几年各家银行在推进传统的消费信贷业务的同时，都在加大力度拓展新的消费场景，并将金融服务嵌入场景中，具体主要包括自建场景模式和融入外部生态场景模式。

（1）从金融服务到综合服务生态，重视自有生态场景。比较典型的案例是工商银行和平安集团，2014 年工商银行的自建电商平台“融 e 购”上线，目前该平台主要通过公开采购、商圈采购、跨境采购等撮合方式，将自身 B 端和 C 端用户资源相联合，并以此为基础推进“逸贷”等消费金融产品发展。而平安集团作为最早提出的“金融 + 生态”的集团生态圈战略大型集团之一，通过自建和控股型并购实现业务场景布局，持续围绕“医、食、住、行、玩”等需求，搭建互联网金融平台。

图表 8.21　工商银行搭建融 e 购平台

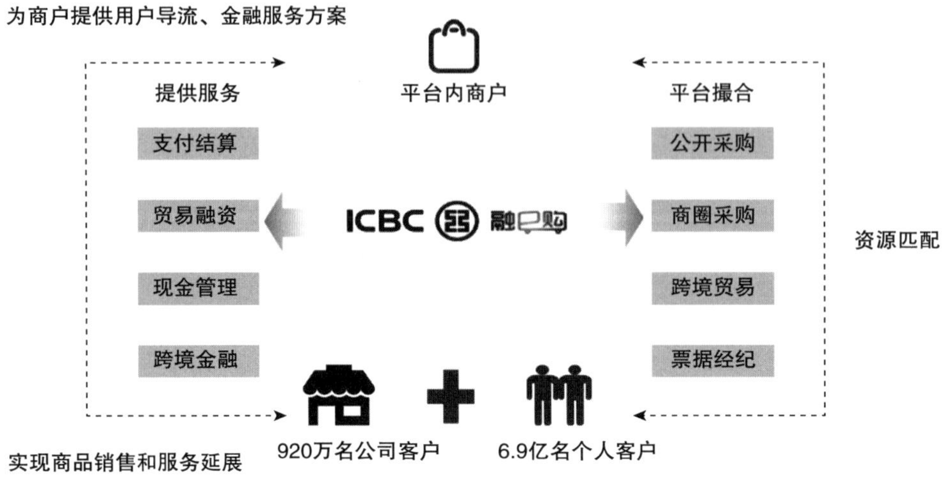

资料来源：公司官网，平安证券研究所。

（2）融入外部生态场景，通过开放银行模式增加与用户的交互。除了重视自有渠道的建设，商业银行也在不断加强与外部生态的场景合作，一方面，通过“引进来”的方式，丰富服务生态，在该模式下，银行以开放的 API 应用，整合第三方合作伙伴的服务和产品，打造开放的服务生态，为用户提供多元化服务，满足在生态内衍生出的金融和非金融需求；另一方面，通过“走出去”的方式嵌入外部场景，拓展服务范围，获取更多流量。

图表 8.22　股份制银行在年报中对于消费金融业务场景化经营的表述

银行	2020 年报中对消费金融场景化经营的规划
招商银行	持续优化客群结构，完善场景获客全流程管理，提升流量使用效率，同时洞察年轻客群需求，推出面向高校毕业生群体的“FIRST 毕业生信用卡”，完善年轻客群产品布局；持续拉升交易规模，加大线上交易经营力度，通过“笔笔返现”“天天锦鲤”等活动形成持续、高效、规模化的客户动员能力；不断加强场景拓展，升级“饭票”“影票”场景生态化建设，聚焦“优惠的吃”与“优惠的看”，以便利店为突破口进行“轻零售”场景的延伸拓展。
兴业银行	推进客户旅程经营，在做实两卡联动交叉营销、提升精准获客能力的同时，聚焦经营关键节点的衔接和联动经营，强化场景化、精细化分层营销和平台化经营，将资源有收有放精准地投向目标客群、目标渠道、目标场景。
浦发银行	整合消费金融产品入口，拓展汽车、家装、家电等消费场景，持续提升客户体验，满足居民对美好生活的需求。
光大银行	深耕消费场景，构建多元化、数字化获客体系，进一步优化客户结构；持续打造名品，其中抖音卡、孝心卡等名品带动获客超 130 万户；探索基于客户分群分层的智能化客户经营，升级“十元会生活”，上线“安心刷”等产品；强化分期专业化运营，上线“消费总额分期”产品，探索“厂商银”场景分期模式；打造阳光惠生活 App 私域流量，上线并优化生活缴费、线上消费达标实时返现等百余项功能点。

续表

银行	2020 年报中对消费金融场景化经营的规划
中信银行	紧扣用户真实消费需求，做强信用卡基础性功能产品账单分期，大力拓展场景分期，以多元化场景满足客户全消费周期需求。深化布局平台建设，5G 全 IP 开放式服务平台项目进入业务融合阶段，上线华为鸿蒙系统“动卡空间 App”，成为首批适配鸿蒙的金融服务产品。
民生银行	丰富信用卡生活场景特惠商户体系和“全民管家”整合平台，覆盖 50 余类生活服务场景及全国 160 个城市的近千项生活缴费项目，提升消费稳定型客户的活跃度与用卡体验。覆盖 50 余类生活服务场景及全国 160 个城市的近千项生活缴费项目，提升消费稳定型客户的活跃度与用卡体验。促动与连锁品牌联合营销，聚焦线上线下优质场景，联合头部电商平台开展“全民网购狂欢节”活动，携手知名商圈、星级酒店推出特惠业务，其中自助餐“买一赠一”服务覆盖 40 个城市近 200 家五星级连锁酒店，加快构建线上线下融合的消费生态体系。
平安银行	推进场景布局，深化精细化经营，促进用户交易活跃。本行加速推进场景化经营，重点围绕生鲜超市、轻食饮品、加油停车等行业深化场景布局，联合超过 10 万家门店，持续构建场景和打造开放生态；持续优化“月月狂欢 8”“天天 88”等品牌性活动，全面贴合客户的消费需求。积极探索与外部场景平台合作，健全应用程序编程接口（API）全流程嵌入式对接能力，持续扩大经营及消费场景嵌入，加快与互联网生态对接，挖掘新的业务增长点。
浙商银行	持续围绕各类消费场景，做深、做透场景类专项分期业务。
华夏银行	加强消费场景融合，深化获客渠道、营销工具和协同体系建设，提升信用卡业务经营质效。个人消费贷款场景化发展。围绕“消费—场景—生态圈”，搭建消费贷款场景和生态，畅通个贷产品与客户需求的触达渠道。

资料来源：公司官网，平安证券研究所。

汽车金融作为规模最大的场景金融领域，成为大中型商业银行抢占的新风口。目前已有中信银行、平安银行、兴业银行及光大银行等成立了汽车金融事业中心，以期将金融服务扩展到汽车产业链上下游。以平安银行为例，该行围绕客户买车、用车、养车、换车等消费场景，从线上车主运营平台和 4S 店经营管理两大平台切入，集合集团综合金融资源，推进汽车产融生态发展。通过科技赋能，客户可以通过微信扫码、App、网页申请、线上化授权、智能面签、光学字符识别（OCR）智能识别、车辆自动估价和 AI 智能出账审核等技术全流程线上化操作，有效提升客户体验。截至 2020 年末，平安银行汽车金融贷款规模已经突破 2400 亿元，在总贷款占比达到 9.2%，汽车金融贷款规模在同业中位居第一，与此同时，不良贷款率始终处在 1% 以下的较低水平。

加强场景建设，拓展获客渠道，设立消费金融公司实现差异化经营。银行的消费金融业务主要集中于金额相对较大的领域，难以覆盖大量的日常消费场景。未来消费金融服务与消费场景之间的联系将越来越密切，这对于银行来说是一个挑战，而相比之下，消费金融公司依托场景，具备单笔授信额度小、审批速度快、弱化抵押担保、服务方式更加灵活等特点，在小额、分散和面向中低收入人群的消费金融服务方面进行有益探索，弥补了传统商业银行服务的空白。可以看到 2016 年以来，银行纷纷布局

图表 8.23　平安银行汽车金融贷款规模

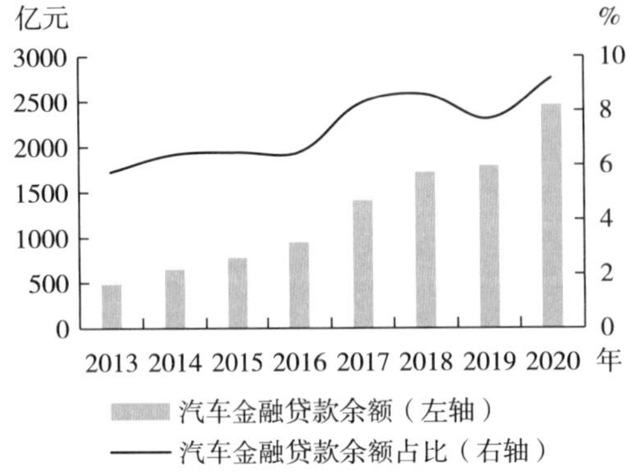

资料来源：公司公告，平安证券研究所。

图表 8.24　平安银行汽车金融不良贷款率

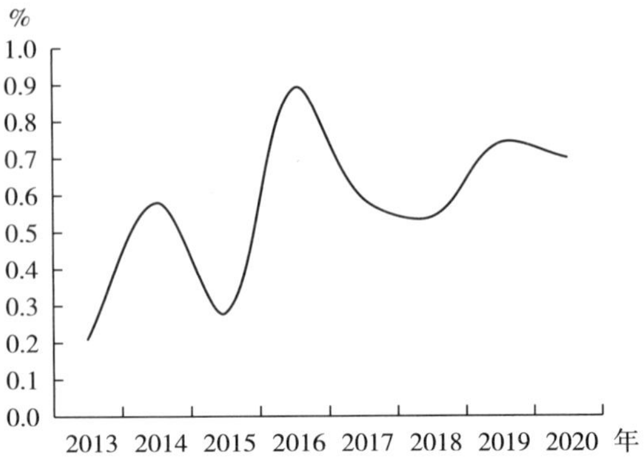

资料来源：公司公告，平安证券研究所。

消费金融，通过参股或控股的方式，实现差异化经营，重点通过消费金融子公司拓展蓝领、城镇低收入人群等传统信贷业务难以覆盖的长尾客群，进一步在细分领域开发消费新场景并嵌入金融服务，以招联消费金融有限公司（以下简称招联消费金融）为例，通过整合中国联通和招商银行两大股东资源扩充获客渠道、获得数据共享优势。截至 2020 年末，招联消费金融资产规模达 1083. 1 亿元，较年初增长 16. 8%；贷款总额 1091. 8 亿元，较年初增长 17. 2%。

图表 8.25　招联消费金融业绩与资产情况

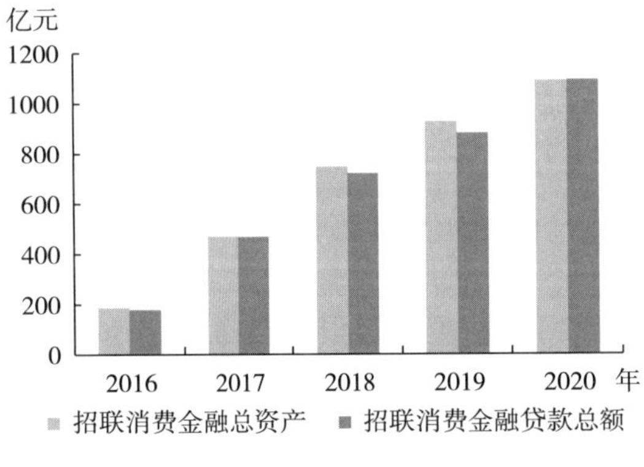

资料来源：公司公告，平安证券研究所。

图表 8.26　招联消费金融股东背景

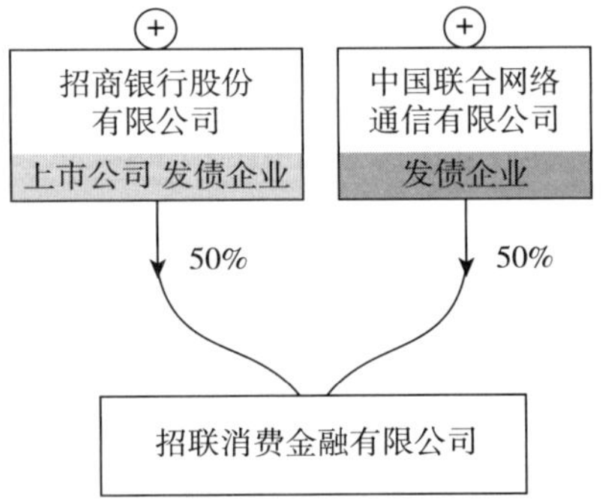

资料来源：公开资料，平安证券研究所。

打造标准、快捷的线上化消费贷款产品

从互联网金融的发展可以看出，产品的创新能够有效提高线上消费信贷参与机构的竞争力，标准化、便捷的申请流程能够优化客户体验。银行过去几年在产品创新方面投入了人力与物力，积极地利用互联网和大数据技术推出快速申办和放款的一般性消费信贷产品，例如招商银行“闪电贷”、平安银行“新一贷”、兴业银行“兴闪贷”、工商银行“融 e 借”、建设银行“快 e 贷”等。

图表 8.27　　部分银行线上消费贷产品梳理

产品名称	银行	特点
快 e 贷	建设银行	（1）额度最高 20 万元。（2）贷款期限最长 1 年。（3）还款方式为先息后本，在信用额度和额度有效期内，随借随还。（4）无须提交贷款资料，无须等待审批，只要提出申请意向，即刻签约、激活、使用。无须办理抵/质押，由建设银行授予客户信用方式贷款额度。
闪电贷	招商银行	（1）全线上，零资料，急速 60 秒到账。（2）利率优惠，1 万元贷款每天利息 2 元，年利率最低 7.2%。（3）额度最高 30 万元。（4）随借随还，用一天算一天利息。
新一贷	平安银行	（1）无须担保：无须任何担保，仅凭个人信用。 （2）申请便捷，只需要到银行 1 次，签署一份合同。 （3）时效承诺，3 个工作日内，最快 1 天放款。 （4）申请门槛低，具有 3 年以上房贷月供，或者缴费 3 年以上平安寿险保单（非平安保单需缴费 5 年以上），或公积金缴存基数大于等于 4000 元，并且能够叠加。材料简化，无须提供纸质材料。 （5）额度高，最高可贷 50 万元。
兴闪贷	兴业银行	（1）最高可贷 20 万元。 （2）年利率（单利）低至 5.5%。 （3）信用免担保，全线上流程，快速放款，随借随还。

资料来源：公司官网，公司 App，平安证券研究所。

发展金融科技，运用大数据优化信贷业务流程，完善全面风险管理体系

在传统金融业态下，受限于用户信用评估要求，企业和个人信贷申请流程较为烦琐，而金融科技可以通过打造大数据平台实现信贷流程的低成本管理，一方面，在客户营销环节，通过对海量数据进行存储、清洗、分析、挖掘，掌握客户的行为特点和交易习惯，制订个性化营销解决方案，推出符合各类群体需求和风险偏好的信贷产品，从“依据经验”到“依据数据”，实现对客户的精准营销，预先测算出客户可接受的最大风险敞口，提高风险控制的效率；另一方面，在授信审批环节，大数据技术能够扩展信用数据的边界，将一些非传统信用数据作为非常重要的信用评估来源。而在贷后管理方面，金融科技可以帮助银行建立风险预警信息系统，收集整合财务信息与非财务信息、还款还息资金来源与贷款资金去向等资金流数据，实现实时的风险防控与客户监测，用于风险的提前预警与化解。

可以看到在大数据时代，银行积极借鉴互联网消费金融倡导的“数据风控”理念与技术，广泛接入客户社交、生活、偏好等非金融“弱数据”，积极采用大数据、云计算等技术，形成完整的客户消费行为画像，建立数据驱动型和模型驱动型风险管理机制，与银行常规风控手段形成有机互补。

图表 8.28　大数据下商业银行风险管理的生态架构

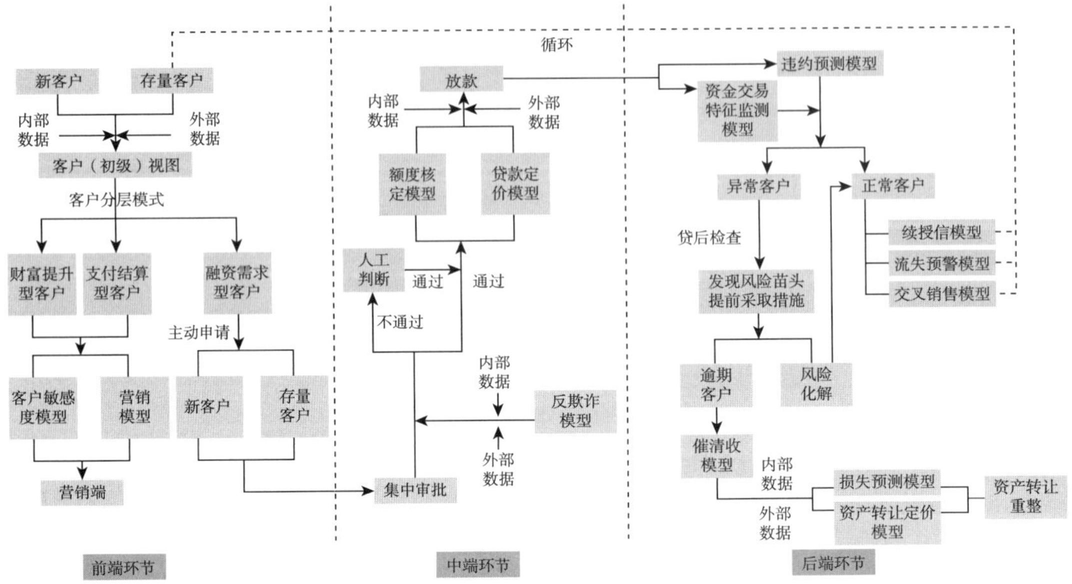

资料来源：王丽焱，王彦博．Fintech 时代大数据在商业银行全面风险管理中的应用探索［J］．银行家，2018（9）：4；平安证券研究所。

8.4　财富管理：打造开放平台，获取增量资产

近年来，互联网平台型公司采取互联网、智能投顾等差异化发展模式进入财富管理市场，依靠流量优势和开放的战略在渠道端份额提升显著，以蚂蚁集团为例，截至 2021 年第三季度末该平台非货币基金保有规模达到 1.2 万亿元，位列国内所有机构第一。与此同时，我们看到大中型银行持续加大线上渠道建设，通过开放的战略，将更多公域流量进行对内转化，以招商银行为例，公司秉持全面开放的理念、持续扩大流量开口，截至 2020 年，招商银行和掌上生活 App 用户数分别达到 1.45 亿人和 1.10 亿人，在客户流量的基础上，招商银行以精细化的服务和开放的产品体系实现 MAU 到 AUM 的转化，截至 2021 年上半年，招商银行非存款 AUM 规模突破 8 万亿元，位列国内商业银行第一。此外，部分机制更灵活的银行也在借鉴互联网平台的低价策略，获取长尾客群，并尝试通过智能投顾打造“千人千面”的财富管理方案，满足投资者的个性化需求，扩大服务覆盖范围。

8.4.1　开放的生态构建高质量获客渠道，互联网平台的线上渠道建设已经处于明显领先地位

国内财富管理仍有广阔的发展空间，现阶段仍是增量市场。20 世纪 80 年代开始美国财富管理市场在金融自由化的浪潮中迎来了历史性发展机遇，目前国内居民金融资产仍然更多集中在房地产和以存款、理财为代表的“保本型”金融资产上。我国居民

的金融资产配置中存款类金融资产占比仍然超过6成（美国的为16%），近几年监管持续推进资本市场建设，相信在政策持续推进资本市场发展的环境下，我国权益类资产仍处于快速增长的时代。

图表8.29　1970—2020年美国居民资产结构变化

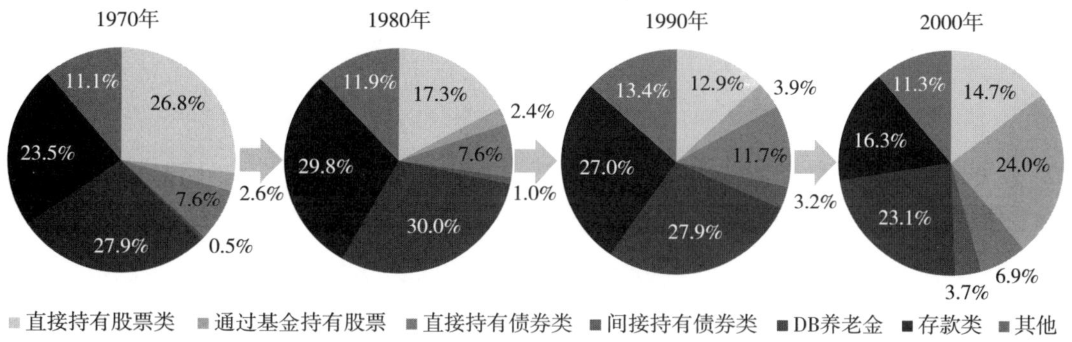

资料来源：Federal Reserve，平安证券研究所。

图表8.30　我国居民金融资产占比低（2019）

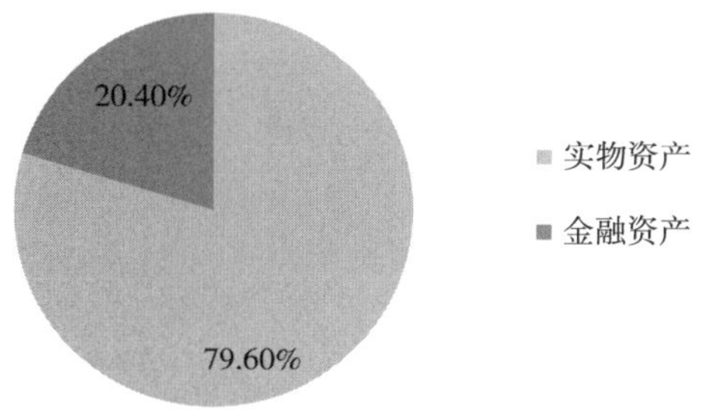

资料来源：公司公告，平安证券研究所。

图表8.31　我国居民权益资产占比低（2019）

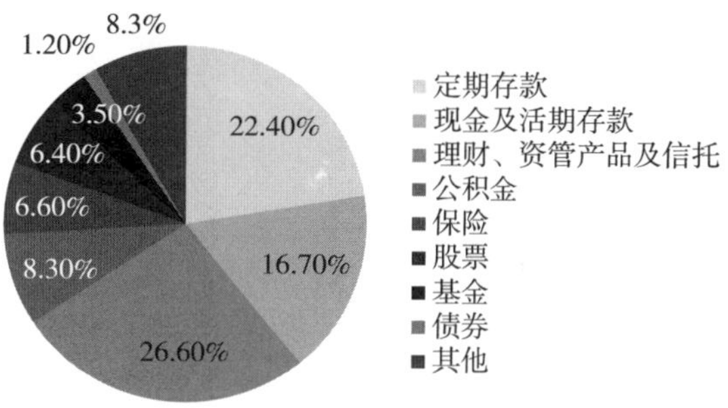

资料来源：公司公告，平安证券研究所。

线上化理财快速发展，互联网理财接受度提升。因此，站在当前时点，对于财富管理机构而言，如何获取更多客户和增量配置需求至关重要，高效的触达渠道比拼依然是财富管理机构竞争的焦点。考虑到近几年随着移动和互联网技术的快速发展，居民理财线上化迁徙加快，线上渠道建设的重要性与日俱增，我们看到过去以支付宝、东方财富为代表的互联网平台在线上渠道建设方面处于绝对的领先地位，凭借开放的生态布局打造的流量优势和低价策略，快速实现了流量的转化，获取了客户的增量配置资产。目前从财富管理渠道侧的份额来看，银行线下经营网点多、渠道下沉充分，在大众市场占据先发优势，目前仍处于领先位置。但第三方机构则借助流量和服务创新异军突起，目前在渠道影响力方面已超过券商，从公募基金销售占比来看，根据Wind统计，第三方基金销售的市场占有率自2017年开始，在短短3年中增长超过20个百分点。

图表 8.32　互联网理财用户数量高速增长

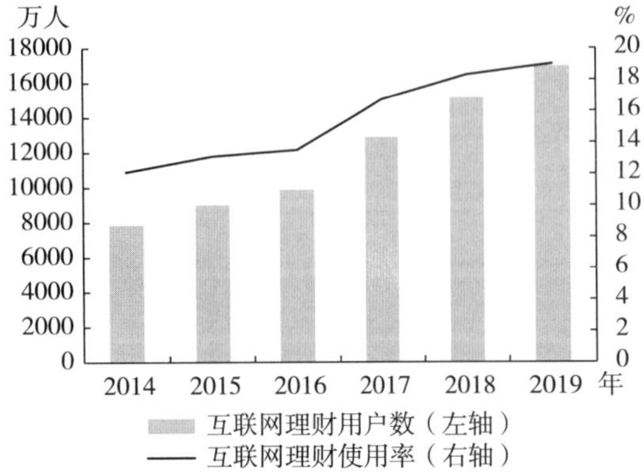

资料来源：中国人民大学金融科技研究院，蚂蚁集团研究院，平安证券研究所。

图表 8.33　互联网理财用户年龄分布

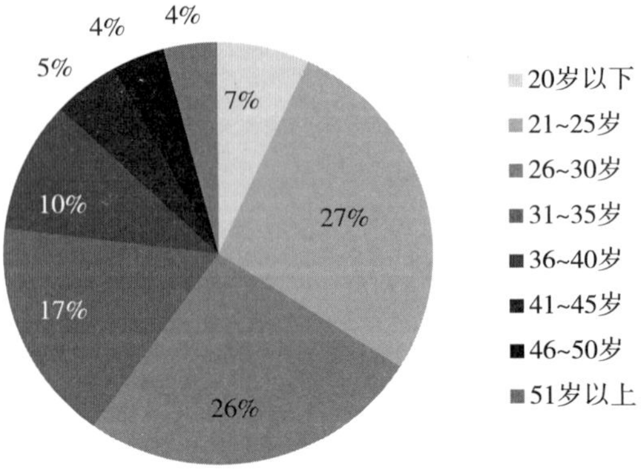

资料来源：中国人民大学金融科技研究院，蚂蚁集团研究院，平安证券研究所。

图表 8.34　基金市场销量份额情况

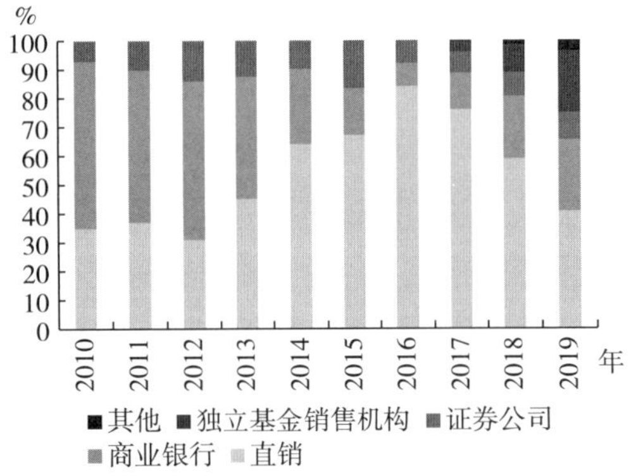

资料来源：中国证券投资基金业协会，平安证券研究所。

图表 8.35　基金保有量份额

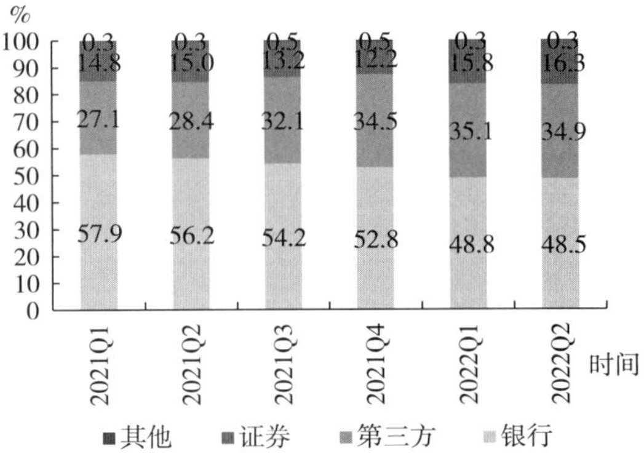

资料来源：中国证券投资基金业协会，平安证券研究所。

蚂蚁集团：开放生态带来的流量优势，打造国内最大的线上财富管理平台

丰富的场景布局带来的流量优势是互联网平台领先的关键。蚂蚁在财富管理市场的成功首先归因于整个阿里系丰富的场景布局带来的流量优势，蚂蚁重要的平台支付宝最早脱胎于阿里，目前阿里是全球范围内最大的零售电商平台，龙头地位稳固，过去十多年间，阿里通过不断的外延和并购，建立了覆盖范围广泛的生态体系：从电子商务交易平台逐渐拓展至包括零售商业、批发商业、跨境商贸、数字媒体及娱乐、生活服务等多业务场景，由线上延伸到线下，由电商、零售延伸到本地生活服务。截至2021年3月末，阿里月活跃用户数量仅次于微信，达到8.91亿人。而蚂蚁集团则深度融合了阿里的服务生态，随着阿里和支付宝应用场景的不断拓展，生态中用户体量不断增长，且用户活跃度提升，2021年3月末，支付宝月活跃用户数量达到7.96亿人，不论是活跃用户规模还是平台总交易规模，与其他互联网企业以及银行等传统金融机构相比都处于领先地位。

图表 8.36　支付宝理财科技平台服务内容

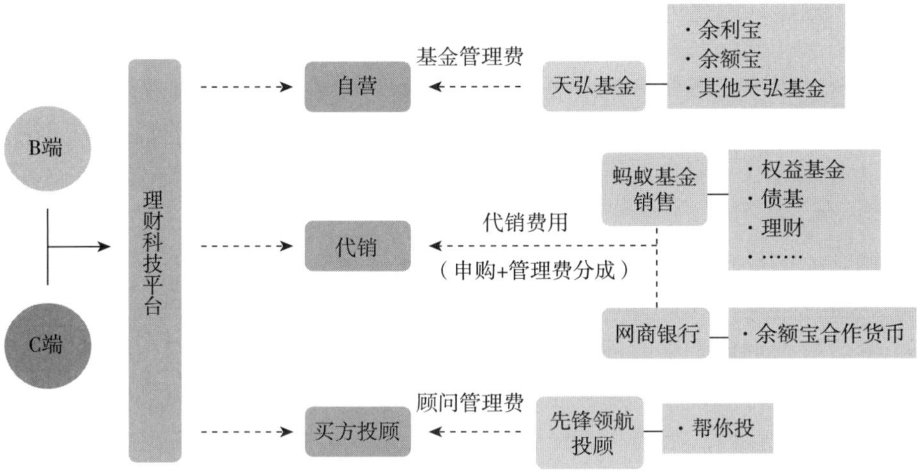

资料来源：招股书，公司公告，平安证券研究所。

蚂蚁通过打造开放的财富管理平台，实现财富管理需求的价值变现。丰富的流量优势为财富管理业务变现奠定了扎实的基础，在通过与阿里的协同后，蚂蚁在财富管理竞争中采取了平台化的战略，2017 年蚂蚁支付宝平台上线“财富号”，作为平台直接对接用户需求和金融机构产品，向银行、基金管理公司开放平台，合作形式以代销为主，一方面，满足生态内用户的财富管理需求，打造闭环；另一方面，帮助合作金融机构实现精准营销。截至 2020 年 6 月末，蚂蚁理财科技平台促成的资产管理规模达到 4.1 万亿元。

图表 8.37　蚂蚁相比其他财富管理机构流量优势显著

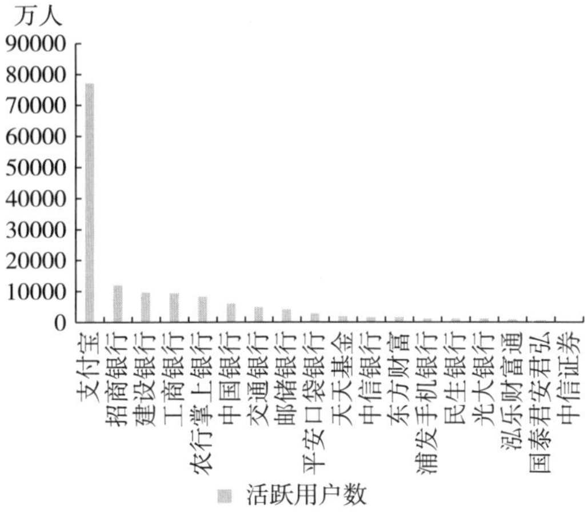

资料来源：Questmobile，平安证券研究所。

图表 8.38　蚂蚁理财科技平台 AUM 快速增长

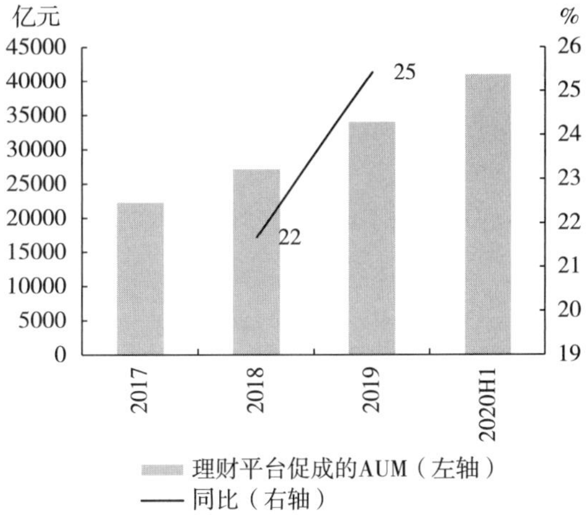

资料来源：公司公告，平安证券研究所。

东方财富：深耕特色领域，从财经资讯到领先的线上财富管理平台

深耕专业投资者领域，从财经资讯到领先的线上财富管理平台。国内另一大互联网财富管理平台东方财富虽然在流量上与蚂蚁和头部传统金融机构相比没有明显的优势，但公司聚焦专业投资者这一特定客群，多年来借助东方财富这一专业资讯内容平台，在垂直财经领域始终保持绝对领先地位，为公司进一步拓展业务领域、完善服务链条奠定了坚实基础。2021 年上半年，公司天天基金服务平台日均活跃访问用户数为 337.99 万人，其中，交易日日均活跃访问用户数为 424.65 万人，非交易日日均活跃访问用户数为 175.68 万人。

互联网开放的平台化策略，与基金的标品属性更匹配，借助基金的发展浪潮，东方财富快速跻身国内领先的财富管理机构。公司在 2012 年拿到第三方基金代销牌照后，基于专业资讯平台积累的用户流量，向传统金融机构开放自身财富管理生态，创设了一站式基金销售平台——天天基金，为财富管理客户提供全品类的标准化公募基金产品，乘中国权益投资浪潮高速发展，逐步成为我国财富管理市场渠道测领先机构。截至 2021 年第三季度，公司非货币型基金保有量规模达到了 5849 亿元，超越工商银行，在国内所有财富管理机构中位列第三，仅次于蚂蚁、招商银行。其中权益类保有规模达到了 4897 亿元，位列第四。

图表 8.39　东方财富发展历程：从咨询服务商到财富管理变现

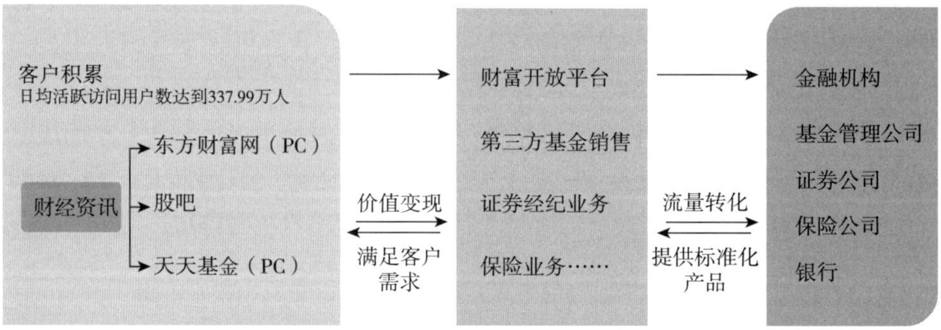

资料来源：公司官网，公司公告，平安证券研究所。

8.4.2　打造线上开放理财平台，争夺增量金融资产

与互联网平台相比，传统金融机构在流量和场景布局上明显处于劣势，因此在获客能力方面相对落后，但我们也观察到以招商银行、工商银行、平安银行等大中型银行为代表的头部金融机构持续加大线上尤其是移动端的渠道建设，例如构建开放式线上财富管理平台、在自己的移动端平台搭建生活生态等。此外，部分机制更灵活的银行借鉴互联网平台的低价策略，获取长尾客群，并尝试通过智能投顾打造“千人千面”的财富管理方案，满足投资者的个性化需求，扩大服务覆盖范围。

图表 8.40　东方财富、天天基金月活跃用户数量与其他财富管理机构对比

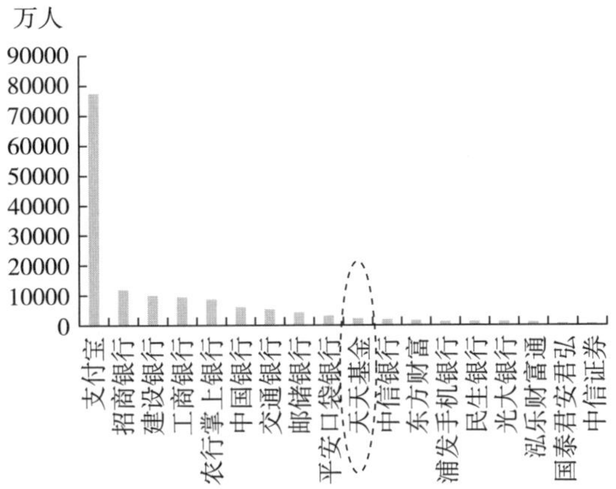

资料来源：Questmobile，平安证券研究所。

图表 8.41　天天基金非货币基金销售额实现快速增长

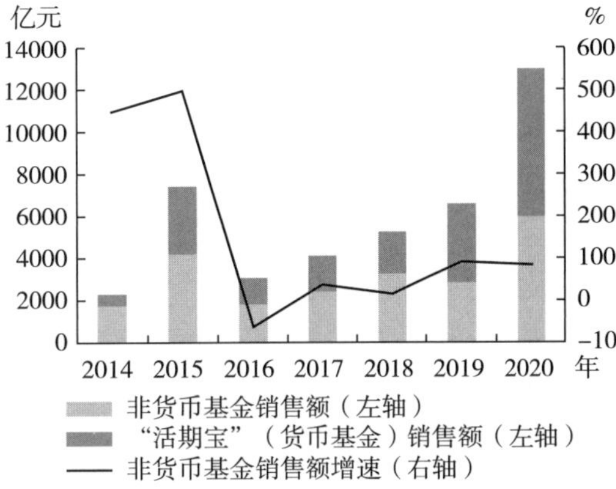

资料来源：公司公告，平安证券研究所。

图表 8.42　头部金融机构月活跃用户数量快速增长

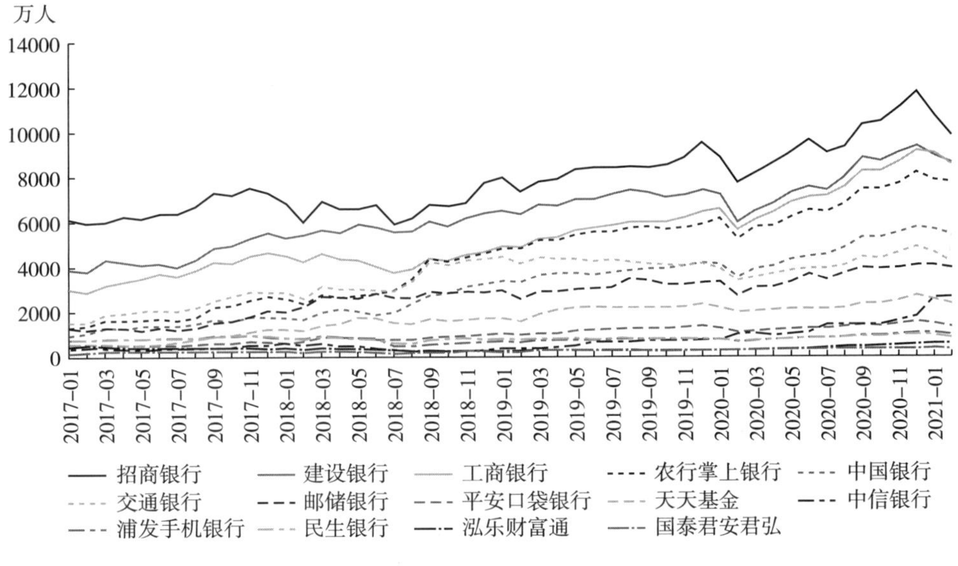

资料来源：Questmobile，平安证券研究所。

采取开放的战略，力争将更多公域流量对内转化

长尾客群理财观念转变显著，流量获取仍然重要，必须采取开放的战略争取客户与增量金融资产。过去以涉农和三线及以下城市为代表的客群在金融资产配置上更多停留在存款和理财产品上，但近几年借助移动互联网技术的发展以及财富管理机构服务的下沉，这部分长尾客群的理财观念转变显著，资产配置开始向以货币基金、债券基金为代表的低风险金融产品迁移，此外在资本市场的活跃表现下，长尾客群配置权益资产等复杂产品的比例也有所提升。对于这部分客群而言，相比专业的资产管理能力和综合化的服务能力，金融服务的可获得性和便利性显得更为重要，因此打造高效的获客渠道仍然关键。

银行加码线上渠道建设，以开放的战略打造财富管理综合生态。商业银行的线上渠道建设虽然落后于互联网平台，但近几年在金融科技实力上领先的、体制机制更灵活的大中型银行纷纷加码线上渠道建设，构建开放式平台，不断丰富使用场景，在线上 App 搭建生活生态，先致力于扩大开口获取流量，再通过爆款产品、数字化的财富陪伴服务等多维度促进增加活跃用户方式将更多公域流量进行对内转化。

以招商银行为例，2021 年提出构建以“大财富管理的业务模式 + 数字化的运营模式 + 开放融合的组织模式”为核心的 3.0 模式。（1）招商银行秉持全面开放理念，搭建开放的产品平台和运营平台，持续扩大流量开口。借助 App、网络经营服务中心等线上轻经营渠道，综合运用智能化、集约化的经营手段，将财富管理服务范围扩展至亿级的长尾客群，搭建“大平台”，携手合作伙伴打造朋友圈。连接市场多边参与角色，发挥“更广客户、更多产品、更优服务”的网络效应，并启动“招阳计划”，搭建潜力基金经理成长平台，孵化并锁定优秀的基金管理人，截至2020 年末，已有55 家合作伙伴入驻“招财号”开放平台，开启直接服务客户的探索。此外，在流量的获取方面，招商银行还在第三方流量平台增加财富管理内容输出，开展理财业务营销活动，精准获取互联网理财客户。截至 2020 年，招商银行和掌上生活 App 用户数分别达到 1.45 亿人和 1.10 亿人。

（2）在获取流量的基础上，招商银行也在尝试从产品创新和数字化、精细化的服务两方面入手，促进流量到 AUM 的转化。招商银行立足积累的流量基础，对不同客户进行分层、分类管理，挖掘不同类别客户的多元化需求，以 App 为平台，以大数据为驱动，推出 App 线上服务渠道“小招理财顾问”，最大限度实现流量的转化。此外，招商银行还注重通过爆款流量型产品吸引长尾客群，如掌上生活 App 引入“朝朝盈”等基金产品，将信用卡客户转变成理财客户。截至 2021 年上半年，招商银行非存款 AUM 规模突破 8 万亿元，位列国内商业银行第一。

采用低价策略吸引长尾客群

过去互联网平台型机构在发展初期除了流量优势和平台化策略，还使用低价策略。例如，蚂蚁通过降低代销手续费获取价格敏感型客户，目前在各类产品，蚂蚁平均申购费率和服务费率与传统金融机构相比优势显著，以股票型基金为例，支付宝 A 类申购费率的中位数在 0.15%，对比之下，工商银行多为 1.5%。因此，近期部分机制更灵活的股份制银行也在借鉴互联网平台的低价策略，以平安银行为例，公司在推出银基开放平台后，在 7 月宣布线上全面主推 C 类基金份额，并下调 3000 多只基金的申购费率至 1 折，对长尾客户的拓展卓有成效，截至 2021 年第三季度末，公司 AUM 突破 3 万亿元，同比增长 22.7%。

图表 8.43　以招商银行、平安银行为代表的传统机构也在使用低价策略吸引增量客户

单位:%

机构		工商银行	招商银行		平安银行		支付宝	天天基金
基金分类	前后端		打折前	打折后	打折前	打折后		
纯债基金	A 类（申购费）	0.80	0.80	0.08	0.80	0.08	0.08	0.08
	C 类（服务费）	0.40	0.40		0.40		0.40	0.40
混合基金	A 类（申购费）	1.50	1.50	0.15	1.50	0.15	0.15	0.15
	C 类（服务费）	0.80	0.80		0.80		0.80	0.80
股票基金	A 类（申购费）	1.50	1.50	0.15	1.50	0.15	0.15	0.15
	C 类（服务费）	0.80	0.80		0.80		0.80	0.80

注：费率统计通过挑选各平台前 20 大基金的众数选取。

资料来源：工商银行 App，招商银行 App，平安口袋银行 App，支付宝 App，天天基金 App，平安证券研究所。

发展智能投顾，扩大服务覆盖范围

传统的财富管理服务往往以理财经理、理财管理顾问为主体，在服务推介、客户管理等方面具有极高的人工成本，难以适应现阶段金融服务的大众普惠特征。近几年，银行在智能投顾模式下，基于用户的理财需求、资产状况、风险承受能力等因素，通过大数据分析用户个性化的风险偏好及其变化规律，以投资组合理论与风险偏好结合算法模型定制个性化的资产配置方案，并利用互联网进行实时跟踪调整，以提供更高效、低成本的财富管理服务。

相对于传统财富管理，智能投顾有以下几方面优势。第一，技术替代人工提供理财顾问服务，改善传统投顾服务成本高、效率低、资产选择依赖人工经验、非理性化等缺陷。在成本方面，智能投顾平台费率大大降低（招商银行摩羯智投申购费率0.4%）；在效率方面，可以实现全天候实时数据披露并快速匹配投资者理财需求；在资产选择方面，可以通过平台对多类型标的进行投资管理，由算法决定策略，不易受到主观因素影响。第二，大规模复制用来服务长尾客户，实现普惠金融。传统投顾一对一人工服务成本较高，智能投顾首先通过技术革新降低成本和门槛，然后通过大规模复制可以将边际成本几乎降为零。埃森哲报告显示，中国可投资产在30 万元以下的中低净值投资者占总投资人数的比重约 97.6%，长尾比重极高，受传统投顾行业高费用制约接触投顾服务十分有限，智能投顾迎合大众理财的需求，发展前景广阔。

智能投顾业务稳步推进，大中型银行均已推出相关产品。2016 年 12 月，招商银行推出“摩羯智投”，提供以公募基金为基础、全球资产配置的“智能基金组合配置服务”，除了招商银行的“摩羯智投”，浦发银行、兴业银行、光大银行、广发银行、平安银行、工商银行、中国银行先后推出智能投顾产品，通过降低投资门槛，覆盖长尾客户。

图表 8.44　智能投顾全流程价值链

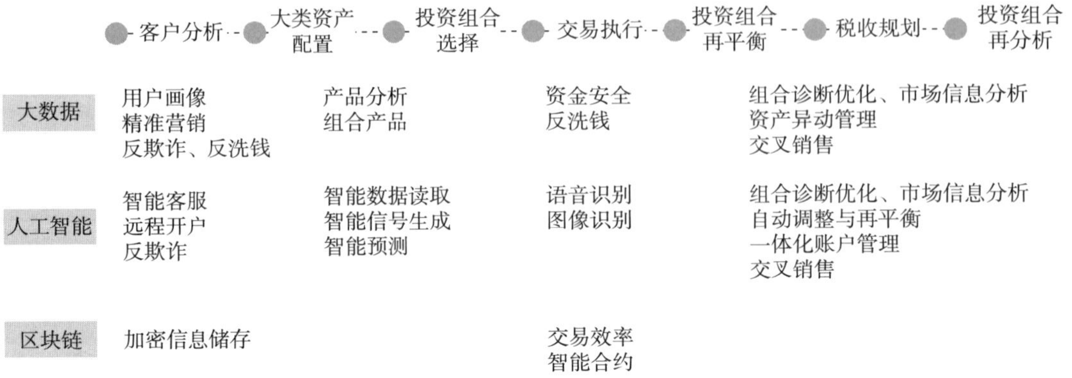

资料来源：波士顿咨询，平安证券研究所。

图表 8.45　已上线的部分商业银行智能投顾产品

银行	产品名称	上线时间	产品特点
招商银行	摩羯智投	2016－09－26	投资门槛为2万元，30个组合；投资标的为国内公募基金，涵盖股票、现金及货币、固定收益、另类等四类；风险等级分为10级；投资期限包括三种，分别是短期0～1年；中期1～3年；长期3年以上。 包含目标风险确定、组合构建、一键购买、风险预警、调仓提示、一键优化、售后服务等环节的资产配置服务流程。
浦发银行	财智机器人	2016－11－06	投资门槛为1000元；投资标的为基金、银行理财、贵金属等。 通过理财经理线下配置方案的线上推送，实现客户远程全产品类别的配置服务。
兴业银行	兴业智投	2017－05－03	投资门槛为5000元，36个组合；投资标的为国内公募基金，涵盖股票、现金及货币、固定收益类、另类等四类；风险等级划分为1～6级，投资年限划分为1～6年。
平安银行	智能投顾	2017－08－02	投资门槛为5000元，11个组合；投资标的为国内公募基金、平安旗下理财产品、保险等保障类产品；风险等级分为5级。 运用black－litterman模型和量化资产配置方法，分析客户的投资风格及风险偏好，提供大类资产配置及产品组合建议。
江苏银行	阿尔法智投	2017－08－07	根据投资人不同的收益目标及风险承受能力建立用户画像，依托大数据多维度精准了解客户，运用改良的金融投资模型与专家策略分析智能计算风险和收益的平衡点，对止盈止损及时提醒，并可以根据市场反馈实现一键平仓。
广发银行	广发智投	2017－09－19	基于4000万条客户数据，以顶尖投资顾问团队所积累的资产配置实践及投资经验为核心，结合海量的公私募基金及市场研究数据，通过一定数量的模型计算所构建的智能基金组合配置服务。

续表

银行	产品名称	上线时间	产品特点
工商银行	AI 投	2017－11－13	投资门槛为 1 万元，15 个组合；投资标的为货币类、股票类、另类及其他商品以及境外类六类；风险等级分为 5 级；投资期限分为短中长三种。客户自主选定能承受的投资风险等级及投资期限，AI 投可以通过智能投资模型为其量身推荐基金投资组合方案。
光大银行	阳光 AI 投	2017－11	是光大银行面向普通个人投资者推出的智能理财服务平台。平台产品均运用资产组合理论及大数据分析、金融量化模型、机器智能算法，为投资者提供专业的全球化大类资产配置服务。
中信银行	信智投	2018－01－25	投资门槛为 2 万元。投资标的为货币及现金、固定收益类、权益类、另类及其他等。风险等级分为 5 级。投资期限分为 3 个月以上，6 个月以上和一年以上。
中国银行	中银慧投	2018－04	投资门槛为 1000 元，15 个组合；投资标的为货币类、股票类、另类及其他商品以及境外类六类，依托中国银行国际化优势，覆盖全币种、全市场化的投资标的；风险等级分为 5 级；投资期限分为短中长三种。将人工智能与专家智慧紧密结合，通过人工干预动态修正系统可能的偏差。
农业银行	农银智投	2018－06	投资门槛为 1 万元；投资标的为 A 股、债券、海外资产、大宗商品等；每日结合模型算法对每位客户资产配置比例进行验证，并自动提醒客户重新调整资产配置比例，实现模型化、自律化投资。
建设银行	龙智投	2018－12	根据客户的风险承受水平、投资期限偏好、收益目标及风格偏好等，运用智能算法及投资组合优化等理论模型，为客户提供智能化和自动化的产品组合投资策略。

资料来源：公司官网，平安证券研究所。

第九章　普惠金融

9.1　普惠小微金融将成为银行业重要发力点

普惠小微金融将成为银行业未来重要发力点，但亟待解决两大痛点。我国高度重视普惠金融和小微企业的发展，银行在支持小微企业融资方面扮演重要角色，因此未来普惠小微金融将成为银行业的重要发力点。在政策的推动下普惠小微贷款规模稳增，截至2021年第三季度末，银行业普惠小微贷款余额为18.5万亿元（YoY +25%），增长持续快于行业贷款整体增速。

但在实际展业过程中，普惠小微金融仍然面临诸多挑战：（1）小微企业面临办理周期长、门槛较高、渠道单一等融资难题；（2）金融机构面临两大痛点：在风险管控上，小微企业经营不稳定、缺乏抵质押物，导致银行面临更高的风险；在成本管控上，相较大型企业，小微企业贷款需求更加小额分散，且经营规范化程度较低，导致更高的获客成本。

9.1.1　国家高度重视普惠金融，推动银行服务小微企业融资

9.1.1.1　普惠金融助力“双循环”，银行扮演重要角色

从国家政策层面解读，普惠金融将成为“双循环”新发展格局的有力支撑。立足于新发展阶段，“十四五”规划作出重大战略部署，要加快构建以国内大循环为主体、国内国际双循环相互促进的新发展格局。目前我国经济的循环畅通面临一些堵点，金融供给不平衡不充分与金融需求多层次多样化之间的矛盾仍然存在，“深化金融供给侧结构性改革，增强金融普惠性”成为“十四五”规划的重要基调。普惠金融被定义为更包容的金融体系，旨在更好地满足小微企业和农民等弱势群体的金融需求，有助于加速创新循环、打通资本循环、优化产业循环、服务城乡区域循环，为新发展格局提供有力支撑。

针对需求侧，国家陆续出台政策支持普惠金融和小微企业发展。小微企业作为我国经济的“毛细血管”，贡献了我国50%以上的税收、60%以上的GDP、70%以上的技术创新成果和80%以上的城镇劳动就业。据统计，2020年末我国拥有市场主体1.4亿户，其中个体工商户有9000万户，占比67%。近年来，国家政策大力支持普惠金融，通过定向降准、成立国家融资担保基金、要求银行设立普惠金融事业部等方式，支持小微企业发展。疫情暴发以来，国家更是加大小微企业的纾困力度，包括：实行

图表 9.1 构建"双循环"新发展格局的六大发力点

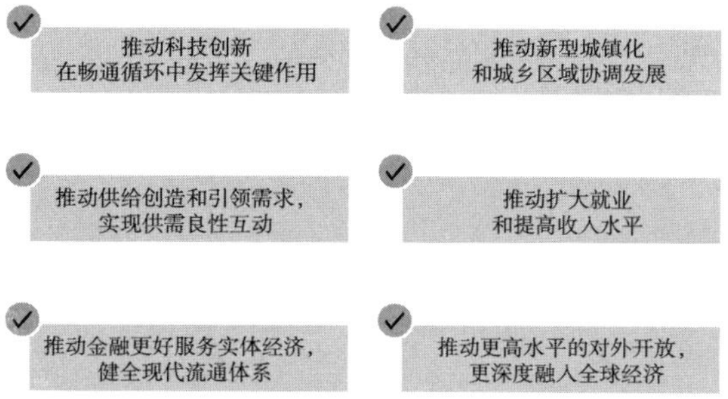

资料来源：平安证券研究所。

图表 9.2 普惠金融如何助力"双循环"

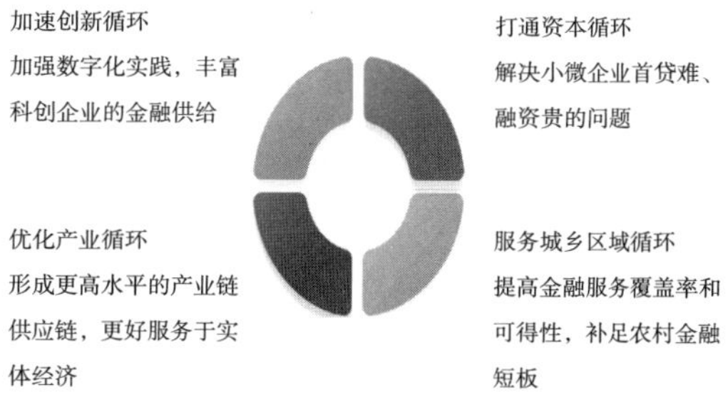

资料来源：平安证券研究所。

小微企业贷款延期还本付息，推出制造业中小微企业缓税、个体工商户减免所得税等政策。

图表 9.3 市场主体：2020 年个体工商户实有户数占比 67%

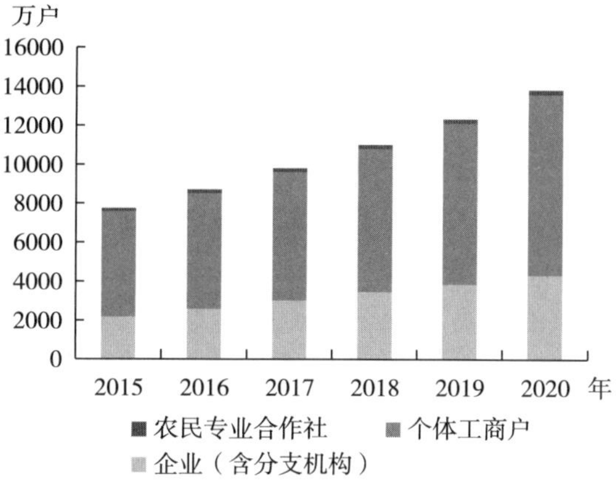

资料来源：Wind，平安证券研究所。

图表 9.4 小微企业吸纳了近 80%的就业

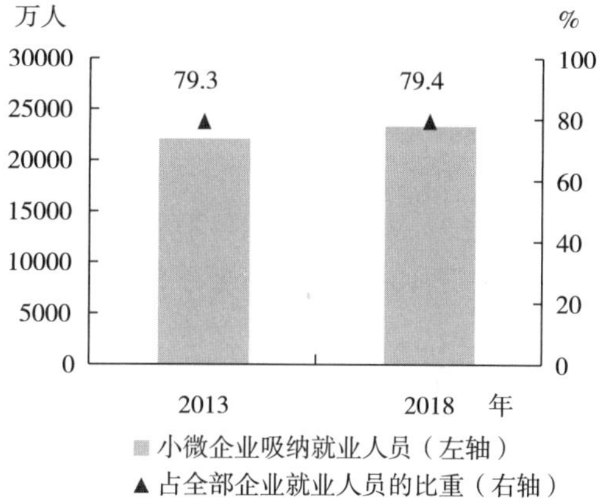

资料来源：国家统计局第四次全国经济普查，平安证券研究所。

在"双循环"落地的过程中，商业银行在进一步支持小微企业融资方面将扮演重要角色。目前我国金融体制以银行体系的间接融资为主，小微企业的外部融资仍然主要依赖银行。我国小微企业贷款需求保持旺盛，据央行统计，2021 年第三季度末小微企业贷款需求指数为 72.1%，分别比大型企业、中型企业高出 15.9 个、11.4 个百分点。

9.1.1.2 监管政策大力支持普惠小微金融

针对供给侧，国家相关部门从量、价、质三个维度持续细化要求、构建全面的政策体系，致力于推动小微信贷供给、降低企业融资成本、提升机构服务能力。具体包括：

图表 9.5　小微经营者融资渠道分布：以银行为主

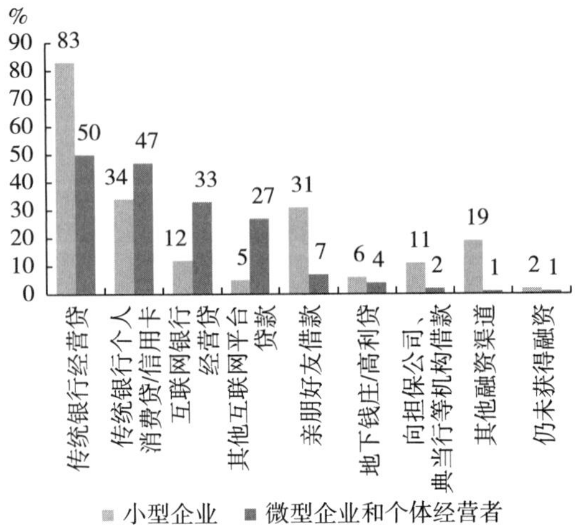

资料来源：全国工商联，平安证券研究所。

图表 9.6　我国小微企业贷款需求保持旺盛

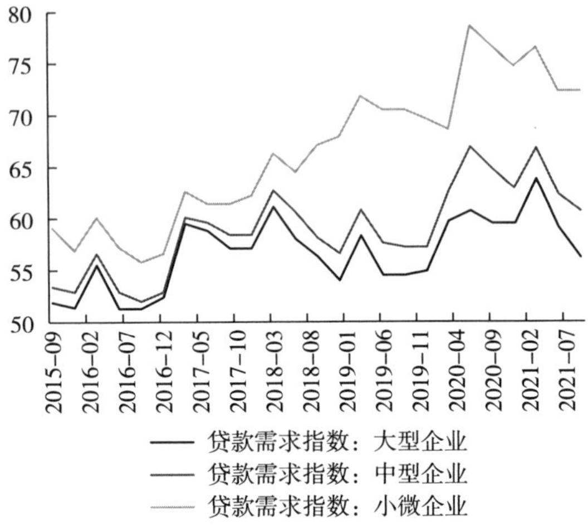

资料来源：央行，平安证券研究所。

（1）量：主要包括货币政策、财税政策、监管考核和内控管理四个维度，着力降低金融机构的负债成本，提升从业人员积极性，督促银行业金融机构实现贷款投放的增量扩面；

（2）价：监督银行精简清理不合理收费项目，降低小微企业融资成本，实现减费让利；

（3）质：在管理上，要求银行设置普惠金融事业部，实现普惠金融条线的垂直管理；在服务上，鼓励银行加大金融科技投入，提升服务效率，明确支持首贷、信用贷等贷款的投放，引导银行深入触达下沉市场、拓宽服务覆盖面，实现小微企业金融服务的提质增效。

图表 9.7　普惠小微金融政策体系（针对金融机构）

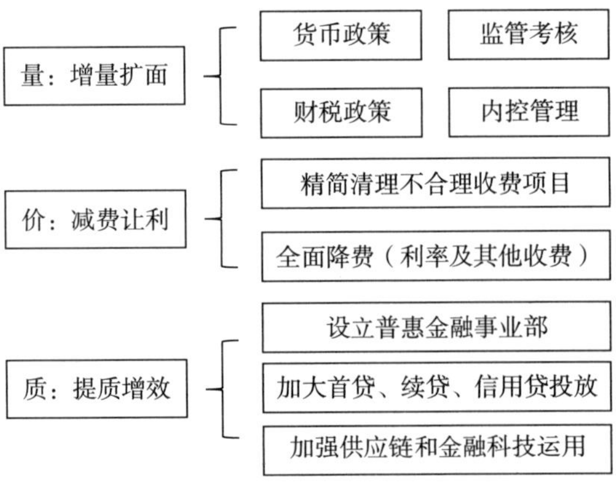

资料来源：平安证券研究所。

图表 9.8　量：推动金融机构普惠小微贷款供给

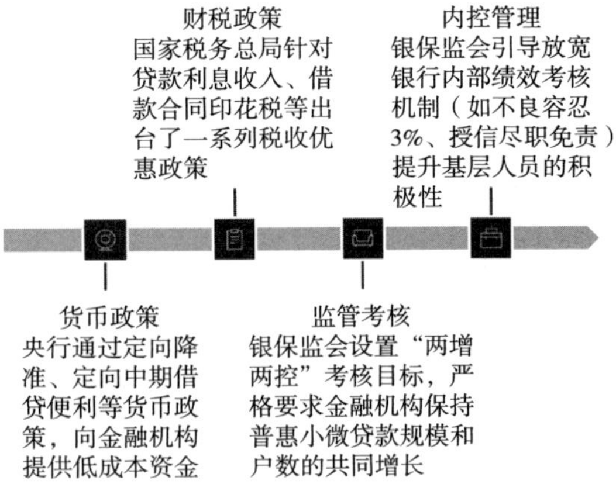

资料来源：公开资料，平安证券研究所。

增量扩面，提升金融机构积极性

为推动金融机构的信贷供给，相关部门主要通过货币调控、财税优惠、放宽内控约束等方式降低展业成本和难度，同时也设置了更严格的考核目标。具体来看：（1）货币政策：央行通过定向降准、定向中期借贷便利等方式，向金融机构提供低成本资金；（2）财税政策：国家税务总局针对贷款利息收入、借款合同印花税等出台了一系列政策，提供大量税收优惠；（3）内控管理：银保监会推动内部绩效考核机制（如不良容忍、授信尽职免责）的适当放宽，提升基层人员的积极性；（4）监管考核：银保监会设置“两增两控”考核目标，严格要求金融机构保持贷款规模和户数的共同增长。

从货币政策来看，央行通过定向降准、再贷款再贴现、定向中期借贷便利等方式，向金融机构提供低成本资金。包括：（1）央行多次实施定向降准释放中长期资金，用于支持小微企业的发展；（2）2014 年央行设立支小再贷款，随后不断新增再贷款再贴现额度，并下调支农/支小再贷款利率，引导降低小微企业的融资成本；（3）2018 年央行创设定向中期借贷便利（TMLF），定向支持金融机构向小微企业投放贷款。

图表 9.9　近年来针对普惠金融的央行货币政策梳理

分类	时间	货币政策	释放资金	主要内容
定向降准	2019－01	扩大普惠金融定向降准优惠政策覆盖面	—	自 2019 年起，将普惠金融定向降准小型和微型企业贷款考核标准由“单户授信小于 500 万元”调整为“单户授信小于 1000 万元”。
	2020－03	对达标银行定向降准 0.5～1 个百分点	5500 亿元	对达到普惠金融定向降准考核标准的银行释放长期资金 4000 亿元，对符合条件的股份制商业银行再额外定向降准 1 个百分点释放长期资金 1500 亿元。
	2020－04	定向下调存款准备金率 1 个百分点	4000 亿元	对农村信用社、农村商业银行、农村合作银行、村镇银行和仅在省级行政区域内经营的城市商业银行下调存款准备金率 1 个百分点，释放长期资金约 4000 亿元。
	2021－07	全面下调存款准备金率 0.5 个百分点	1 万亿元	除已执行 5% 存款准备金率（即目前最低水平）的部分县域法人金融机构外，对其他金融机构普遍下调存款准备金率 0.5 个百分点，降准释放长期资金约 1 万亿元。
再贷款再贴现	2014－03	创设支小再贷款	500 亿元	发放对象是小型城市商业银行、农村商业银行、农村合作银行和村镇银行四类地方性法人金融机构，专门用于支持金融机构扩大小微企业信贷投放。
	2020－02	新增再贷款再贴现额度	5000 亿元	支农再贷款 1000 亿元＋支小再贷款 3000 亿元＋再贴现 1000 亿元（必须投向普惠金融领域）。
	2020－07	下调再贷款、再贴现利率	—	支农/支小再贷款利率下调 0.25 个百分点，调整后，3 个月、6 个月和 1 年期支农再贷款、支小再贷款利率分别为 1.95%、2.15% 和 2.25%。再贴现利率下调 0.25 个百分点至 2%。

续表

分类	时间	货币政策	释放资金	主要内容
再贷款再贴现	2021 - 03	新增再贷款再贴现额度	1 万亿元	强化对中小微企业的普惠性金融支持，增加面向中小银行的再贷款再贴现额度 1 万亿元。
	2021 - 09	新增支小再贷款额度	3000 亿元	新增的 3000 亿元支小再贷款额度将在 2021 年年内（9～12 月）发放。
定向中期借贷便利	2018 - 12	创设定向中期借贷便利	—	定向中期借贷便利资金可使用 3 年，操作利率比 MLF 利率优惠 15 个基点，目前为 3.15%。
	2019 - 01	开展定向中期借贷便利操作	2575 亿元	操作期限为 1 年，到期可根据金融机构需求叙做两次，实际使用期限可达到 3 年。操作利率为 3.15%，比中期借贷便利（MLF）利率优惠 15 个基点。
	2019 - 04	开展定向中期借贷便利操作	2674 亿元	
	2020 - 01	开展定向中期借贷便利操作	2405 亿元	对当日到期的 2575 亿元 TMLF 进行叙做，叙做金额为 2405 亿元，期限 1 年，利率 3.15%。
	2020 - 04	开展定向中期借贷便利操作	561 亿元	对当日到期的 2674 亿元 TMLF 进行叙做，叙做金额为 561 亿元，期限 1 年，利率 2.95%。

资料来源：央行，平安证券研究所。

针对银行业金融机构，2018 年银保监会设立了“两增两控”考核目标，对普惠小微贷款业务提出了增速和户数的双重要求。相比“三个不低于”，“两增两控”更严格地要求银行普惠型小微企业贷款［包括：单户授信总额 1000 万元以下（含）的小微企业 + 个体工商户 + 小微企业主贷款］实现两个增长目标：（1）增速不低于各项贷款增速；（2）有贷户不低于上年同期水平。对于大型银行的要求更加细化，2019 年、2020 年、2021 年政府工作报告要求大型银行普惠小微贷款增速分别高于 30%、40%、30%。

图表 9.10　　银保监会考核口径变化

时间	名称	口径
2011—2013 年	小型微型企业贷款[1]	小微企业贷款 + 个人经营性贷款
2013—2017 年	全口径小微企业贷款[2]	小微企业贷款 + 个体工商户贷款 + 小微企业主贷款
2018 年至今	普惠型小微企业贷款[3]	单户授信上限 1000 万元的小微企业贷款 + 个体工商户贷款 + 小微企业主贷款

注：1.《关于支持商业银行进一步改进小型微型企业金融服务的补充通知》（银监发〔2011〕59 号）。

2.《关于深化小微企业金融服务的意见》（银监发〔2013〕7 号）。

3.《关于 2018 年推动银行业小微企业金融服务高质量发展的通知》（银监办发〔2018〕29 号）。

资料来源：银保监会，平安证券研究所。

图表 9.11　　普惠金融考核要求：“三个不低于”到“两增两控”

项目	2015 年	2018 年
要求	“三个不低于”	“两增两控”
口径	全口径小微企业贷款	普惠型小微企业贷款

续表

项目	2015年	2018年
具体要求	√增速要求：小微企业贷款增速不低于各项贷款平均增速 √户数要求：小微企业贷款户数不低于上年同期户数 √获得率要求：小微企业申贷获得率不低于上年同期水平	√增速要求：增速不低于各项贷款增速 √户数要求：有贷款余额的户数不低于上年同期水平 √合理控制：小微企业贷款资产质量水平和贷款综合成本（包括利率和贷款相关的服务收费）

资料来源：银保监会，平安证券研究所。

从财税政策来看，国家税务总局自2017年密集出台了一系列针对金融机构的免税政策，鼓励金融机构投放普惠小微贷款，包括：（1）贷款利息收入免征增值税政策范围由农户扩大到小微企业、个体工商户，享受免税的贷款额度上限从单户授信10万元提升至1000万元；（2）金融机构与小微企业签订的借款合同免征印花税；（3）融资担保及再担保收入免征增值税；（4）准予按规定比例计提的贷款损失准备金在税前扣除。2020年国家税务总局发布公告，将以上政策进一步延期至2023年末。

图表9.12　　针对普惠小微金融的财税政策回顾

政策	文号	内容
支持农户贷款	财税〔2017〕44号	自2017年1月1日至2019年12月31日，对金融机构农户小额贷款（单笔且该农户余额总额小于10万元）的利息收入：（1）免征增值税；（2）计算应纳税所得额时，按90%计入收入总额。
全面延期	总局公告 2020年第22号	财税〔2017〕44号、财税〔2017〕48号、财税〔2017〕77号、财税〔2017〕90号中规定于2019年12月31日执行到期的税收优惠政策，实施期限延长至2023年12月31日。
支持小额贷款公司	财税〔2017〕48号	自2017年1月1日至2019年12月31日，对经省级金融管理部门（金融办、局等）批准成立的小额贷款公司按年末贷款余额的1%计提的贷款损失准备金准予在企业所得税税前扣除。
允许损失准备金税前扣除	总局公告 2019年第85号	自2019年1月1日起执行至2023年12月31日，涉农贷款和中小企业贷款按照规定比例计提的贷款损失准备金，准予在计算应纳税所得额时扣除。
扩大至小微企业贷款	财税〔2017〕77号	自2017年12月1日至2019年12月31日，对金融机构向农户、小型企业、微型企业及个体工商户发放小额贷款（单户授信小于100万元）取得的利息收入，免征增值税。
上限提升到1000万元	财税〔2018〕91号	自2018年9月1日至2020年12月31日，对金融机构向小型企业、微型企业和个体工商户发放小额贷款（单户授信小于1000万元）取得的利息收入，免征增值税。
扩大至合同印花税	财税〔2017〕77号	自2018年1月1日至2020年12月31日，对金融机构与小型企业、微型企业签订的借款合同免征印花税。

续表

政策	文号	内容
支持融资担保	财税〔2017〕90号	自2018年1月1日至2019年12月31日，纳税人为农户、小型企业、微型企业个体工商户借款、发行债券提供融资担保取得的担保费收入，以及为上述融资担保（即“原担保”）提供再担保取得的再担保费收入，免征增值税。

资料来源：平安证券研究所。

为增加普惠信贷供给，监管部门从不良容忍和尽职免责两个方面出发，推动金融机构改进内部绩效考核机制，从操作层面提升基层信贷人员的积极性。（1）适当放宽不良容忍度：监管规定，高出自身各项贷款不良率3个百分点（原为2个百分点）的普惠小微贷款，可不作为监管评级和银行内部考核评价的扣分因素，银行可据此对小微企业不良贷款执行差别化的容忍度；（2）完善授信尽职免责制度：监管明确推行小微贷款业务授信尽职免责制度，对小微企业不良贷款率未超出容忍度标准的分支机构，在无违反法律法规和监管规则行为的前提下，可对分支机构负责人、小微业务部门和从业人员免予追责，包括内部考核扣减分、行政处分、经济处罚等责任。

图表9.13　　监管逐步放宽小微企业贷款的不良容忍度

时间	不良容忍度
2013年8月	银行业金融机构小微企业贷款不良率高出全辖各项贷款不良率2个百分点以内的，该项指标不作为当年监管评级的扣分因素。
2015年3月	小微企业贷款不良率高出全行各项贷款不良率年度目标2个百分点以内（含）的，不作为内部对小微企业业务主办部门考核评价的扣分因素。
2019年3月	普惠型小微企业贷款不良率高出自身各项贷款不良率3个百分点以内的，可不作为监管部门评级和银行内部考核评价的扣分因素。

资料来源：银保监会，平安证券研究所。

图表9.14　　监管规定了多种免责情形

编号	情形
1	无确切证据证明工作人员未按照标准化操作流程完成相关操作或未勤勉尽职的；
2	不可抗力因素直接导致不良资产形成，且相关工作人员在风险发生后及时揭示风险并第一时间采取措施的；
3	信贷资产本金已还清、仅因少量欠息形成不良的，如相关工作人员无舞弊欺诈、违规违纪行为，并已按商业银行有关管理制度积极追索的；
4	移交前已暴露风险的，后续接管的工作人员无违规失职行为；移交前未暴露风险的，后续接管的工作人员及时发现风险并采取措施减少损失的；
5	参与集体决策的工作人员明确提出不同意见（有合法依据），经事实证明该意见正确，且该项决策与授信业务风险存在直接关系的；
6	对不合规业务曾明确提出反对意见、或对小微企业信贷资产风险有明确警示意见（有合法依据），但经上级决策后业务仍予办理且形成不良的。

资料来源：银保监会，平安证券研究所。

降费让利，降低小微企业融资成本

在价格方面，为降低小微企业的融资成本，国家相关部门不断督促金融机构精简清理收费项目，严格控制贷款定价和其他服务费用水平。主要包括：（1）清理收费：监管对银行信贷业务收费本就设有“七不准四公开”规定，针对小微企业，2011 年监管推出“两禁两限”政策，“两禁”要求不得收取承诺费、资金管理费，“两限”严格限制收取财务顾问费、咨询费等费用，并不断督促银行清理通道过桥、以贷反存、捆绑销售等不合理项目；（2）全面降费：监管一方面严控贷款定价，另一方面着力降低针对小微企业的各项服务费用，例如减半收取政府性融资担保费、免除小微企业支付结算费等。

图表 9.15　　监管部门对商业银行信贷业务收费的要求

要求	七不准	四公开	两禁两限
具体内容	1. 不准以贷转存 2. 不得存贷挂钩 3. 不准以贷收费 4. 不准浮利分费 5. 不准借贷搭售 6. 不准一浮到顶 7. 不准转嫁成本	1. 收费项目公开 2. 服务质价公开 3. 效用功能公开 4. 优惠政策公开	针对小微企业， 禁止收取： 1. 承诺费 2. 资金管理费 限制收取： 1. 财务顾问费 2. 咨询费

资料来源：银保监会，平安证券研究所。

图表 9.16　　近些年监管针对小微企业服务降费政策的梳理

时间	政策文件	主要内容
2014－08	《国务院办公厅关于多措并举着力缓解企业融资成本高问题的指导意见》	清理不必要的资金“通道”和“过桥”环节，督促商业银行坚决取消不合理收费项目。
2015－06	《中国银监会关于进一步落实小微企业金融服务监管政策的通知》	严禁通过克扣放款数额、以贷返存、捆绑销售理财产品等行为，变相抬升小微企业融资成本。
2019－03	《中国银保监会办公厅关于 2019 年进一步提升小微企业金融服务质效的通知》	对使用人民银行支小再贷款或政策性银行转贷资金，以及获得政府性融资担保公司担保的普惠型小微企业贷款，严格控制利率定价。
2020－03	《财政部关于充分发挥政府性融资担保作用为小微企业和“三农”主体融资增信的通知》	地方各级政府性融资担保、再担保机构 2020 年全年对小微企业减半收取融资担保、再担保费，力争将小微企业综合融资担保费率降至 1% 以下。
2021－06	《中国人民银行　银保监会　发展改革委　市场监管总局　关于降低小微企业和个体工商户支付手续费的通知》	鼓励商业银行对小微企业和个体工商户免收全部单位结算账户管理费和年费。
2021－10	《中国人民银行关于做好小微企业银行账户优化服务和风险防控工作的指导意见》	银行应当区分账户开户费用和其他服务费用，落实小微企业账户服务费减免规定。

资料来源：国务院，央行，银保监会，平安证券研究所。

提质增效，增强普惠小微金融服务能力

为提升服务小微企业的能力，相关部门对银行内部架构设置和外部服务发力点都提出了具体要求。

在组织架构方面，2017 年银监会等部门下发《大中型商业银行设立普惠金融事业部实施方案》，要求大型银行、鼓励中型银行设立普惠金融事业部，形成更专业的经营管理体系。独立于其他业务条线，形成专门的综合服务、统计核算、风险管理、资源配置和考核评价机制，将有助于银行强化内部管理、提升普惠金融服务质效。目前，大中型商业银行普遍成立了普惠金融事业部和小微企业专营机构，形成各具特色的普惠金融服务模式。

图表 9.17　　大中型银行普惠金融事业部设立情况

设立年份	银行	设立情况
2016 年	邮储银行	总行设三农金融事业部，分行完成省—市—县各级机构事业部组建
2017 年	中国银行	一级分行设普惠金融事业分部，二级分支行设普惠金融服务中心
2017 年	工商银行	一级分行设普惠金融事业部，贴近小微企业的地级市和县域设小微金融业务中心
2017 年	农业银行	总行设普惠金融事业部 + 八大后台辅助中心，一级、二级分行设普惠金融事业部
2017 年	建设银行	在一级、二级分行设立普惠金融部，挂牌多家普惠金融特色网点
2017 年	交通银行	总行、省直分行设普惠金融事业部，辖行挂牌设普惠金融事业部
2017 年	中信银行	在一级、二级分行设立普惠金融部
2017 年	光大银行	在总行设立普惠金融部，分行设立普惠管理委员会和普惠金融部
2017 年	华夏银行	在总行及一级分行设立普惠金融部
2017 年	兴业银行	在总行设立普惠金融事业部
2017 年	民生银行	在总行设立普惠金融事业部
2017 年	浙商银行	总行设立普惠金融事业部，分行设立普惠金融事业部分部，小企业专营机构设立普惠金融业务部
2018 年	平安银行	在总行设立普惠金融事业部
2018 年	招商银行	在总行和一级分行全部成立了普惠金融服务中心
2020 年	广发银行	董事会设普惠金融发展委员会，高管层设普惠金融工作领导小组

资料来源：公司公告，平安证券研究所。

在服务导向方面，为纾困小微企业融资，监管部门对金融机构提出以下具体发展导向：(1) 明确支持首贷、续贷投放，拓宽服务覆盖面、保持服务连续性；(2) 鼓励加强信用贷投放，降低企业准入门槛；(3) 支持银行深入产业，围绕核心企业服务供应链上下游小微企业，丰富服务形式；(4) 鼓励银行运用金融科技赋能产品和流程，提升服务效率。

图表 9.18　　　　监管部门指导银行从多方面提升服务能力

要点	时间	颁布主体	主要内容
首贷续贷	2020－03	银保监会	与政府性担保机构建立银担合作机制的，鼓励优先为“首贷户”发放担保贷款。
	2020－05	央行	允许将符合条件的小微企业续贷贷款纳入正常类贷款。
	2021－04	银保监会	大型银行、股份制银行努力实现2021年新增小型微型企业“首贷户”数量高于2020年；大型银行要将小型微型企业“首贷户”占比纳入内部绩效指标：进一步加大续贷产品开发推广力度，提升续贷业务在小微企业贷款中的比重。
信用贷	2020.6	央行等五部门	支持更多小微企业获得免抵押担保的纯信用贷款，确保2020年普惠小微信用贷款占比明显提高。
	2021.4	银保监会	要继续加大小微企业首贷、续贷、信用贷款投放力度。
供应链	2019－07	银保监会	鼓励银行保险机构加强对供应链上下游小微企业、民营企业的金融支持。
	2021－04	银保监会	鼓励银行业金融机构围绕产业链供应链核心企业，“一企一策”制订覆盖上下游小微企业的综合金融服务方案：在农业、制造业、批发零售业、物流业等重点领域搭建供应链产业链金融平台。

资料来源：央行，银保监会，平安证券研究所。

图表 9.19　　　　监管鼓励银行运用金融科技手段赋能

时间	政策	具体内容
2020－05	《关于进一步强化中小微企业金融服务的指导意见》	•鼓励商业银行运用大数据、云计算等技术风险定价和管控模型建立，改造信贷审批发放流程。 •深入挖掘整合银行内部小微企业客户信用信息，加强与征信、税务、市场监管等外部信用信息平台的对接。
2021－04	《关于2021年进一步推动小微企业金融服务高质量发展的通知》	•在依法合规、风险可控基础上，充分运用大数据、区块链、人工智能等金融科技，在农业、制造业、批发零售业、物流业等重点领域搭建供应链产业链金融平台，提供方便快捷的线上融资服务。
2021－06	《关于深入开展中小微企业金融服务能力提升工程的通知》	•大中型银行加快数字化转型，打造线上线下、全流程的中小微金融产品体系，满足中小微企业信贷、支付结算、理财等综合金融服务需求。 •地方法人银行坚守“支小支农”市场定位，借助信息技术手段优化信贷业务流程，鼓励开发线上产品。

资料来源：银保监会，平安证券研究所。

9.1.2　普惠小微金融面临挑战，金融机构亟待解决两大痛点

9.1.2.1　政策驱动下普惠贷款规模稳增

在政策推动下，从增长态势来看，我国普惠小微信贷规模持续高速增长，其中大型银行增速处于领先地位。截至2021年第三季度末，我国银行业金融机构普惠小微贷款余额18.48万亿元，同比增长25.2%。分类型来看，大型银行增速领先，股份制银行增长速度在不断提升，规模增速排序为大型银行>股份制银行>城商行>农商行，2021年第三季度末分别同比增长34%、24%、21%、18%。

图表 9.20　普惠小微贷款规模持续增高

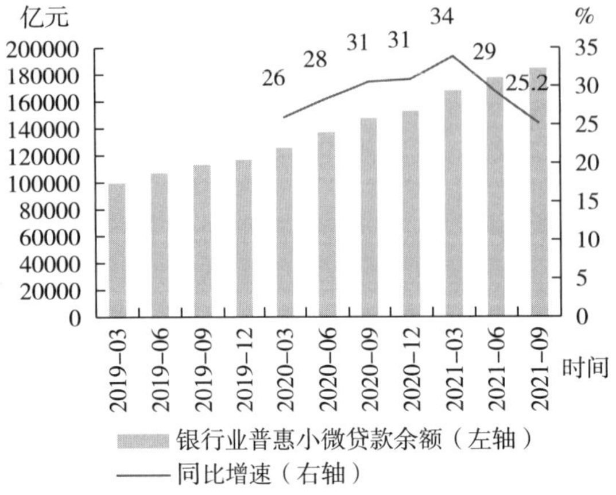

资料来源：银保监会，平安证券研究所。

图表 9.21　普惠小微贷款余额同比增速

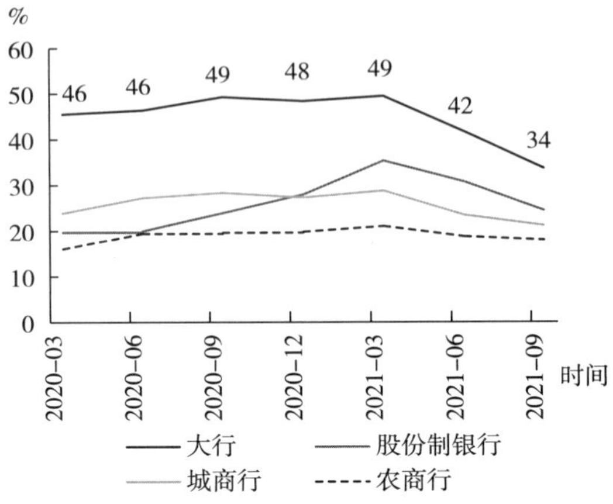

资料来源：银保监会，平安证券研究所。

从市场格局来看，大型银行和农商行市场占有率较高，头部银行优势显著。在存量方面，六大行与农商行几乎各分三成，经过测算，截至 2021 年第二季度末市场占有率前十名仍以大行和股份制银行为主，头部银行的优势更为明显。其中，建设银行排名第一，占据了 9.6% 的小微贷款市场，其次是农业银行（7.0%）、工商银行（5.7%）。

图表 9.22　普惠小微贷款市场格局：六大行占据 34%（2021 年第三季度）

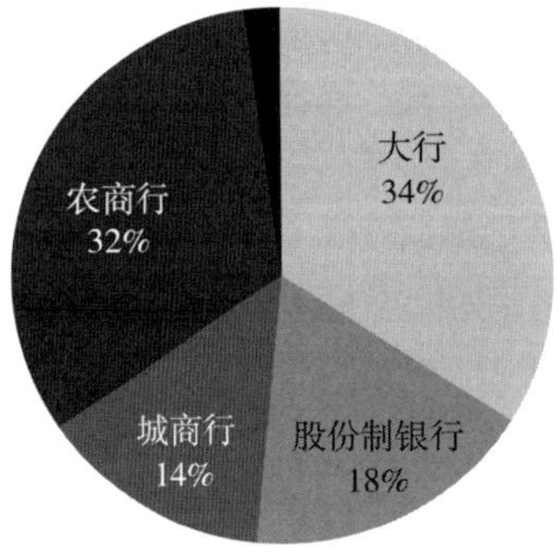

资料来源：银保监会，平安证券研究所。

图表 9.23　市场占有率前十名：以大中型银行为主（2021 年上半年）

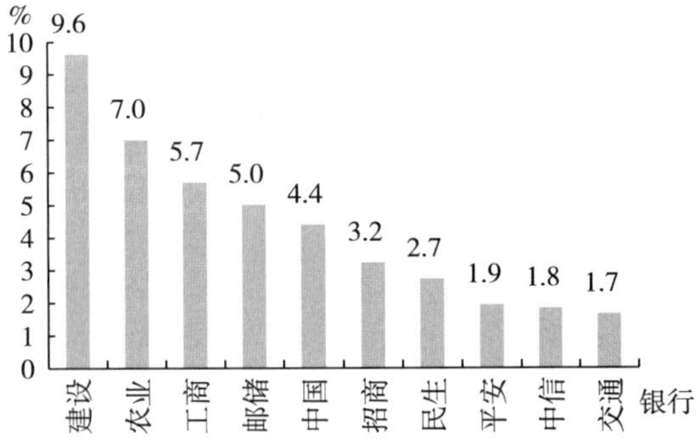

资料来源：银保监会，公司公告，平安证券研究所。

9.1.2.2　金融机构面临风险管控和成本管控两大痛点

小微企业面临融资难题

在实际展业过程中，普惠小微金融仍然面临诸多挑战：站在小微企业角度，小微企业在贷款申请时，面临办理周期长、门槛较高、渠道单一等融资难题。（1）获批时间较长，据全国工商联调查，42% 的小型企业申请经营性贷款需要等待超过 1 个月；（2）担保方式仍然以抵质押贷款和保证贷款为主，对担保物稀少的小微企业形成了较高的门槛。据央行调查，2020 年末普惠小微贷款中信用类贷款占比仅为 20%；（3）获贷渠道以线下为主，缺乏便利性。据统计，2020 年末个人经营性互联网贷款余额为 5871 亿元，占个人经营性贷款余额的比重仅 4%。

图表 9.24 小型企业获得传统银行经营性贷款审批周期较长（2019 年）

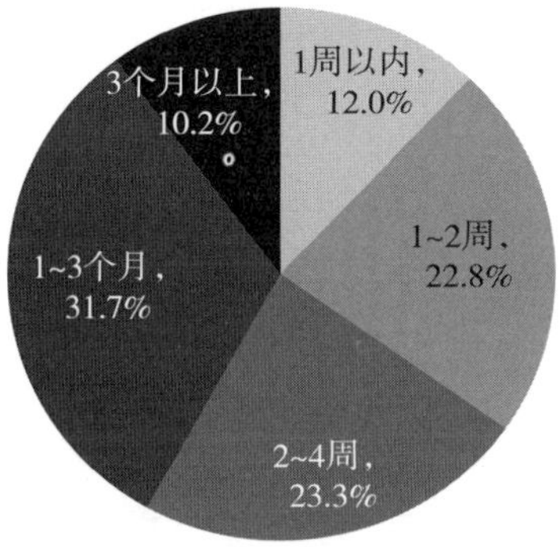

资料来源：全国工商联《2019—2020 年小微融资状况报告》，平安证券研究所。

图表 9.25 2019 年及 2020 年普惠小微贷款中信用贷款占比

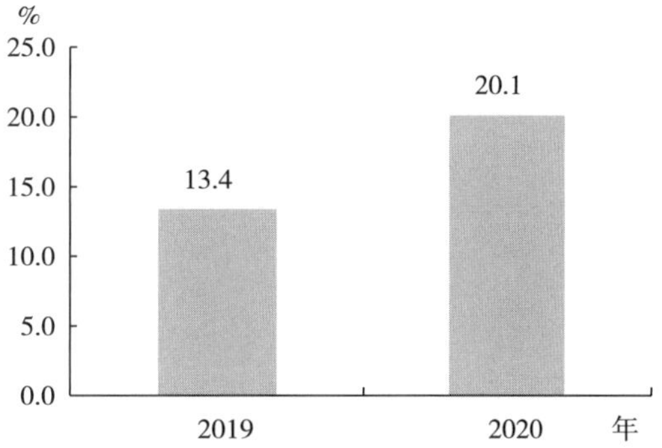

资料来源：央行《中国普惠金融指标分析报告（2020 年）》，平安证券研究所。

银行面临风险管控和成本管控挑战

站在金融机构角度，从贷款业务的本质出发，由于资金成本相对刚性，我们主要考虑定价、业务成本以及从事贷款业务最重要的风险成本。具体来看，对于小微贷款业务，由于普惠小微贷款定价相对缺乏弹性，银行主要面临风险管控和成本管控两大痛点：在风险管控上，小微企业经营不稳定、缺乏抵质押物，导致银行面临更高的风险；在成本管控上，相比大型企业，小微企业贷款需求更加小额分散，且经营规范化程度较低，带来更高的获客成本。

图表 9.26 贷款风险定价原理：银行从事小微业务主要面临风险管控和成本管控挑战

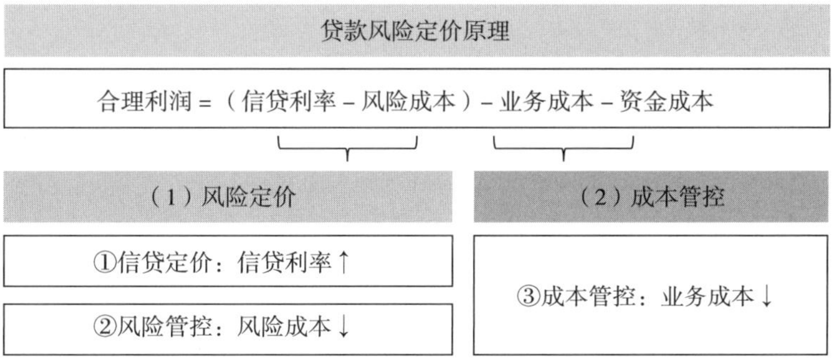

资料来源：平安证券研究所。

（1）在信贷定价上，由于主要受到政策让利的影响，普惠小微贷款定价相对缺乏弹性。与其他贷款机构相比，银行普惠小微贷款利率较低，主要受到减费让利等普惠金融政策的影响，银行业金融机构的利润空间相对较小。目前，商业银行普惠小微贷款利率位于4% ~6%，远低于民间融资（15%左右）和小额贷款公司（15% ~20%）提供的贷款利率。

图表 9.27　银行业金融机构的贷款利率较低

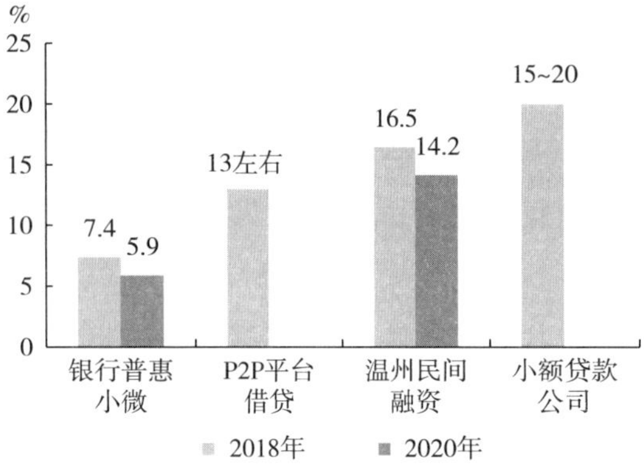

资料来源：央行，平安证券研究所。

图表 9.28　银行普惠小微贷款利率位于4% ~6%区间（2020 年）

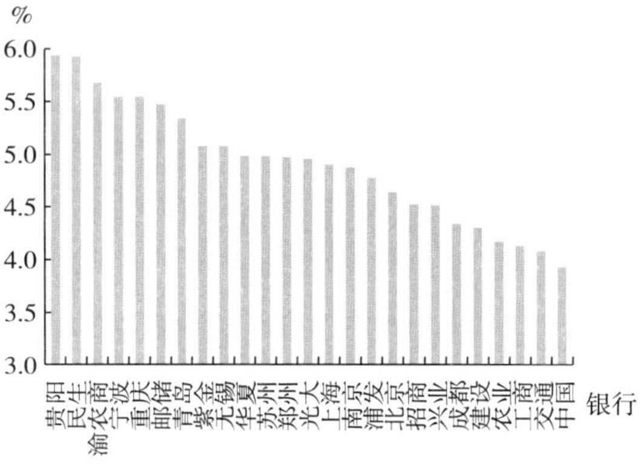

资料来源：公司公告，平安证券研究所。

（2）在风险管控上，小微企业经营不确定性强、缺乏抵质押物，银行为小微企业提供融资服务将面临更高的风险。银保监会数据显示，2020 年第二季度末普惠小微贷款的不良率为 2.99%，比商业银行贷款不良率高出 1.05 个百分点。究其原因，我国小微企业平均生命周期 2 ~3 年，存在经营不稳定的问题。同时，从行业分布来看，大多小微企业集中于批发零售业、采矿业、制造业等以产品初加工型、服务低层次型为主的传统行业，抗外部冲击的能力弱，因此也难以提供合格的抵质押担保物，导致银行面临较高的风险。

图表 9.29　普惠小微贷款不良率较高

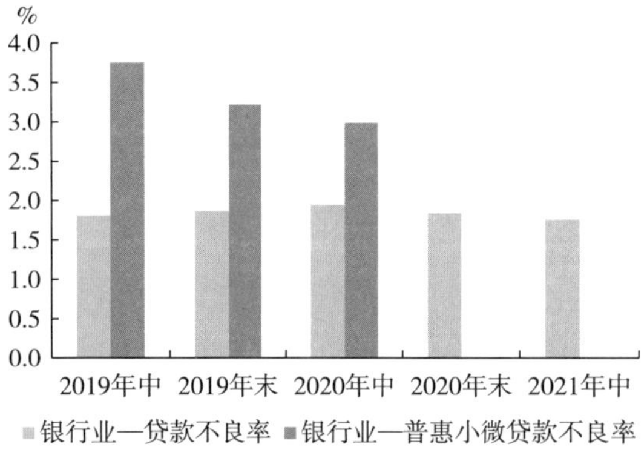

资料来源：银保监会，平安证券研究所。

图表 9.30　小微企业行业分布相对集中

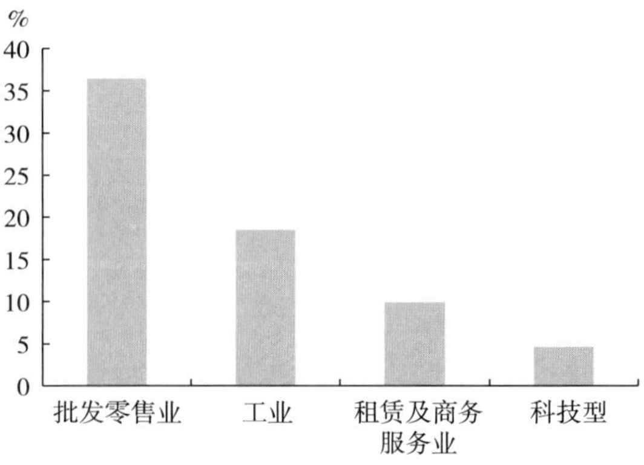

资料来源：2014 年工商总局《全国小型微型企业发展情况报告》，平安证券研究所。

（3）在成本管控上，相较大型企业，小微企业的融资需求更加小额、分散，经营规范化程度较低，带来更高的获客成本。由于小微企业贷款需求呈现“短小频急”的特点，全国工商联调研显示，大多数贷款需求在50万元以下，因此银行需要投入大量人力去覆盖客户需求。同时，经营标准化、规范化程度较低，据调查小微企业电子化水平不高，有一半以上的小微企业不使用财务管理软件，银行需要投入大量成本履行调查、验证等程序，确保企业背景的真实性，基于这些原因，相较于风险和回报更为稳定的大型企业，银行服务小微企业的单客收益相对更低。

图表 9.31　小微企业融资需求金额较小

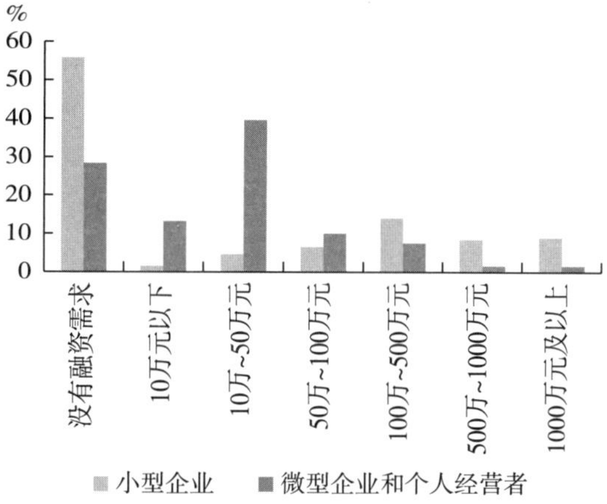

资料来源：全国工商联《2019—2020年小微融资状况报告》，平安证券研究所。

图表 9.32　未使用相关管理软件的小微企业占比

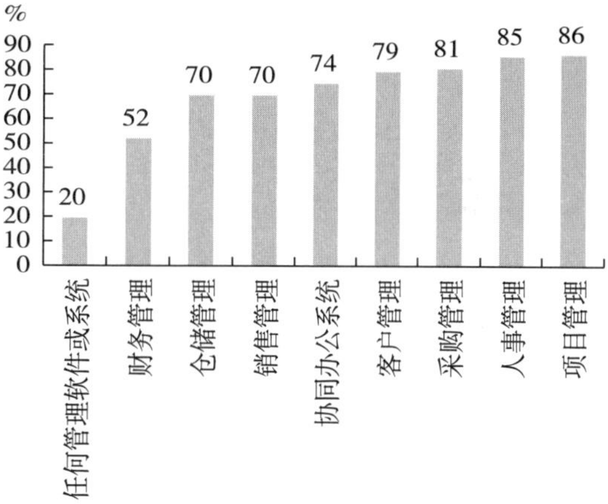

资料来源：微众银行《银行业用户体验大调研报告：小微篇》，平安证券研究所。

9.2　普惠小微金融实践：信贷工厂、线上化、供应链

针对传统普惠小微金融的风险和成本管控两大痛点，过去几年国内银行积极创新业务模式，取得了一定成效，具体来看主要有以下几个方向：（1）信贷工厂模式：针对风险管控问题，信贷工厂将信贷流程标准化、数字化，采用专门团队集中审批，实现了审批效率和风控能力的提升。（2）线上模式：针对成本管控问题，线上模式通过线上信贷产品和场景生态布局实现批量获客，结合数字化手段实现自动审批，降低了获客成本。（3）供应链模式：围绕核心企业触达上下游企业，实现批量获客，在一定程度上降低了获客成本，同时，运用物联网等技术真实触达企业经营，有效降低风险和成本。

9.2.1　信贷工厂模式：标准流程、集中审批，实现效率提升与风险隔离

9.2.1.1　流程标准化数字化，提升效率

IPC模式和信贷工厂模式为当下最主流的小微信贷模式：（1）IPC模式是最传统的

小微信贷模式，由德国IPC公司研发，2005年由国家开发银行引入中国，是一套围绕信贷员的劳动密集型业务流程。IPC模式以客户还款能力和还款意愿作为放贷的唯一标准，强调对客户的深入了解和精细化管理。（2）信贷工厂模式由新加坡淡马锡公司研发，通过设计标准化、数字化的业务流程，实现不同信贷产品的流水线作业，同时前中后台职责界限更加清晰，实现放贷效率提升，更加符合小微企业“短小频急”的贷款需求。

图表9.33　IPC模式：围绕信贷员的线下业务流程

评估项目	评估客户偿还贷款的能力	评估客户偿还贷款的意愿
具体内容	通过信贷员的密集劳动了解客户。流程是信贷员通过实地调查，了解客户生产、营销、资金运转等状况，自行编制财务报表，分析客户的还款能力，为发放贷款的整体决策提供信息。	综合评估信用状况和质押品情况。（1）评估客户个人的信用状况，包括个人声誉、信用历史、贷款申请的整体情况和所处的社会环境。（2）要求提供严格的抵押品，降低客户道德风险。

资料来源：平安证券研究所。

图表9.34　信贷工厂模式：各司其职的线上流水作业

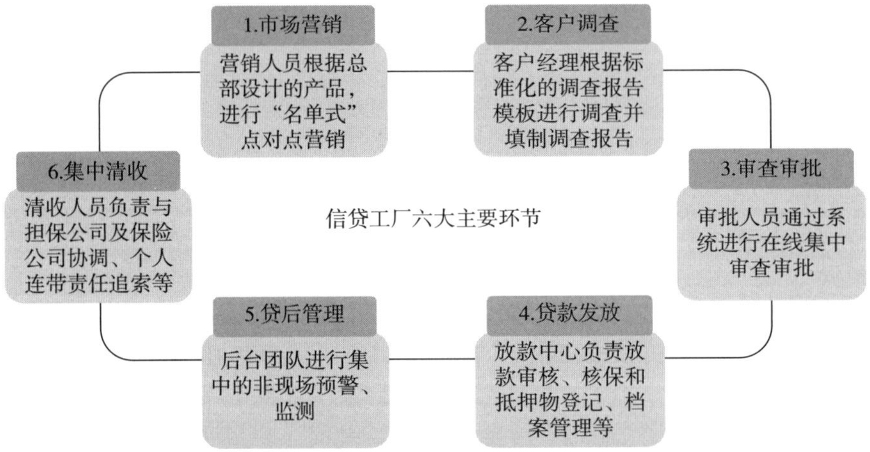

资料来源：平安证券研究所。

信贷工厂模式通过将信贷流程标准化、数字化，实现前中后台流水线作业，提升了审批效率；同时采用集中审批，将传统的获客和风控流程彻底分离，降低了风险成本。信贷工厂被众多以“小微”业务闻名的区域型银行广泛应用于实践中，如台州银行、泰隆银行、常熟银行深耕小微金融，根据2020年报，100万元以下贷款客户占比分别为92%、95%、95%，余额占比分别为47%、54%、40%。在信贷工厂模式下，三家区域型银行均实现了良好的风险管控，2020年末台州银行、泰隆银行、常熟银行不良率分别为1.23%、0.95%、0.96%，而农商行整体不良率水平为3.88%。

以常熟银行为例，其2009年设立小微金融总部，2012年引入信贷工厂模式，目前已经形成了由1700名小微金融总部专业人员和2600名村镇银行信贷人员组成的庞大业务团队。2020年末，常熟银行小微贷款余额为423亿元，占贷款的比重为32.1%，规模、占比均位于上市农商行前列，同时保持良好的资产质量，经营性贷款不良率、小微金融总部和村镇银行贷款不良率分别为0.92%、0.82%和1.00%，远低于同业。

图表9.35　采用信贷工厂模式的银行表现出良好的风控能力

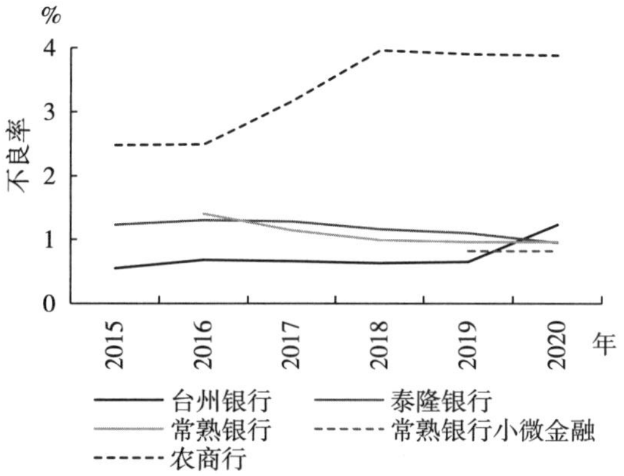

资料来源：公司公告，平安证券研究所。

图表9.36　常熟银行小微贷款不良率远低于行业平均水平

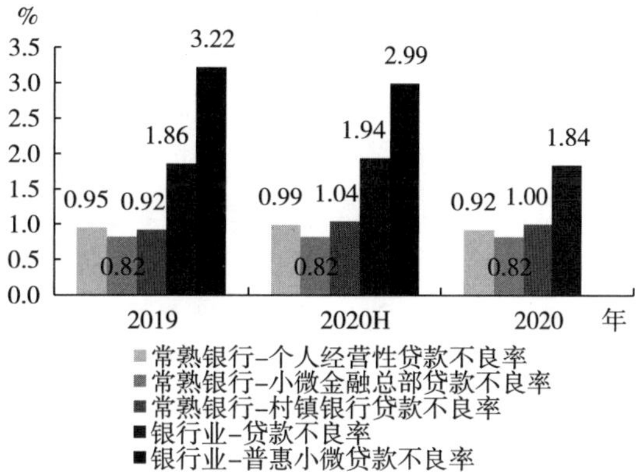

资料来源：公司公告，银保监会，平安证券研究所。

9.2.1.2　专门团队集中审批，隔离风险

在风控方面，常熟银行依托信贷工厂模式的集中审批，实现了风险隔离；同时在组织架构上，常熟银行将风控条线从传统业务条线中分离出来，形成风险隔离的支撑。在传统IPC模式下，分支机构同时承担获客和风控的责任，风险控制缺乏独立性，与总行往往存在利益冲突。常熟银行2009年设立专营小微的事业部——小微金融总部，该事业部设置了“四线三级”组织架构，业务、人力资源、运营、风控“四线”各司

图表9.37　常熟银行小微金融总部的“四线三级”组织架构

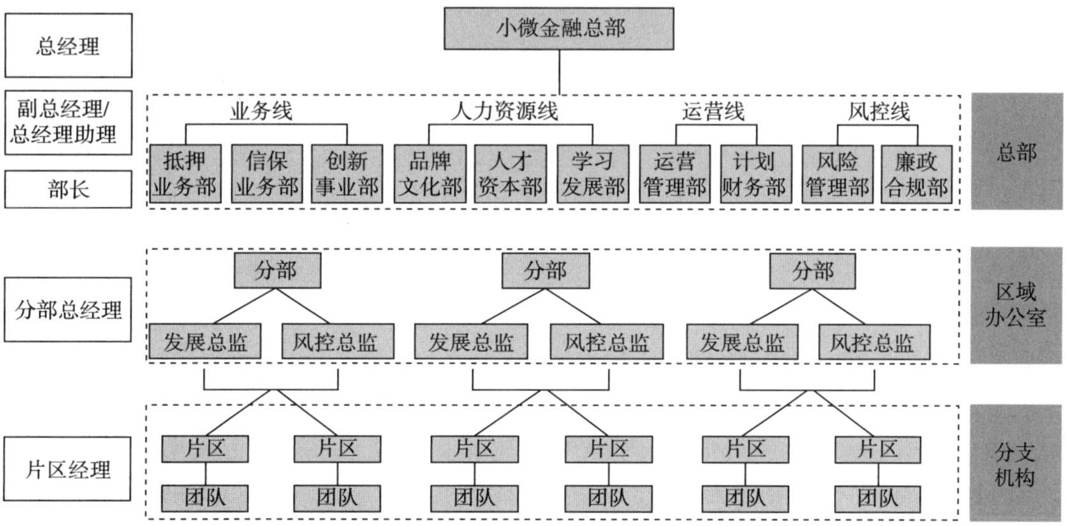

资料来源：公司公告，平安证券研究所。

其职，总部到分部再到片区“三级”分层管理，贷款审批最终由总部贷审会负责，还原了风控的独立性，有效解决传统模式的利益冲突问题。

9.2.1.3 线下地推开拓客户，充分下沉

在获客方面，常熟银行组建了由1700名小微金融总部专业人员和2600名村镇银行信贷人员构成的庞大业务团队，通过线下地推去真正触达、了解小微客户，从而降低风险。

（1）针对本地市场：江苏常熟长年位居百强县前列（2021年排名第四位），拥有中国最大的服装批发市场，小微客户资源丰富。依托地推团队对当地营商环境的深入了解，常熟银行定位于批发零售、门窗装潢、家庭纺织等行业，在常熟地区铺设了109家网点，加上农村综合金融服务站，基本实现一行政村一服务站。

（2）针对异地市场：2019年常熟银行在海南设立兴福村镇银行，通过控股村镇银行开拓中西部欠发达县域，覆盖了16个原国定贫困县，借助分支机构和330家村镇银行网点触达乡镇小微客户，2020年末常熟银行的村镇银行户均贷款仅20万元。

线下地推表现出良好的获客效果，2020年末，常熟银行的小微有贷户已经超过15万户，并且实现充分下沉，户均小微贷款仅28万余元，远低于同业平均水平。

图表9.38 户均小微贷款余额（2020年）

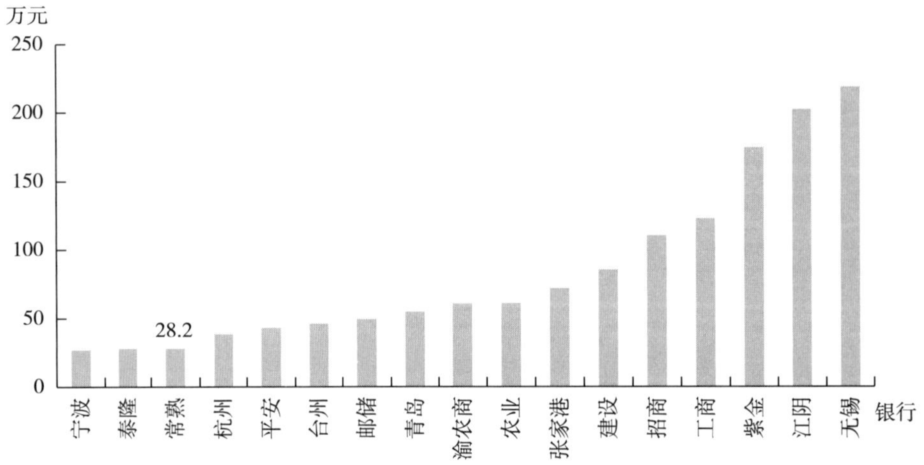

资料来源：公司公告，平安证券研究所。

总结而言，在解决风险管控痛点上，常熟银行主要采取了两项措施：（1）凭借信贷工厂模式的集中审批，实现风险隔离；（2）地推获客，真实触达小微企业，充分下沉有利于分散风险。

但需要注意的是，线下地推获客是一把“双刃剑”，在帮助常熟银行实现更有效的风险管控的同时，也导致其获客成本较同业偏高。2020年常熟银行人均创利26万元（其他上市农商行平均为62万元），成本收入比较高，成本收入比为42.8%（其他上市农商行平均为30.1%），在上市银行中仅低于邮储银行，高于绝大多数上市银行。

图表 9.39　常熟银行人均创利不如其他可比农商行

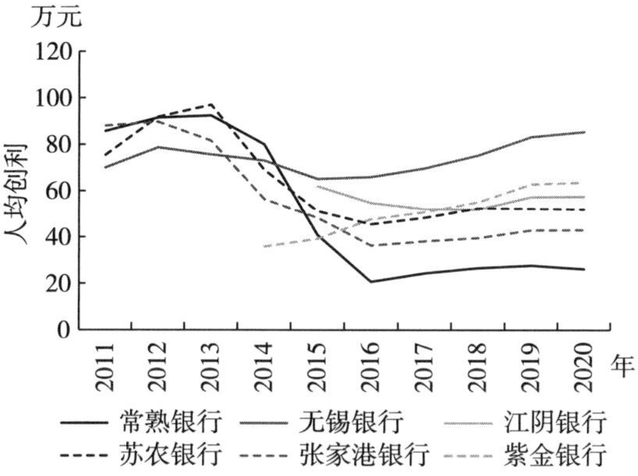

资料来源：公司公告，平安证券研究所。

图表 9.40　常熟银行成本收入比高于同业

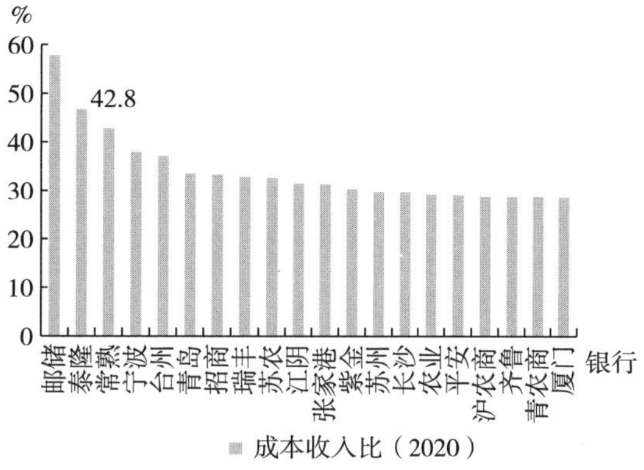

资料来源：公司公告，平安证券研究所。

小结：流程标准化提升效率，审批集约化隔离风险

相比传统 IPC 模式，信贷工厂模式有两个突出的特点：（1）效率提升：信贷工厂模式将前台客户信息录入、中后台审批管理等流程标准化、数字化，实现小微信贷各产品的流水线作业，有效提升放贷效率，更加匹配小微企业“短小频急”的贷款需求；（2）风险隔离：信贷工厂模式设置了由专门风控团队负责集中审批的环节，实现了风险隔离，有效降低风险。同时结合区域型银行的获客经验，本研究认为通过线下地推触达客户，有利于实现良好的风险管控。依托地推团队的线下触达和实地调查，银行能够持续深入地跟踪企业的真实经营，但值得注意的是，线下地推的方式依赖人工，存在获客成本偏高的问题。

9.2.2　线上模式：场景和生态导流，实现批量轻型获客

9.2.2.1　传统银行：融合内外平台，构建丰富的增信场景

为了平衡收益和成本，大型银行开始探索更轻型的线上获客模式，主要通过线上场景布局实现海量获客，结合数字化手段实现自动审批和风控，在一定程度上解决了获客成本高的问题。目前，六大行纷纷设立了线上小微信贷品牌，创建了丰富的信贷产品和场景体系，实现海量获客。

图表 9.41　　大行线上小微信贷产品

银行	品牌	产品	担保方式	最高额度（元）	最长期限（年）	最低利率（年化）
建设银行	小微快贷	信用快贷	信用	500 万	1	4.25%
		质押快贷	抵质押	1000 万	3	3.42%
		抵押快贷	抵质押	500 万	1	4.35%
		平台快贷	信用	1000 万	3	3.85%

续表

银行	品牌	产品	担保方式	最高额度（元）	最长期限（年）	最低利率（年化）
工商银行	工银小微金融	工银制造贷	信用	500 万	1	3.85%
		工银科创贷	信用	500 万	1	3.85%
		工银政采贷	信用	300 万~1000 万	1~3	3.85%
		工银兴农贷	抵质押	3000 万	5~10	3.85%
中国银行	中银企 e 贷	银税贷	信用	300 万	1	不超过 4.35%
		抵押贷	抵质押	1000 万	1~3	—
		信用贷	信用	100 万	1	不超过 4.35%
交通银行	特色线上融资	线上税融通	信用	100 万	2	—
		线上抵押贷	抵押贷	1000 万	1	—
		线上优贷通	均可	500 万~2000 万	1	—
农业银行	普惠 e 站	微捷贷	信用	—	—	—
		抵押 e 贷	抵质押			
		链捷贷	信用			

资料来源：公司官网，平安证券研究所。

图表 9.42　大行的小微贷款收益率相对较低

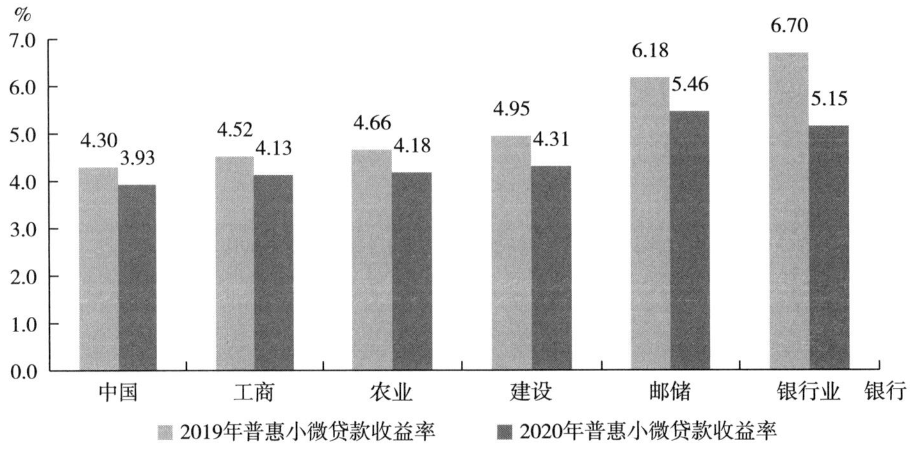

注：交通银行 2020 年报披露普惠小微贷款累放利率 4.08%。

资料来源：公司公告，平安证券研究所。

建设银行是线上模式的领跑者，2016 年率先推出全流程线上化的小微信贷产品“小微快贷”，业务规模保持同业第一位，同时维持着良好的小微贷款资产质量。2020 年末建设银行普惠小微贷款余额 1.45 万亿元（YoY +50.9%），业务规模保持同业第一位，市场占有率达到 9.5%，小微客户数超 170 万户。近年来，建设银行不断压降小微信贷不良率，2020 年末个人经营性贷款不良率仅为 0.99%，线上产品“小微快贷”不良率在 1% 以内。

图表 9.43　建设银行普惠小微贷款市场占有率 9.5%

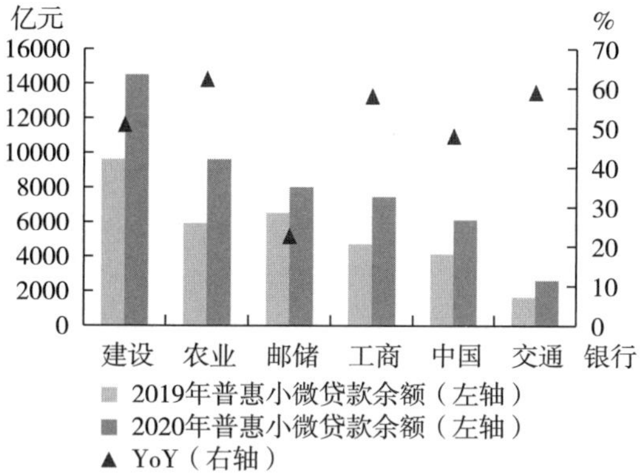

资料来源：公司公告，平安证券研究所。

图表 9.44　建设银行持续压降小微贷款不良率

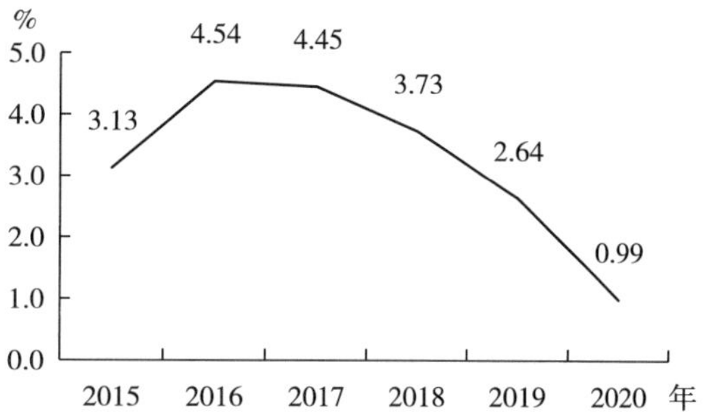

资料来源：公司官网，平安证券研究所。

2016 年，建设银行运用互联网思维和大数据手段，在国内率先推出针对小微企业的全流程线上化产品“小微快贷”。“小微快贷”可以通过建设银行多个线上渠道申请，贷款申请方式由员工采集输入革新为客户线上自助，通过结构化表单填写和自动化授信模型缩短审批时长，授信流程缩短至 3～5 分钟，大幅提升了申贷、审贷的效率。

图表 9.45　建设银行“小微快贷”线上新模式

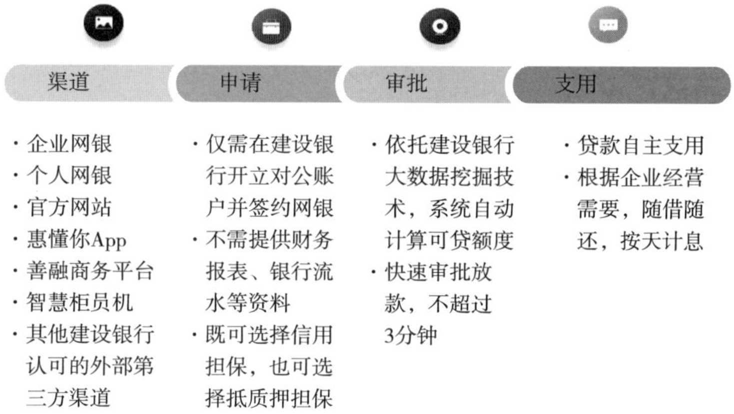

资料来源：公司公告，平安证券研究所。

建设银行“小微快贷”内部整合存量客户沉淀的资产、结算、流水等数据，外部对接电网公司、国家知识产权局、政府采购平台等政府类机构，形成了丰富的线上信贷产品体系。包括：（1）“一般快贷”：主要针对存量客户，以企业在银行留存的数据为主要授信依据，如金融资产、结算流水情况，主要覆盖结算、资产抵质押等场景。（2）“平台快贷”：借助外部信息，对接电网公司、国家知识产权局和政府采购平台等第三方权威平台，结合银行内部数据共同增信，涵盖了用电、政务、电商等多个更贴近小微企业真实经营的场景，将触达更深层次的企业背景。

图表 9.46　“小微快贷”结合内外部数据提供丰富的产品和增信场景

√结合银行内部留存数据			
产品	一般快贷		
	信用快贷	质押快贷	抵押快贷
依据	企业及企业主在建设银行 金融资产、房贷及结算流水情况	企业及企业主在 建设银行可质押财产情况	企业及企业主可抵押房产情况
额度 & 利率	300 万元，4.25%起	500 万元，3.42%起	1000 万元，3.85%起
担保性质	信用贷款	质押贷款	抵押贷款
√结合第三方平台等外部数据			
产品	平台快贷·全国通用		
	云电贷	科技云贷	政采云贷
依据	企业电费缴纳情况	企业拥有的知识产权情况	企业与政府签订采购合同情况
额度 & 利率	200 万元，4.50%起		
担保性质	信用贷款		
产品	平台快贷·地方特色		
具体产品	创信云贷（北京）、收支流水云贷（江西）、 冀叶云贷/闽叶云贷/黔叶云贷（河北/福建/贵州）、云花贷（云南）……		

资料来源：平安证券研究所。

在场景构建上，除了对接第三方平台，建设银行还打造了自有平台，触达小微企业财务管理、电商交易等各类经营场景，从而获取更丰富的增信数据。（1）小微企业专属 App“惠懂你”构建了财务管理和投资理财等场景：针对小微企业和个体工商户，通过股东会管理、企业查询、投资理财、云课堂等场景触达企业；（2）B2B/B2C 平台“善融商务”构建了电商交易的场景：针对满足资信认证的小微企业和农户，“善融商务”提供销售采购、支付结算等经营服务，以及对企业销售量、交易记录、客户评价、物流信息等经营数据的分析服务，从而建设银行能够紧密跟踪企业的真实经营情况。

目前，大型银行主要通过自建平台和与对接第三方平台的方式，触达小微企业的重要经营数据，形成结算、电商交易、财务管理等丰富的企业场景。（1）自建平台：通常自建线上电商平台，留存企业销售、物流等数据，作为小微企业的授信依据。（2）合作平台：与政府类机构和金融科技公司合作，全面渗透纳税、交易、企业数字化管理（如 ERP、办公、财务管理）等场景，批量获取客户和数据。

图表 9.47　　　大型银行通过自建平台和合作平台的方式构筑场景

银行	自建平台	场景	合作平台/产品	合作单位/品牌	场景
建设银行	惠懂你 App	融资、财务管理	银税互动	国家税务总局	融资
	善融商务平台	融资、结算、电商	企业综合服务平台	全国工商联	融资
农业银行	收银 e 管家 App	融资、结算、电商	小微企业 银企云联服务	用友畅捷通、金蝶账无忧、浪潮云会计等	财务管理
	企业微银行	融资、结算			
工商银行	工银聚	融资、结算	财资管理云	浪潮	结算、融资
	融 e 购	融资、结算、电商			
邮储银行	微信银行	融资、结算	邮储美团联名借记卡	美团	结算、融资
	邮 e 贷 App	融资			
中国银行	中银来聚财 App	结算	小微信贷服务导航	国家市场监督管理总局	融资
交通银行	交通银行普惠金融微信公众号	融资、结算	小微贷款直通车	全国工商联	融资
	交博汇	融资、结算、电商			

资料来源：公司公告，平安证券研究所。

9.2.2.2　互联网银行：自有生态导流，吸收活跃用户和增信数据

线上模式还有另一类重要参与者——互联网银行，传统银行的线上平台拓客能力与互联网银行仍然存在一定的差距。互联网银行以股东强大的自有生态为基础，留存了大量的活跃忠诚用户和增信数据，形成其获客和风控的关键支撑。本研究发现 9 家互联网银行都将小微企业视为战略目标客群，普遍提供小微企业融资服务，产品以信用类贷款为主。

图表 9.48　互联网电商平台商户数量远超传统银行电商

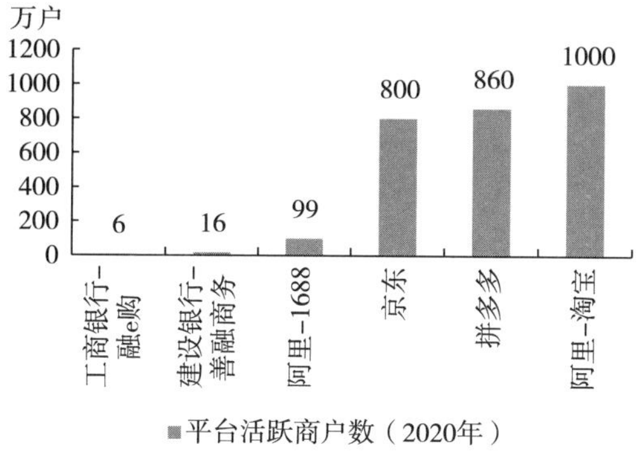

资料来源：公司公告，公司官网，平安证券研究所。

图表 9.49　互联网银行线上拓客能力强于传统银行

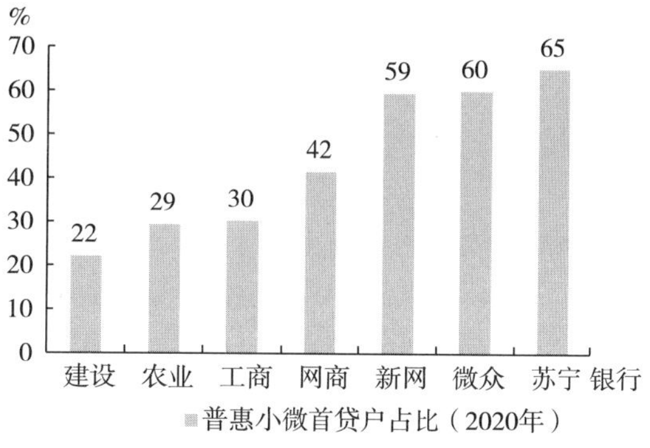

资料来源：公司公告，平安证券研究所。

图表 9.50　　9 家互联网银行均提供线上小微信贷产品

序号	银行	客群定位	自营小微信贷产品	股东背景	小微客户数（2020 年，户）
1	微众银行	小微＋大众	微业贷（中小微企业，最快 1 分钟到账，纯信用）	腾讯	57 万
2	网商银行	小微＋“三农”	网商贷（小微企业和创业者，30 秒在线申请，纯信用，年化利率最低 8.8%） 旺农贷（农村小微客户）	阿里	累计 3500 万
3	苏宁银行	微商＋长尾个人	微商贷（诚信纳税小微，纯信用，年化利率 9%） 房押快贷（最快 3 天获批）	苏宁	14 万
4	新网银行	小微＋“三农”	“企业网银”（小微企业线上金融服务）	新希望、小米	4 万
5	亿联银行	小微＋“三农”	易税贷（小微企业，纯信用） 亿农贷（农村小微客户）	美团	—
6	百信银行	小微＋个人	百兴贷（纯信用，最高 300 万元，分钟到账）	百度	—
7	众邦银行	小微＋交易银行	众微贷（个体工商户，最快 48 小时内审批放款）	卓尔控股	2 万
8	北京中关村银行	小微＋科创	惠抵贷（科技型小微企业，房产抵押，最高 500 万元，期限 3 年） 惠研贷（获得中关村管委会科技型小微企业研发费用资金支持的企业，最高 100 万元，期限 1 年）	用友网络	5000
9	福建华通银行	小微＋“三农”	税贷通（按企业的纳税授信，最高 50 万元，纯信用，最快当日可提款，年化利率 7.2%）	永辉	1000

资料来源：公司公告，平安证券研究所。

以网商银行为例，从获客和风控两个方面概括互联网银行的小微模式：生态获客与大数据风控。

（1）生态获客：阿里巴巴作为网商银行的股东，为网商银行提供活跃的生态，阿里生态中的小微客户可以通过经营类服务（如 1688 的店铺服务、支付宝的支付服务、菜鸟裹裹的物流服务），触达网商银行的金融服务。阿里的客户包括“微商”和“码商”，“微商”是阿里电商生态下的使用店铺服务的线上商家，“码商”为阿里支付生态下用二维码交易的线下商家，个体经营户居多，为网商银行提供稳定的小微客群流量。网商银行 2015 年开业至 2020 年，仅花费 6 年时间就开拓了大量小微企业客户，2020 年末累计服务小微企业 3507 万户，展现出较强的获客能力。

（2）大数据风控：网商银行享有阿里系生态的交易、资金、物流等数据资源禀赋，由于这些数据体量庞大、涉及多条交叉验证逻辑，网商银行能够建立复杂的风控模型，以验证客户的真实交易背景，从而能够为无信贷记录、无抵质押资产的自有生态用户提供增信。

线上模式的核心是用户与数据，与传统银行相比，互联网银行在普惠小微金融上具备两个优势。

（1）高增长：在活跃生态的支撑下，互联网银行能够挖掘大量具有黏性的增量客户，推动小微贷款规模高速增长。根据2020年末互联网银行普惠小微贷款口径下的数据，新网银行、微众银行、苏宁银行增速分别为193%、156%、79%，小微企业客户数分别为3.7万户、56.7万户、14.0万户，增速分别为155%、147%、189%，余额和客户增速均高于传统银行。

（2）深触达：同样依托生态，互联网银行掌握了更多非标准金融客户的数据，通过账户行为、经营情况等数据更深入地了解自有用户，实现了对小微企业的充分下沉。2020年末，新网银行、苏宁银行、微众银行的户均贷款分别为5.6万元、6.9万元、14.1万元，比农商行更为下沉。

图表9.51　互联网银行小微贷款增速高于大多传统银行（2020年）

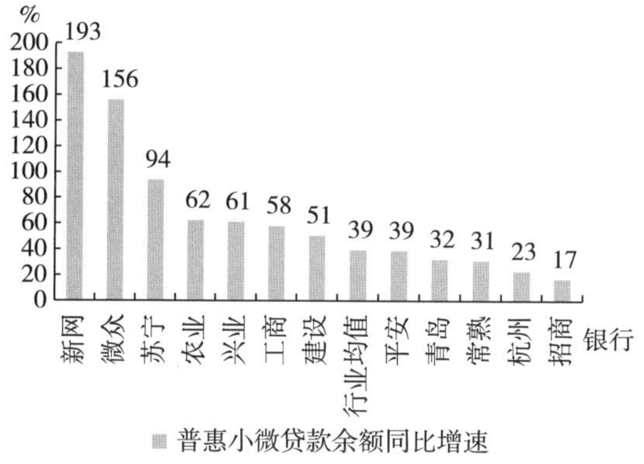

资料来源：公司公告，平安证券研究所。

图表9.52　互联网银行小微贷款户均余额远低于行业平均水平（2020年）

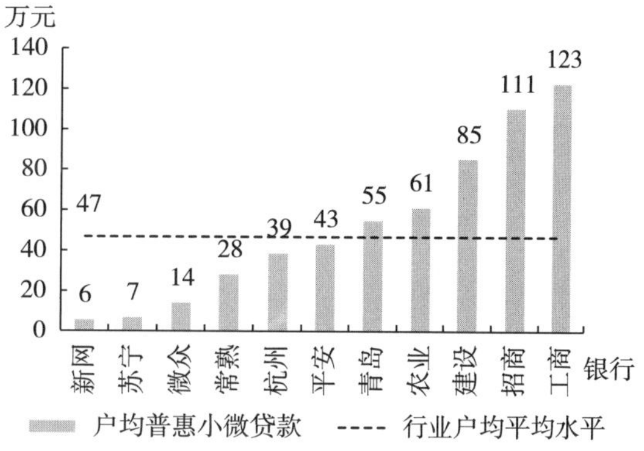

资料来源：央行，公司公告，平安证券研究所。

小结：传统银行依托场景获客，互联网银行利用生态导流

线上模式在一定程度解决了获客成本的问题，实现了批量轻型获客。不同于传统的线下获客方式，大中型银行依托线上平台和场景生态布局广泛触达客户，在风控上结合数字化手段实现自动审批，使整体信贷流程更加轻量化。

从银行具体实践来看：（1）传统银行依托场景获客，目前大中型银行主要通过自建平台和外部合作两种方式构建场景，一方面借助自有平台紧密掌握企业经营和管理动态，另一方面加强与政府类机构、金融科技公司等第三方平台的合作，构建更为丰富的场景、数据体系，然而传统银行的线上拓客能力与互联网银行存在一定差距。（2）互联网银行利用生态导流，互联网银行主要背靠股东的强大生态，吸收了大量的活跃小微企业用户和增信数据，实现了高增长与深触达。

9.2.3　供应链模式：科技赋能，真实触达企业经营

在轻型获客的道路上，银行不仅在探索泛场景的线上模式，也在针对更精准的场景发力，如最常见的供应链场景。在供应链模式下，银行主要围绕核心企业，通过封

闭资金流或控制货权等方式，由 1 到 N 为供应链上下游小微企业提供融资服务，因此企业间交易凭证通常作为银行的放款依据。主要包括：（1）应收账款融资服务于核心企业的上游供应商，银行以应收账款作为还款来源，该模式对物流的把控要求较低，应用最为广泛；（2）库存融资服务于具备货物质押条件的上下游企业，银行控制质押货物，通常引入第三方物流对货物实行监管；（3）预付账款融资服务于核心企业的下游采购、分销商，银行代下游企业（买方）向核心企业（卖方）支付货款，担保基础为买方对卖方的提货权；（4）信用融资没有确定的抵质押物，以各方长期业务往来所积累的信任为基础。

交易背景的真实性是供应链模式自洽的基础，但在早期供应链金融暴露了大量风控问题。供应链本身具备封闭性、自偿性和连续性特征，针对特定行业，通过企业联保联贷，银行能够实现低成本的批量获客。但在早期，供应链金融的实践效果不佳，一方面是因为银行在供应链获客上过于激进，主动对企业的互保联保放松了风控要求，未能监测、识别出企业的勾结欺诈行为，另一方面是因为银行也缺乏验证交易真实性的良好手段，叠加行业集中度过高，历史上发生了多起行业层面的供应链风险事件。

图表 9.53　历史上供应链“爆雷”事件

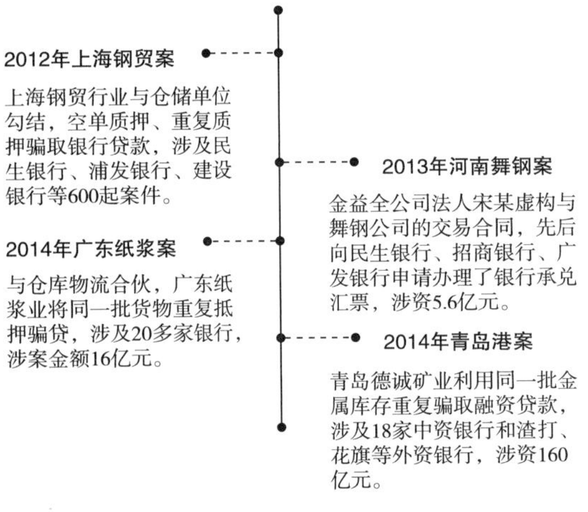

资料来源：平安证券研究所。

图表 9.54　部分行业不良贷款率攀升

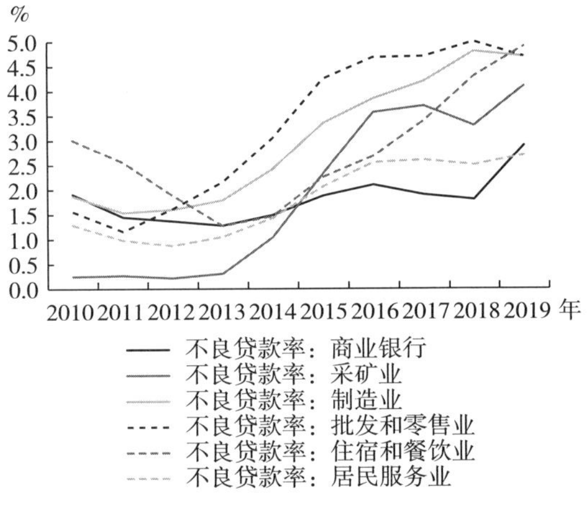

资料来源：银保监会，平安证券研究所。

随着大数据、物联网、区块链等技术的不断迭代和应用，银行对供应链的实时监测和数据追溯更加落地，供应链风控问题有望得到更好的解决。近年来，银行加速进行科技投入、构建底层信息能力，为供应链模式的创新提供了可能性，根据银保监会的统计数据，2020 年银行业金融机构信息科技资金总投入达到了 2078 亿元，同比增长 20%。

具体来看，供应链的“四流”（即资金流、信息流、商流和物流）成为银行最关注的问题，虽然资金流基本在银行可控范围之内，但早期银行对信息流、商流和物流并未实现良好的触达。

图表 9.55 供应链模式的实践难点及解决思路

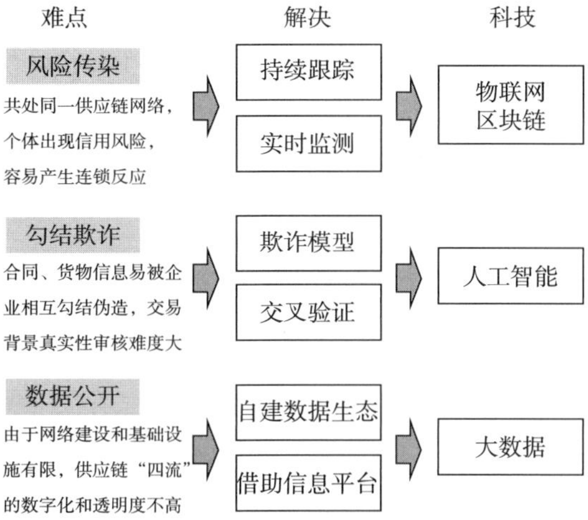

资料来源：平安证券研究所。

图表 9.56 银行业正在加速投入科技资金

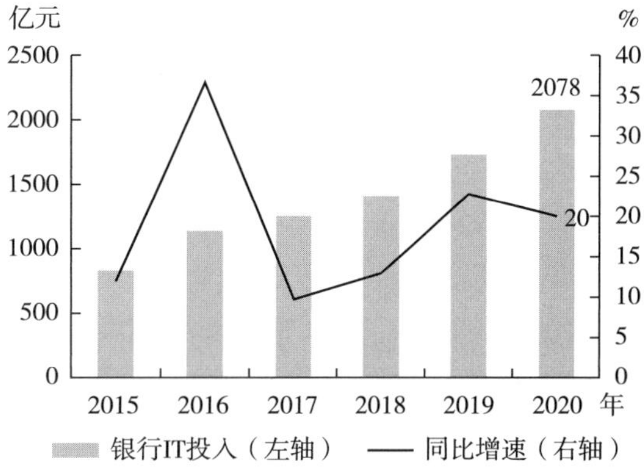

资料来源：银保监会，平安证券研究所。

以平安银行为例，作为国内最早提出供应链金融的银行，公司长期着力于金融科技的应用，如今主要通过物联网技术构建了更立体的数字网络生态，在掌握资金流的基础上，线上通过门户、系统留存企业的商流和信息流，线下通过终端设备跟踪物流，使企业经营情况整体可控，并率先在智慧农业、智慧车联等产业落地了供应链，2021年1—9月，平安银行供应链金融融资发生额为6566亿元，同比增长34.5%。

图表 9.57 平安银行的供应链金融发展历程

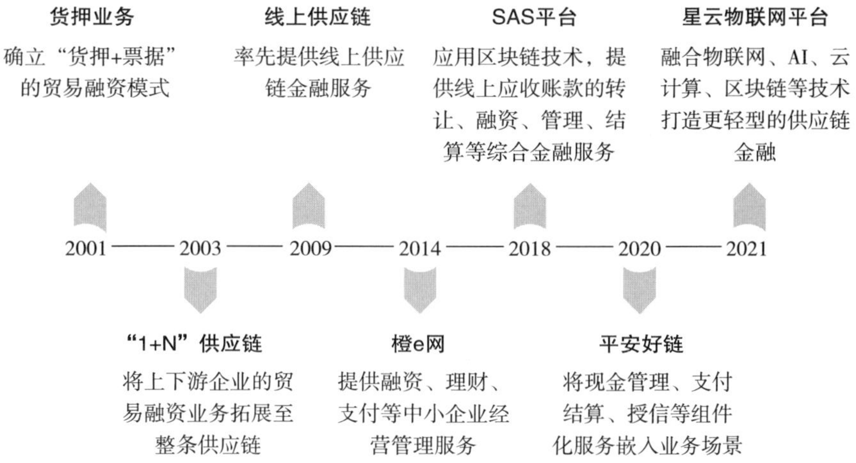

资料来源：公司公告，平安证券研究所。

9.2.3.1 线上构建综合金融生态，实现“获客+转化”

在线上，平安银行借助平安集团的综合金融平台批量获取对公用户，再通过各类场景服务和营销活动将对公用户转化为更具黏性的客户。以供应链金融业务为例，平安银行的线上获客转化路径为："数字口袋"用户→"平安好链"客户。

（1）获客：平安银行以集团对公门户"数字口袋"作为流量入口，主要整合薪资代发、票据等综合金融场景服务，不断提升用户的活跃度和忠诚度。"数字口袋"快速吸引、留存了大量活跃企业用户，2021 年 9 月末，"数字口袋"累计注册经营用户数 660 万户，较上年末增长 534.4%，月活跃用户数 52 万户，较上年末增长 132.5%。

（2）转化：线上小微企业用户通过"数字口袋"门户接触"平安好链"平台，使用供应链管理服务，转化为供应链客户。"平安好链"平台主要为供应链上下游链条企业提供融资、结算、现金管理等服务，在平台上，核心企业可以签发电子账单，供应商签收电子账单后可以等待账单到期后核心企业付款，也可以向银行申请融资。2021 年 6 月末"平安好链"平台已累计服务约 1.7 万家企业客户，融资发生额同比增长 203.8%。

图表 9.58 "平安好链"平台获客效果显著提升

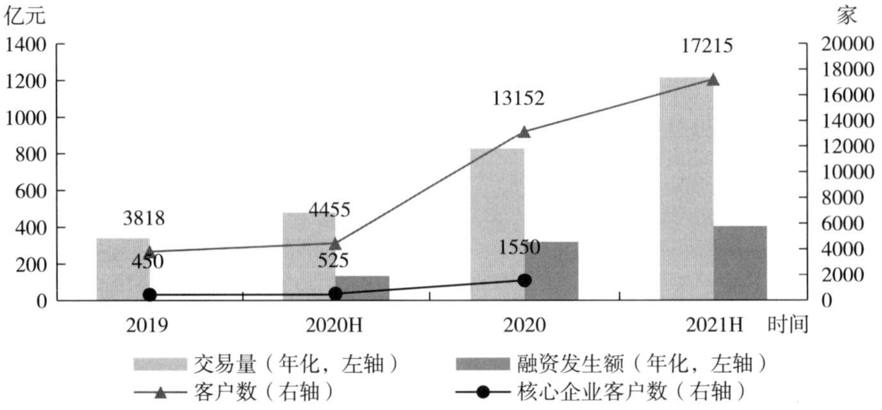

注：2019/2020H 的客户数为"核心企业客户数占比维持 2020 年 12% 水平"假设条件下的估算值。

资料来源：公司公告，平安证券研究所。

9.2.3.2 线下打造物联网数字生态，企业数字化服务增强黏性

在线下，平安银行运用物联网技术赋能小微企业的数字化，实现智能监测和欺诈识别。2020 年末，平安银行成功发射"平安 1 号"卫星，自主搭建了"星云物联网平台"数据生态，通过终端设备实现对企业实物资产的感知、识别、定位、跟踪、监控和管理，从而丰富了风控数据的维度，实现了对企业真实经营情况的持续跟踪。目前，"星云物联网平台"在智慧制造、智慧物流、智慧车联、智慧农业等产业陆续落地，场景和应用仍在不断拓展，2021 年 9 月末，接入物联网设备总数突破 1000 万台，服务企业客户超过 1 万户，支持融资超过 1300 亿元。

以橡胶货押业务为例，平安银行应用物联网技术实现了对橡胶仓储、物流的智能监控和智能预警，为企业提供货物质押融资服务。由于橡胶在储存过程中可能受到温度等外界因素的影响，出现物理化学性质和机械性能的恶化，从而丧失使用价值，在

图表 9.59　平安银行利用物联网技术打造立体数字网络

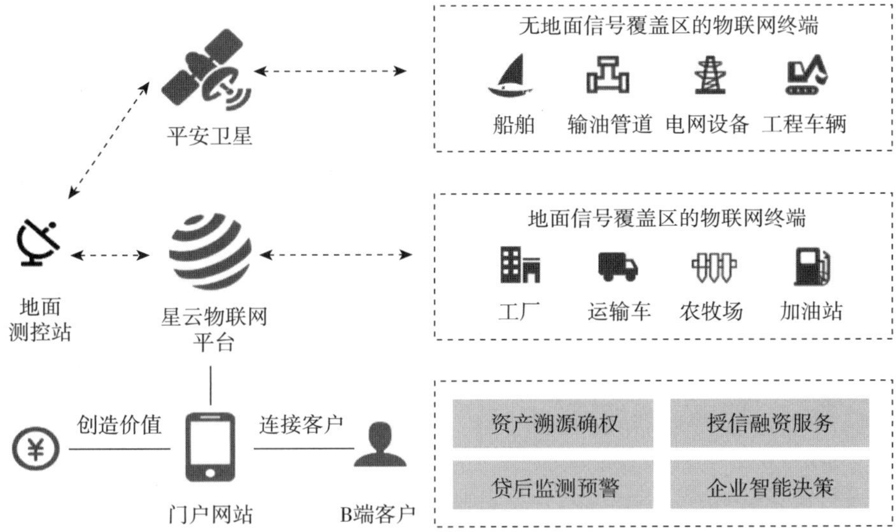

资料来源：平安银行《企业用户数字化价值体系白皮书 1.0》，平安证券研究所。

货押业务过程中，银行和企业都有对橡胶重量、体积、库位及仓储环境进行监控的需求，但此前大多数环节都依靠人工完成。

（1）设备介入、实时监测，获取更全面可靠的风控数据。在实际操作过程中，通过 RFID 射频天线、激光雷达、红外电子围栏等物联网设备及仓库管理系统（WMS）的介入，实现了对全业务流程的智能监测，真实触达了企业的仓储情况和物流流程，为银行风控提供多维度数据。

（2）数字化服务提升商品管控效率，增强企业客户黏性。除此之外，物联网技术有利于入库、核库、库内监管、出库等各个环节的规范，帮助企业、仓库、监管方各参与方解决传统监控的痛点，如：通过雷达监控堆放货物的实时在库情况，构建库区 3D 模型，对货物轮廓、体积缩减或变形进行识别和预警；利用 RFID 技术识别货物非法移动，并可与 WMS 联动使货物库位一键可查。

图表 9.60　橡胶货押业务的设备布控和监测流程

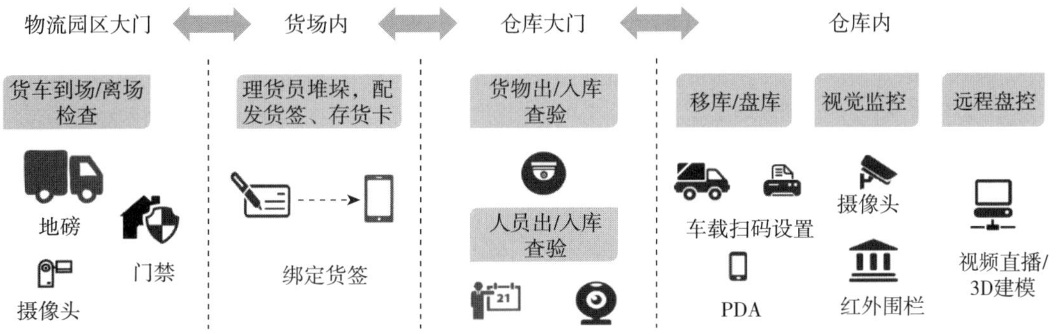

资料来源：平安银行《企业用户数字化价值体系白皮书 1.0》，平安证券研究所。

小结：科技赋能真实触达，但需要大量前期投入

供应链模式在获客和风控上分别有以下特点：（1）批量获客：在获客上，银行可以围绕核心企业批量触达上下游小微企业；（2）真实触达：在风控上，运用大数据、物联网、区块链等科技赋能企业的数字化转型，线上通过供应链平台输出小微企业服务工具，留存企业信息流和商流，线下通过终端设备和物联网技术跟踪物流，使企业经营情况整体可控，从而真实触达企业经营情况，在一定程度上解决了传统供应链金融的风险监测、风险识别等问题。

但是，供应链风控以银行的场景和生态体系内的数据为核心，而场景和生态建设需要大量前期投入和准备，存在一定的进入壁垒。

9.3 总结：真实触达控风险，轻型获客降成本

总结银行的创新实践，我们认为银行破局普惠小微金融，应该注重真实触达与轻型获客两大关键能力。真实触达是普惠小微金融的基石，银行无论通过线下、线上还是供应链去触达客户，最终都是为了更加充分地了解客户的真实背景和经营情况，从而解决风险问题。在真实触达的基础上，线上化、场景化的轻型获客将成为未来更加可持续的趋势。因此，未来无论是深耕线下，还是“线上＋线下”全面布局，银行都应以真实触达为根基，结合自身资源禀赋选择相契合的发展路径。

因此，具备以下资源禀赋的银行：（1）拥有强势科技能力和综合场景布局的银行；（2）深耕本地的区域型银行。

图表 9.61 银行实践案例总结

实践	渠道	真实触达	轻型获客
信贷工厂模式	线下	●	○
传统银行线上模式	线上	◑	◑
互联网银行线上模式	线上	◕	●
供应链模式	线上线下	●	◑

资料来源：平安证券研究所。

9.3.1 进一步拉近银企距离，构建真实触达能力

真实触达是普惠小微金融的基石，银行无论通过线下、线上还是供应链去触达客户，最终都是为了更加充分地了解客户的真实背景和经营情况，从而解决风险问题。过去许多小微企业出现风险事件，表面是因为存在银企信息不对称问题，背后原因实际是银行未能真正触达企业。

在实践案例中，具备不同资源禀赋的银行采用不同的方式，引进了多种管理手段和技术手段，实现对小微企业更进一步的触达。如信贷工厂模式引入了集中审批，隔离了风险；线上模式通过搭建平台，更紧密地跟踪企业经营；供应链模式利用物联网技术，实时、智能地监测企业风险。

（1）在线下，银行依托地推团队触达企业，实地了解、持续跟踪企业的真实经营情况，可以看到深耕本地的区域型银行能够实现良好的真实触达。

目前，传统银行普遍都保留线下地推的获客方式，部分根植本地的区域型银行充分发挥人熟地熟的优势，从而更好地实现真实触达。以江浙沪地区的区域型银行为例，常熟银行、南京银行等银行将大部分网点和地推团队都铺设在本地，本土分支机构占全行的比例超过90%，因此有利于银行加强统一管理、充分利用本土资源。同时，对于区域型银行来说，区域差异在一定程度上会影响银行所面临的信贷需求，但银行可以通过不断下沉、挖掘客户，更大程度地开拓本地市场，推动小微信贷规模的增长，同时有效管控风险，因此普惠小微金融服务的好坏并不完全取决于区域环境，银行的真实触达能力更为关键。

（2）在线上，银行利用自身科技优势进行平台搭建和数字化工具的输出，不仅是为了增强客户黏性，更重要的目标是深入触达企业的真实经营情况。

在线上模式中，银行主要通过行内外数据的整合，一方面自建平台、紧密掌握交易物流等经营数据，另一方面对接政府类机构等第三方平台以获取更全面的信用信息。而在供应链模式中，银行更进一步地运用物联网等技术手段深入产业，一方面赋能企业的内部管理与外部交易活动的数字化，另一方面通过搭建或嵌入产业链互联网平台，最终实现上下游小微企业和产业链供应链数据的共享。

图表 9.62　区域型银行将大部分网点铺设在本地

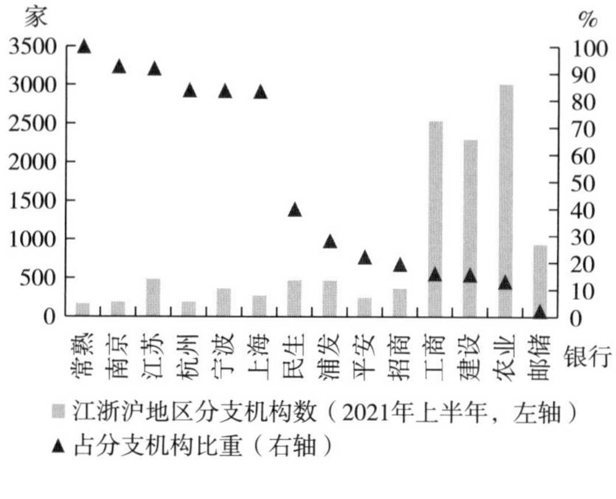

资料来源：公司公告，平安证券研究所。

图表 9.63　银行通过数字化服务深入产业

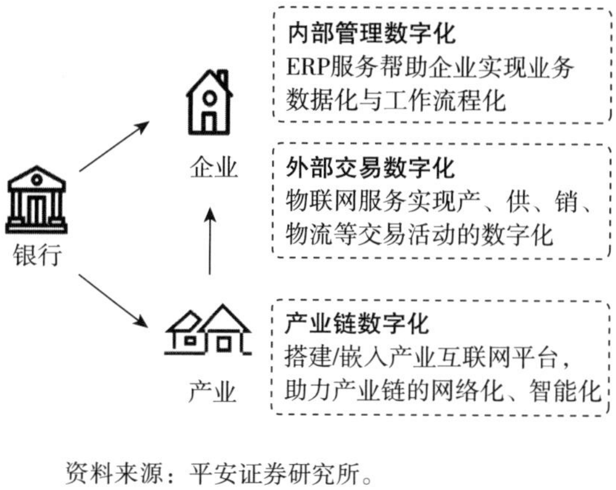

资料来源：平安证券研究所。

9.3.2 进一步推动开放合作，强化轻型获客能力

在真实触达的基础上，线上化、场景化的轻型获客将成为未来更加可持续的趋势。部分区域型银行通过线下触客虽然实现了良好的风险管控，但也面临高获客成本问题，因此在真实触达的基础上，本研究认为银行应该着力进一步提升经营效率。目前，银行主要依托场景批量触达客户，实现了轻型获客，具体来看，线上模式以各类场景服务作为流量入口，而供应链模式针对供应链场景，围绕核心企业批量获取上下游小微企业。场景和生态的构建是银行轻型获客的基础，而拥有综合场景布局的银行能够提供更全面的服务，实现更广泛的获客。

图表 9.64 目前银行通过自建平台和外部合作构建场景

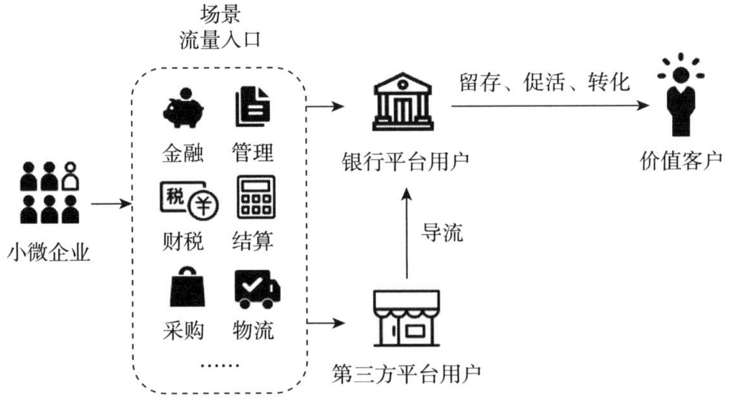

资料来源：平安证券研究所。

但是，传统银行的线上拓客能力距离互联网平台还有一定的差距，因此银行与外部生态的开放合作至关重要。本研究认为银行可以根据自身资源禀赋，开放产品与场景的合作，吸收更多活跃的第三方流量。

过去互联网平台主要通过场景的不断开拓外延，形成了丰富的生态体系，由此积累了大量用户。以美团为例，美团最初聚焦于餐饮这一垂直领域，2018 年提出“Food + Platform”生活服务生态战略，通过不断外延，形成了围绕外卖、到店、酒旅、商家营销等场景的本地生活服务闭环，如今美团还在积极拓展出行、社区团购、供应链管理等场景，从 2018 年到 2021 年第二季度末，美团平台交易用户数由 4 亿户发展到 6.3 亿户，活跃商户数由 580 万户增长至 770 万户。

部分传统银行在积极尝试开放合作，如工商银行等大中型银行开始布局“开放银行”，通过打造应用程序编程接口（API）和 API 聚合平台，以较低成本连接各类场景方（如互联网公司、政府等），进而将金融服务输送给小微企业等用户。

图表 9.65 互联网平台用户相对更活跃

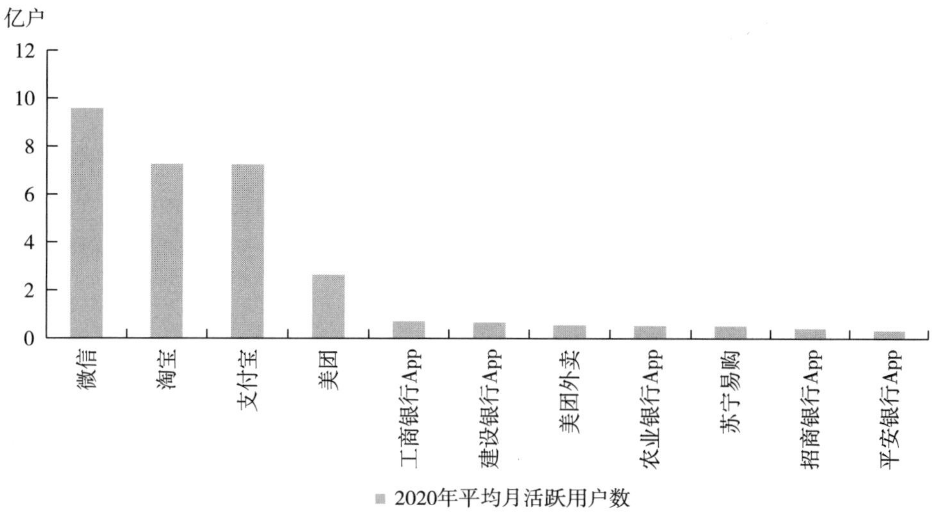

资料来源：Questmobile，平安证券研究所。

图表 9.66 开放银行：部分大中型银行通过 API 聚合平台，实现产品与场景的开放合作

开放银行	开放模式	产品	覆盖场景/行业
工商银行 API 开放平台	建立统一 API 生命周期管理流程，为合作方提供便捷的线上对接自助流程，构建开放的智慧银行生态体系	账户管理、网络融资、商户收单、安全认证、商户运营、资金结算、投资理财、员工薪资	民生服务、公共事业、医疗教育、文化娱乐、衣食住行
建设银行开放银行	吸引各类互联网企业、第三方应用的接入，构建终端客户、开发者用户、建设银行合作共赢的“金融生态圈”	账户管理、支付结算、信用卡、普惠金融、生活服务、直销银行	政务、洗车、住房、ETC、生活缴费
农业银行开放银行	通过产品接口的封装，支持外部合作伙伴平台对接和各分行应用创新	用户认证、账户管理、信用卡、支付结算、投资理财、缴费服务	政务、物业、校园、出行、消费
平安银行零售开放银行	将银行账户、产品、服务能力与第三方场景流量相结合	账户、理财、支付、保证金、贷款、信用卡	商业消费、交通出行、生活服务、教育医疗
浦发银行 API Bank	提供标准化的对外访问接口，帮助合作伙伴快速接入浦发开放平台	网贷产品、跨境电商、集中代收付、反欺诈、集团采购信息管理	政务、产业互联网、供应链、电商、教育培训、人力资源
中信银行开放银行	通过科技赋能让银行和银行以外的场景连接、共享、生成直抵用户端的应用场景	账户管理、投资理财、贷款、支付结算、党建服务	航空、互联网金融、汽车制造
南京银行“鑫云+”互金平台	做中小银行和行业平台的连接者，打通中小银行和行业平台两个生态圈	消费金融、小微贷款、聚合支付、账户服务、理财、供应链管理	互联网公司、企业、政府、医院、校园

资料来源：公司公告，公司官网，平安证券研究所。

同时，从大中型银行的实践来看，为了压缩获客成本，从信贷工厂的半自动化，到线上模式的全自动化，再到供应链模式的智能化，科技与服务不断创新结合与应用始终贯穿其中。从行业金融科技发展水平来看，银行业对大数据、云计算、人工智能等技术的应用十分广泛，整体数字化程度较高，离柜率超过 90%，同时各家银行大力进行科技投入，2020 年末银行业科技人员占比接近 10%，这些为银行实现降本增效提供了可能性。

图表 9.67　银行业金融科技研发与应用进度比较靠前

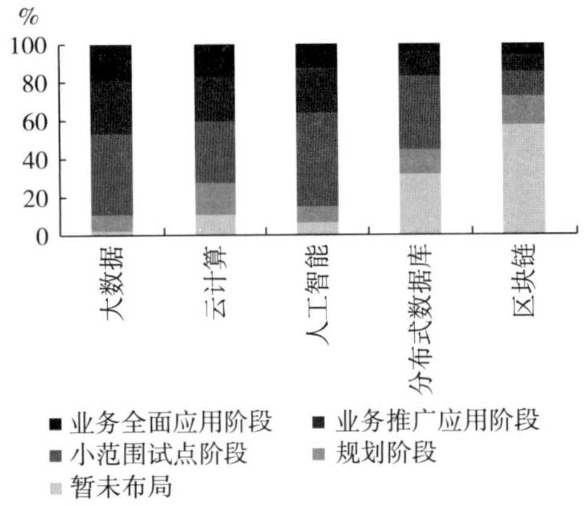

资料来源：中国支付清算协会，平安证券研究所。

图表 9.68　银行业数字化程度较高

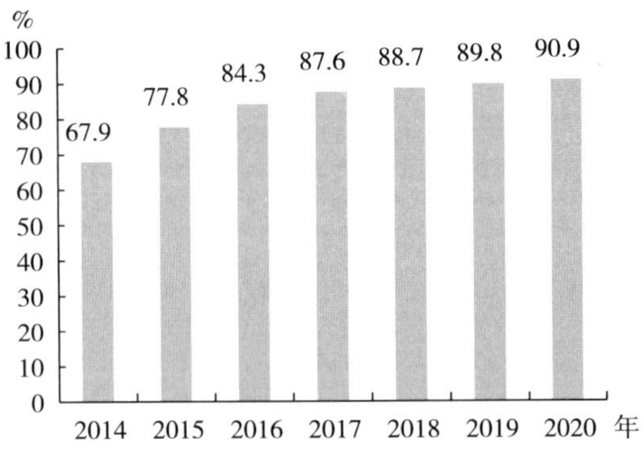

资料来源：中国银行业协会，平安证券研究所。

图表 9.69　大中型银行拥有较强的科技人员储备

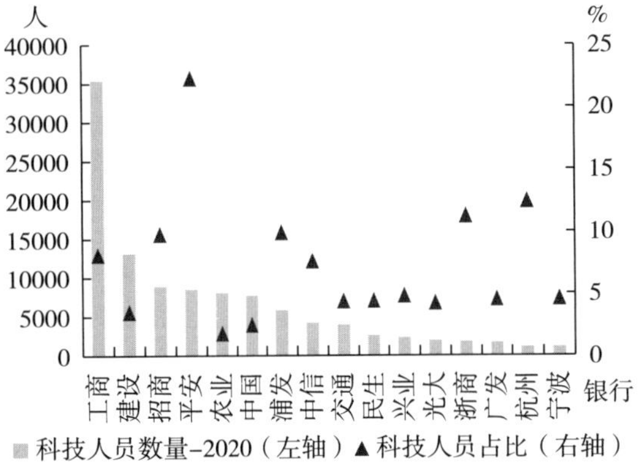

资料来源：公司公告，平安证券研究所。

图表 9.70　区域型银行对普惠金融科技的应用处于起步阶段

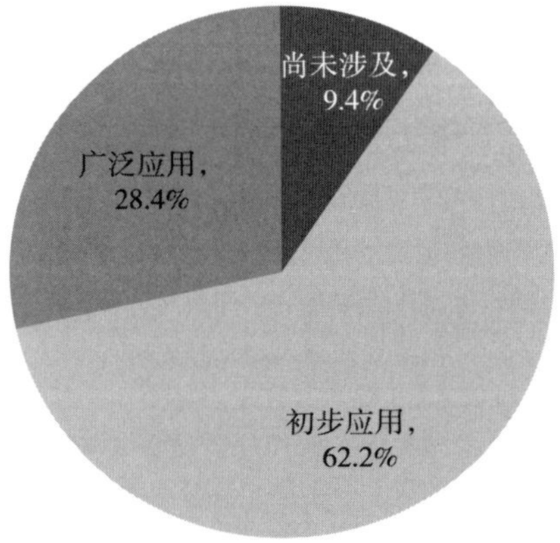

资料来源：中小银行联盟，平安证券研究所。

第十章 绿色金融

10.1 政策体系初步完善，业务规模稳步提升

国内银行参与绿色信贷于2007年起步，目前在监管的引导下已经初步形成了较为完善的监管及评价体系，涵盖顶层设计、统计分类制度、考核评价体系和激励机制等。银行作为绿色信贷的投放主体，近几年也在不断加大绿色信贷的投放，绿色信贷规模稳步增长，截至2021年第一季度末，全行业绿色信贷规模突破13万亿元，同比增长24.6%。从存量占比来看，目前绿色信贷投放占比为7.22%，整体水平仍处在低位，未来仍有较大提升空间。从个体来看，绿色信贷投放规模较大的银行主要包括以工商银行、农业银行、建设银行和兴业银行为代表的大中型银行。从投向来看，国内绿色信贷投放主要集中在绿色交运和绿色能源领域，但趋势上逐渐多元化。

10.1.1 监管自上而下推动，绿色信贷政策体系已相对完善

根据央行的定义，绿色信贷指金融机构发放给借款企业用于投向节能环保、清洁生产、清洁能源、生态环境、基础设施绿色升级和绿色服务等领域的贷款。我国对绿色金融的发展十分重视，早在2007年就开始作出尝试。目前监管层面经过多年的探索，在绿色基础设施建设方面已经取得了一定的成果，已初步形成了包括顶层设计、统计分类制度、考核评价体和激励机制在内的政策框架。

（1）2012年出台的《绿色信贷指引》（以下简称《指引》）初步建立了国内绿色信贷的顶层设计政策体系，是境内银行业金融机构发展绿色信贷的纲领性文件。《指引》首次明确了银行业金融机构要从战略高度推进绿色信贷，加大对绿色经济、低碳经济、循环经济的支持，防范环境和社会风险，并以此优化信贷结构，提高服务水平，更好地服务实体经济，促进发展方式转变。相比2007年银监会发布的《节能减排授信工作指导意见》，此次《指引》更加细化，从组织管理、政策制度与能力建设、流程管理、内控管理与信息披露、监督检查等方面构建了中国银行业绿色信贷管理体系，确立了商业银行实施绿色信贷的行动纲领。

（2）绿色信贷统计制度日益健全。2013年银监会发布《关于报送绿色信贷统计表的通知》，确定银行业金融机构“环境、安全等重大风险企业信贷情况”“绿色信贷统计”等数据报送要求。2018年，央行发布《关于建立绿色贷款专项统计制度的通知》，进一步明确了绿色信贷数据统计和监测要求，要求银行报送四方面内容，一是涉及落

图表 10.1　我国已初步形成完善的绿色信贷政策体系

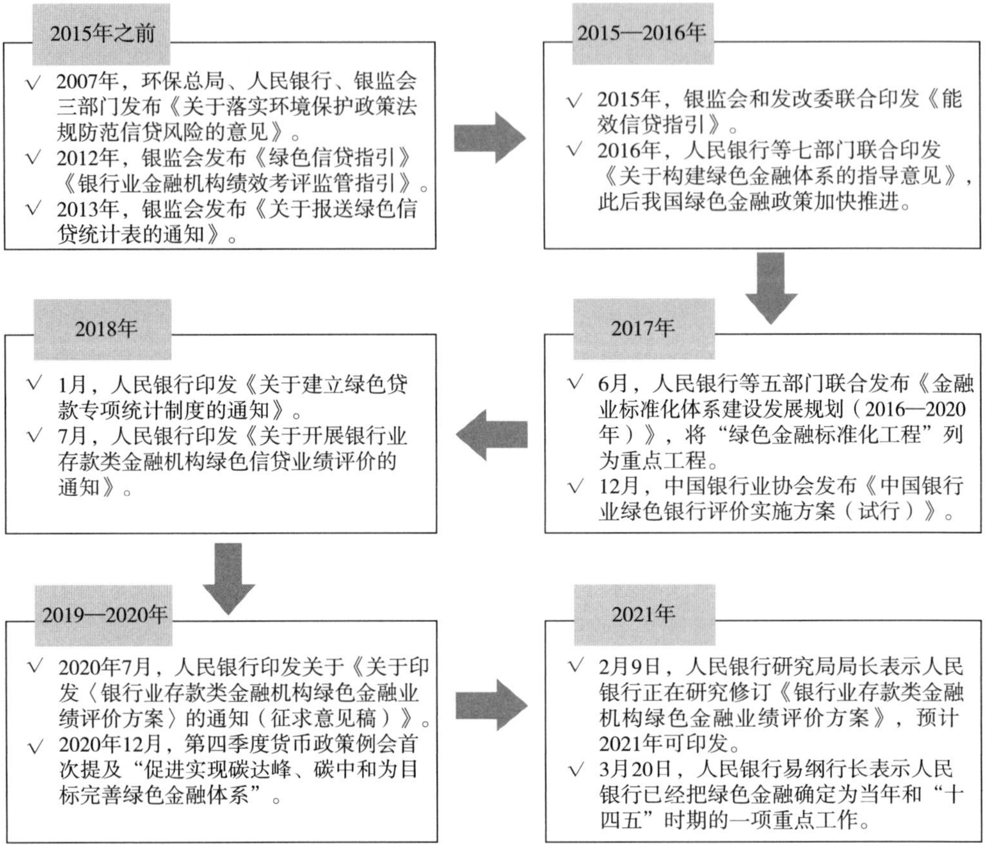

资料来源：《绿色信贷指引》，平安证券研究所。

后产能、环境、安全等重大风险企业的信贷情况；二是涉及绿色信贷的开展情况，即支持节能、环保、生态领域项目及服务贷款与支持节能环保、新能源、新能源汽车等战略性新兴产业产品端贷款的合计规模；三是涉及绿色信贷的资产质量情况；四是在国际上率先系统性测算贷款支持的节能环保项目所形成的年节能减排能力，包括标准煤、二氧化碳减排当量、化学需氧量、氨氮、二氧化硫、氮氧化物、节水七项指标。

（3）初步形成了绿色信贷的考核评价制度和激励机制。相比绿色融资领域的其他服务，绿色信贷的评估规则相对完善。2014 年，银监会发布《绿色信贷实施情况关键评价指标》，作为未来绿色银行评级的依据和基础，引导行业全面落实《绿色信贷指引》。此后银行业协会、央行先后出台了《中国银行业绿色银行评价实施方案（试行）》《关于开展银行业存款类金融机构绿色信贷业绩评价的通知》等文件，从定量和定性两个维度，引导行业积极开展绿色信贷业务的自评，定量方面重点考核绿色产业的贷款规模投放、“两高一剩”贷款余额、二氧化碳减排量等，定性方面考核绿色信贷业务的开展情况、政策制度建设、监督检查、信息披露和内控等。而在激励机制方面，央行将绿色贷款作为中期借贷便利（MLF）、常备借贷便利（SLF）、信贷支持政策再贷

图表 10.2　2012 年《指引》明确了绿色信贷发展的方向

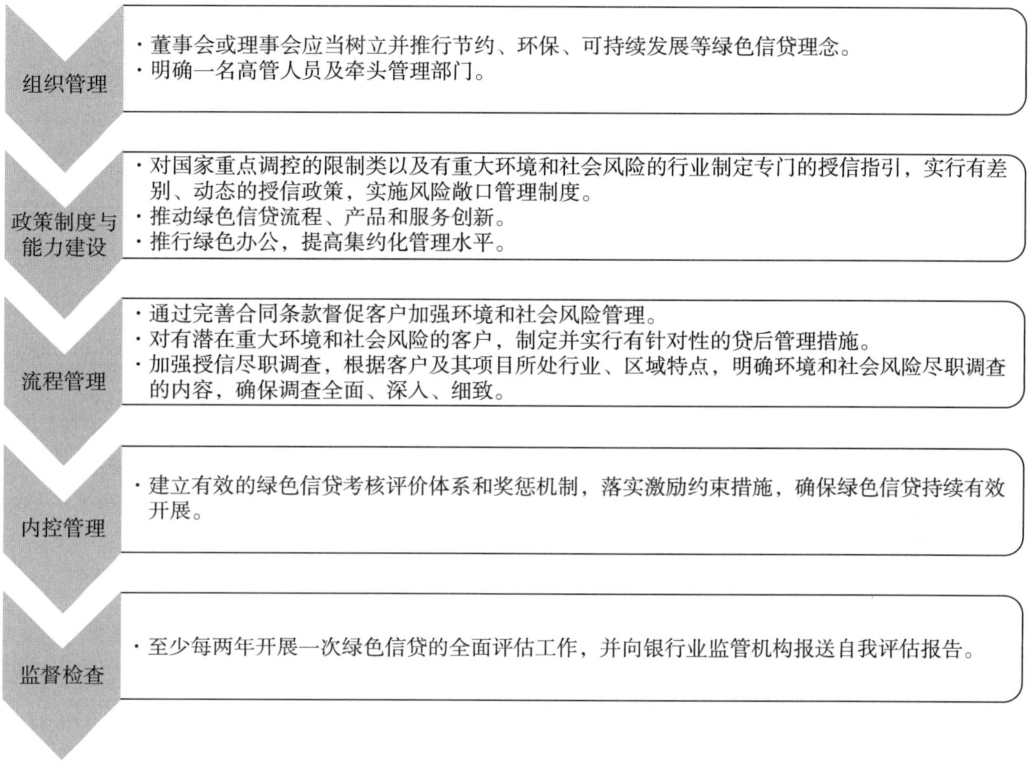

资料来源：《绿色信贷指引》，平安证券研究所。

款等工具的合格信贷资产担保品，并将绿色信贷业务开展情况的考核结果纳入宏观审慎评估（MPA）考核体系内。

图表 10.3　《中国银行业绿色银行评价实施方案（试行）》中评价计分方法

指标分类	一级指标	权重	二级指标	评价分值
定性指标	组织管理	30%	董事会职责	12
			高管职责	10
			高管职责	8
	政策制度 能力建设	25%	制定政策	8
			分类管理	5
			绿色创新	5
			自身表现	2
			能力建设	5
	流程管理	25%	尽职调查	5
			合规审查	3
			授信审批	3

续表

指标分类	一级指标	权重	二级指标	评价分值
定性指标	流程管理	25%	授信审批	5
			资金拨付管理	3
			贷后管理	5
			境外项目管理	1
	内控与信息披露	15%	内控检查	5
			考核评价	5
			信息披露	5
	监督检查	5%	自我评估	5
合计				100
定量指标	节能环保项目及服务贷款和节能环保、新能源、新能源汽车贷款两类合计年内增减值。		年度同比增减值为正加 3 分；年度同比增减值为负不加分。	

资料来源：中国银行业协会，平安证券研究所。

10.1.2　绿色信贷投放稳步增长，但存量占比仍在低位

目前国内的融资结构仍以间接融资为主，绿色信贷在绿色融资中占据了主导地位，随着政策框架体系逐步完善，自银监会 2012 年印发《绿色信贷指引》以来，国内已逐步建立了全世界最大的绿色信贷市场。截至 2021 年 3 月末，根据央行统计口径，我国绿色信贷余额已由 2013 年的 5.2 万亿元增长到 13 万亿元，复合增速超过 12%。从存量占比来看，虽然近几年绿色信贷余额占总贷款的比重稳步上升，但整体水平仍处在低位，截至 2021 年 3 月末，绿色信贷余额在总贷款中比重仅为 7.22%，未来仍有较大的提升空间。

图表 10.4　绿色信贷余额稳步提升

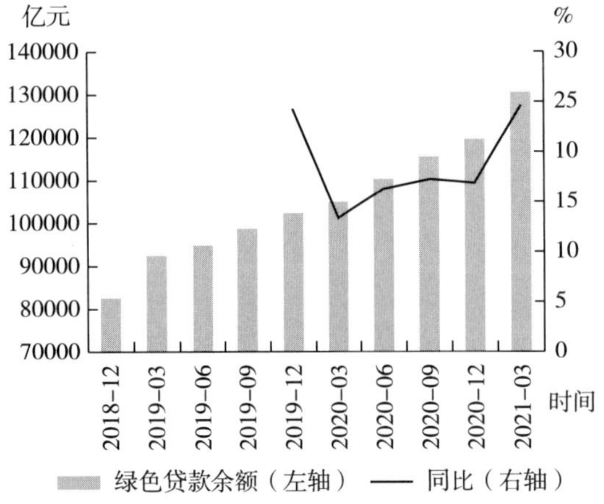

资料来源：Wind，央行，平安证券研究所。

图表 10.5　绿色信贷占比稳步提升

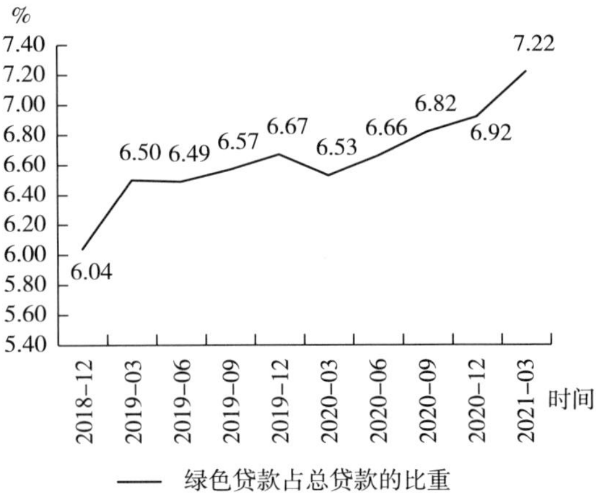

资料来源：Wind，央行，平安证券研究所。

2020年报数据及社会责任报告显示，上市银行的绿色信贷规模的增速进一步提升，根据统计，截至2020年末，上市大中型银行（国有大型银行和股份制银行）的绿色信贷规模超过8.2万亿元，从央行口径来看，行业占比接近七成，是推动国内绿色信贷快速发展的主力军。从个股来看，工商银行、农业银行、建设银行、兴业银行进入绿色贷款万亿元“俱乐部”，其中工商银行的绿色贷款余额最高，其投向节能环保、清洁生产、清洁能源、生态环境等绿色产业的贷款余额达1.85万亿元。从增速来看，2020年多家银行加快绿色信贷投放，民生银行、浙商银行、工商银行、邮储银行的绿色贷款增速均超过30%。

图表10.6　2020年上市大中型银行绿色信贷余额同比增长22.8%

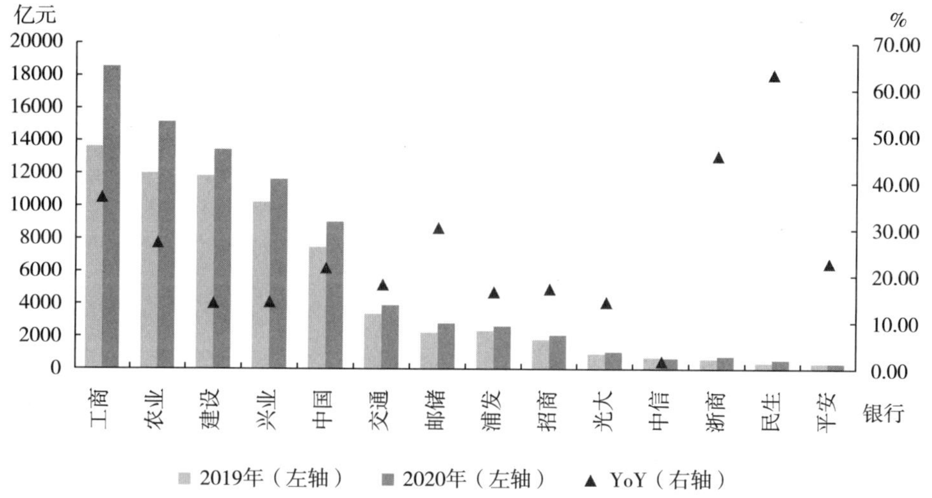

资料来源：公司公告，平安证券研究所。

10.1.3　绿色信贷的投放集中在绿色交通运输和绿色能源领域

绿色信贷的投向较为集中，按照贷款用途划分，截至2019年末，央行口径下绿色交通、可再生能源及清洁能源的占比分别为44%、24%；从行业分布来看，交通运输、仓储和邮政业，电力、热力、燃气及水生产和供应业的绿色贷款余额分别达到3.9万亿元、3.7万亿元，占比分别为30%、29%，而包括绿色建筑、绿色农业、垃圾治理等在内的其他行业占比由2018年末的24%已经提升到2021年第一季度末的42%，呈现出逐年递增的态势。可以看到随着绿色经济的快速发展和政策支持的力度和广度不断加大，绿色信贷的投向越发多元化。

绿色信贷的稳步发展对节能减排的贡献度逐步提高，根据银保监会统计，2017年6月，绿色信贷的二氧化碳、标准煤的减排量分别达到4.9亿吨、2.2亿吨，促进节水7.2亿吨。

图表 10.7　绿色信贷用途集中在交通运输、可再生和清洁能源

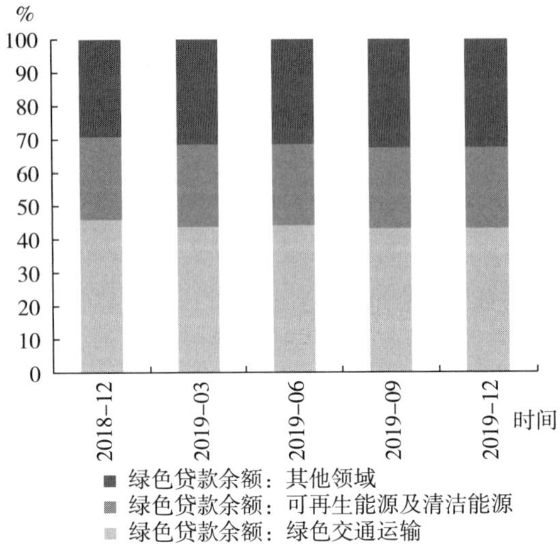

资料来源：Wind，央行，平安证券研究所。

图表 10.8　绿色信贷行业投放分布越发多元化

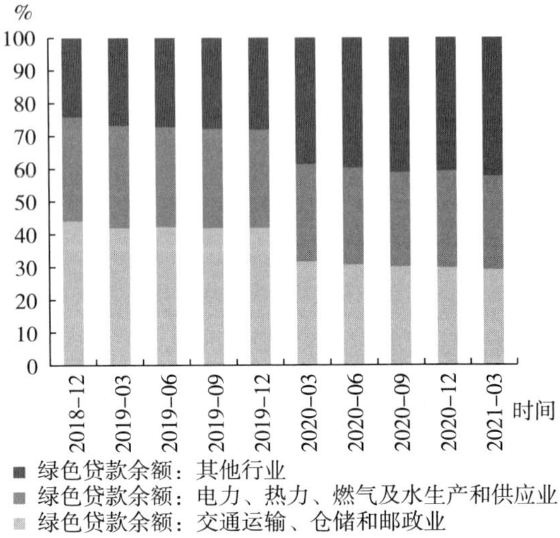

资料来源：Wind，央行，平安证券研究所。

图表 10.9　绿色信贷节能减排量

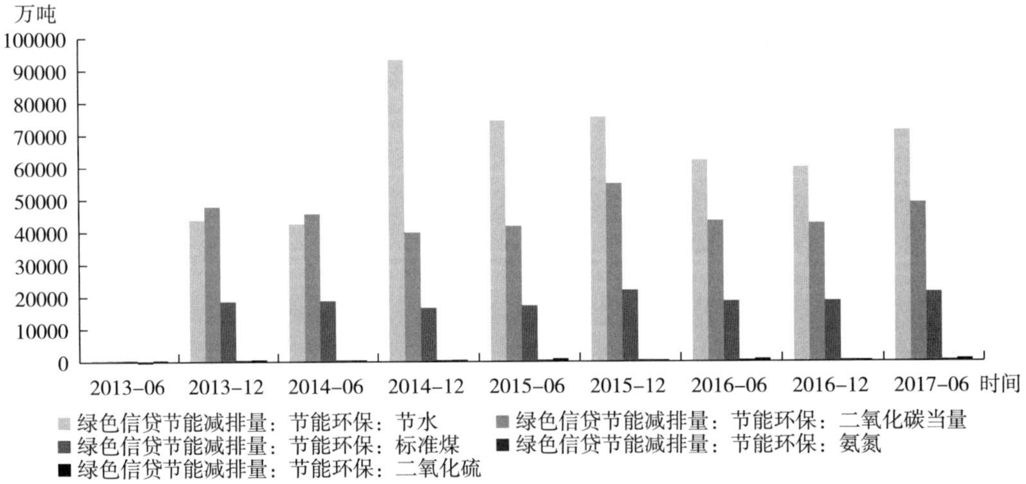

资料来源：Wind，央行，平安证券研究所。

10.2　碳中和目标落地，绿色信贷迎新机遇

我国于2020年正式提出了碳达峰碳中和的“3060”目标，未来支持国内绿色经济发展的政策力度大幅加码，从而将加速国内产业结构、能源结构的深刻转变，具体体

现在以下几个方面：（1）以光伏、风电为代表的清洁能源产业、新能源汽车产业以及电力基础设施产业等将迎来蓬勃发展；（2）包括建筑业、钢铁、水泥等在内的传统工业将迎来大规模的绿色升级转型；（3）煤炭、冶炼、石化等传统高耗能行业面临淘汰和退出。对银行而言，一方面，产业结构的变化给绿色信贷的投放带来了巨大的新业务机遇，银行自身需要加快研究与布局，重点把握政策，大力支持领域快速发展衍生出的融资需求和传统企业绿色升级转型衍生出的改造型增量融资需求；另一方面，也应关注传统能源行业的淘汰和退出所引发的风险，提前做好应对。

10.2.1　碳达峰碳中和目标的提出，将加速国内产业结构变革

我国政府一直高度关注气候变化对国家和社会的影响，并积极推进碳减排的工作。2020 年正式提出 2030 年前碳达峰、2060 年前碳中和的战略目标，2021 年政府工作报告和“十四五”规划中均提起要制订 2030 年前碳达峰行动方案，锚定努力争取 2060 年前实现碳中和。

图表 10.10　　中国郑重作出碳中和承诺并积极付出行动

时间	行动
2020 - 09 - 22	国家主席习近平在第七十五届联合国大会一般性辩论上的讲话，中国将采取更加有力的政策和措施，二氧化碳排放争取于 2030 年前达到峰值，努力争取 2060 年前实现碳中和。
2022 - 11 - 22	国家主席习近平在二十国集团领导人利雅得峰会“守护地球”主题边会上的致辞，宣布中国将力争二氧化碳排放 2030 年前达到峰值，2060 年前实现碳中和。中国言出必行，将坚定不移地加以落实。
2020 - 12 - 12	国家主席习近平在气候雄心峰会上的讲话，到 2030 年，中国单位国内生产总值二氧化碳排放将比 2005 年下降 65% 以上。
2021 - 03 - 05	政府工作报告提及、制订 2030 年前碳排放达峰行动方案。优化产业结构和能源结构，推动煤炭清洁高效利用，大力发展新能源，在确保安全的前提下积极有序地发展核电。
2021 - 03 - 13	“十四五”规划中描述，要制订 2030 年前碳排放达峰行动方案，锚定努力争取 2060 年前实现碳中和；“十四五”时期单位国内生产总值能源消耗和二氧化碳排放分别降低 13.5% 和 18%。
2021 - 03 - 15	习近平总书记在中央财经委员会第九次会议上强调，要把碳达峰、碳中和纳入生态文明建设整体布局，拿出抓铁有痕的劲头，如期实现 2030 年前碳达峰、2060 年前碳中和的目标。

资料来源：新闻整理，全球能源互联网发展合作组织（GEIDCO），平安证券研究所。

在碳达峰碳中和的“3060”目标下，实体产业结构变迁将显著加快。过去支持绿色经济发展的政策多是点状的、局部的，而此次“碳达峰碳中和”目标的提出，意味着未来政策支持发展绿色经济的力度将大幅加码，由此将带动国内产业结构加速变迁，结合目前国内的能源结构和碳排放情况，其影响主要体现在以下几个方面：（1）国内的能源结构快速调整，包括限制化石能源的使用和增加清洁能源使用，政策重点布局的清洁能

源、新能源车产业链呈现高速发展的态势；（2）工业、钢铁、水泥、建筑业等传统行业也将迎来大面积的电气化改造和节能提效的技术路线改进；（3）传统高耗能、碳排量大的行业，如煤炭、冶炼、石化等行业面临落后产能淘汰和清退的压力。

图表 10.11　碳中和目标下的行业影响框架

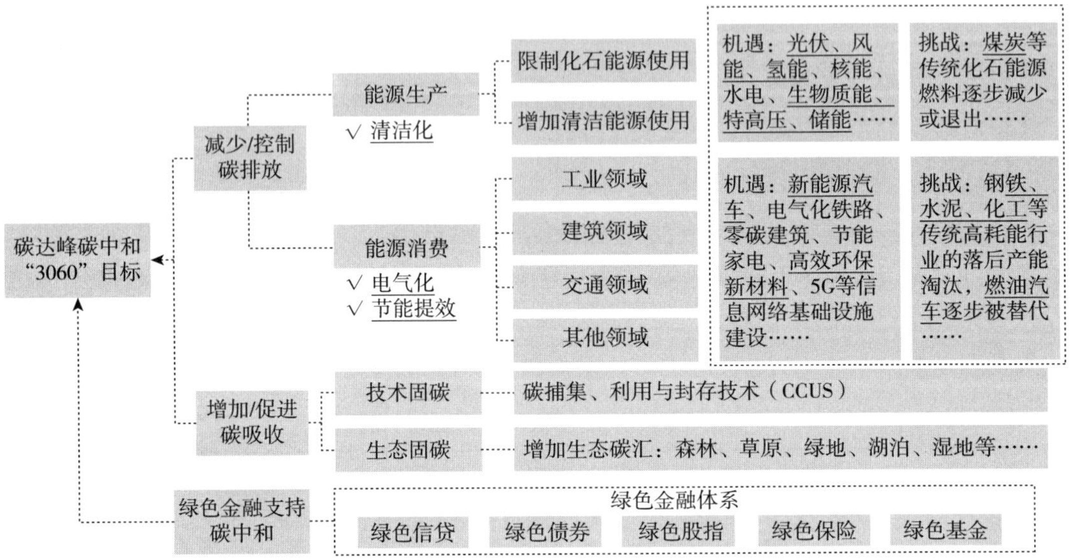

资料来源：平安证券研究所。

10.2.2　把握政策支持领域快速发展衍生出的融资需求

银行等金融机构未来在发展绿色信贷业务时，首先应积极把握政策，重点布局政策支持行业快速发展衍生出的海量融资需求，为资产端收获优质的客户和项目，结合前述对产业结构的变迁和碳达峰碳中和实现路径的探讨，我们认为主要集中在清洁能源和新能源车两大产业链上。

10.2.2.1　能源生产转向清洁主导，关注清洁能源产业

根据国家统计局公布的数据，中国的能源结构目前仍然以化石能源为主。从能源生产来看，截至 2019 年，原煤、原油、天然气等化石能源生产量占能源生产总量的比重超过 80%，而水电、核电、风电等清洁的非化石能源占比不到 20%，因此能源结构调整是实现碳中和目标最重要的手段之一。

从政策支持来看，支持清洁能源发展逐步加码。国务院 2020 年 12 月发布的《新时代的中国能源发展》白皮书表示未来我国将大力推进低碳能源替代高碳能源、可再生能源替代化石能源，并明确提出了支持发展新能源领域的几个具体方向：（1）推动太阳能多元化利用。（2）全面协调推进风电开发。（3）推进水电绿色发展。（4）安全有序发展核电。（5）因地制宜发展生物质能、地热能和海洋能。（6）全面提升可再生能源利用率。

图表 10.12　国家电网碳达峰碳中和实现路径

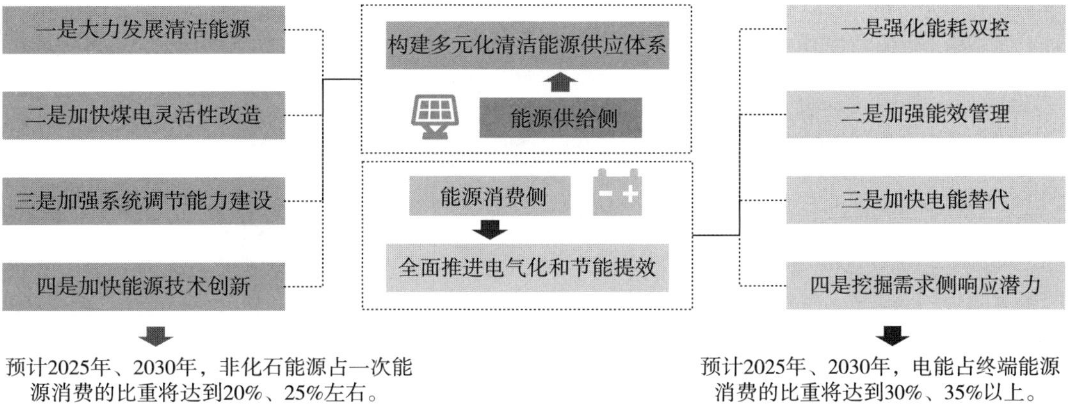

资料来源：《国家发展改革委办公厅关于切实做好全国碳排放权交易市场启动重点工作的通知》（发改办气候〔2016〕57 号），平安证券研究所。

图表 10.13　中国能源生产情况（2005—2019 年）

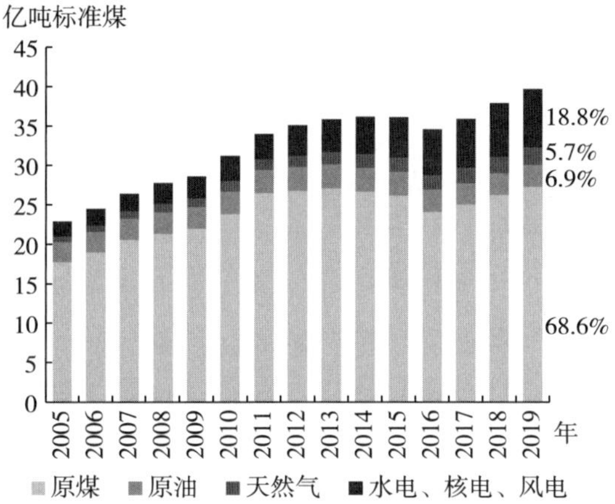

资料来源：国家统计局，平安证券研究所。

图表 10.14　中国能源消费结构（2005—2019 年）

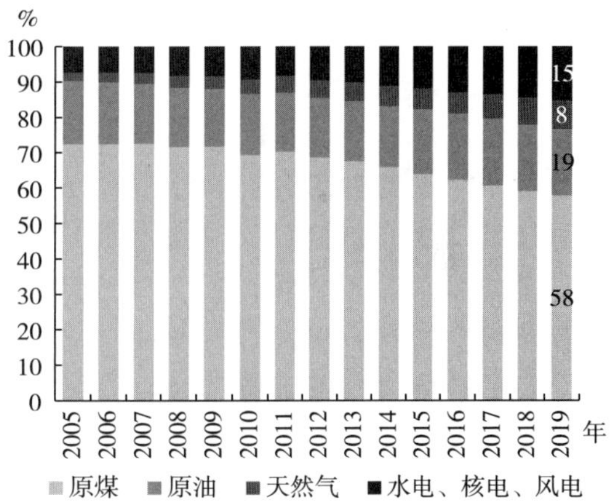

资料来源：国家统计局，平安证券研究所。

根据彭博新能源财经（BNEF）的预测，为实现碳中和目标，中国的能源结构在“加速转型情景”下将发生颠覆性的变化：预计到 2050 年，中国的电能将占到终端能源消费的 53%。其中，92% 的电能将由光伏、风电、氢能、核能等为主的零碳能源提供。相比前文所述当前清洁能源在总能源结构中 15% 左右的占比，可知中国的清洁能源领域未来还有巨大的成长空间；包括水电、风电、太阳能、核电、氢能、生物质能、地热、海洋能等在内的能源行业，随着碳中和目标的推进和实现，将获得长足的发展。

图表 10.15　中国能源消费结构变化展望

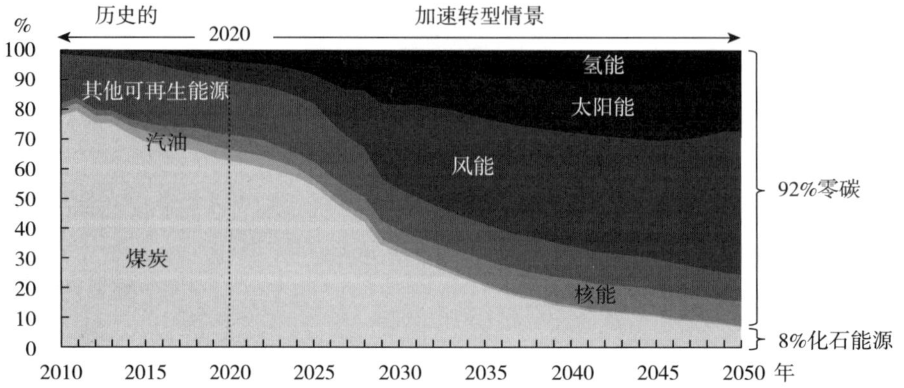

资料来源：《中国加速低碳进程》白皮书（China's Accelerated Decarbonization），彭博新能源财经（BNEF，2020），平安证券研究所。

10.2.2.2　关注清洁能源配套设施建设，特高压工程和储能基地建设有望迎来海量投资需求

随着电源向新能源转变，需要构建与之配套的以新能源为主体的新型电力系统，以满足大规模的新能源接入，同时保持系统安全稳定运行，特高压工程和储能基地建设有望迎来新一轮投资。一方面，需要提前布局相关的输送通道以满足新能源大基地的电力外送需求，预计“十四五”期间年均建设 1 ~2 条特高压直流。另一方面，针对高比例新能源接入带来的调峰压力，大力发展储能是主要的应对手段之一。

10.2.2.3　新能源车产业链仍将是政策支持重点

实现碳中和的重要路径之二是能源使用转向以电为中心，将更多从居民消费侧减少碳排放，其中新能源车产业链受益最大。从生产端来看，国务院 2020 年 11 月出台了《新能源汽车产业发展规划（2021—2035）》，提出了两阶段目标，对未来新能源汽车市场的发展进行整体部署，提出到 2025 年新能源汽车销量占总汽车销量的 20%，2035 年节能汽车与新能源汽车占比各为 50%，新能源汽车取代燃油车成为主流，由此推出新能源汽车销量将于 2025 年达到 700 万辆、2030 年接近 1200 万辆。

从消费端来看，政府近年来持续出台刺激新能源汽车消费的相关政策。国内新能源汽车销量近年来呈现震荡攀升的态势，即便在 2020 年新冠肺炎疫情和补贴退坡的影响下，销量仍然呈现了 10% 的增长，长期来看新能源电动化趋势不可阻挡，行业发展前景长期向好。

10.2.3　关注部分传统行业绿色转型升级带来的改造型增量融资需求

减少能源消耗也是降低碳排放的途径之一，当前，全球碳排放有 90% 以上来自发电供热、制造和建筑业、交通运输以及住宅这几个领域，因此，推动重点领域的节能也是实现碳中和重要手段。在实现碳中和的过程中，预计工业、建筑业将迎来电气化

改造和节能提效的技术路线改进。

图表 10.16　中国新能源汽车产量持续上升

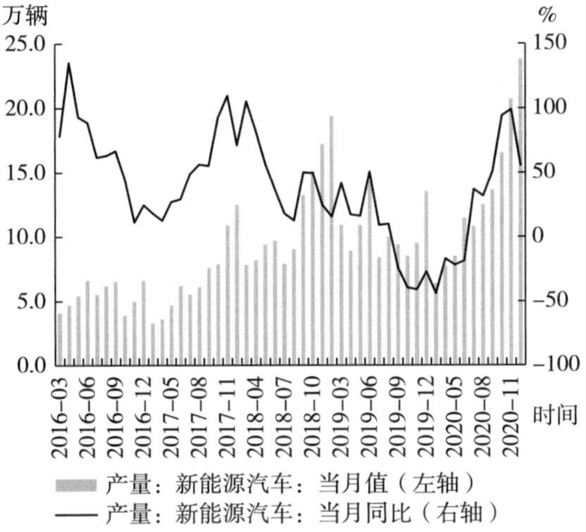

资料来源：国家统计局，平安证券研究所。

图表 10.17　中国新能源汽车相关的政策

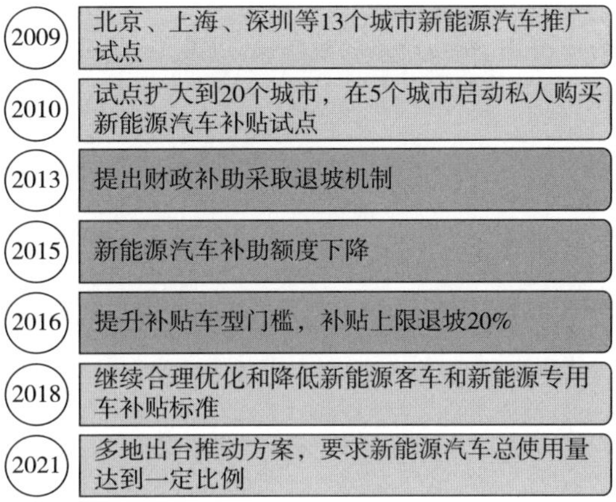

资料来源：国家统计局，平安证券研究所。

图表 10.18　中国新能源汽车销量持续上升

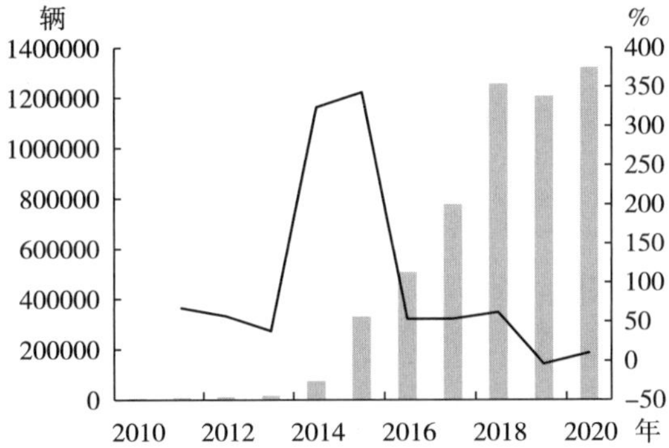

资料来源：Wind，中国汽车工业协会，平安证券研究所。

图表 10.19　居民中国新能源汽车购买意愿不断提升

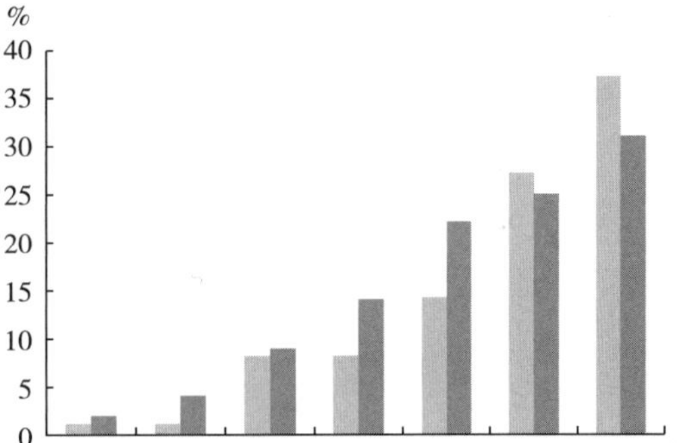

资料来源：尼尔森咨询，平安证券研究所。

工业方面，钢铁、水泥等领域的低碳生产仍有待技术突破和新材料的应用，普遍推广仍待成本降低。例如，钢铁业需由高炉冶炼向电弧炉冶炼转变，但是目前中国钢铁工业由于废钢资源供应不足、工业电价较高等因素，电弧炉生产路线经济性不及高炉炼钢，2019 年由电弧炉生产的粗钢产量占比仅有 10.4%，远低于全球平均 27.7% 的水平；并且更彻底的低碳炼钢方式（如氢气炼钢）仍待技术突破实现规模化应用。建筑方面，节能主要指在建筑材料生产、房屋建筑和构筑物施工、建筑使用过程中，在满足同等需要或达到相同目的的条件下，尽可能降低能耗。

图表 10.20　全球碳排放来源结构

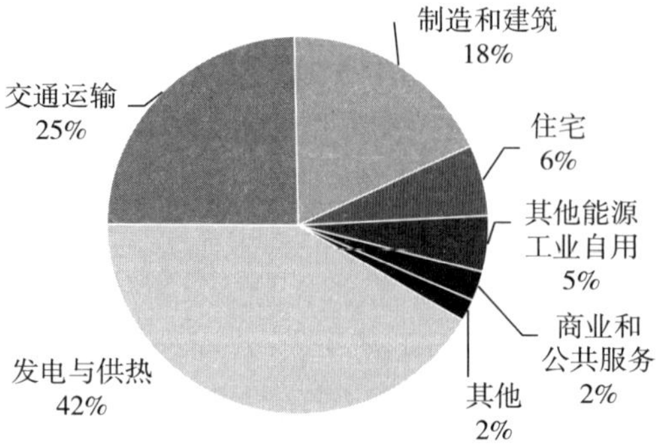

资料来源：IEA（2020），平安证券研究所。

图表 10.21　中国、美国、欧盟碳排放来源结构

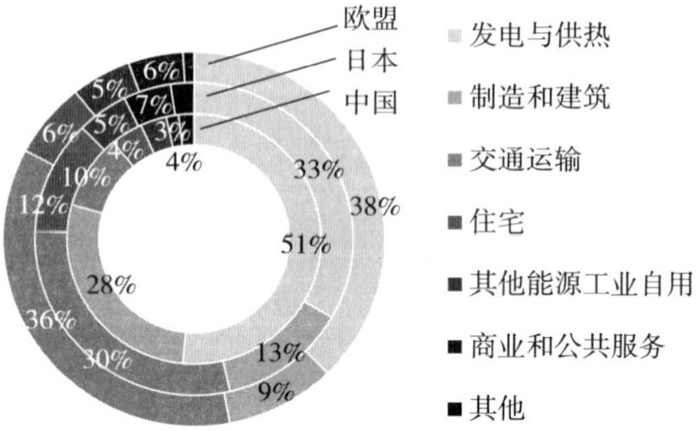

资料来源：IEA（2020），平安证券研究所。

图表 10.22　传统行业节能提效的转型路径

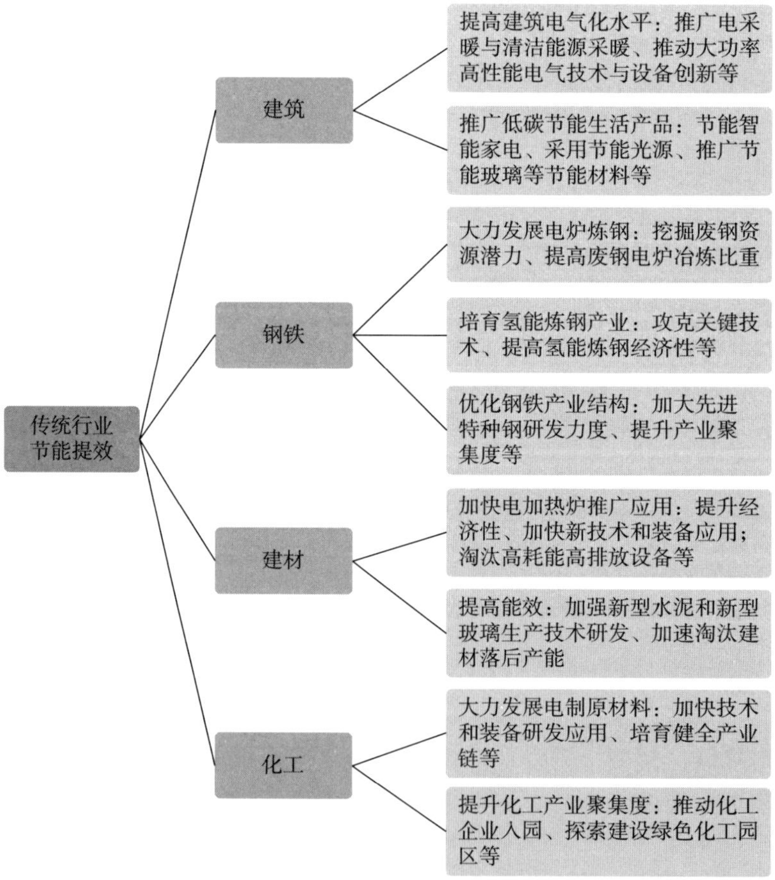

资料来源：全球能源互联网发展合作组织（GEIDCO），平安证券研究所。

10.2.4 关注部分高耗能行业淘汰带来的潜在风险

在碳中和目标下，除了积极把握产业结构的变迁给部分行业带来的发展机遇，银行在信贷的投放上也应关注受负面影响较大的传统高耗能、碳排量大的行业，如煤炭、冶炼、石化等。根据 GEIDCO 的预测，化石能源总量预计在 2028 年左右达峰，煤炭发电将逐渐退出。其中，将力争 2025 年实现煤电碳达峰，煤电装机将于 2050 年前后加速下降，直到 2060 年全面退出。

在工业生产方面，六大高耗能行业的工业增加值占比有望从 2017 年的 30% 以上降至 2030 年的 20% 左右，到 2060 年高耗能行业能效水平将达到全球领先水平，建成低碳生产体系。其中，高耗能行业包括煤炭开采和洗选业，化学原料和化学制品制造业，非金属矿物制品业，黑色金属冶炼和压延加工业，有色金属冶炼和压延加工业，电力、热力生产和供应业。

10.3 金融政策将持续倾斜，把握红利期业务机会

绿色信贷依然将成为支持国内绿色经济发展与碳中和目标实现的重要手段，未来相关的金融政策红利的持续释放值得期待，预计涵盖提供低成本资金支持、享受资产风险权重调降等，以支持银行这一绿色信贷投放主体加快对绿色信贷业务的布局。

目前国内绿色信贷相比其他绿色融资工具而言，产品体系更为丰富，但在部分领域的创新仍有待加强，主要体现在：（1）过去绿色信贷更多呈现点状投放，针对产业链的服务能力仍显不足；（2）对绿色经济的融资服务产品体系更多集中在传统信贷产品上，未来应发挥综合服务优势，针对不同行业特点提供多元化金融服务，发展绿色租赁等；（3）零售的绿色信贷产品仍处在起步阶段，未来应完善产品体系，参考蚂蚁森林模式，通过打造 C 端绿色生态增强客户黏性和活跃度。

10.3.1 未来政策红利仍将持续释放

近几年，行业已经初步形成了支持绿色信贷发展的政策框架，但从政策内容来看更多是以自愿性、引导性的政策为主，缺乏针对银行金融机构的更直接、更有力的扶持和鼓励政策，仅有 2018 年 6 月将绿色信贷纳入 MLF 担保品和将绿色金融发展纳入 MPA 考核的相关举措，这也导致目前整个绿色信贷市场虽然在快速发展，但在总贷款余额中的占比仍处在低位。

在提出碳达峰碳中和目标这一背景下，绿色发展转型和绿色经济的发展被提到了前所未有的战略高度，结合当前国内的融资结构，预计未来绿色信贷将是整个绿色金融的政策布局重点，未来针对绿色信贷的实质性鼓励政策有望加快落地，助力绿色金融的深化发展。本研究认为短时间内值得期待的鼓励政策主要包括对绿色信贷实施差异化的风险权重管理、为银行负债端提供针对绿色信贷的定向低成本支持、进一步完

图表 10.23　2018 年 6 月 MLF 担保品增加绿色信贷

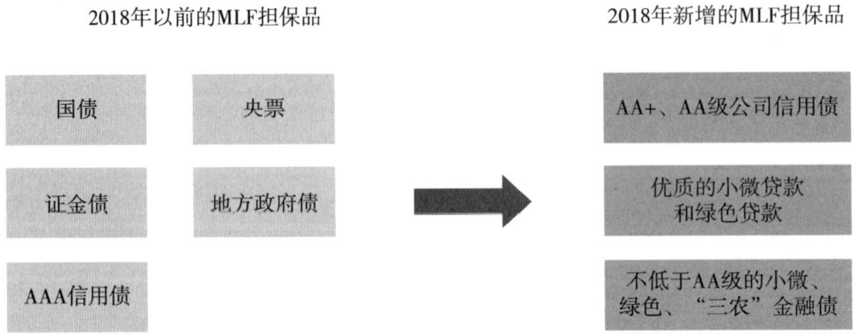

资料来源：央行，平安证券研究所。

善绿色信贷激励机制等多个方面。

（1）目前绿色信贷在银行资产端仍然按照传统信贷100%的风险权重计算，因此银行在作资产结构选择时对选择绿色信贷缺乏额外的动力。考虑到绿色贷款仍将是未来我国绿色项目的主要资金来源，因此降低银行绿色信贷的风险权重，不仅能够增加银行的绿色贷款投放意愿，而且能显著降低绿色经济发展的实际融资成本。此外，绿色信贷的投向更多集中在有政策扶持的相关行业，其发展更具可持续性，从央行统计数据来看，绿色信贷的不良率显著低于总贷款，因此降低绿色资产风险权重也有助于增强银行业的稳健性。过去在支持普惠金融服务方面，在降低了普惠贷款的风险加权系数后（小微、信用卡的风险权重系数由100%到75%），银行纷纷加大了相关领域的投放支持力度，可以预见未来绿色信贷风险权重下调后，绿色信贷规模的增长有望加速。

图表 10.24　　现有的银行各类资产风险加权系数

资产类别	权重
现金类资产	0%
对央行、政府的债权	0%
对其他国家央行、政府的债权	0～100%
对公共部门实体的债权	20%
对政策性银行的债权	0%
对同业其他银行的债权	20%～25%
对同业其他银行的次级债	100%
对一般企业的债权	100%
符合标准的小微债权	75%
个人按揭债权	50%
个人共他债权（信用卡等）	75%

资料来源：央行，平安证券研究所。

（2）对比普惠金融的相关扶持政策，我们看到监管部门也通过定向降准等方式为银行提供长期、低成本的政策支持资金。同时绿色经济部分领域的发展仍处在初期，本研究认为未来针对银行负债端的政策也会出台，为整个绿色经济的发展提供稳定的资金支持。

（3）目前绿色信贷已经通过《中国银行业绿色银行评价实施方案（试行）》《关于开展银行业存款类金融机构绿色信贷业绩评价的通知》等文件初步形成了考核体系，但在奖励机制上仍缺乏政策支持，若未来监管部门根据绿色信贷考核结果给予银行政策支持，如针对评估得分优异的银行提供再贷款、差别准备金率和差别准备金利率等，有望提高银行绿色信贷投放的意愿。

10.3.2 创新业务模式，通过供应链金融扩展服务范围

在绿色信贷初步发展过程中，银行在信贷资源投放上更多选择聚焦于单一的绿色项目或者绿色产业的融资需求，在个体的选择上也更倾向于产业链中更优质、具有一定规模的核心企业，而产业链中的中小企业无法通过传统的授信模式获得资金支持，因此绿色信贷更多呈现为点状的投放，忽视了广大中小企业绿色转型的潜在需求，对经济社会产生的绿色效益甚微。

通过综合运用供应链金融的产品和模式，加大对绿色金融领域的绿色产业、绿色项目的金融支持。目前国内绿色供应链金融仍处在起步阶段，在该领域的尝试仅包括票据、保理等单一产品的应用，而考虑到以新能源车为代表的行业具有传统行业不具备的长产业链条；涵盖上游的原材料、中游的电池制造以及下游的整车制造和销售等，需要通过供应链金融的方式提供融资支持。同时，站在当前的时间节点，考虑到未来针对清洁能源、新能源产业链的政策支持保持不变以及碳达峰碳中和目标带来的经济转型的紧迫性，未来绿色经济的高质量、高速度发展将从个别领先企业向整个产业链扩散，发展绿色供应链金融不仅能促进更多的社会资源流向绿色领域，也能扩大绿色信贷的服务宽度，为银行未来的发展带来优质的增量客户。

以新能源车产业链为例，银行可以提供丰富的供应链金融产品：（1）基于核心企业购买环节，为上游原材料的供应商和设备厂商提供保理、反向保理、订单融资、应收账款（租赁款）质押等应收类供应链金融产品；（2）基于核心企业的销售环节，为下游经销商提供供应链融资产品，如国内买方信贷、卖方担保、买方融资等；（3）为C端消费者提供订单融资。此外，银行还可以通过发展绿色标识产品贸易融资，支持下游贸易商或企业采购绿色标识产品。因此，银行未来应重点发展绿色产业的场景产品，顺延全产业链条不同交易环节各主体的金融服务需求，打造全方位、有针对性的绿色供应链金融产品生态圈。

10.3.3 从单一信贷产品到综合服务，拓宽融资渠道

目前国内的绿色信贷产品体系仍不够丰富，绿色融资租赁等其他类信贷业务模式的发展仍处在起步阶段，仅有兴业银行等领先的绿色银行在提供绿色融资服务上充分

图表 10.25 为新能源车产业链提供供应链金融服务

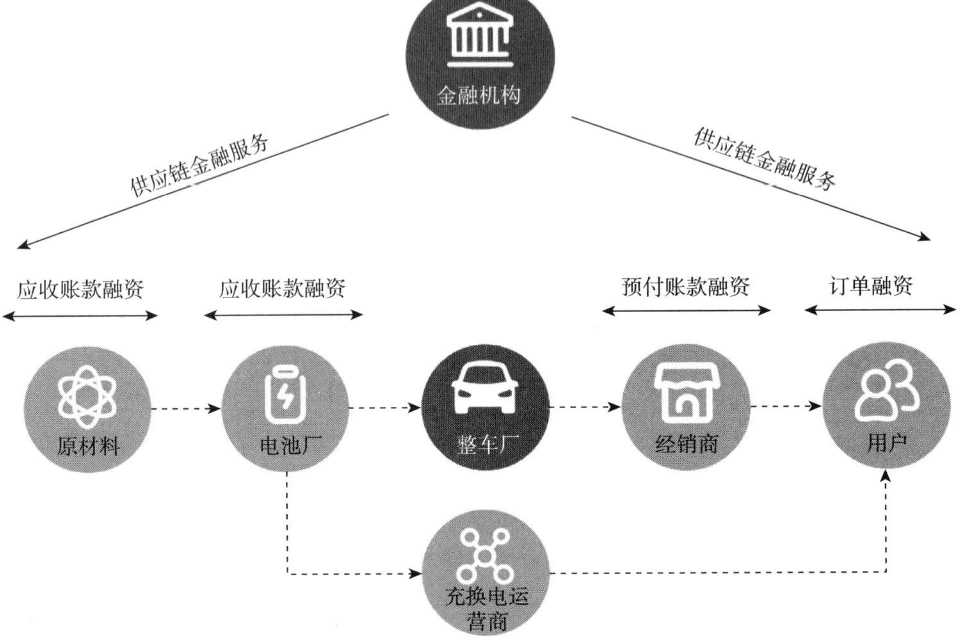

资料来源：平安证券研究所。

发挥了大中型银行的综合服务优势，目前产品体系较为完善。因此本研究认为，未来银行在提供绿色融资服务上应将绿色信贷和其他金融产品结合起来，打造绿色金融的综合服务能力，根据特定绿色细分产业的特征，加快信贷以外的绿色金融产品的创新，如融资租赁、保理等。

图表 10.26 兴业银行绿色金融发展成果——产品体系完善

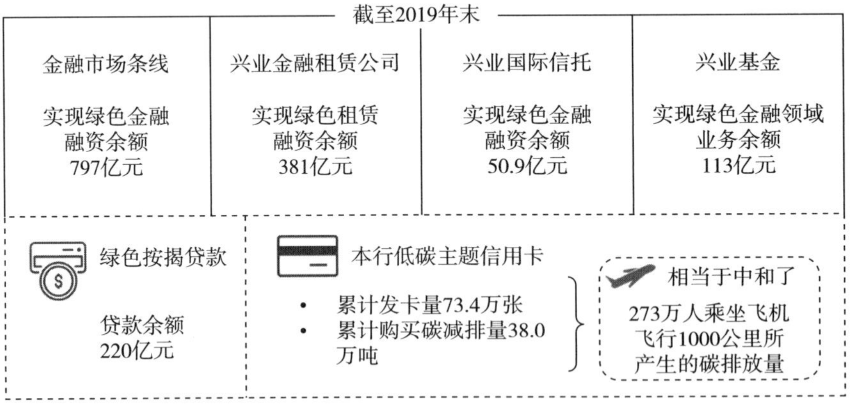

资料来源：《兴业银行2019年度可持续发展报告》，平安证券研究所。

发展绿色融资租赁。以绿色融资租赁为例，相比传统的信贷产品，融资租赁具有

"融资+融物"的双重属性，融资租赁既可以为绿色项目直接提供资金支持，又可以为相关设备、基础设施提供必要保障，与光伏、新能源车等产业的部分金融需求天然契合。以风能、太阳能、核能等为代表的清洁能源产业，具备资产和股权流动性、运营现金流稳定等突出特点，与融资租赁强调租赁物风险缓释作用的功能高度契合。以新能源汽车融资租赁业务为例，目前国内融资租赁占比与海外相比差距巨大，近两年，新能源汽车虽然逐渐占领了一部分汽车市场，但是仍然存在售价高、续航里程短及充电时间长等问题，还未能获得广泛的认可。而融资租赁可以有效降低一次性的购置成本与之后的使用成本，能够在一定程度上对新能源汽车私人消费市场的开拓起到推动作用；而在交通领域（公交车、出租车、公务用车），融资租赁可以帮助有效解决企业一次性购置的资金问题，有利于新能源汽车的推广。

图表 10.27　中国新车融资租赁渗透率远低于国外

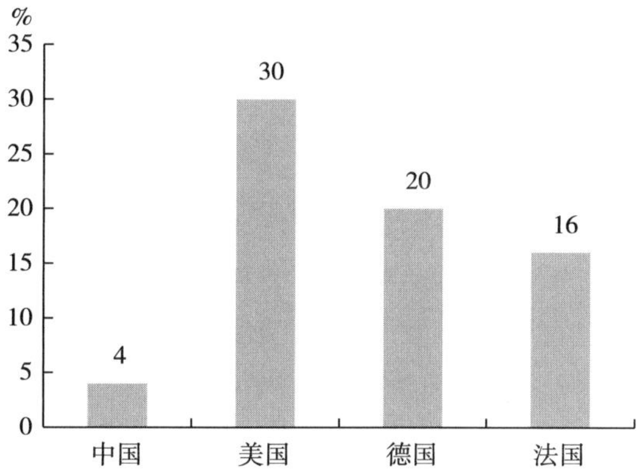

资料来源：亿欧智库，平安证券研究所。

图表 10.28　新能源汽车融资租赁主要方式

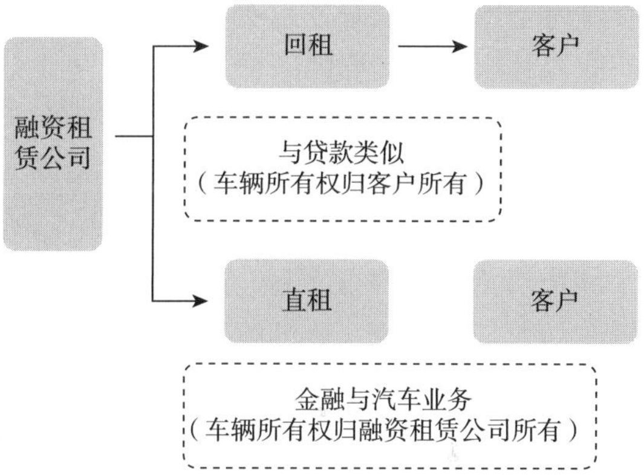

资料来源：亿欧智库，平安证券研究所。

过去几年银行在绿色融资租赁业务上进行了尝试，在绿色项目建设初期给予资金支持，匹配项目的收入现金流特点，设计有针对性的租金回收方案。以中信银行为例，通过旗下中信租赁，聚焦"新能源、新环境、新材料"三"新"领域，与产业链内组件厂商、EPC 施工方、电站的投资运营方等业内龙头企业全部建立合作关系，加入光伏绿色生态合作组织（PGO），服务协鑫、正泰集团、晶科股份等一大批优质清洁能源企业，项目覆盖内蒙古、河南、新疆等全国 19 个省区市。

10.3.4　发展零售绿色信贷产品，通过打造绿色生态增强客户黏性

相比针对企业的绿色信贷服务，银行的个人绿色信贷业务仍处于刚起步阶段，体现在除了针对小微企业的绿色贷款，在按揭、绿色信用卡、消费贷款等方面行业内仅有几家银行作出了尝试。未来银行应逐步完善针对零售客户的绿色金融产品体系，引导居民形成绿色生活的理念，同时应学习蚂蚁森林的业务模式，通过绿色信用卡等支付工具打造绿色生活生态，增强零售客户的黏性，在助力国家节能减排的同时获取增

量客户。

10.3.4.1 开发绿色信用卡

信用卡作为一种主要满足个人消费和支付需求的金融产品，为公众在社会生活中培育绿色责任意识提供了一个可触及、可实现的金融载体，银行推广绿色信用卡业务，能够从消费端引导资金流向绿色产业，从而支持国内经济的可持续发展。近几年，可以看到多家银行已经推出绿色环保信用卡，引导居民日常消费行为向绿色消费转变。具体来看，一方面，主要通过强化持卡人因绿色消费而获得可感可知的用卡红利，如对绿色产品消费给予更高的积分奖励，可兑换专项环保产品，来引导消费者养成低碳环保的生活习惯。另一方面，则是对消费者的支付金额按比例提供捐款，支持节能减排，如中国建设银行发布的“红松龙卡”，持卡人每刷卡消费到一定金额，建设银行便按照比例向红松保护基金捐款，让信用卡用户间接参与到节能减排中。

以蚂蚁森林为例，借助支付宝积累的数亿客户群，将所有参与客户的绿色行为和在支付宝生态内的服务使用与种植真树相连接，转变为实际的碳减排，在这个过程中，蚂蚁森林赚得了良好的声誉，吸引了更多用户，支付宝 App 中的线下支付和网络缴费等功能的使用频率大大增加，用户黏性增强。

10.3.4.2 布局绿色消费贷款

结合前文所述，在碳中和目标下，新能源汽车的发展前景非常广阔。因此，在未来绿色消费信贷的投放上，银行尤其在汽车金融领域应加大对节能型和新能源车型的汽车消费贷款投放，通过给予优惠利率、提供其他配套服务等方式，促进消费者扩大新能源车型消费在整个汽车消费中的占比，从而带动国内交通行业的绿色升级。

以平安银行为例，财报数据显示，2020 年平安银行个人新能源汽车贷款新发放 65 亿元，服务客户 2.7 万户。此外，平安银行旗下汽车金融中心已在口袋银行 App 平台上线了新能源汽车入口，为用户提供新购车的贷款分期服务，以及提供电池等配套服务的金融分期服务。截至 2020 年末，平安银行汽车金融中心已经与特斯拉、蔚来、理想、小鹏、零跑等多家新能源汽车公司建立了“总对总”的合作关系。

未来两年关注爆款车型上市，激发 C 端需求。正如此前 2007 年的 iPhone 拉动整个智能手机行业的发展，爆款车型对个人消费者的新能源汽车需求有巨大的提振作用。除了造车新势力密集推出大量新能源车型外，传统车企也加大了新能源汽车的布局，未来 1 ~2 年将有包括大众 ID.3 等爆款车型上市，后续有望持续贡献增量。

图表 10.29　　国内近期新能源汽车车型供应情况（不完全统计）

车企	车型	上市时间
蔚来	ET7	2022 年
	EF9	2022 年第一季度
宝马	iX	2022 年下半年
	iNext	2022 年
	i4	2021 年下半年

续表

车企	车型	上市时间
戴姆勒	EQS	2021 年第三季度
	EQB	2022 年
大众	ID. 6X	2021 年第三季度
	ID. 6CROZZ	2021 年第三季度
领克	02 Hatchback	2021 年第二季度
	05PHEV	2021 年第二季度
	09	2021 年
特斯拉	Cybertruck	2021 年第四季度
比亚迪	EA1	2021 年

资料来源：公司官网，平安证券研究所。

此外，还应开发其他带有绿色标识的产品的消费贷款，如为个人客户购买绿色家居用品、节能家电产品提供有优惠的特色产品，引导消费者转变消费行为，促进绿色消费和绿色经济的发展。